Coleção Invenções Democráticas
Volume V

# CONSTRUÇÕES DA FELICIDADE

Coleção Invenções Democráticas
Volume V

Organizadores
André Rocha
David Calderoni
Marcelo Gomes Justo

# CONSTRUÇÕES DA FELICIDADE

Nupsi-USP autêntica

COORDENADORIA DA COLEÇÃO INVENÇÕES DEMOCRÁTICAS
*André Rocha, David Calderoni, Helena Singer, Lilian L'Abbate Kelian, Luciana de Souza Chaui Mattos Berlinck, Marcelo Gomes Justo, Maria Luci Buff Migliori, Maria Lúcia de Moraes Borges Calderoni.*

CONSELHO EDITORIAL INTERNACIONAL
*Boaventura de Sousa Santos (Universidade de Coimbra/University of Wisconsin), Christian Azaïs (Université de Picardie Jules Verne d'Amiens), Diego Tatian (Universidad Nacional de Cordoba), Laurent Bove (Université de Picardie Jules Verne d'Amiens), Mariana Gainza, Marilena de Souza Chaui, Milton Meira do Nascimento (FFLCH-USP), Paul Israel Singer (FEA-USP), Sandra Jovchelovitch (London School of Economics), Vittorio Morfino (Università degli studi di Milano-Bicocca).*

EDITORA RESPONSÁVEL
*Rejane Dias*

EDITORA ASSISTENTE
*Cecília Martins*

REVISÃO
*Aline Sobreira*
*Lucia Assumpção*

CAPA
*Alberto Bittencourt*

DIAGRAMAÇÃO
*Christiane Morais*

**Dados Internacionais de Catalogação na Publicação (CIP)**
**(Câmara Brasileira do Livro, SP, Brasil)**

Construções da felicidade / organizadores André Rocha, David Calderoni, Marcelo Gomes Justo. -- Belo Horizonte : Autêntica Editora / Núcleo de Psicopatologia, Políticas Públicas de Saúde Mental e Ações Comunicativas em Saúde Pública da Universidade de São Paulo (Nupsi-USP), 2015. -- (Coleção Invenções Democráticas, 5)

Vários autores.
ISBN 978-85-8217-579-8

1. Ensaios - Coletâneas I. Rocha, André. II. Calderoni, David. III. Justo, Marcelo, Gomes. IV. Série.

15-02674 CDD-080

Índices para catálogo sistemático:
1. Ensaios : Coletâneas 080

GRUPO **AUTÊNTICA**

**Belo Horizonte**
Rua Aimorés, 981, 8º andar . Funcionários
30140-071 . Belo Horizonte . MG
Tel.: (55 31) 3214 5700

Televendas: 0800 283 13 22
www.autenticaeditora.com.br

**São Paulo**
Av. Paulista, 2.073, Conjunto Nacional, Horsa I
23º andar, Conj. 2301 . Cerqueira César
01311-940 . São Paulo . SP
Tel.: (55 11) 3034 4468

# Sumário

# Apresentação

Os organizadores

Os trabalhos reunidos neste livro foram escritos no contexto temático do II Colóquio Internacional Nupsi-USP *Invenções Democráticas: Construções da Felicidade*, que ocorreu entre 19 e 22 de setembro de 2013, no Centro de Convenções Rebouças, em São Paulo. Versam sobre a questão comum proposta às invenções democráticas: a felicidade. A partir de diferentes perspectivas, também se investigou o oposto da felicidade, isto é, as condições individuais e sociais que reproduzem construções de infelicidade. Mas, por que *construções da felicidade*? A economia solidária, a educação democrática, a filosofia espinosana, a renda básica, a justiça restaurativa e a psicopatologia para a saúde pública podem ser reunidas sob uma raiz individual e social comum atinente à busca da felicidade? Ou será que as construções aqui e a própria felicidade remetem antes aos resultados dessas práticas? Nesse caso, podemos considerar que, para além de contribuir para os processos de democratização na atualidade, cada invenção democrática contribui à sua maneira para a busca individual e social da felicidade?

Obra teórica multifacetada que resulta de um diálogo aberto entre muitos participantes, as interlocuções entre as invenções democráticas que se manifestam neste livro avançam no desenvolvimento dessas questões a partir de perspectivas diversas, cujas concordâncias e discordâncias reproduzem no campo simbólico dos textos o campo aberto dos debates entre as próprias invenções democráticas, proporcionando a cada leitor e leitora a possibilidade de inventar uma linha de investigação singular para estruturar ou reformular as suas próprias posições.

A democracia não se constrói pela uniformização das opiniões, mas pela construção de diálogos entre as diferentes posições. Como dissemos, os trabalhos que compõem este livro exprimem posições diferentes que constituem concordâncias e discordâncias teóricas e práticas. No entanto, aproximam-se como experiências situadas nas fronteiras entre ciência e ativismo. Expressam concepções de ciência em que o rigor acadêmico da busca do conhecimento crítico e a coerência metodológica permitem ultrapassar as dicotomias entre ciência "pura" e "aplicada", entre análise distanciada e envolvimento político com os sujeitos pesquisados e entre teoria e prática. Além dessa interface entre a busca do conhecimento e a busca da justiça social, percebe-se que os autores e as autoras enunciam seus pensamentos de lugares próximos ao campo da extensão universitária. A extensão universitária pode ter múltiplas definições, mas seu lugar aparece – muitas vezes – como algo a ser feito quando sobra tempo do ensino e da pesquisa. E, principalmente, nem sempre é vista como a possibilidade de o pesquisador aprender com o outro.

Não obstante, ao se reunirem nesse colóquio pesquisadores de diferentes países que vêm praticando maneiras democráticas e cooperativas de produzir conhecimento, eles puderam demonstrar como exercer uma concepção de extensão universitária em que o outro é reconhecido como interlocutor fundamental para as construções do conhecimento, da experiência democrática e quiçá da felicidade. Assim, esta obra plural constitui um documento histórico que afirma a academia na aprendizagem recíproca dos e com os movimentos sociais e intelectuais que se identificam como maneiras criativas e solidárias de desenvolver autonomia e cooperação em amplo leque intersetorial, interdisciplinar e internacional, envolvendo estudantes, educadores, juízes, procuradores, sociólogos, psicanalistas, promotores, filósofos, psicólogos, economistas, engenheiros, geógrafos, parlamentares, historiadores, cientistas políticos, administradores públicos, representantes comunitários e ativistas político-culturais originários de Alemanha, Argentina, Brasil, Estados Unidos, França, Inglaterra, Israel, Portugal e Uruguai.

Em suma, os diálogos que deram origem a esta obra coletiva permanecem abertos não só para novos participantes, mas também para novas invenções democráticas. O propósito maior deste trabalho, ao registrar o estágio atual das interlocuções, consiste em abrir novas possibilidades de diálogos e práticas comuns. Que os leitores e as leitoras deste livro sintam-se convidados a participar do mister de inventar e reinventar a democracia!

# Crise induzida pelo neoliberalismo *versus* invenções democráticas

Paul Singer

Farei algumas considerações principalmente sobre democracia. Quero dizer que, para mim, a democracia é a maior conquista da humanidade. Estou, pelo menos desde 1996, promovendo uma forma democrática de fazer economia, que é a economia solidária e frequentemente faço discussões sobre economia solidária e democracia. Costumava dizer, inclusive escrevi sobre isso, que a origem da economia solidária foi a revolução industrial: a invenção das cooperativas, os socialistas utópicos e uma série de outras coisas. Mais recentemente alguém, após ouvir minha interpretação, disse- me o seguinte: olha, não é bem verdade que a economia solidária nasceu no século XVIII ou XIX, pois sempre houve populações indígenas, sempre houve populações tradicionais que praticam a economia solidária. E isso é verdadeiro e me fez repensar. Hoje eu digo, depois de ter escrito alguma coisa sobre isso, que a economia solidária é tão antiga quanto a humanidade.

Marilena fez agora há pouco uma série de relatos contemporâneos,[1] mas a ideia de cooperar, resistir e, mais do que isso, lutar remonta praticamente até o início da humanidade. Os povos indígenas ou aborígenes da África, da Ásia, da Oceania, da América Latina, da América do Norte, todos, sem exceção, são democráticos. Nenhum deles

[1] Este e outros autores referir-se-ão à fala de Marilena Chaui no Colóquio, mas seu texto não consta desta publicação.

oprime as mulheres. Nenhum deles toma decisões sozinho, as decisões são tomadas geralmente em assembleias onde jovens e velhos, homens e mulheres participam. Se isso não é democracia, eu não sei o que é.

O que quero dizer a vocês é que a luta pela democracia nunca termina. É um processo que acompanha a humanidade nos últimos milhares de anos. Marx e Engels se referiam à economia solidária dos tempos pré-históricos como *Urkommunismus*, que significa, quando mal traduzido, "comunismo primitivo", mas na verdade a ideia é do originário, trata-se do *comunismo original*. Por que a humanidade durante tanto tempo praticou ao menos essa forma de democracia? Todas as pessoas tinham de trabalhar para sobreviver. A possibilidade de explorar o trabalho alheio não existia. Os prisioneiros de guerra eram mortos, e alguns povos aproveitavam e os comiam por várias razões. Com a sedentarização, a revolução agrícola que substituiu o extrativismo pela criação agrícola e pela criação de animais, elevou-se nitidamente a produtividade do trabalho, e sempre que há essas transformações em que a humanidade conquista maior capacidade de produção com menos esforço, menos tempo e menos recursos há grandes possibilidades de avanço. Nesse caso, não houve avanço, mas retrocesso, pois inventaram a escravidão. A escravidão aparece com a agricultura sedentária e tudo o mais que se segue. Então povos que eram democráticos e solidários passaram a ter classes sociais distintas. Não só de escravos estrangeiros, que eram sempre prisioneiros de guerra, mas de proprietários que faziam parte da população e dominavam as terras, e assim por diante. Temos provas de lutas de classes na Roma Antiga, e assim vai.

A democracia surge, e surge com uma força enorme, no século XVIII efetivamente, com as duas grandes revoluções. A Revolução Americana, que proclama, ao declarar sua independência da Inglaterra numa luta que durou sete anos, o direito à busca da felicidade. Esta frase da Declaração de Independência dos Estados Unidos até hoje tem um enorme significado. O que quer dizer: "todos nós, que moramos nos Estados Unidos, temos o direito de buscar a felicidade?". É o que os franceses, poucos anos depois, chamariam do direito de todos os cidadãos à liberdade, à igualdade e à fraternidade. Vocês veem alguma grande diferença? Eu não vejo nenhuma. Esses momentos da história foram absolutamente fundamentais. E tanto foram fundamentais que os grandes autores do Iluminismo nos iluminam ainda hoje. E nunca paramos de lutar. E nunca paramos, como Clarita nos mostrou, de perder. É uma luta de vaivém. Todos os casos que a Clarita nos trouxe são perdas que o povo se organiza para recuperar. A última foi a perda da água, tão interessante e importante, mas há outras também.

Por isso as invenções democráticas são resultado de lutas. Mas também resultado de avanços científicos. Hoje estamos falando em invenções democráticas que implicam em uma revolução educacional, uma revolução na psicologia e na psiquiatria para a saúde pública, uma revolução na economia, etc... Essas invenções são revoluções em marcha, e por isso vejo muito futuro para elas. Não vai ser fácil, não, há derrotas, nem todas as lutas são ganhas, mas a maioria é. Eu sinceramente continuo achando que a humanidade avança, com contradições, com dificuldades, mas avança. Nesse sentido continuo tão otimista como sempre fui. É minha condição. A Susan está aqui ainda ou já foi? Uma pena, pois foi ela que me fez ir até o Butão. Devo isso a ela. E foi um enorme aprendizado para mim. Estou com mais de 80 anos, gente. Quando você começa a aprender alguma coisa nessa idade é porque realmente vale a pena. E eu me sinto profundamente feliz por causa disso. Nunca imaginei que a felicidade pudesse ser um objeto de estudo científico. Hoje estou convencido de que a felicidade e a infelicidade são produtos sociais. Não são coisas que a gente sofre ou goza por acaso. Acontece na interação humana. Isso é o que o esforço de Butão mostra muito claramente. Construímos a nossa felicidade pela democracia. Não há nenhuma contradição nisto que estou dizendo. A não democracia produz infelicidade: nós não fomos feitos para ser oprimidos.

Quando eu era menino bem pequeno lá na Áustria, lembro-me da minha mãe, que era viúva, lembro que o maior elogio que se podia fazer a uma criança era ser obediente. Uma boa criança é a criança obediente. Bom, pelo jeito nunca fui uma boa criança, porque nunca gostei de obedecer. Mas a ideia básica da democracia é que somos todos não iguais, mas com a mesma dignidade de ser humano. E ela é tão importante que se vocês pensarem numa revolução democrática, hoje não está tanto na moda, mas ela é interessantíssima. Estou pensando nos zapatistas do México, que colocaram como grande objetivo de sua revolução a dignidade, a reconquista da dignidade humana. Eu diria que isso continua sendo autêntico para os nossos excluídos, aqui em São Paulo que seja, no Rio, no Nordeste. E a prática da economia solidária, a que Clarita referiu-se tantas vezes, é uma prática do resgate humano. E, sinceramente, eu estou nessa não só porque tenho a oportunidade de ajudar a fazer. Estou olhando aqui para o Nicolau Priante e ele faz provavelmente numa escala até maior do que eu. Mas fazemos. É você ver as pessoas, poder conversar com as pessoas. E devo dizer aqui que essas pessoas são geralmente mulheres. Porque as mulheres são oprimidas. E as crianças são oprimidas. Precisamos de democracia para as crianças. O que o Pacheco disse, ele não está mais aqui? Também que pena. A revolução que o Pacheco está trazendo, que a Helena e suas companheiras estão criando. Ele usou a palavra-chave hoje: "comunidade de aprendizagem". Essa palavra foi inventada em Barcelona. O que é uma comunidade de aprendizagem? É uma escola democrática, autogestionária, em que adultos, crianças e adolescentes administram a sua comunidade de aprendizagem, e a escola não tem nenhuma separação com a comunidade humana que a cerca. Então ela é frequentada por adultos que se interessam pela escola, podem ser os pais das crianças, podem ser parentes, podem ser amigos. A escola, em vez de ser uma coisa fechada, disciplinada, pré-programada e assim por diante, é alguma coisa, eu diria um gerador de invenções democráticas. Naturalmente as crianças são igualitárias, não são propensas a brigar, mas pode brigar de vez em quando, claro que pode.

Eu queria dizer meramente o seguinte. Estamos numa das piores crises da história do capitalismo. Ela começou em 2008, e já são cinco anos agora. E há o sofrimento humano que essa crise acarreta em certos lugares. Não é o Brasil, mas é a Espanha, é Portugal. O número de suicídios está aumentando. Clarita usou a palavra espanhola *desahuicio*, que é muito mal-entendida por nós. É despejo, gente. Na Espanha houve uma bolha imobiliária. Houve uma época em que a Espanha estava próspera, e muita gente comprou apartamentos e casas com empréstimos hipotecários. Agora eles não podem pagar mais, porque perderam os empregos. Muitas vezes ele e ela perderam o emprego. Então junto com o emprego eles perdem a casa, eles têm família, o que acontece com eles? Eles se matam. Surge o suicídio econômico. O que é uma monstruosidade, gente. Então eu vejo a luta pela democracia como sendo equivalente à luta contra o capitalismo.

O capitalismo deu uma reviravolta profunda nos anos 1970, e vou tentar explicar o que penso sobre isso, porque aí a história mudou de rumo. Na década de 1970 nós tínhamos conquistado – nós eu digo o movimento operário, se vocês me permitem, que inclui tudo isso de que estamos falando. Nós tínhamos conquistado o chamado Estado do Bem-Estar Social. Significa escola e assistência à saúde gratuitas e universais. Não se paga nada, as pessoas têm o direito do berço até o túmulo de ser partícipes de comunidades de aprendizagem e também o direito de ter o melhor tratamento médico disponível. Isso custa dinheiro. Esse dinheiro implica em aumentar os impostos, alguém tem de pagar isso. Depois da Segunda Guerra Mundial isso tudo foi para a conta dos mais ricos, porque a esquerda ganhou uma guerra mundial.

A única guerra mundial que foi totalmente ideológica foi a Segunda Guerra. A Primeira Guerra foi uma luta entre impérios, e o Império Turco não era nem melhor nem pior do que o Império Russo, que não era nem melhor nem pior do que o Império Austro-Húngaro, e assim vai. A Segunda Guerra foi uma guerra totalmente diferente, foi uma guerra entre democracia e comunismo contra o fascismo, que era contra tudo isso e atacou a Rússia, e deu no que deu. Qual é a importância disso? É que a direita mundial foi derrotada. E já estão surgindo filmes históricos para mostrar, vocês devem lembrar, a enorme quantidade de fascistas e nazistas que tinha em outros países, não só na Itália e na Alemanha. Hess[2] voou para a Inglaterra no início da guerra, enviado provavelmente por Hitler, pois era um homem de sua total confiança, porque havia nazistas na nobreza inglesa. Tinham grande simpatia pelo nazismo, por Hitler, Mussolini, etc.... Na Segunda Guerra Mundial não se sabia exatamente... Hitler atacou a União Soviética para ver se ganharia o apoio dos outros. Hitler não queria a guerra nem com a Inglaterra nem com a França. Ele queria fazer a guerra contra a Rússia naquela ideia maluca de que os alemães precisavam de mais espaço vital. E iria provavelmente até a China, mas perdeu antes. Qual é a importância disso? É que o movimento operário sai muito forte depois da Segunda Guerra Mundial. Depois de toda aquela monstruosidade, em que milhões e milhões de pessoas totalmente inocentes foram assassinadas pela sua etnia, não pela sua religião, mas por quem eram seus pais, avós e assim por diante.

O resultado da Segunda Guerra Mundial foi uma baita derrota da classe dominante. E foi uma compressão da taxa de lucro e isso é verdadeiro. Não foi imediato, não foi em 1950 ou 1960, mas foi na década de 1970. E isso coincide com a descolonização, que também

[2] Trata-se de Rudolf Hess. (Nota de transcrição)

acontece só depois da Segunda Guerra Mundial. Todas as colônias são transformadas em nações independentes e, portanto, passam a ter uma chance de ser democráticas. Mas essas lutas da descolonização acabaram resultando num fenômeno importantíssimo e de que pouca gente se lembra: os dois choques do petróleo, em 1974 e em 1979.

Esses choques lançaram os países não produtores de petróleo em uma situação impossível, pois não se pode abrir mão do petróleo, ele é vital para a vida, como é a energia elétrica. Então o Brasil, por exemplo, tornou-se o mais endividado dos países do Terceiro Mundo. Mas todos os países se endividaram enormemente. O aumento do preço do petróleo causou fortes pressões inflacionárias. E chegamos à hiperinflação aqui no Brasil na década de 1970, depois do "milagre econômico". O resultado foi que a taxa de lucro baixou. Não foi trágico, não foi a ponto de que os capitalistas tivessem de vender suas fábricas, não aconteceu nada disso. Mas de alta que era ela caiu. Esse fato levou a classe dominante inglesa e americana a dar uma forte virada para o passado. Um retrocesso. Eles tiraram da naftalina o chamado "conservadorismo pré-keynesiano". Keynes fez uma revolução, gente, e isso permitiu ao mundo crescer por décadas e a democracia avançar em muitos lugares. O capitalismo voltou para trás. É o que acontece hoje nos países sob austeridade, novamente países endividados que são obrigados a cortar profundamente o gasto público à custa dos trabalhadores e só dos trabalhadores, pois ninguém mais paga essa conta a não ser a classe operária, diretamente os funcionários do governo e indiretamente os usuários. Estão privatizando a saúde pública, gente. Estão privatizando a educação pública. Há crises que decorrem disso na Espanha, em Portugal e em outros países também. A luta está declarada.

Acho que essa crise não vai passar. Eu me enganei totalmente, não tenho vergonha de dizer isso, porque no início da crise, em 2009, o mundo inteiro fez o que Keynes recomendou: aumentem o gasto público, façam com que surjam mais demandas para que não haja uma queda trágica da produção, do desemprego, do sofrimento, do suicídio e assim por diante. Só que os países que fizeram isso e saíram logo da crise ficaram com uma dívida pública grande. E os bancos que foram resgatados da crise financeira de 2008 financiaram. Financiaram porque eram bonzinhos? Que nada. É porque é uma dívida que provavelmente nunca deixará de ser paga. Pois bem. O que vimos a partir desse ponto? Os bancos, chefiados pelo Banco Mundial, pelo Fundo Monetário Internacional e pela Comissão da União

Europeia, obrigam os países a fazer a bendita ou maldita austeridade, que é o contrário da política keynesiana. E isso foi predito.

Quando a Grécia, o primeiro país a entrar na crise, foi obrigada a mandar não sei quantos funcionários embora, foi obrigada a cortar os salários dos funcionários que não foram mandados embora, a cortar o máximo para pagar os juros de uma dívida muito grande que eles tinham escondido, todos nós (digo os economistas não neoliberais) sabíamos que a crise teria de voltar. Levei tempo para acreditar que isso estava acontecendo. Nunca vi um negócio tão absurdo. Só que agora se generalizou. A Inglaterra está em recessão. A Itália está em recessão. A Espanha. Quer dizer, mais da metade da Europa. Onde não há recessão? Só na Alemanha e talvez nos países escandinavos, os chamados países do Norte. Não sei bem por que, mas sorte para eles.

O fato fundamental é este: o mundo, a humanidade (desculpem falar em termos tão amplos), mas, mais modestamente, a esquerda, que tem uma proposta fundamentalmente democrática, está à procura de uma utopia. Não dá para apenas criticar. Há muita coisa para criticar, e deve ser feita a crítica, mas isso não mostra *o que fazer*. Então, acho que a solução para a crise capitalista se chama *democracia*. Democracia e economia solidária. Democracia e educação democrática. Estou tentando dizer a vocês que o nosso futuro é um futuro importante não porque eu queira dizer que nós vamos ganhar todas, mas porque nós podemos efetivamente criar outra democracia que seja menos representativa e mais participativa. Isso já está bem estudado e há muitas experiências em andamento.

Quero terminar (desculpe por falar tanto) dizendo meramente isto: cada vez que nós inventamos alguma coisa no campo da democracia, essa invenção passa a ser conhecida, passa a ser imitada. E onde ela é imitada não é igual ao que inventamos. Isso significa uma nova invenção. Eu estou olhando aqui para o Nicolau, que é um dos nossos mais fecundos inventores de democracia. Eu sinceramente sou seu admirador, você sabe disso, pelo que vocês estão fazendo no Mato Grosso. Eu espero que cada vez mais no país e no resto do continente, porque é realmente muito bom. Mas há outros inventores, e essas revoluções democráticas tendem não só a continuar, mas também a se alimentar mutuamente. Para terminar: estamos construindo um outro mundo, estamos construindo uma outra sociedade, a democracia imperfeita e incompleta que temos nos dá espaço para isso, e esse capitalismo infeliz porque retrógrado nos dá toda a motivação de que precisamos. Obrigado.

# O presente e o futuro das invenções democráticas[1]

Clarita Müller-Plantenberg

Tradução de Cristina Antunes e David Calderoni

Vejamos os espaços que se abriram para autogestão e democratização de vida e trabalho no passado. São muitas vezes ocultos, ou seja, não percebidos publicamente. Mas estejamos atentos, analisando as condições para que sejam cada vez mais influentes no espaço e no tempo. Como podem apontar para uma hegemonia que abarca todas as atuais e futuras relações da sociedade, incluindo suas atividades econômicas que dependem de sua relação com a natureza![2]

Sem dúvida esses espaços para invenções democráticas sempre têm de ser conquistados. Abriram-se pelas lutas das resistências europeias contra o fascismo[3] e pelas resistências latino-americanas contra as ditaduras. Aprendemos que os mesmos valores guiavam muitos homens e mulheres para se entregarem à luta: "em favor do 'fortalecimento de suas sociedades', 'maior autogestão de comunidades e empresas', 'contra os

[1] Portando os sinais da admirável militância internacionalista da autora e das circunstâncias interlocutórias do seu engendramento e publicação, este texto traz as marcas do fato de ter sido vertido para o português após haver sido escrito e apresentado oralmente em espanhol por uma pesquisadora alemã num colóquio com representantes de oito países. (N.O.)

[2] No sentido da "Sociologia do Oculto" e da "Sociologia do Futuro" que postula Boaventura de Sousa Santos em sua reflexão sobre o rol do Foro Social Mundial no caminho para uma globalização contra-hegemônica (SANTOS, 2006, p. 154).

[3] Há 80 anos – em Portugal e na Espanha até há apenas 40 anos (1974-1975).

monopólios', 'proteção às minorias', para (re)estabelecer a 'democracia'" (MÜLLER-PLANTENBERG; PERELS, 2008).[4]

O golpe violento no Chile há 40 anos – está sendo comemorado nesses dias – foi a precondição para implantar o modelo de política neoliberal que hoje se está copiando na Europa, promovendo uma política de austeridade feroz na Grécia, Itália, Espanha, em Portugal e outros países. Esse modelo neoliberal causa lutas de resistências – que perspectiva têm para abrir espaços de autogestão e democratização hoje e amanhã?

Apesar de hoje termos "democracias liberais" nos países citados, estas têm limites: os aparatos militares, os serviços de inteligência e as grandes empresas transnacionais são entidades não democráticas dentro dessas democracias. Agnes Heller, filósofa húngara, postula que a democracia sempre tem que se renovar para superar seus paradoxos e prestar homenagem a suas extremas fraquezas. Na Europa (Ocidental) – ela constata – houve um momento de renovação democrática e reconstituição de liberdades nos anos 1960 pelo movimento estudantil alemão, como também pelo movimento estudantil e operário francês e pelos movimentos estudantis de outros países (HELLER, 1999, p. 12).[5] Atualmente homens e mulheres se mobilizam por várias causas em países de diversos continentes, pois querem ser reconhecidos como cidadãos com direitos tanto políticos como econômicos, sociais e culturais.[6] Os cidadãos querem que se estabeleçam e cumpram direitos humanos, direitos de minorias, direito internacional. Sua esperança e seu compromisso colocam a pergunta: quando as invenções democráticas conseguem abrir perspectivas estratégicas?

É preciso buscar exemplos de "invenções democráticas" atuais e verificar se eles se demonstram capazes de contribuir para futuras estruturas

4 No Brasil há quase 50 anos nasceu a resistência contra a ditadura. Os espaços democráticos conquistados foram afirmados na Constituição Brasileira, que foi aprovada pouco depois dos 21 anos de ditadura.

5 As informações do "*whistleblower* Snowden" acerca da NSA confirmam o que diz.

6 Ver os pactos das Nações Unidas acordados unanimemente em dezembro de 1966 pela Assembleia Geral. O Pacto Civil foi ratificado por 167 estados, e os estados-membros têm de entregar periodicamente informes ao Comitê de Direitos Humanos das Nações Unidas. O Comitê de Direitos Humanos pode receber e negociar queixas individuais de cidadãos de estados que tenham assinado o protocolo adicional. O Pacto Social está sendo vigiado pelo Comitê das Nações Unidas para os Direitos Econômicos, Sociais e Culturais. Foi ratificado por 160 estados. Em 2008 se estabeleceu um protocolo adicional que possibilita uma queixa individual.

democráticas hegemônicas frente à política econômica neoliberal,[7] suas tecnologias de risco,[8] ou seja, sua relação com a natureza, seu "modo de uso" dos recursos água, terra, energia.[9] Nessa contribuição ao debate, olharemos primeiro invenções democráticas em empresas industriais e em empresas agrárias,[10] que são parte de uma alternativa. Em seguida, olharemos os movimentos e suas invenções democráticas frente à política de austeridade na Grécia, Espanha e em Portugal para perguntarmos se nesses países há invenções que abrem perspectivas a estruturas democráticas. Finalmente, vamos nos referir a empresas de economia solidária que buscam um caminho sustentável e democrático para recuperar a relação da sociedade com a natureza, resistindo às tentativas de privatização de água, energia e terra.[11] Segue apenas um esboço do tema. Dou exemplos e trato de tirar algumas conclusões para um debate.

## Lições ministradas por empresas de economia solidária

O poder operário foi capaz de construir e manter empresas de economia solidária e até regiões inteiras nas quais a propriedade era comum, as relações de trabalho eram igualitárias e o desenvolvimento de tecnologias se dava com base em decisões comuns, buscando o bem-estar das comunidades e sociedades de seus respectivos entornos naturais.

As experiências que sobreviveram e continuam fortes demonstram que, construindo as empresas, os sócios entram em processos intensivos de investigação de sua região, dos recursos a utilizar, das alianças a fazer, dos exemplos de vanguarda a considerar. Iniciaram processos de ensino recíproco com outras iniciativas e empresas, construindo então,

7 No que significa para a concentração de propriedades, relações de trabalho.

8 Energias fósseis, energia atômica, organismos geneticamente manipulados, etc.

9 Ver Gadgil; Guha (1992, p. 12-13). Esses autores complementam o conceito de "modo de produção" com o de "modos de uso de recurso", ou seja, com os termos nos quais a sociedade se insere em seu entorno natural, do qual eles apontam "solo, água, bases animal, mineral e vegetal da sociedade".

10 Dos últimos decênios, sem pretender apresentar a totalidade – para ficarmos cientes das amplas expectativas humanas, com um breve esboço de suas dimensões sociopolíticas, ecológicas e culturais, incluindo a importância que se deu à sua relação com a natureza, já que não há, até hoje, um trabalho que faça uma resenha e uma avaliação rica disso.

11 Nos termos do "ecologismo dos pobres" que se expressa em seus conflitos ambientais e suas linguagens de valoração (ALIER, 2010).

no curso de decênios, consórcios de cooperativas, redes ou cadeias solidárias de empresas de economia solidária. O exemplo mais conhecido é o Consórcio Cooperativo de Mondragón (MCC) no País Basco, na Espanha. Ali, um trabalho de formação do sacerdote Arizmendiarrieta foi iniciado com um grupo de filhos de operários durante os anos 1940, em plena ditadura franquista, os quais, mais tarde, criaram uma escola politécnica. Finalmente, depois de 16 anos, formaram sua primeira cooperativa denominada Ulgor, inicialmente fábrica de estufas, hoje de geladeiras, cozinhas e máquinas lavadoras. Atualmente, algo em torno de 80 mil trabalhadores que formam a MCC não têm rescisões. Também as empresas insolventes assumidas por seus operários nos anos 1970 podem nos ensinar muito, tal como o caso da fábrica de relógios LIP, em Besançon, na França, a fábrica têxtil Vanytex, em Bogotá, na Colômbia, a manufatura de cristais Süssmuth, en Immenhausen, na Alemanha, entre outras. No entanto, apesar da ampla solidariedade, não sobreviveram, porque não formaram redes solidárias sólidas, nem surgiram iniciativas de formação. Todavia, Ardelaine, uma cadeia solidária têxtil no departamento Ardèche, na França, é um exemplo que está nos mostrando como uma empresa de economia solidária iniciada em 1975, que, ao mesmo tempo, vem a ser escola de formação de jovens, tornou-se motor do desenvolvimento regional, incluindo mulheres migrantes que chegaram a ser parte de sua cadeia solidária.[12]

Inclusive os trabalhadores da Lucas Aerospace, fábrica inglesa de armamento, mostraram nos anos 1970 que seria possível uma alternativa. Os operários dos sindicatos locais das 15 empresas da Lucas Aeroaspace (Shop Stewards Combine Committee – SSCC) lutaram bem inter-relacionados. Queriam transformar a produção de guerra em uma produção socialmente útil, pensando também que assim poderiam conseguir um aumento de salário e manter seus postos de trabalho; literalmente, é uma invenção democrática. Conseguiram desenvolver coletivamente o Plano Lucas, mas falharam na tentativa de pôr em prática uma empresa de economia solidária por intransigência da direção. Pode-se aprender com suas falhas.[13] Outra iniciativa de trabalhadores em Chicago, nos

[12] Ver Barras (2003).

[13] Ver Doyle (2006). Um caso paralelo no sentido de querer mudar para um produto socialmente útil foi o sindicato de base da fábrica Perlac em cooperação com outros sindicatos de base de Cordon Cerillos/Chile nos anos 1972/1973.

Estados Unidos, abre as perspectivas da economia solidária além de sua região, o Center for Labour and Community Research (CLCR). Buscam condições para os trabalhadores receberem a renda de suas fábricas insolventes em cooperação com a municipalidade, aconselham a municipalidade e formam uma escola politécnica. Mantêm relações e intercâmbios de trabalho, entre outros, com Mondragon e com o movimento de ES [Economia Solidária] do Canadá.[14]

Marinaleda, um povoado no sul da Espanha, é um exemplo reconhecido, porque todos ali conseguiram manter casa e trabalho. Os diaristas iniciaram no começo dos anos 1990 – depois de uma grande luta em seu sindicato regional – uma cooperativa agrícola e uma indústria para processar produtos.[15] Voltaremos a esse exemplo mais tarde.

Vejamos também o poder de pequenos produtores: seringueiros, quilombolas, indígenas, que dividem um território comum, relações de trabalho igualitárias, decisões em favor de tecnologias sustentáveis e, muitas vezes, capacidade de manter conhecimentos, tanto tradicionais como atuais, acerca do uso biodiverso e sustentável da flora e da fauna. Constituem grupos de inestimável importância para seus ecossistemas e sua biodiversidade.[16] São donos ou usuários de Territórios de Economia Solidária. Quase sempre têm de se defender contra interesses estrangeiros do grande capital, que saqueia um recurso a curto prazo sem respeitar direitos territoriais adquiridos pelos povos indígenas ou pelos quilombolas ou os direitos de uso dos seringueiros, pescadores ou coletores. Refiro-me, por exemplo, à história dos seringueiros da RESEX [Reserva Extrativista] Chico Mendes (no Estado do Acre, no Brasil), ao Quilombo Boa Vista, em Trombetas (no Estado do Pará, no Brasil), ao Resguardo Caimán Nuevo, dos Kuna, na Colômbia, a Sarayaku, no Equador, território dos Quíchua. Há uma necessidade imperiosa de

[14] Ver <http://www.mfgren.org/who-we-are/history>.

[15] O característico dessa experiência é a militância no sindicato agrário e sua capacidade de legalizar o território ocupado. Também é possível nomear aqui os grupos solidários que ocupam territórios e iniciam produção agrícola, mas seus direitos continuam não sendo assegurados, como é o caso de Kan Pascual, perto de Barcelona, na España. Ver Ling (2010, p. 4) e *ak – Zeitung für linke Debatte und Praxis*, n. 545, 18 dez. 2009.

[16] Ver ampla literatura de antropólogos e etnobiólogos sobre diferentes povos indígenas, como do antropólogo colombiano Gerardo Reichel-Dolmatoff (Desâna e outros) e os etnobiólogos Warwick Kerr (Kayapó e outros) e Darrell Posey (Kayapó).

desenvolvimento e monitoramento legal e apoio àqueles que asseguram sua relação cuidadosa com a natureza, mantendo e aumentando a diversidade, protegendo os ciclos da água, garantindo e aumentando a qualidade dos solos. Com todas essas atividades e seus conhecimentos, fazem uma contribuição valiosa à manutenção da atmosfera.

O desenvolvimento legislativo em diferentes países com diferentes situações históricas e os movimentos sociais podem nos alertar sobre como é possível apoiar a formação de empresas de economia solidária, de bem-estar social, de postos de trabalho. Refiro-me, por exemplo, à Lei Marcora[17] e às leis de cooperativas de serviços na Itália.[18] Uma tarefa imprescindível para o futuro é o monitoramento dos pactos e convenções, dos estudos de impacto ambiental[19] e de seu cumprimento, dos direitos humanos, direitos de minorias, para salvaguardar as comunidades com economia solidária e favorecer sua capacidade de consolidar empresas de economia solidária para que possam se arraigar frente às múltiplas ameaças.

## Austeridade e invenções democráticas: Grécia, Espanha e Portugal

A política do choque no Chile em 1975, com sua repentina abertura ao mercado internacional, levou à desindustrialização e tornou metade da população desempregada ou mesmo empregada de forma precária. Empresas de economia solidária foram estabelecidas. Luis

[17] Sobre a Lei Marcora, de 1985, ver Giorgi (2011, p. 102-103): "A ideia era: em vez de subsídio de desemprego durante possivelmente muitos anos [...], é preciso colocar a soma à disposição dos trabalhadores [...] se queriam recuperar a empresa insolvente transformando-a em uma cooperativa [...]. Esse gasto público ia se transformar imediatamente em trabalho produtivo e não na perda de conhecimentos profissionais e de empresas. Ademais, a inversão ia ser reembolsada pela cooperativa quando houvesse se estabelecido de modo exitoso [...] A soma ia ser entregue como capital de risco da cooperativa iniciada através de uma Sociedade de Participação Financeira (Companhia de Financiamento Industrial – CFI), ela mesma uma cooperativa de 300 cooperativas de produção existentes. Desse modo, foi possível aconselhar a nova cooperativa de forma muito competente com a experiência de centenas de cooperativas de produção".

[18] Lei de Cooperativas de Serviços Itália 381/1991, Lei para Fundo de Reciprocidade 59/1992 e Lei da Pequena Cooperativa 266/1997.

[19] Ver Müller-Plantenberg; Saber (2002).

Razeto explica: "A derrota histórica do movimento popular levou-me a conceber a necessidade de repensar tudo, desde o início e sem tomar nada como certo [...] desenvolvemos um novo entendimento da 'crise orgânica' da civilização moderna, e a partir disso chegamos a postular que a transformação social necessária deveria enfocar a perspectiva de construir uma nova civilização, superior à existente".[20]

Em inícios dos anos 1990, o número de desempregados no Brasil duplicou com a política de choque neoliberal do presidente Fernando Collor, que se manteve na presidência apenas por dois anos. Um movimento de construção de empresas de economia solidária respondeu a esses acontecimentos para impedir o desemprego, a desindustrialização e a polarização da sociedade, iniciando-se a luta pela recuperação de empresas por seus operários. Em muitos países europeus, não apenas aprendemos sobre o processo brasileiro que estruturou os processos pedagógicos, econômicos, psicológicos e sociais, mas, além disso, aprendemos politicamente a forma de cooperação entre os foros regionais de economia solidária e sua Secretaria Nacional, à procura de outra lógica de relacionamento entre pessoas, empresas, sociedade e poder público com a natureza.

Os países europeus endividados estão forçados pelo FMI, pelo Banco Central Europeu (BCE) e pela Comissão Europeia (chamados de Troika) a seguir uma política de austeridade, privatizando bens estatais em parte ou na totalidade – por exemplo, empresas estatais de água, empresas de energia, portos, aeroportos, áreas desportivas, rodovias, serviços públicos de saúde e outros bens de infraestrutura, reduzindo subvenções a bens e serviços de consumo básico.

## Grécia: "de berço a farsa de democracia"?[21]

A Grécia teve uma reforma agrária que deixou uma estrutura relativamente igualitária de pequenas propriedades no campo. Em 1922, o Estado entregou propriedades a centenas de milhares de famílias e não lhes cobrou impostos. Todavia, desde 2011 o Estado está cobrando

[20] Ver <http://www.luisrazeto.net/content/una-presentaci%C3%B3n-muy-personal-de-mis-escritos>.

[21] Ver Völpel (2013, p. 4).

impostos que entram diretamente no pagamento de dívidas.[22] Uma nova concentração de propriedades agrárias está se efetuando.

Com a criação do Mercado Comum Europeu, o turismo ganhou ainda mais força;[23] contudo, 10 anos depois de adotar uma moeda comum, pode-se constatar uma desindustrialização. Nos anos 2010-2012, 170 mil pequenas companhias entraram em insolvência. Quase um terço da população está sem trabalho, e mais da metade da juventude com menos de 25 anos. O Estado baixou o rendimento dos trabalhadores públicos em 45%, em média. Os preços da gasolina, da água e da eletricidade têm subido – mensalmente está sendo cortada a eletricidade de 30 mil casas das pessoas que não podem pagar.[24] Mais de um terço da população grega já não tem seguro de saúde.[25] Muitos emigram.

Imigrantes perdem seu status legal na Grécia, uma vez que perdem seu trabalho. Ali teve início uma inovação democrática: um trabalho de saúde em forma gratuita para os que não têm seguro – migrantes sem documentos. Agora o trabalho se ampliou para todos os cidadãos gregos que também já não têm seguro. Em setembro de 2012 eram quatro clínicas de consultas solidárias, e em junho de 2013 já existiam 35 e hoje são 40 que prestam serviços de saúde. O pessoal voluntário mantém seu trabalho remunerado em outra parte para ganhar a vida. Desses serviços solidários, a clínica em Tessalônica é a mais conhecida.[26] Os pacientes que usufruíram de tratamento nessas clínicas muitas vezes continuam comprometidos com ações solidárias em seu âmbito. Também existem escolas solidárias para filhos de migrantes que não têm nenhum apoio.

Foram criados mercados solidários abastecidos por aproximadamente 3.500 camponeses, onde algo em torno de 20% da população está comprando diretamente com vantagens para ambos os lados,[27] já

[22] E os obriga a prestar contas, o que antes não tinham que fazer, porque a economia era, em parte, recíproca entre camponeses em situações similares.

[23] Em 2013, por exemplo, havia mais turistas do que nunca antes observado.

[24] Disponível em: <www.labournet.de/category/internationales/griechenland>. Acesso em: 25 ago. 2013.

[25] Ver Elje; Popelard; Vannier (2013, p. 14); Rimbert (2013, p. 17).

[26] Ver Völpel (2013, p. 3). São até 200 pessoas cooperando voluntariamente com uma clínica ou uma consulta, já que cada um tem de ganhar a vida com outra atividade.

[27] Aparecem aqui também problemas com comerciantes, por exemplo, na ação de batatas (SERALIDOU, 2012, p. 5).

que os camponeses conseguem preços mais altos, e a população, preços mais baixos. Além disso, são organizadas compras adicionais na ação Juntos Conseguimos: pessoas que compram em supermercados oferecem o adicional às cozinhas e mesas solidárias de paróquias ou comunidades necessitadas.

Há também várias cooperativas operárias formadas pelos operários de fábricas insolventes, entre as quais a empresa de materiais de construção Vio.Me, com 38 operários, é a mais conhecida. Se o dono for embora, os trabalhadores não podem continuar produzindo os produtos anteriores, porém produzem detergentes biologicamente degradáveis. Comercializam-nos através de estruturas de solidariedade no nível do país, porque o Estado ainda não deu a acreditação à cooperativa.[28] Estão sendo divulgados nas diferentes cidades e são feitos concertos de solidariedade para os operários da Vio.Me. Ou seja, recebem amplo apoio por sua estratégia de autogestão: não só apoio material, como também conselhos que ajudarão a planejar a futura distribuição, o que ajudaria o autofinanciamento.

Há uma tentativa de coordenar e apoiar as múltiplas iniciativas que vão se formando. Gregos membros dos diferentes empreendimentos viajam para informar diretamente o público europeu. Dirigentes de movimentos europeus, incluindo dirigentes sindicais, organizações não governamentais e personalidades políticas e culturais de todo o continente chegaram à Grécia para afirmar sua solidariedade na cúpula alternativa: "Para uma Europa democrática, social, ecológica e feminista – juntos lutamos por dignidade e democracia".[29]

Ao mesmo tempo, aumentam a hostilidade e o neofascismo frente aos migrantes.[30] Sobe o número de viciados em drogas. Anualmente, há 500 tentativas de suicídio, das quais 10% são suicídios efetivos.[31]

[28] Disponível em: <www.labournet.de/category/internationales/griechenland>. Acesso em: 25 ago. 2013. Um banco cooperativo argentino ofereceu apoio aos trabalhadores da Vio.Me, o que eles não puderam aceitar por ainda não ter a autorização legal para gerir a fábrica.

[29] Ver <www.altersummit.eu>; <http://www.labournet.de/category/internationales/griechenland/>. Acesso em: 25 ago. 2013; Kumpe (2013, p. 5); Völpel (2013, p. 4).

[30] Ver Paradopoulos (2013, p. 9).

[31] Ver Thelen (2013. p. 5); <http://www.labournet.de/category/internationales/griechenland/>. Acesso em: 25 ago. 2013.

Mas existe também o Solidariedade para Todos (solidarity4all). Foi criado para fomentar redes solidárias mais eficientes e para animar a criação de ações e empreendimentos de economia solidária em todas as partes e criar autoconfiança através da autogestão. Fala-se de 300 projetos em junho de 2013. Contam com o apoio inicial do Syriza, um partido de esquerda cujos 71 deputados iniciaram um fundo com base em 20% de seus rendimentos. A resistência na forma de invenções democráticas está superando diariamente a imaginação mais audaz dos que se autorresponsabilizaram como incubadoras. Ao final de 2000 já se falava de um total de aproximadamente duas mil iniciativas de seis diferentes setores: fornecimento de alimentos e serviços de saúde, educação, atividade cultural, conselho legal e economia solidária.[32]

Aqui, um exemplo cultural de invenção democrática através de um trabalho sociocultural: há anos, Tasos Halkiopoulos, junto com um amigo seu, iniciou ações para criar lugares de recreação de crianças e adultos, chamados de "parques de bolsão", junto com a população do respectivo bairro. Os grupos, com participantes de muitas profissões em diferentes cidades – artistas gráficos, etc. –, iniciaram essas ações nos fins de semana, fora de seu trabalho. Chamam-se, segundo sua cidade, "atenistas", "tessalonistas" "patrinistas" ou "minoístas", com o lema "Cooperar em vez de se queixar". Procuram propriedades abandonadas, praças ou pequenos parques descuidados e iniciam, em equipes de 40 a 60 pessoas, um intenso trabalho de jardinagem, pintura, instalação de jogos infantis, etc., ao qual os cidadãos podem aderir. Quando cooperam, há boa chance de que continuem cuidando do parque. Resumem suas ações da seguinte maneira: "Possivelmente, nossa maior façanha é que também temos mostrado a outros que é possível. Você só precisa de ideias e boa vontade para realizá-las" (Seralidou, 2013, p. 5).

Muitos problemas surgem em consequência das intervenções estatais. Em um centro de solidariedade em Volos, na Tessália, criou-se uma moeda social, o "tem", e assim se pôde criar um sistema de intercâmbio; por exemplo, um quilo de batatas custa 1 "tem". Pode ser trocado por cuidar de uma criança durante uma hora, o que também custa 1 "tem". Quando isso foi crescendo, o Estado cogitou em cobrar

[32] Enviar propostas para uma campanha de solidariedade internacional para a Grécia: <solidarityforall@gmail.com>.

impostos para os produtos e serviços intercambiados. Até agora, no entanto, não conseguiu se impor.

Entidades estatais também criticam que as cozinhas sociais não coincidem com as necessárias condições sanitárias e licenças. A resposta das cozinhas sociais foi uma comida comunal imensa, em que muitos cozinhavam juntos e postulavam que "poderiam prender todos eles" (Katerini, 2012).

## Espanha: "empresários, bancos e governo conservador – Bruxelas e Berlim não conhecem limites"[33]

O estado social decaiu rapidamente. Privatizando e cortando empregados do trabalho se desfaz o serviço público de saúde, que depois da era de Franco conseguiu uma alta qualidade para os cidadãos. Busca-se um milhão de assinaturas para a manutenção dos hospitais públicos, ações com empregados do serviço de saúde com comitês de bairro. Pretende-se cortar 7,2 bilhões de euros. Demonstrações da "Maré Branca" (empregados e usuários do sistema de saúde) em 16 cidades espanholas com um total de 600 mil pessoas tratam de defender o sistema de saúde pública – conquista da construção democrática depois da ditadura franquista – contra a privatização.[34]

A educação sofre com o corte de 90 mil postos de trabalho em escolas públicas, enquanto eram apoiadas as escolas particulares. Os professores se mobilizaram em greve nacional.

Da televisão pública regional foram despedidos mais de 800 funcionários dos 1.200 existentes, o que foi declarado ilegal no juízo do trabalho; no entanto, o governo regional se nega a contratá-los novamente.

Sob o governo Rajoy, do Partido Popular, já foram despedidas muito mais de um milhão de pessoas. No total, há mais de seis milhões sem trabalho, ou seja, 26,7% da população, sendo 55,7% entre os jovens com menos de 25 anos.

Aqueles que haviam comprado casas à base de financiamentos tiveram que adquirir hipotecas de seus bancos espanhóis quando não

[33] Ordem dos sindicatos CCOO e UGT; ver Wandler (2013, p. 3).

[34] Disponível em: <www.labournet.com>. Acessos em: 21 dez. 2012, 4 fev. 2013, 18 fev. 2013.

podiam pagar os seus créditos. Foram desalojados desses lugares quando não podiam pagá-los e, além disso, mantiveram as dívidas,[35] enquanto os bancos foram salvos com bilhões dos impostos. Desde 2008 até finais de 2012, são mais de 200 mil os grupos afetados – formaram a Plataforma dos Afetados pela Hipoteca (PAH), que se juntou com o movimento dos indignados do dia 15 de maio (15M), o que facilitou mais união no nível nacional e, portanto, uma resistência efetiva. Com eles se juntam os Juízes para a Democracia (JpD). Em novembro, a Advocacia Geral do Tribunal de Justiça da União Europeia emitiu um parecer no qual acusa "a lei espanhola de despejos" de violar a normativa comunitária por não garantir uma proteção eficaz dos consumidores frente a possíveis cláusulas contratuais abusivas nas hipotecas. Quando os bancos espanhóis, no final de novembro de 2012, suspendem por dois anos os despejos de pessoas que se encontram em situação extrema de necessidade,[36] os JpD pedem "que as medidas sobre despejos tenham efeitos retroativos".[37] Além disso, o porta-voz do JpD convence os juízes espanhóis a levarem em conta a acusação do Tribunal de Justiça da União Europeia e pede a eles que "suspendam automaticamente todos os despejos e os procedimentos hipotecários diante das dúvidas razoáveis sobre sua legalidade". "Pedimos aos juízes que paralisem tudo. Está sendo possível tramitar procedimentos que seriam nulos segundo as leis europeias". Num ato público em dezembro de 2012, as associações de juízes e fiscais, a advocacia espanhola, sindicatos, organizações de consumidores e usuários e parte do coletivo de secretários judiciais assinalaram sua decisão de defender a Administração da Justiça. Além disso, constitui-se uma Plataforma Justiça Para Todos.[38] A carreira judicial, a carreira fiscal ou os secretários judiciais também levantaram a voz contra o

[35] Enquanto nos Estados Unidos os proprietários insolventes privados podem se livrar da dívida, na Espanha, quando não foi vendido em leilão, o banco só paga a metade, e os ex-donos têm que pagar o resto com juros que sobem até 30%.

[36] Ian Brat e Christopher Bjork. *Wall Street Journal*, 12 nov. 2012. Ver LabourNet Germany, "A resistência contra os despejos obtém os primeiros êxitos" (disponível em: <http://www.labournet.de/>. Acesso em: 22 dez. 2012.

[37] Juízes para a Democracia: comunicado de 10 de novembro 2012, citado em <http://www.labournet.de/>. Acesso em: 15 nov. 2012.

[38] Disponível em: <http://porunajusticiadetodos.wordpress.com>. Acesso em: 30 ago. 2013.

drama dos despejos. A União Progressista de Secretários Judiciais pede o cancelamento da lei hipotecária para aprovar uma nova norma que preveja fórmulas de acordos de pagamento.[39]

A Iniciativa Legislativa Popular antidespejos (ILP) dos cidadãos espanhóis, com 1,5 milhão de assinaturas, consegue, em fevereiro de 2013, que o Parlamento trate de sua iniciativa; o Partido Popular está sob pressão devido a acusações de corrupção, e as pessoas ameaçadas por despejos haviam se suicidado.

As lutas operárias na cidade e no campo são mais frequentes por parte dos sindicalistas de base em toda a Europa. Também se autodenominam "assembleístas", porque estão interessados em democracia através de autogestão, ou seja, a participação de todos nas assembleias. Muitos deles são anarcossindicalistas, que buscam junto com outros, além das fronteiras nacionais, a defesa dos direitos dos trabalhadores que se veem colocados em perigo por interesses neoliberais em toda a Europa e em todo o mundo. Suas ações diretas são demonstrações para informar sobre sua luta e conseguir aliados, efetuar ocupações e assegurar a soberania alimentar.[40]

Produzem-se paralisações nacionais também na Espanha em setembro de 2010 e março de 2012. Na paralisação de março participam cerca de 77% dos empregados juntamente a estudantes. Eles protestam contra a política de poupança, quando o desemprego no país subiu até 25%, e o dos jovens, em torno de 50%.[41]

Os mineiros de várias províncias espanholas declararam greve indefinida desde o dia 31 de maio de 2012, já que o presidente[42] determinou cancelar 64% das subvenções estatais para a minera-

[39] Do Conselho Geral da Advocacia Espanhola, e do Conselho de Consumidores e Usuários, UGT, CCOO e CSI. Ver: "Kaosenlared: Juízes, fiscais e advogados se mobilizam contra as reformas de Galardão", 11 dez. 2012. Ilan Brat e Christopher Björk, *Wall Street Journal*, 12 nov. 2012. Essa lei data do recente século XX.

[40] Ver <http://de.labournet.tv/video/5877/treffen-von-basisgewerkschafterinnen>. Sindicatos de base CUB e USB, da Itália, Intersindical Alternativa, da Catalunha, Confederação Federal de Trabalho, da Espanha, e SUD Solidaires, da França, se reuniram anualmente desde 2008, e em 2010 veem também outros sindicatos de base: FAU, da Alemanha, e SUD, da Suíça.

[41] Disponível em: <www.labournet.tv>. Acesso em: 8 maio 2012.

[42] Em contradição com o que havia prometido anteriormente no Plano Geral de Mineração.

ção, o que coloca em perigo oito mil postos de trabalho. Junto com suas famílias, informam sobre sua situação precária e bloqueiam rodovias e trajetos de trens. No confronto com a polícia e a Guarda Civil, defendem-se com foguetes fabricados por eles mesmos e com pedras. No dia 22 de junho, os grevistas iniciam uma marcha para Madri, onde chegam três semanas depois e são recebidos por centenas de milhares de entusiasmados.[43] O conflito mineiro culminou em uma greve geral. A União Geral dos Trabalhadores (UGT) e as Comissões de Trabalhadores (CC OO) convocaram uma paralisação na segunda-feira, 18 de junho, em todos os setores das comarcas mineiras de Astúrias, Castela e Leão e Aragão. Os sindicatos intensificaram, assim, os protestos que voltaram a provocar interdições nas estradas asturianas e leonesas e na linha ferroviária que une o Principado a Madri (Guede, 2012). O setor é pouco competitivo. O carvão está sendo importado e minas estão sendo fechadas. Um ano após a histórica Marcha Negra, a situação piorou drasticamente, como relatam os mineiros, prefeitos e sindicatos. O governo não respondeu. Mineiros e famílias mineiras têm recebido ordens para saírem de suas casas, com perda de banco de alimentos e de contas solidárias, e empresas têm sido ameaçadas de insolvência. Mais uma vez, ocorreu uma paralisação em outubro de 2013 devido a um acidente em uma mina, com cinco mineiros mortos. Não houve, como no País Basco, incubações de empresas conforme as necessidades regionais, juntamente com as inovações tecnológicas. Entretanto, houve cancelamento de subvenções que conduziram à exclusão.

Quando a companhia aérea espanhola Iberia despede 3.800 de seus 20 mil empregados, os seis sindicatos que representam 93% da planilha convocam uma paralisação de 15 dias em toda a Espanha para o dia 19 de fevereiro de 2013. De fato, todos participaram. Em sua reunião de 6 de fevereiro de 2013, a Comissão dos Trabalhadores "Assembleístas" (da Assembleia) exigiu que qualquer acordo tem que ser votado por uma assembleia.

Além desses conflitos, na raiz do crescente número de pessoas despedidas há o emprego ilegal do "trabalho escravo moderno" e

[43] Disponível em: <www.labournet.tv>. Acesso em: 16 jul. 2012.

exploração na agricultura industrial nas fronteiras da Europa, no "Ejido",[44] que fica na região de Almeria, na Andaluzia, onde cerca de 70 empresas agrícolas produzem anualmente 1,3 milhão de toneladas de frutas e legumes com aproximadamente 80 mil operários e operárias, a maioria imigrantes, em quase 50 mil hectares de cultivo intensivo industrial. O Foro de Cidadãos Europeus (EBF) observa essa região depois de conflitos raciais com trabalhadores do Marrocos, em 2000, e manda uma delegação internacional em 2006. Isso aconteceu um ano depois do assalto aos alambrados de Melilla e Ceuta, que chocaram o público europeu. Foi também um ano depois do assassinato de um membro do Sindicato de Operários do Campo (SOC-SAT) em Almeria,[45] o marroquino Azoas Hosni. O SOC-SAT exige uma investigação do assassinato, que não foi feita. Daí, a delegação veio ver como está a situação de vida e de trabalho dos migrantes nos dois lados do Mar Mediterrâneo para verificar como são os impactos dos controles fronteiriços europeus tornados mais intensos. Querem estar presentes para poder observar e avaliar o processo da assim chamada "normalização do status dos imigrantes sem documentos". Já houve exemplos de lutas que encontraram apoio do EBF quando 12 operárias de uma empresa de legumes foram despedidas do setor de empacotamento e iam ser substituídas por outras com salário mais baixo. As operárias iniciaram uma denúncia legal da empresa, e algumas foram empregadas novamente, outras receberam indenizações.[46] Além disso, o SOC-SAT apoia um grupo de 130 diaristas marroquinos em Almeria diante do abandono empresarial de 36 hectares de estufas. Desde o dia 10 de maio eles permanecem em seus postos de trabalho. Até hoje a SOC-SAT presta apoio sindical contra agressão racista e policial, e oferece amparo aos trabalhadores estrangeiros, que podem recorrer ao sindicato sempre que precisam ter acesso à justiça sem ônus.

Na povoação de Marinaleda, em Sevilha, que fica na mesma província espanhola da Andaluzia, podemos presenciar uma comunidade que lutou para ter democracia de base e economia solidária em

[44] Uma das maiores regiões do mundo de plantação de legumes sob plástico. Ver *Express, Zeitschrift für sozialistische Gewerkschaftsarbeit*, <www.labournet.de/express>. Acesso em: 5 maio 2012.

[45] Ver <http://socalmeriaeng.wordpress.com/the-soc-sat/>.

[46] Ver Derichsweiler (2006); Brodal (2012).

união com o SOC-SAT. É uma região com o mais alto desemprego da juventude, cerca de 60%, em uma concentração de 50% da terra da Andaluzia nas mãos de 2% da população. Contudo, no meio da crise em Marinaleda, todos têm casa e trabalho, e não há desempregados ou pessoas que vivem na rua. Em 1990, ocuparam uma área não trabalhada de 1.200 hectares que foi legalizada como propriedade deles. Constituíram-se como cooperativa agrícola, cultivam a terra plantando azeitonas e legumes, enlatam os produtos em sua fábrica de conservas HUMAR e os vendem. O prefeito, Juan Manuel Sánchez Gordillo, ao mesmo tempo porta-voz do sindicato, iniciou uma reestruturação da prefeitura. Uma assembleia de colonos toma as decisões. Segundo acordos feitos, não há secretário municipal que receba por seu trabalho político. Determinaram que não há força policial no povoado. Todavia a municipalidade organiza o abastecimento de materiais de construção para aqueles que querem construir sua casa ao custo de 15 euros mensais. Enquanto são rodeados por uma desindustrialização, projetam uma redistribuição para garantir a soberania alimentar. O sindicato SOC-SAT ocupou outras três propriedades no dia 1° de maio de 2013. Também executou ações indiretas entrando em supermercados. Os sócios levaram alimentos sem pagar e iniciaram uma marcha para comunicar essas ações diretas, que consideram direitos legítimos. Declaram que "não deve haver especulação com alimentos, é um direito humano básico", que "recursos naturais têm de estar a serviço das pessoas" e que "o direito à terra é para os que a trabalham".[47]

Enquanto isso, o povoado Marinaleda ainda permanece como "ilha com emprego e casas para todos e inclusão para aqueles que buscam trabalho". É a invenção democrática espanhola mais discutida no momento entre aqueles que buscam alternativas à política de austeridade. Há consciência no sindicato acerca do papel histórico que os trabalhadores rurais tiveram que desempenhar sob a ditadura franquista e depois como mão de obra barata na Andaluzia ou no exterior, como emigrantes. Decidiram que há alternativa, e isso se tornou um motor de rebeldia.

[47] Ver Pacheco (2013). Outras duas em Sevilha, uma em Jaen, na Andaluzia. Pediram à Junta de Andaluzia que fossem desapropriadas por interesse público e postas em mãos de uma cooperativa com cultivo biológico. Quando a polícia expulsou os ocupantes, trabalhadores agrícolas desempregados, voltaram a ocupá-la e iniciaram trabalhos de reparação de risco e de cultivo.

## Portugal

No país vizinho, Portugal, o desemprego alcança 17,5% e, entre jovens, 38,2%. Em 1974 eles festejavam a queda da ditadura de Salazar, em 1976 votaram uma nova constituição. Por exemplo, em Barrão São João, um pequeno povoado do Algarve (Costa Sul), muitos tiveram de buscar trabalho fora ou emigrar, o que se depreende de casas abandonadas. Outros permaneciam desempregados. Há artistas e alguns restaurantes, agricultura e um novo tipo de arrendamento para aposentados dos países do norte da Europa, que podem viver gastando menos naquele lugar. Os cidadãos desse povoado, recentemente, pintaram nos muros os artigos mais importantes para uma sociedade democrática. Estão ali os artigos da constituição sobre soberania, direito à resistência e igualdade de todos, dando conta da democracia almejada depois da ditadura, que ainda não está realizada, mas, ao contrário, desmentida pela realidade vivida.[48]

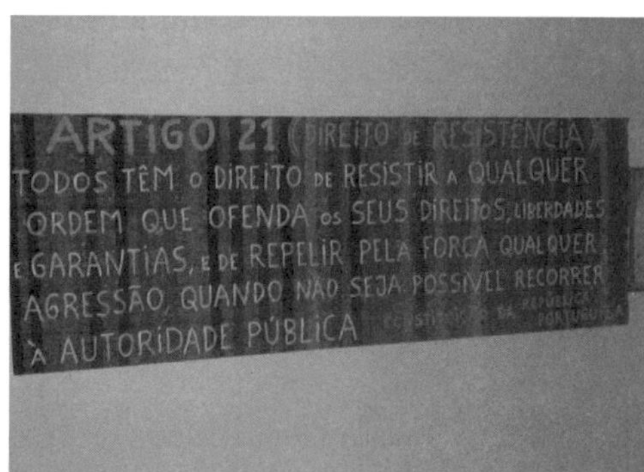


**Figuras 1 e 2** – Artigos 1 e 21 da Constituição da República Portuguesa, pintados nos muros pelos cidadãos do povoado Barrão São João

[48] São os artigos a respeito de "A sociedade, livre, justa e solidária" (1, ver FIG. 1), do "Princípio de igualdade": "1. Todos os cidadãos têm a mesma dignidade social e são iguais perante a lei. 2. Ninguém pode ser privilegiado, beneficiado, prejudicado, privado de qualquer direito ou isento de qualquer dever em razão de ascendência, sexo, raça, língua, território de origem, religião, convicções políticas ou ideológicas, instrução, situação econômica, condição social ou orientação sexual" (13) e "Direito de resistência" (21, ver FIG. 1).

Parece que o futuro foi eliminado, já que quatro entre 10 pessoas jovens com menos de 25 anos estão sem trabalho em Portugal, ou pelo menos cinco a cada 10 na Espanha e na Grécia.

"Mais de 100.000 portugueses emigraram somente para Angola desde que a crise apertou seu país, quase a mesma quantidade para o Brasil, acima de tudo pessoas com boa formação e mão de obra altamente qualificada. Cinquenta empresas portuguesas, em média, assinalam diariamente que são insolventes" (PEIXOTO, 2013). Em várias dezenas de cidades mais de um milhão de pessoas estavam na rua protestando no dia 20 de setembro sob o lema "Ao diabo com a Troika, queremos nossa vida!". É a maior mobilização desde a queda da Junta Militar. Foi organizada a curto prazo pela internet por "Aqueles com Emprego Precário",[49] que não podem se organizar nos sindicatos contra a política de economia da União Europeia, o BCE e o FMI, ou seja, a Troika. Poucos dias depois, 100 organizações apoiam esses chamados, entre eles os sindicatos UGT e GGTP-IN, no momento em que o presidente proclama essas políticas de austeridade.

Depois de vários pacotes da política de austeridade, os cidadãos se indignaram principalmente pelo anúncio do aumento dos pagamentos para o seguro social, de 11% a 18%, enquanto ia ser diminuída a contribuição empresarial de 23,75% para 18%. A maior força política de oposição, o Partido Socialista, retirou, por isso, seu apoio a esse programa de economia.

A quarta greve geral com duração de 24 horas contra o governo e a Troika ocorre em 27 de junho de 2013 e teve uma participação de 80% dos cidadãos – o que os grandes sindicatos chamam de históricos –, superando a última greve geral, com 15 milhões de cidadãos. "Enfermidades chegam a ser luxo, impostos foram massivamente aumentados, salários cortados, mas não há novos empregos" (SCHMIDT, 2012, [s.p.]).

> De um total em torno de cinco milhões de empregados portugueses, aproximadamente um milhão trabalha a base de "recibo verde" – ou seja, um trabalho temporário, com necessidade de pagar seguro social (o que está confirmado no papel verde), contudo sem direito a férias, sem subsídios de desemprego e com direito a auxílio de doença só depois de 30 dias. O empresário não paga o seguro social e pode despedir os trabalhadores de hoje para amanhã. Os

[49] "Precários Inflexíveis".

> que trabalham com "recibo verde" quase sempre não recebem um pagamento suficiente e têm de pagar uma porcentagem maior que os empregados com contratos regulares. Em julho de 2013, "os com emprego precário colecionavam cerca de 400.000 assinaturas para um projeto de lei de 'Luta Contra a Precariedade'". A maioria no Congresso não votou a favor da proposta de lei de precariedade, contudo votou unanimemente uma lei em favor de um procedimento para Reconhecimento de uma "Relação Laboral" em caso dos falsos recibos verdes.[50]

O pano de fundo desse grande êxito obtido contra a precariedade e a decisão do Tribunal Constitucional português é que quatro das nove medidas de economia não são compatíveis com a constituição portuguesa. O Tribunal trabalhou três meses antes de emitir essa decisão. Isso significa que o governo teve de buscar, em seguida, em que economizar 1,3 bilhões de euros. Já havia negociado protelar o prazo para a realização de economias para sete anos. Em 2012, o Tribunal Constitucional já havia criticado a não constitucionalidade de alguns pontos da política de austeridade adotada pelo governo socialista anterior, que recebeu um crédito dos estados europeus e do FMI por três anos, no valor de 78 bilhões de euros, em 2011. Também o presidente Cavaco Silva levantou uma demanda contra o pressuposto de economia em 2013 dizendo "que este pressuposto despertou dúvidas sobre se a distribuição das vítimas era justa". Em todo caso, o presidente assegurou que o governo seria capaz de buscar outro caminho de economia e não teria de fazer novas eleições (PORTUGALSSPAR PROGRAMM, 2013).

"Alguns são despedidos por SMS, outros passam fome apesar de trabalharem jornada completa!", constata um motorista de ônibus português (Schmidt, 2012). Por isso os dois mil condutores de ônibus e bondes fundaram um banco de alimentos para si, já que muitos não alcançam os rendimentos para viver o mês inteiro: os rendimentos, sobretudo dos empregados públicos, foram cortados, enquanto os impostos subiam. Resposta democrática solidária de um grupo que leva em conta quando companheiros com crianças não podem capazes de permanecer no emprego e os incita a buscar alimentos no banco deles,

[50] Schmidt (2012); Associação de Combate à Precariedade, disponível em: <www.precarios.net/>. Acesso em: 25 jul. 2013.

levando os alimentos para suas casas quando eles se sentem intimidados para utilizar esse apoio.

Em outro nível, na universidade se constitui um Congresso Democrático das Alternativas. Uma grande reunião com 1.700 participantes em outubro de 2012 termina com uma declaração que se lê como guia dos passos para conseguir não só "um Portugal democrático", mas com relações europeias recíprocas. Os organizadores querem continuar com mais debates e iniciativas de diálogo com forças políticas, instituições e movimentos sociais. Chama a atenção o fato de que os participantes insistem na declaração de que é necessário ter a possibilidade de negociar os termos do pagamento da dívida com a Troika, poder ter relações solidárias com outros países europeus para obter isso, e assim ampliar o debate sobre as alternativas.[51]

## Relação da sociedade com a natureza renovada: empresas de economia solidária de água, energia e terra/território

Como impedir que uns poucos por interesses de lucro se apropriem dos bens comuns privatizando serviços que anteriormente eram

[51] Sobre o terceiro ponto da Declaração, disseram: "Desenvolvimento da economia para reduzir a dependência externa, valorizar o trabalho e salvaguardar o ambiente". Mencionam sob o ponto 3.6.10: "Reconhecer a contribuição da economia social e solidária a favor do interesse público e bem comum; assessorar a proteção e o apoio ao setor cooperativo e social (economia social) criando as condições jurídicas, econômicas e financeiras que permitem seu desenvolvimento respeitando seus valores e suas características específicas". No ponto quatro, "Defender o Estado Social e reduzir as desigualdades", mencionam, entre outras, coisas sob 4.4.a: "Na saúde: pôr em marcha o Serviço Nacional de Saúde (SNS) como prioridade coletiva, etc." e sob 4.4.d: "Em habitação e urbanismo: criação de mecanismos legais, no marco de una lei básica, que vincula o estado ao cumprimento do direito à casa como consta na constituição, consolidação de uma oferta relevante de casas sociais, política fiscal de penalizar a especulação, etc.". No ponto cinco, "Construir uma democracia plena, participativa e transparente", mencionam, entre outras coisas, sob 5.2: "Requalificar nossa democracia política, promover a transparência e a independência do poder político relativamente aos poderes econômicos, aumentar a participação e o controle democrático do sistema político pelos cidadãos são objetivos a ser promovidos pelo Congresso". Sob o ponto 6, "Dar voz a Portugal na Europa e no mundo, mencionam sob 6.10.a: "Criar um imposto sobre as transações financeiras, para desincentivar a especulação e promover a atividade produtiva", etc. Esse documento é base para um processo de debates públicos nos quais as alternativas resultaram das forças e dos movimentos políticos e sociais que resistiram à política de austeridade.

administrados pelo Estado: água, energia renovável (eólica, de biomassa, solar) e terra? Neque Icaneray, mestre intelectual boliviano e líder Ayoreo das Terras Baixas bolivianas, afirma que a natureza é uma só e que não se pode dividir em aspectos que são intrinsecamente inter-relacionados (Comunicação ICANERAY, 1994).[52] Nesse sentido, vale a pena estudar como empresas de economia solidária vão se formando para fazer frente à privatização e defender a qualidade dos bens comuns sem prejudicar aqueles bens relacionados.

## Água: invenções democráticas – empresas de economia solidária

Quais são as lições a aprender com as lutas levadas a cabo contra a privatização do abastecimento de água no mundo por interesses monopolistas? Que invenções democráticas existem para garantir igual acesso de cidadãos à água? Vejamos respostas em diferentes níveis.

No nível municipal podemos encontrar um crescente número de cooperativas de água constituídas por cidadãos. Deram-se conta de que os cidadãos já não podem controlar a qualidade e o preço da água quando os canais de água comunais estão em mãos privadas. Na Alemanha se formaram cerca de 200 cooperativas de água. Essas cooperativas têm diferentes histórias e estruturas.

Um grupo em Großropperhausen, um povoado distante das grandes cidades no norte de Hessen, lutou pela autogestão e pela manutenção do abastecimento de água por sua fonte local. Inicialmente a administração do povoado foi contrária a esse interesse e favorecia a oferta de se conectarem com uma rede de água regional. Decidiu-se finalmente fazer vários investimentos para modernizar a tecnologia local, encontrou-se uma pessoa especializada – que segundo a lei sobre manejo de água tem de viver no povoado para atender e controlar a instalação – e ganhou-se todo o povoado para essa solução democrática e de autogestão. Entenderam, afinal, que a qualidade da água deles era superior à da água regional, e o preço

[52] Ver também Kassel (1995). Entwicklungsperspektiven, 56. Mais de 300 mil pessoas formam aproximadamente 5.000 povos indígenas em 70 países do mundo. Foram excluídas de processos de decisão, marginalizados, oprimidos, foram forçosamente assimiladas e suprimidas, quando tentavam lutar pelos direitos deles.

era mais razoável.[53] Em Großropperhausen a comunidade organizada em cooperativa foi convencida de que sua autogestão no abastecimento de água era o melhor caminho que seguiam desde sempre.

Há outros exemplos de empresas de água em mãos municipais. Quando chega a ameaça da privatização, resistem a ela e preferem a autogestão democrática. Por exemplo, a cooperativa Ellerhoop eG foi constituída em julho de 2003 para se encarregar da pequena empresa de água do município. O município havia se pronunciado a favor de um abastecimento de água através de um grande consórcio. Então os cidadãos organizaram dois plebiscitos e rechaçaram a opção municipal de privatização. Eles têm recebido muitas consultas de cidadãos de outros municípios de todo o país que querem seguir seu exemplo. Querem não só abastecer os cidadãos com água de alta qualidade, como também, a longo prazo, baixar os custos que tiveram de subir a curto prazo com esse propósito.[54]

Uma associação de cooperativas na Alemanha constata que o abastecimento de água está conectado com os altos custos de construção e de cuidado dos canais. Ela indica, todavia, "que existe a possibilidade de parar com o aumento de custos formando cooperativas, já que nelas os proprietários e clientes são idênticos e não dependem dos interesses de gerar lucros, como é o caso dos grandes consórcios. É então uma alternativa democrática, pois a participação da comunidade fica aberta, e os cidadãos estão se protegendo frente à alta dos preços".[55]

### *Marselha, França*

Vejamos como funciona o Foro Alternativo da Água (FAME) e a Iniciativa Cidadã Europeia (EBI), que foi criada em nível europeu para lutar contra a privatização.[56]

[53] Ver Holzhauer (2007).

[54] Cooperativa de Água Ellerhop eG (Wassergenossenschaft Ellershoop eG).

[55] Segundo estudo da Associação de Cooperativas da região da Renância do Norte-Vestfália (Rheinisch-Wesfälische Genossenschaftsverband, RWGV) na reunião de associações de cooperativas alemãs em Bonn, em outubro de 2006.

[56] Em 3 de setembro de 2013 possuía 1,8 milhão de assinaturas de 13 países europeus sob o lema "Água é direito humano".

**Figura 3** – Membros do Foro Alternativo da Água (FAME), em Marselha, março de 2012: George, da Grécia, Dorothea, da Alemanha, Renayto, da Itália, Pilar, da Espanha
Fonte: *Contraste*, p. 6, maio 2012.

"Estamos escrevendo água mas estamos lendo democracia" é o lema do movimento de água italiano. Junto com representantes de diferentes iniciativas contra a privatização de água na Europa, formaram o FAME. Estavam-no comemorando quando, ao mesmo tempo, dois grandes atores da privatização, os consórcios Veolia e Suez, celebravam com outros atores a reunião de seu Foro Mundial de Água (WWF), em Marselha, em março de 2012, com 5 mil participantes, onde falam do bem comum para o qual querem abastecer a água.

### *Berlim, Alemanha*

Em 2011, a Mesa da Água[57] berlinense havia organizado um referendo chamando "Lei da Água" com 666 mil assinaturas dos cidadãos para insistir que o Senado de Berlim informasse sobre as negociações de recompra de cota do grande consórcio RWE. A "Lei da Água" foi então proclamada e ratificada pelo presidente do Parlamento berlinense. No entanto, a Veolia, juntamente ao consórcio RWE, apresentou uma demanda na Corte Constitucional da

[57] Ver <http://berliner-wassertisch.info/>.

República Alemã contra o referendo depreciando tanto o plebiscito contra a privatização como sua ratificação pelo presidente do Parlamento berlinense. Isso ocorre nos dias em que fazem seu congresso em Marselha, na França, anteriormente mencionado, no dia 13 de março de 2012. A iniciativa contra a privatização Mesa da Água está a favor de que o município compre de volta as ações dos consórcios privados. Segue então insistindo em que a cidade de Berlim baixe os preços da água em 19%, tal como a instituição contrária à monopolização[58] havia ordenado. O grupo que está contra a privatização do bem comum exige que o prefeito se coloque ao lado do plebiscito, vale dizer, ao lado dos cidadãos. Insistem em que ele teria de resistir a ser cúmplice dos consórcios que estão interessados nos lucros, em outras palavras, em que ele teria de sair da atual cooperação público/privado. Hoje em dia, a cidade de Berlim comprou de volta as ações da RWE, mas a Veolia ainda tem ações na empresa berlinense de água. A iniciativa contra a privatização adverte que a campanha contra a privatização em todo o país vai criticar a atual situação berlinense. Há uma demonstração em agosto de 2013 para fazer pressão política e a favor da transparência na luta.

**Figura 4** – Demonstração para exigir a recomunalização da água em Berlim, agora obtida
Fonte: Mesa de Água, 2013.

O Senado de Berlim negociou com a Veolia, que manteve pouco menos de um quarto da empresa de abastecimento de água em Berlim, e comprou sua cota e a integrou à empresa de água, que agora está novamente 100% nas mãos da cidade.

[58] Kartellamt é uma instituição que zela para que não haja uma concentração exagerada de empresas, de capitais ou de oferta de um produto.

## *Nápoles, Itália*

Quando Nápoles, juntamente a municípios de seus arredores (um total de 136 municípios), queria privatizar suas empresas de água, surgiram iniciativas de resistência dos cidadãos. Em 2006 as iniciativas obrigaram o prefeito a votar em favor de converter em propriedade da comunidade as empresas de água, o que ainda não foi possível naquele momento. Aqueles a favor da recomunalização iniciaram um plebiscito para trocar a atual empresa ARIN, sociedade anônima financiada publicamente, pela empresa especial Água do Bem Comum Nápoles (ABC – Napoli), uma entidade de direito público com traços participativos sem fins lucrativos, encarregada de uma administração a longo prazo a respeito da manutenção da infraestrutura e da qualidade da água. Além disso, tinha interesse em influenciar a situação local, dando cursos e também apoiando regiões onde ainda não havia um serviço de abastecimento de água satisfatório, criando um fundo de solidariedade internacional.[59] A transformação da empresa e sua legalização tiveram êxito no dia 19 de fevereiro de 2013, um passo fundamental para mais democracia como primeiro exemplo prático desse tipo na Itália.

"Somente se as comunidades puderem participar da tomada de decisões acerca dos bens comuns: água, ar, energia e terra, elas irão ver a real democracia", disse o padre Alex Zanotelli, que foi um dos promotores desse processo (ZANOTELLI, 2013).[60] Palermo, Turim e outras cidades querem seguir esse exemplo. Então promoveram um congresso, em abril de 2014. É Possível Recomunalizar, É Preciso Recomunalizar!, em Nápoles. Zanotelli propõe que os partidos têm de definir claramente sua posição rumo à recomunalização, e que também isso valha para as eleições europeias, já que a pressão dos consórcios multinacionais Veolia e Suez e seu *lobby* continuam muito fortes e influentes.

No entanto, no âmbito europeu, a campanha "Direito à Água" tem tido êxito, colecionando 1,7 milhão de assinaturas de pessoas contra a privatização de água, razão pela qual a Comissão Europeia cancelou o abastecimento de água de sua diretiva daquelas concessões

[59] Ver o estatuto da ABC Napoli: <http://www.arin.na.it/>.

[60] Documento traduzido por Giuliana Giorgi do italiano para o alemão, e do alemão para o espanhol pela autora.

que têm de ser anunciadas publicamente no nível europeu.[61] Isso sem dúvida teria aumentado a pressão sobre as empresas de água em mãos das abastecedoras das cidades.

O FAME apoiou o processo em Nápoles e também os cidadãos contra a privatização da água na Tessalônica.

### *Tessalônica, Grécia*

"Munique, Stuttgart, Viena e outras cidades europeias dizem NÃO à Privatização do Abastecimento de Água", ação do dia 1º de maio de 2013 pelos representantes operários da empresa de água em Tessalônica, a segunda maior cidade grega. Há uma repartição grega de privatizações encarregada de promover a venda de empresas estatais na Grécia sob a política de austeridade. Suez, o consórcio francês que atua em todo o mundo, situa-se como o possível comprador preferido, que já tem 5,1% da empresa de água. Outro possível investidor é um empresário greco-russo que já comprou o clube de futebol PAOK Thessaloniki.

Contudo, 98 % das pessoas em Tessalônica votaram contra a privatização no dia 18 de maio de 2014. O Movimento 136, um grupo grego de ativistas, quer socializar a empresa estatal em uma ação rápida: vender ações aos 520 mil clientes fiéis ao preço de 136 euros. Um suporte inesperado chegou de um empresário norte-americano que quer apoiar a socialização da empresa de água e, para isso, supostamente oferece empréstimos baratos a partir dos Estados Unidos.[62]

### *Cochabamba, Bolívia*

No ano 2000, entre janeiro e abril, houve uma "guerra de água" em Cochabamba, na Bolívia, originada da privatização de água potável municipal, acordada em 1993 entre o ditador Banzer, o consórcio Bechtel e o Banco Mundial. O contrato foi adjudicado a várias empresas pela Bechtel. Quando as tarifas subiram em 50%, houve protestos que culminaram na "guerra da água", em 2000, que teve um impacto internacional. A polícia reagiu violentamente, matou uma pessoa e feriu outras 170. Problemas econômicos e distúrbios levaram o governo da

[61] Right2Water é a iniciativa dos cidadãos europeus com mais participantes. Ver Bonse (2010, p. 9); Kreutzfeldt (2013, p. 8); Händel (2013, p. 3).

[62] Ver Papadimitriou (2013).

Bolívia a rescindir o contrato com a Bechtel. A empresa, então, iniciou um processo legal em 2001 contra o governo boliviano, exigindo 25 milhões de dólares de indenização. Em janeiro de 2006, a Betchel e outros sócios internacionais retiraram a demanda contra o governo boliviano depois de intensos protestos.

O governo então entregou a empresa à Águas de Tunari e emitiu uma lei de sua privatização que permitiu a venda dos recursos de água também para aqueles que ainda não estavam conectados com o Serviço Municipal de Água Potável e de Esgotos (SEMPA). Forma-se uma Coordenadoria para a Defesa da Água e da Vida, e o conflito aumenta, já que os cidadãos de Cochabamba não podem pagar o aumento das tarifas. Quando o agravamento do conflito leva a uma verdadeira guerra violenta, o Parlamento finamente declara a anulação da lei, de 11 de abril de 2010.

Consequência disso é a resolução da Assembleia Geral das Nações Unidas em 28 de julho desse mesmo ano: o acesso à água potável está reconhecido como direito humano pela resolução 64/292[63] e foi apoiado pela Bolívia e por 33 outros países. No final do Milênio das Nações Unidas está previsto que o acesso à água potável seja criado para aqueles que não o têm – ou seja, para pelo menos 442 milhões dos 884 milhões de pessoas que ainda não tinham acesso a ela.

A tarefa de salvaguardar os bens comuns – água, energia, terra – que são direitos humanos ocorre não só nas cidades, mas também nas zonas agrárias, quando grandes projetos de minas, energia, infraestrutura e plantações interferem nos ciclos da natureza. A resistência de cidadãos que protegem essas condições e mantêm condições de vida e trabalho é uma invenção democrática. Em outras palavras, é uma relação com a natureza mantida para salvaguardar as próximas gerações.

### *San Martin, Peru*

Houve uma invenção democrática para salvaguardar o direito de acesso à água potável quando, no departamento de San Martin, no Peru, o governador, Cesar Villanueva, impediu a exploração e a explotação

[63] Está deduzido do artigo 11.1 do Pacto Internacional pelos Direitos Econômicos, Sociais e Culturais que o direito humano à água é precondição para os direitos humanos a vida, nutrição adequada e fornecimento de serviço de saúde.

de gás e petróleo em 2009. Junto com dois advogados, interceptou os interesses extrativos do consórcio com base no direito de água também para as futuras gerações.

"Em um país tão extenso e geograficamente diverso como o Peru, deveria ter cabimento para mais de um enfoque", disse o advogado Octavio Alvarado, que, com seu colega Jaime Bustamante, ganhou um caso frente ao governo (Collyns, 2009).

Os advogados se opuseram a um plano respaldado pelo Executivo para levar a cabo atividades de exploração de petróleo e gás em San Martin, por seus efeitos no meio ambiente. A Corte Constitucional do Peru indicou que a exploração petroleira devia ser suspensa nas montanhas da Cordilheira Escalera até que o governo aprovasse um plano de desenvolvimento regional. Em um país onde a fé na independência do poder judiciário está sendo apenas restabelecida, a determinação da Corte Constitucional era inesperada. A decisão estabeleceu um precedente importante, pois se baseou no direito básico de beber água potável.

"Também faz referência a algo extremamente importante", disse Bustamente. "Não se pode pôr em perigo a saúde das futuras gerações ao lhes tirar um proveito imediato dos recursos naturais. Até agora tem sido um conceito raro nesse país". Villanueva contesta: "Temos de defender a vida, não podemos permitir que a [concessão] toquem." [64]

Podemos ver como grandes projetos estão impactando a água, esse direito humano: ou seja, grandes projetos de água, de mineração, exploração e explotação de petróleo e, recentemente, também o *fracking*[65] (faturamento hidráulico). Podemos aprender sobre isso para o futuro democrático? Onde houve não só atenção mas também controle do

[64] Ver Collyns (2009).

[65] O Segundo Tribunal Internacional de Água (IWT) foi iniciado por organizações não governamentais e teve lugar entre 17 e 21 de fevereiro de 1992 em Amsterdã, onde o Tribunal tem sua sede. Qual foi sua metodologia e o que podemos aprender com isso para o futuro democrático? A fundação IWT publicou um dossiê com sete volumes (Utrecht: International Books, 1994): *Declaration of Amsterdam, Mining, Dams, Pollution, Management, Envorinmental and Water Law in the South, Background and Results*. Quais são as aprendizagens de outros sistemas de saber em nível mundial? Há muitos exemplos para questionar grandes projetos de água, ou de minas e energia quando impactam a água, por exemplo, em vez de construir a hidroelétrica Bedthi, na Índia, avaliaram-se as possibilidades da alternativa sustentável possível em forma participativa. Ver o estudo de Paranjpye (1987).

procedimento segundo direitos humanos? Quais eram as invenções democráticas?

Sem dúvida temos muito a aprender em relação à natureza das tradições agrárias, tanto dos camponeses e da agricultura familiar quanto de coletores e povos indígenas nas diferentes regiões de nossos países. Podemos observar que as tradições e o respeito frente à água que dá vida às plantas, aos animais e aos homens depende de nossas raízes, de nossas experiências. Sem dúvida é preciso observar tanto tradições quanto conhecimentos científicos modernos. No caso da água, há um livro recentemente publicado por um engenheiro civil, Kashyapa Yapa (2012), que trabalhou na América Latina com muitos povos indígenas e pequenos produtores.[66]

## Energia: invenções democráticas – empresas de economia solidária

Os acidentes atômicos demonstram a todo mundo que o capitalismo se serve de tecnologias de alto risco. Essa era a experiência com o projeto atômico de Chernobyl, na Ucrânia, 1986, e de Fukushima, no Japão, 2011, mas também com enfermidades por radiação nas minas de urânio e pelo perigo de radiação tanto das usinas de energia atômica quanto por seus resíduos. Todas as bases fósseis de produção de energia estão aumentando as emissões de gases de efeito estufa e contribuem para colocar em risco a atmosfera, e com ela as condições de vida de todos nós. Além disso, com a crescente escassez desses recursos fósseis, os preços aumentam, e isso significa, além do risco ecológico, um risco econômico tanto para a indústria quanto para as casas e para o setor público. Está claro que a base do abastecimento de energia de nossa sociedade nos deixa com a natureza e as condições de vida prejudicadas

[66] Acompanham o livro vídeos de oficinas que demonstram como existe tal relação com a terra, a água, a atmosfera, a energia produzida pelo Sol, o vento, a biomassa; ver <http://www.youtube.com/watch?v=MPMzvhtnhgc>. Ver também Urrea (2013). Para apreciar a valorização da sabedoria indígena, ver ainda "a valorização da sabedoria de povos indígenas" em: UNESCO, WHO (Organização Mundial da Saúde), CBD (Convenção sobre Diversidade Biológica), WIPO (Organização Mundial da Propriedade Intelectual), UNCCD (Convenção das Nações Unidas para o Combate contra a Desertificação), FPPI (Foro Permanente sobre Questões Indígenas), Convenção de Ramsar sobre as Zonas Húmidas de Importância Internacional, (Ramsar, Irán, 1971), na resolução VII.8.

e, a longo prazo, aniquiladas. Trata-se do fato de que as sociedades regionais buscam bases energéticas de seus próprios potenciais naturais em cada região específica e se colocam em acordo de que isso se recupera na forma democrática de autogestão.

Portanto, surgiram grupos de autogestão em resistência aos contratos com empresas produtoras que vendiam energia atômica e fóssil a seus municípios. Cidadãos tratavam de construir as alternativas pela produção descentralizada de energias renováveis, por controlar as redes e a transmissão, ou seja, por sua compra e por organizar sua venda. Há atualmente uma série de exemplos de empresas de economia solidária formadas nesse contexto. Está crescendo o número de municípios que querem, nos próximos anos, autobasear-se de forma descentralizada, com energias renováveis e sem energia atômica ou fóssil.[67] Muitos estão se declarando publicamente como municípios que, no ano X, estão se autoabastecendo com energias descentralizadas e renováveis.

Os municípios calculam que estejam criando valor agregado ao formar cooperativas de energia, criando impostos para o município, excedentes das empresas, rendimentos ao empregar pessoas. Além disso, evitam gases de efeito estufa e geram efeitos de proteção à atmosfera. Vejamos alguns exemplos que demonstram diferentes estruturas.

### *O início do fim da época atômica – sobre a iniciativa cidadã de prover abastecimento com energia renovável. Empresa de Energia Schönau eG (EWS)*

A mais famosa empresa de economia solidária de energia renovável foi uma resposta direta ao acidente atômico de Chernobyl, em um pequeno povoado de Schönau, na Floresta Negra, no sul da Alemanha. Foi organizado inicialmente por um grupo de padres que convidou meninos de Chernobyl e buscou alternativas locais. Então, passo a passo, organizaram plebiscitos para convencer o município democraticamente, compraram as linhas de transmissão e receberam solidariedade nacional para isso. A partir daí, estavam em condições de cancelar o contrato

[67] Ver <http://www.youtube.com/watch?v=Jh5nh7SJ0GM>, vídeo sobre a transformação do setor energético que está nas mãos de cidadãos responsáveis. Mapa de Municípios Alemães que utilizam somente energias renováveis: <http://www.kommunal-erneuerbar.de/de/kommunalatlas.html>.

com o consórcio provedor de energia atômica. Hoje em dia atuam como uma das quatro abastecedoras de energia renovável em todo o país (Netzkauf EWS eG).[68]

Eles apoiam produtores – cidadãos – de pequenas instalações de energia regenerativa e apoiam municipalidades – especialmente em seu estado, Baden-Württemberg – nos processos de recomunalização acompanhada de participação cidadã. A Netzkauf EWS eG aconselha cooperativas de energia em todo o país, como em Berlim, onde houve um plebiscito para recomunalizar a empresa de energia da cidade.[69]

### *Cooperativa Energia nas Mãos dos Cidadãos*

A cooperativa Energia nas Mãos dos Cidadãos[70] tem como finalidade permitir que as cooperativas que estão junto com empresas comunais possam comprar de volta as redes de transmissão e colocar em marcha a transformação democrática do abastecimento de energia para a sociedade. Estão a favor de um futuro com energia renovável, próximo dos cidadãos e favorável ao clima. Sua assembleia geral acaba de decidir a união de forças com a Netzkauf EWS eG.

### *Empresa de Energia da Cidade de Trier (SWT)*

Outro modelo de cooperação de cidadãos, municípios e empresas municipais com o fim de realizar a autogestão do abastecimento de energias renováveis é a Empresa de Energia da Cidade de Trier (SWT). Nessa empresa, o anteriormente mencionado grande consórcio alemão de água e energia, RWE, tem uma participação minoritária, no entanto, a SWT coopera com três cooperativas regionais de energia e as apoia ativamente, por exemplo, a cooperativa da Agenda 21 local eG (TRENEG). O diretor técnico da empresa municipal está na administração da TRENEG e entrou com 30% das cotas, além de estar assistindo a cooperativa com trabalhos até que ela comece a apresentar uma marcha firme. O

68 Ver <http://www.ews-schoenau.de/>; Flieger (2011b); Netzkauf EWS eG es Organización Porteador de EWS Schönau.

69 Ver Puschner (2013c, p. 21); Puschner; Veit (2013, p. 9); Puschner (2013b, p. 22); Puschner (2012a); Puschner (2013a, p. 2).

70 Energie in Bürgerhand eG.

lema é: "Apoio inicial para participação cidadã com o fim de apoiar o crescimento de uma planta pequenina até que seja uma árvore". Cooperativas com tais empresas municipais como sócias conseguem ser atores importantes para a transformação regional da tecnologia de risco em tecnologia com potencial natural regional.

### *Povoado Bioenergético Oberrosphe*

Um exemplo para outro processo de formação de empresa de economia solidária é o Povoado Bioenergético Oberrosphe, em Hessen, na Alemanha, que demonstra um abastecimento local próprio com uma calefação de madeira cortada que fornece calor a 55% das 850 residências e uma instalação solar. Cooperando com a empresa municipal de energia da cidade de Marburgo, formaram uma cooperativa de produtores e consumidores só com energias renováveis. A empresa municipal de Marburgo ofereceu um bom preço para a energia renovável e para serviços. O contrato prevê que cada cliente determine sua demanda com a empresa, com o que, automaticamente, aproveita os preços acordados.

### *Áustria: contra energia de risco – a favor da energia à base de potencial natural*

A Áustria se declarou recentemente decidida a não importar mais energia atômica. Desde sempre a Áustria é um país sem usinas atômicas. O Parlamento de Viena quer impedir a importação de energia atômica. A única usina atômica que a República da Áustria construiu nunca mais entrou em funcionamento depois de um plebiscito em 1978.[71]

### *Dinamarca: decisão a favor de seu potencial natural energético*

Desde cedo, a Dinamarca – mesmo antes do acidente nuclear de Chernobyl – decidiu não utilizar a energia atômica. Em vez da grande

[71] Ver *Spiegel Online*, 3 jul. 2014; ver também *Zeitschrift für kommunale Wirtschaft*, 13 ago. 2013. Para energia de instalações convencionais os consumidores têm que pagar custos ocultos de 40 bilhões de euros, como revelou um estudo do Foro de Economia de Mercado Ecológico-Social (FÖS) encarregado da Greenpeace Energy (<http://www.zfk.de/politik/artikel/kohle-und-atomstrom-teurer-als-erneuerbare.html>).

energia de risco, criaram um fundo público para desenvolver a energia eólica. Em 2001 criou-se mais um fundo[72] para apoiar também a construção, fora do país, de instalações de energia renovável, sobretudo a fim de reduzir a pobreza em regiões pouco atendidas pela rede de energia nacional, para baixar a quantidade de gases de efeito estufa e para a proteção da atmosfera. Apoia projetos na África do Sul, nas Ilhas Pacíficas, e outros.

No ano 2000 foram introduzidos impostos sobre combustíveis fósseis e eletricidade principalmente no setor residencial, cujo resultado foi a diminuição do consumo de petróleo e a interrupção do consumo de combustíveis fósseis, aumentando a quantidade de energias renováveis, enquanto o consumo de energia permaneceu constante.

Um instrumento legislativo para ajudar a energia renovável, entre outros, foi, por exemplo, a interrupção da construção de empresas de energia à base de carvão.[73]

Há pouco tempo a Dinamarca proibiu a utilização de calefações com petróleo ou gás, primeiramente para edifícios novos e, em poucos anos, também para o saneamento de casas velhas, ou seja, outro instrumento legislativo com um perceptível efeito em prol de maior sustentabilidade.[74]

Em 2012 o Parlamento dinamarquês aprovou o plano mais avançado mundialmente, que pretendia gerar 35% de sua energia a partir de fonte renovável no ano 2020 e 100% em 2050.[75]

Atualmente se está estudando a criação de um fundo de 50 milhões de dólares para apoiar projetos comunitários de energias renováveis, já que esse setor, ainda incipiente, necessita de apoio político inicial.

Calcula-se que um fundo de 50 milhões de dólares geraria até 1.145 trabalhos de construção e 137 trabalhos permanentes, e atrairia investimentos de 142.450 membros de comunidades, 4.277 voluntários

[72] Danish Cooperation Fund for Renewable Energy and Energy Efficiency in Rural Areas: <http://www.adb.org/site/funds/funds/danish-cooperation-fund-renewable-energy-and-energy-efficiency-rural-areas>.

[73] Danish energy policy: <http://www.esru.strath.ac.uk/EandE/Web_sites/01-02/RE_info/denmark.htm>. Acesso em: 30 ago. 2012.

[74] Ver Unfried (2013).

[75] Sustainable business.com: <http://www.sustainablebusiness.com/index.cfm/go/news.display/id/23557>. Acesso em: 30 ago. 2012.

A legislação pode ser encontrada em: <www.kemin.dk/Documents/Presse/2012/Energiaftale/FAKTA%20UK%201.pdf>.

e 380.200 pessoas que apoiariam os projetos, mas que não estariam financeiramente envolvidas.

O fundo seria utilizado para estudos de exequibilidade, avaliação de recursos (por exemplo, de vento), participação comunitária, estudos de planejamento, estudos de caso das empresas e consultoria legal.

### *Alemanha: lei promoveu transformação energética*

O motor para implantar energias renováveis era a Lei Alemã para a Prioridade das Energias Renováveis (EEG). Essa lei regula o abastecimento de energia à base de energias renováveis na rede e garante sua respectiva remuneração. A lei foi aprovada primeiro em 2000. Então, em 2004, foi novamente aprovada depois de uma versão revisada, tendo sido revista novamente em 2009 e 2012. Foi o motor para que se começasse a construção de instalações de energia renovada.[76]

A modificação de 2012 inclui uma gratificação para a comercialização direta da energia. Portanto, foram constituídas Cooperativas de Comercialização de Energia, por exemplo, a Cooperativa Energética Berlim-Brandenburgo (EGBB).

Quadro 1 – EEG - Remuneração segundo Fonte de Energia em Cent por kWh

| **Fonte de energia** | Eólica | Biomassa | Solar | Água Geotérmica Gás | Outras | Reserva[78] | **Total** |
|---|---|---|---|---|---|---|---|
| **2012** | 0,482 | 0,839 | 1,860 | 0,040 | 0,091 | 0,280 | **3,592** |
| **Aumento 2013** | 0,30 | 0,25 | 0,35 | 0,00 | 0,00 | 0,785 | **+ 1,685** |
| **2013** | 0,782 | 1,089 | 2,210 | 0,040 | 0,091 | 1,065 | **5,277** |

Fonte: Bundesnetzagentur, BDEW en: VDI Nachrichten 19. Oktober 2012, Nr. 42, Technik & Gesellschaft, p. 4.

Com esse fim a EGBB está reunindo vários pequenos produtores, sobretudo camponeses, que podem comercializar essa grande quantidade de energia em mercados de energia nos quais os pequenos produtores não podem entrar. A combinação de instalações de vento, solar e biogás

[76] Depois do acidente das usinas atômicas em Fukushima, sete das 17 usinas atômicas foram paradas, e se decidiu sair da tecnologia nuclear.

[77] Reserva de liquidez: as flutuações na produção de electricidade ecológica.

assegura uma grande quantidade de energia sem custo de combustível e assim pode reduzir a área requerida pela energia de biogás. Ao mesmo tempo, o biogás como energia armazenável assegura balancear um pouco a oferta oscilante de energia eólica e solar. A cooperativa quer oferecer boas condições a seus membros para a compra de energia a fim de baixar o custo de abastecimento com energia própria e, portanto, com economia de 1 Cent/kWh, o que já entrou na constituição da Cooperativa Energética Berlim-Brandemburgo (EGBB).

A EGBB[78] quer obter energias renováveis de pequenos produtores de sua região para fornecê-la aos consumidores de suas próprias instalações.

Prestam atenção à diversificação dos investimentos e a uma extensa avaliação empresarial legal dos projetos para minimizar os riscos. Está cooperando com sócios experientes, construindo e colocando as instalações em funcionamento.[79]

Para gerar publicidade, inventou seu programa "Membros recrutam Membros", dando prêmios àqueles que entram na cooperativa e se comprometem a recrutar novos membros. A entrada será menos custosa, e eles terão uma soma para cada novo membro recrutado. Além disso, pode-se comunicar o lema "Estamos investindo de forma sustentável" na própria empresa. A cooperativa EGBB tem outro programa para sócios regionais que apoia "produtos ecológicos", facilitando-lhes a oferta de seus produtos em condições favoráveis e criando relações sustentáveis entre produtores e consumidores para valor agregado regional.[80]

Todos os cidadãos envolvidos em iniciativas e cooperativas energéticas constatam que não basta sair de uma tecnologia para entrar em outra; é importante promover a construção de pequenas estruturas descentralizadas, o que só é possível com participação cidadã democrática. Assim, a questão da energia, no fundo, chega a ser uma questão de autoconsciência democrática, dizem os líderes da EWS eG, Michael e Ursula Sladeck, em uma entrevista:

> Tem de haver uma mudança qualitativa de estruturas. As pessoas estão convencidas de que não há futuro sem transformação energética. Temos de ver que Fukushima é uma chance: cidadãos já não

[78] Cooperativa de energia Energiegenossenschaft Berlin-Brandenburg eG desde abril de 2013: energia eólica, solar, biomassa, hidráulica e mobilidade, acumulador de energia; ver <www.eg-bb.de>.

[79] Ver <http://www.eg-bb.de/energiegenossenschaft/was-wir-wollen/>.

[80] Ver Flieger (2011a).

querem que se diga a eles sob que perigos e em que dependências têm de viver. O trem iniciou sua corrida. Se promovemos agora a construção de estruturas descentralizadas no abastecimento de energia, não só fortalecemos o valor agregado local como abrimos, ao mesmo tempo, mercados gigantescos para novas tecnologias. O desenvolvimento de redes inteligentes é só um exemplo.[81]

## Terra: invenções democráticas – empresas de economia solidária

Desmatamento, desertificação, degradação, monopólio, grilagem de terras têm a ver com os interesses de lucro na terra, que também é um bem comum. Resistir a esses perigos une, hoje em dia, muitos grupos que lutam por sua qualidade e sua distribuição justa e sustentável.

Podemos ver, por meio do Google Earth, onde estão situados os territórios indígenas. Se não há grandes projetos, a cobertura da floresta está preservada. Aprendemos de outras culturas a guardar os bens comuns para suas próximas gerações. Esse tema está intimamente relacionado com a água e a energia, já que só a visão integral permite impedir o esbanjamento e propiciar o manejo sustentável.

Sem dúvida, aqui se formaram movimentos com exemplos de invenções democráticas acerca da distribuição e da qualidade da terra em cada país. Entretanto, formaram-se fortes redes intercontinentais de agricultura solidária e sustentável. Redes nacionais e internacionais estão tratando de resistir à pressão para o papel e a celulose, para a mineração e para o curso da construção de grandes obras de infraestrutura, de grandes consórcios de alimentos como também de plantações para biocombustíveis. O fenômeno da concentração de terras em mãos daqueles consórcios – o chamado *land grabbing* (grilagem de terras) – está no auge.

Gostaria de recordar, por exemplo, o encontro de Paul Singer e sua equipe da Secretaria da Economia Solidária, em Murindo, no Paraná, com o Movimento dos Trabalhadores Rurais Sem Terra, juntamente com todas as instituições públicas do estado do Paraná, para debater os conflitos entre áreas para cultivar alimentos e áreas para cultivar biocombustíveis. Havia consenso de que essa relação entre áreas a serem

[81] Ver Sladek, U.; Sladek, M. (2012, p. 7); Scharer (2012, p. 8); Gantzhorn (2012, p. 9); Flieger (2012, p. 9); Puschner (2012, p. 46); Gawora; Bayer (2013).

utilizadas para bens de consumo básico deveria ser decidida com a responsabilidade do município para evitar escassez e aumento de preços, já que isso, teoricamente, asseguraria o abastecimento local com alimentos e combustíveis. A inovação democrática aqui foi que os cidadãos, seus representantes e instituições debatiam sobre como tal caminho democrático de produção e consumo comunal necessitaria de outras formas de processamento, como pequenas máquinas com a capacidade de produzir uma quantidade de combustível adaptada à quantidade de plantas regionais a serem processadas para obter o combustível. O debate tinha influência em pequenos agricultores que iniciam uma produção que leva em conta essas duas necessidades em seu município.

Atualmente, todas as sociedades agrárias têm tradições, muitas das quais foram abolidas pelas empresas industriais agrárias. Todavia, é cada vez mais importante aprender as formas de enriquecer a terra por meio de certas plantas e buscar formas de como, a longo prazo, conseguir uma produção satisfatória sem prejudicar os usos posteriores da terra. Um exemplo disso é a produção da terra preta que conhecemos da Amazônia, em que cerca de 2% é de alta qualidade, de cor escura. Mas também tem sido produzida por pequenos produtores em muitas outras partes do mundo. Há pouco, um grupo interdisciplinar em que eles mesmos produziram terra preta publicou um livro e construiu um projeto no Jardim Botânico de Berlim em cooperação com a universidade.[82] Sem dúvida trata-se de combinar os saberes em regiões frágeis – como são as florestas tropicais –; trata-se de manter uma produção e evitar ao máximo o rápido esgotamento da fertilidade dos solos. Hoje em dia significa uma invenção democrática resgatar a sabedoria para resistir ao esgotamento, à degradação e ao desmatamento da terra, que necessita ser cuidada em uma relação respeitosa à sua capacidade de regeneração e de resiliência.

Os solos não apenas são um recurso local, mas também prestam serviços globais de açambarcamento do carvão; são importantes para o ciclo da água e garantia para a soberania alimentar. No Instituto para Estudos Avançados de Sustentabilidade (IASS), em Potsdam, o ex-ministro de Meio Ambiente e ex-chefe da UNEP, Klaus Töpfer, tem organizando anualmente, por essa razão, Uma Semana dos Solos Globais com representantes de sociedades civis, governos e cientistas.[83]

[82] Ver Scheub; Pieplow, Schmidt (2013).

[83] Ver Weigelt (2013, p. III).

Resultado: os movimentos contra a austeridade têm mostrado que vai se formando uma coordenação entre os países, por exemplo, no caso das greves, que formam redes de apoio, ou no atendimento médico e nas escolas para migrantes, no apoio a empresas a serem recuperadas (Vio.Me). Aprendemos que alguns têm partidos que lhes apoiam, caso do Syriza, na Grécia; que outros ganham aliados, como demonstram, por exemplo, as associações de advogados, de juízes e até o Tribunal Constitucional de seu país, como foi o caso em Portugal. Vimos que na Espanha houve uma intervenção da Advocacia Geral do Tribunal de Justiça da União Europeia quando milhares de pessoas foram desalojadas porque não podiam pagar mais os juros de suas hipotecas.

Há um auge da economia solidária não só como resposta à política de austeridade e à crescente força de redes solidárias, mas também porque estão sendo planejadas políticas públicas para fortalecê-la. Por exemplo, em dois dos 16 estados alemães foram adotados regulamentos para ampliar a economia solidária.[84] A França incluiu a promoção da Economia Social e Solidária em sua política oficial. Também no nível da União Europeia cresce a sensibilidade acerca das possíveis medidas a fim de que os operários possam recuperar suas empresas insolventes. Mas estamos a caminho de uma nova civilização – que evoca Razeto – com sensibilidade em relação à natureza. Se é que nos importa a democracia, necessitamos de autogestão e relações recíprocas entre nós e a natureza. Vimos que contribuiu para isso uma cultura de comemoração de luta, uma luta combinada com educação, uma nova regionalização, uma identidade dentro da realidade sociocultural, aprendizagem intercultural recíproca. É o caminho de cidadãos que formam nossas instituições de poder popular.

## Adendo[85]

Quanto ao presente e ao futuro das Invenções Democráticas, eis o que nos chama a atenção no início de 2015.

De assembleias cidadãs do Movimiento de los Indignados, iniciadas na Praça Puerta del Sol, em 15 de maio de 2011, no centro de Madri,

[84] Renânia do Norte-Vestfália e Baixa Saxônia.

[85] O adendo foi acrescentado pela autora em fevereiro de 2015, decorrente principalmente da eleição da maioria do Syriza no Parlamento grego.

nasceu o Podemos como força política maior na Espanha. Inaugurado com o grito "Outra democracia é possível", rebela-se contra um sistema bipartidário que consente que grande parte dos jovens fique sem trabalho. Em muitas praças, assembleias dos sem-teto e dos sem-trabalho acompanhados por vizinhos resolveram como responder a medidas políticas antissociais e de privatização. O movimento 15M forma coletivos temáticos. Em 2014, aparece como "Podemos" nas eleições europeias.

Em 25 de janeiro de 2015, os cidadãos gregos elegem o Syriza, partido cujos deputados haviam criado um fundo de 20% de sua renda para apoiar múltiplas iniciativas e empreendimentos de economia solidária: clínicas populares, comercialização direta, refeições comunitárias, apoio a uma empresa recuperada, etc. (ver anteriormente).

Com os lemas "Solidariedade para todos" e "Podemos", assembleias priorizam a vida antes dos interesses dominantes. Esse renascimento da democracia direta pode impor-se na medida em que a vida se torna prioridade sobre interesses opostos em todo o continente.

Parece-nos que o futuro europeu será viável se forem respeitadas as conquistas das invenções democráticas e das constituições democráticas que responderão ao desafio de priorizar a vida. Assim, haverá uma compreensão coletiva profunda da importância estratégica dos nossos valores humanos em nossas trajetórias culturais, sintetizada na inclusão dos excluídos – as minorias, os refugiados, os sem-trabalho, os sem-teto – com organização democrática e insistência em assembleias cidadãs que, com base em análises aprofundadas, mirem em direção ao bem comum em longo prazo.

Em grego, o "forasteiro" ou o "estrangeiro" é referido pela mesma palavra utilizada para designar o "convidado" (ξένος), o mesmo ocorrendo com as palavras que significam "teoria" e "perspectiva" (θεωρία).

Registra-se um aumento da democracia direta na América Latina: houve referendos sobre mineração tanto na Colômbia como na Argentina. Por exemplo, uma cidade que se recusou à explotação de minérios no estado colombiano de Tolima decidiu, mediante consulta popular, proibir em suas terras as operações da AngloGold Ashanti. Noutras palavras: a cidade de Piedras, no estado colombiano de Tolima, é o primeiro município a proibir a mineração por meio de um mecanismo de participação popular (Semana de 28 de julho de 2013[86]).

[86] Ver <http://es.mongabay.com/news/2013/es0627-llewellyn-colombia-mining.html>.

Um povoado argentino consegue também proibir a megamineração no primeiro referendo vinculante do país: em 3 de junho de 2012, Loncopué, na Patagônia, entrou para a história ao se tornar a primeira localidade argentina a proibir a megamineração em uma votação de cumprimento obrigatório. Essa luta começou em 2007 (Diagonal global, 5/7/12). Está ainda na memória coletiva recente e remonta aos conceitos de comunidade e terra, ou seja, território. Está na consciência histórica a reciprocidade das relações humanas gravadas nas leis consuetudinárias que preservavam a vida das comunidades em seus ambientes naturais.

Tanto na América Latina como na Europa, o controle de territórios, de massas de água, de acesso à energia e aos alimentos está sob crescente pressão de privatizações e de grandes corporações. Por isso, presenciamos um *boom* das lutas por recomunalização. Por exemplo, em 2 de dezembro de 2013, em Berlim, cumpriram-se 100% do referendo sobre a recomunalização das empresas de água.

## Referências


ALIER, Joan Martinez. *El ecologismo de los pobres: conflictos ambientales y lenguajes de valoración*. 4. ed. corr. y aum. Lima: Espiritrompa Ediciones, 2010.

*BARRAS, Béatrice. Moutons rebelles: Ardelaine la fibre développement local.* Valence: REPAS, 2003.

BONSE, Eric. Die Revolution versicker. *Die Tageszeitung*, 10 Apr. 2010.

BRODAL, Sissel. Moderne Sklavenarbeit in der europäischen Landwirtschaft: Illegalität und Ausbeutung. *LabourNet*, 16 Dez. 2012, p. 155-163.

COLLYNS, Dan. Peru: água ou petróleo?. *BBC Lima*, 9 abr. 2009.

DERICHSWEILER, Cornelia. Das "Plastic-Meer von Almeria": eine Welt unter Folie. *Neue Züricher Zeitung*, 15 Mai 2006.

DOYLE, Kevin. 1976: The Fight for Useful Work at Lucas Aerospace. 2006. Disponível em: <https://libcom.org/history/articles/lucas-aerospace-fight>. Acesso em: 15 mar. 2015.

ELJE, Gatien; POPELARD, Allan; VANNIER, Paul. Griechenland: Reise durch ein ersticktes Land. *Le Monde Diplomatique*, Feb. 2013.

FLIEGER, Burghard. Gebündelte Energie: Grüne Stromerzeuger organisieren sich – Geplante Marktprämie des EEG als Chance. *Contraste*, März 2011a.

FLIEGER, Burghard. Kuscheln unterm Sonnenschirm. *Contraste*, n. 327, Dez. 2011b.

FLIEGER, Burghard. Wer den Vertrag macht, hat die Macht, Investoren – und Gemeinschaftskonzepte im Wettbewerb bei der Flächensicherung für Windparks. *Contraste*, Juni 2012.

GADGIL, Madhav; GUHA, Ramachandra. *This Fissured Land: An Ecological History of India*. Oxford: Oxford University Press, 1992.

GANTZHORN, Gunnar. Das Geld dem Dorfe: die Wertschöpfung der Windenergie für die Bürger genossenschaftlich sichern. *Contraste*, Juni 2012.

GAWORA, Dieter; BAYER, Kristina (Ed.). *Energie und Demokratie*. Kassel: Kassel University Press, 2013.

GIORGI, Giuliana. Genossenschaftliche Selbsthilfe in Krisenzeiten – Ein Beispiel aus Italien: das Marcora-Gesetz. In: MÜLLER-PLANTENBERG, Clarita (Koord.). *Verein zur Förderung der Solidarischen Ökonomie: Schritte auf dem Weg zur Solidarischen Ökonomie*. Kassel: Kassel University Press, 2011. p. 102-117.

HÄNDEL, Thomas. Besser spät als nie. *Die Linke im Europaparlament*, 12 Juli 2013.

HELLER, Agnes. Die Paradoxien der modernen Demokratie. *Hanna Arendt Newsletter*, Aug. 1, B. II, Dez. 1999.

HOLZHAUER, Axel. Wassergenossenschaft in Großroppershausen. *Entwicklungsperspektiven*: Solidarische Ökonomie in Europa, Kassel, n. 85-86, p. 189-194, 2007.

LING, Martin. Der steile Weg zur Autonomie. *Contraste*, März 2010.

KATERINI, Tonia. Organizing to Survive in Greece: Social Solidarity Movement Rising as Greeks Struggle for Survival. *Red Pepper*, Dec. 2012.

KREUTZFELDT, Malte. Wasser bleibt öffentliches Gut. *Die Tageszeitung*, 24 Juni 2013.

KUMPE, Ulrike. Solidarität mit Griechenland, Griechische Projekte und Gruppen reisen durch Deutschland, um auf die Lage der Menschen aufmerksam zu machen. *Contraste*, Mai-Juni 2013.

MÜLLER-PLANTENBERG, Clarita; PERELS, Joachim (Ed.). *Kritik eines technokratischen Europa: der politische Widerstand und die Konzeption einer europäischen Verfassung.* Kassel: Kassel University Press, 2008.

MÜLLER-PLANTENBERG, Clarita; SABER, Azis Nacib Ab (Org.). *Previsão de impactos.* 2. ed. São Paulo: Edusp, 2002.

PEIXOTO, José Luís. Die Sonne von Portugal, Die neue Auswanderung und die Sehnsucht der Emigranten. *Le Monde Diplomatique*, 14 juin 2013.

PACHECO, Federico. Los jornaleros de Andalucía por la tierra y la dignidad. 2013. Disponível em: <http://www.sindicatoandaluz.org/?q=node/1219>. Acesso em: 15 mar. 2015.

PAPADIMITRIOU, Jannis. Hydrostreit in Thessaloniki. *taz.de*, 29 Mai 2013.

PAPADOPOULOS, Jiannis. Neonazis in Griechenland. *Le Monde Diplomatique*, juin 2013.

PARANJPYE, Vijay. *Foresight at Bedthi*. New Delhi: World Wildlife Fund India, 1987.

PEIXOTO, José Luís. Die Sonne von Portugal, Die neue Auswanderung und die Sehnsucht der Emigranten. *Le Monde Diplomatique*, 14 juin 2013.

PORTUGALSSPARPROGRAMM TEILWEISE VERFASSUNGSWIDRIG. *Süddeutsche Zeitung*, 5 April 2013.

PUSCHNER, Sebastian. Ausgezeichnete Stromrebellin. *Die Tageszeitung*, 10 Juli 2013.

PUSCHNER, Sebastian. Berlin ist nicht Pfarrkirchen. *Die Tageszeitung*, 29 Aug. 2012a.

PUSCHNER, Sebastian. Einfach die Sollzahlen erhöht. *Die Tageszeitung*, 12 Juni 2013b.

PUSCHNER, Sebastian. Smells like Rekommunalisierung. *Die Tageszeitung*, 11 Juni 2013c.

PUSCHNER, Sebastian; VEIT, Sven-Michael. Das Volk begehrt Vernetzung. *Die Tageszeitung*, 11 Juni 2013.

WEIGELT, Jes. Die Global Soil Week lenkt Aufmerksamkeit auf die vergessene Ressource Böden. *Weitblick*, n. 1, 2013. Entrevista concedida a Tobias Reichert.

RIMBERT, Pierre. Captain Fu in Piräus: Das chinesische Staaatsunternehmen Cosc kauft sich in Griechenlands größten Hafen ein. *Le Monde Diplomatique*, fév. 2013.

SANTOS, Boaventura de Sousa. Das Weltsozialforum: auf dem Weg zu einer gegen-hegemonialen Globalisierung. *Flugschriften Kritischer Wissenschaft:* Globaler Widerstand gegen den Kapitalismus, Auf dem Weg zu einer neuen Internationale?, Hannover, n. 9, p. 135-182, 2006.

SCHARER, Rudolf. Vertrauen, Voraussetzungen guter Zusammenarbeit zwischen Gemeindevertretung und Bürgerschaft. *Contraste*, Juni 2012.

SCHEUB, Ute; PIEPLOW, Haiko; SCHMIDT, Hans-Peter. *Terra Preta, Die schwarze Revolution aus dem Regenwald*. München: Oekom, 2013.

SCHMIDT, Thomas. Wir wollen unser Leben zurück. *Berliner Zeitung*, 5 Okt. 2012.

SERALIDOU, Rodothea. Ihr ganz persönliches Drama. *Die Tageszeitung*, 17 Feb. 2012.

SERALIDOU, Rodothea. Vernarrt in ihre Stadt. *Die Tageszeitung*, 25 Juni 2013.

SLADEK, Ursula; SLADEK, Michael. Die Energiewende gelingt nur mit dezentralen Strukturen. *Contraste*, Juni 2012. Entrevista concedida a Dietrich Roeschmann, Hans Schmid e Martin Wiedemann.

THELEN, Raphael. Überdosis Krise. *Reportage,* 16 Juli 2013.

UNFRIED, Martin. Mehr Ordnungsrecht, bitte! *Die Tageszeitung*, 21 Mai 2013.

URREA, Danilo. Manejo público-comunitario del agua: recuperación social del horizonte común en el contexto colombiano. *Revista Ecologia Politica*: Bienes Comunes, n. 45, 20 ago. 2013.

VÖLPEL, Eva. Ein Keim in Trümmern. *Die Tageszeitung*, 7 Juni 2013.

VÖLPEL, Eva. Europa von unten. *Die Tageszeitung*, 10 Juni 2013.

WANDLER, Reiner. Zu viel verhandelt, Protest gegen Massenentlassungen. *Die Tageszeitung*, 2 Mai 2013.

YAPA, Kashyapa. *Prácticas ancestrales de crianza de agua: una guía de campo.* Quito: Programa de Nações Unidas para o Desenvolvimento, 2012.

ZANOTELLI, Alex. *Hauptstadt des Wassers*. Neapel: [s.n.], 2013.

# Felicidade Interna Bruta (FIB) no Brasil

Susan Andrews

Felicidade. Está na moda atualmente. Mas será que essa nova onda é, como disse Shakespeare, simplesmente "muito barulho por nada"? E o que dizer sobre essa curiosa proposta de medir a Felicidade Interna Bruta (FIB) em vez do Produto Interno Bruto (PIB) – será que isso é outra ilusória sandice de um mundo sedento por novidades? Será que a felicidade não deveria ser considerada como algo demasiado íntimo, algo de natureza tão autoindulgente, tão insubstancial para ser medida e ainda por cima se tornar uma meta realmente apropriada a ser atingida por uma nação ou sociedade?

Bem, parece que algumas pessoas estão levando isso a sério. Incluindo a própria Organização das Nações Unidas (ONU). Em abril de 2012 fui convidada (junto com Paul Singer e outros pesquisadores e profissionais do Brasil) a participar de um Encontro Oficial de Alto Nível na ONU, em Nova York, que se chamou Bem-Estar e Felicidade: Definindo um Novo Paradigma Econômico. Esse histórico encontro reuniu mais de 650 participantes de 80 países – representantes de governos, diplomatas das Nações Unidas, ganhadores de Prêmios Nobel, acadêmicos, economistas e psicólogos, representantes da sociedade civil e líderes religiosos.

Abrindo o evento, o secretário-geral da ONU, Ban Ki-moon, ressaltou a necessidade de uma nova economia em prol da sustentabilidade. "O Produto Interno Bruto (PIB) tem sido há muito tempo a métrica pela qual as economias e os políticos têm sido avaliados. Mas mesmo assim o PIB não leva em consideração os custos sociais e ambientais do assim chamado 'progresso'. Precisamos de um novo paradigma econômico que reconheça a paridade entre os três pilares do desenvolvimento sustentável: bem-estar social, econômico e ambiental são indissociáveis. Os três definem a felicidade global bruta", disse Ban Ki-moon. O secretário-geral também enfatizou que o desenvolvimento sustentável está intrinsecamente ligado à felicidade e ao bem-estar.

O evento em Nova York foi convocado pelo primeiro-ministro do Butão, país no Himalaia que nos anos 1970 introduziu uma nova forma de avaliar a prosperidade nacional, focando no bem-estar dos seus cidadãos juntamente à produtividade econômica – a Felicidade Interna Bruta (FIB). O indicador FIB mede o progresso em nove dimensões, todas diretamente associadas ao bem-estar humano:

- Boa governança.
- Saúde.
- Educação.
- Padrão de vida.
- Vitalidade comunitária.
- Diversidade cultural.
- Resiliência ecológica e sustentabilidade.
- Uso equilibrado do tempo.
- Bem-estar psicológico.

Nos anos mais recentes tem havido um crescente interesse nesse conceito, com a Assembleia Geral da ONU em julho 2011 convidando os estados-membros "a buscar métricas adicionais de felicidade e bem-estar para orientar suas políticas públicas".

E diversos países estão hoje fazendo justamente isso: Canadá, França, Austrália, Tailândia, Japão, Reino Unido e os Estados Unidos. Um painel de especialistas em psicologia e economia, incluindo o ganhador do Prêmio Nobel Daniel Kahneman, foi convocado pelo Departamento Americano de Saúde e Serviços Humanos para desenvolver uma métrica de "bem-estar subjetivo" para a nação. Disse Robert F. Kennedy em 1968: "Nosso PIB, caso fôssemos julgar os Estados Unidos por ele, contabiliza como ganho a poluição do ar e a propaganda de cigarros, as ambulâncias para evacuar das autoestradas os corpos dos acidentados... Mede tudo, em suma, exceto aquilo que faz a vida valer à pena".

Em 2008, o presidente francês Nicolas Sarkozy convocou uma comissão de notáveis, incluindo dois ganhadores de Prêmio Nobel, Joseph Stiglitz e Amartya Sen, que concluiu que "é chegada a hora do nosso sistema de mensuração mudar da ênfase na medição da produção econômica para a medição do bem-estar das pessoas". E mais recentemente o primeiro- ministro do Reino Unido, David Cameron, salientou que "mensurar o bem-estar das pessoas é uma das questões políticas centrais do nosso tempo". Como disse Joseph Stiglitz, que também estava na Conferência na ONU: "Você só consegue ter aquilo que você mede".

## O indicador FIB: um alternativo ao PIB?

O indicador FIB foi desenvolvido por uma equipe de especialistas internacionais no campo das pesquisas sobre a felicidade, patrocinada pelo Programa das Nações Unidas para o Desenvolvimento (PNUD). Esses especialistas analisaram os fatores que contribuem para a felicidade humana: esses nove fatores (ver anteriormente) são os mesmos em várias culturas, conforme a ciência hedônica (a ciência da felicidade) provou por meio de diversos estudos transnacionais. Algumas culturas podem até colocar mais ou menos ênfase em uma ou outra dessas dimensões, mas elas são universalmente comuns.

Algumas vezes as pessoas pensam que o FIB é um substituto para o PIB, mas na verdade o FIB não foi formulado para substituir o PIB como uma medida de progresso social, e sim para complementar uma versão revisada do PIB, que tem sido usada desde a Segunda Guerra Mundial como um indicador de tudo que é produzido num país em termos de bens e serviços. Ao longo dos anos, o PIB acabou se tornando o parâmetro de referência para se comparar o desempenho econômico entre países e medir o progresso social. Contudo, nos anos mais recentes, o PIB tem sido fortemente criticado, uma vez que esse indicador não computa os custos referentes à exaustão dos recursos ambientais, bem como outros fatores que afetam o bem-estar da humanidade e a sustentabilidade do meio-ambiente.

Já o indicador FIB é uma medida muito mais ampla e sistêmica, gerada por vários indicadores que perpassam nove domínios, e por isso provê um índice muito melhor para se avaliar o bem-estar da sociedade. O Prêmio Nobel em economia Joseph Stiglitz, presidente da Comissão para Mensuração do Progresso Econômico e Social, convocada por

Sarkozy para identificar as limitações do PIB e avaliar a viabilidade de alternativas de mensuração, declarou que "não há um único número que possa ser capaz de capturar algo tão complexo quanto a nossa sociedade". O relatório final dessa comissão advoga *três diferentes conjuntos de indicadores* para o progresso: (1) uma revisada versão do PIB; (2) indicadores objetivos para sustentabilidade ambiental; e (3) indicadores para bem-estar e felicidade – este último, portanto, muito similar ao conceito de Felicidade Interna Bruta.

O próprio Stiglitz declarou no lançamento do relatório da comissão que "a preocupação levantada pelo presidente Sarkozy e pela nossa comissão tem, não surpreendentemente, vibrado uma corda mundial. Há uma ressonância através do mundo. Mesmo antes do trabalho da comissão, o Butão já estava trabalhando duro na criação de indicador FIB, Felicidade Interna Bruta".

## FIB no Brasil

Mas no Brasil o FIB, já aplicado em várias comunidades no país, é muito mais do que um mero indicador ou um questionário para orientar os políticos. O processo FIB, desenvolvido pela organização não governamental Instituto Visão Futuro, é um catalisador de mudança, um processo de mobilização social em prol do bem-estar coletivo e do desenvolvimento sustentável. Também é um processo de formar parcerias entre os principais setores da sociedade: não somente governo, mas também empresas, cidadania e academia, visando ao bem-estar de todos.

O FIB começa como um indicador, mas o questionário é simplesmente a plataforma de lançamento para as discussões coletivas e para os articulados esforços em prol do bem-estar coletivo – não apenas por meio de uma política governamental oficial "de cima para baixo", mas também através de uma mobilização social "de baixo para cima".

Uma vez que o questionário tenha sido ministrado numa comunidade, isso mobiliza um nível muito mais elevado de participação cidadã nas reuniões e no planejamento de ações futuras. Os questionários e os seus resultados, ao serem reportados à população-alvo, geram um grande interesse e muito mais conscientização no tocante às forças e fraquezas da comunidade e aos recursos disponíveis e necessários para proporcionar uma melhoria no seu bem-estar. Isso salienta as áreas para remediação, de modo que os cidadãos, o poder público e a academia possam então trabalhar juntos para identificar os mais importantes planos de ação. O FIB é, portanto, uma poderosa ferramenta para aglutinar as pessoas na resolução de seus problemas comuns e no aumento do seu bem-estar coletivo.

E os municípios também podem se beneficiar dessa ferramenta para testar, através de uma abordagem sistêmica e multidimensional, qualquer projeto de desenvolvimento proposto. Ou seja, o processo FIB pode ser usado como um "filtro" para avaliar como um dado projeto, enquanto ainda está na sua fase de concepção, afetará a população-alvo nos nove domínios que comprovadamente precisam ser respeitados para que o bem-estar coletivo não seja comprometido. Assim, desequilíbrios entre os nove domínios podem ser evitados mais tarde.

## Relatório Mundial Sobre Felicidade 2013 destaca O FIB

O *Relatório Mundial sobre Felicidade 2013* (*World Happiness Report 2013*), da ONU, descreveu os projetos FIB no Brasil:

> Essas atividades [do FIB] têm sido importantes em diversos países, mas provavelmente estão mais disseminadas no Brasil, onde o FIB – Felicidade Interna Bruta – inspirou a execução de uma variedade de levantamentos e atividades projetadas para melhorar a vida. Isso tipicamente envolve uma investigação em nível comunitário usando questionários FIB, combinando com um largo espectro de ações, que vão desde a limpeza de cursos d'água, construção de biodigestores para gerenciamento de esgoto e até treinar ginastas das favelas. Essas ações são inspiradas e dirigidas localmente, mas conectadas pelo movimento FIB a atividades paralelas através de todo o país.
>
> O projeto FIB na comunidade de Rajadinha, em Brasília, começou pela construção da cooperação na comunidade, seguida pelo questionário FIB. Depois que os resultados desse questionário foram tabulados e processados, uma grande e festiva reunião de confraternização foi organizada – com entretenimento oferecido por crianças da escola local, que atuaram como palhaços, e por jovens apresentando programas culturais –, onde os resultados do questionário foram apresentados aos membros da comunidade. Depois de uma extensa discussão e votação pela comunidade, o tratamento dos efluentes foi selecionado como a prioridade para se aumentar o

> bem-estar coletivo. Um comitê FIB foi então constituído, formado por adultos e jovens, que se reuniu regularmente duas vezes por mês para planejar e executar as ações coletivas: a limpeza do lixo no esgoto que estava obstruindo o córrego local, o envolvimento do hospital da universidade local para educar a vizinhança sobre o tema "Água e Saúde", a parceria com estudantes da universidade local em Brasília para ajudar a mapear os problemas de água daquela área e a mobilização de um grupo de cidadãos para negociar com o governo local o suprimento de água limpa à comunidade. E além disso, o Banco do Brasil, um parceiro no projeto FIB, está no processo de construir 50 tanques cépticos biodigestores para resolver o problema das águas residuais. (World Happiness Report, 2013, p. 102, tradução minha).

## FIB empresarial

FIB está sendo aplicado não somente nas comunidades e nos municípios, mas também nas empresas. Talvez o crescente interesse no FIB Empresarial, voltado para promover o bem-estar nas empresas, derive da crescente percepção, desde a época dos gurus de gerenciamento, como Frederick Herzberg e W. Edwards Deming, de que a rota até a qualidade e o contínuo aperfeiçoamento organizacional se dá por meio de motivadores intrínsecos, e não extrínsecos. Eles se deram conta de que, para se gerar e perpetuar empresas bem-sucedidas, é preciso focar os esforços na criação de ambientes que favoreçam o florescimento das necessidades psicológicas inatas dos seus funcionários.

Uma das empresas pioneiras em aplicar esse novo paradigma voltado para a satisfação no local de trabalho é a Cemig, cujo diretor, Luiz Henrique de Castro Carvalho, e cujo superintendente de Recursos Humanos, Ricardo Luiz Diniz Gomes, participaram do encontro de alto nível na ONU. O estudo de caso que eles submeteram ao evento demonstrou que, segundo as estatísticas do Instituto Nacional de Seguro Social (INSS), os transtornos mentais estão em terceiro lugar entre as causas de afastamento do trabalho por mais de 15 dias, e também das aposentadorias por invalidez. Cada vez mais os empregados se sentem alijados das ações da empresa à qual pertencem e enxergam o mero enriquecimento empresarial como algo externo aos seus propósitos. Por conta disso, a Cemig está construindo o processo "FIB na Cemig", "com o objetivo de contemplar os ativos intangíveis (rede de relacionamentos, capital humano, confiança nas relações), valorizar o empregado como pessoa e integrante dos processos da empresa e estimular o protagonismo como fatores essenciais para o alcance dos resultados empresariais".

Como o neurocientista Richard Davidson, da Universidade de Wisconsin, Estados Unidos, enfatiza "A felicidade é uma competência que pode ser aprendida". O processo FIB Empresarial, desenvolvido pelo Instituto Visão Futuro, utiliza o indicador sistêmico do FIB para medir, com precisão estatística, o bem-estar dos colaboradores em nove dimensões. Mas, antes de tudo, eles começam a aprender a "competência para a felicidade" – técnicas simples e eficazes para transformar a fisiologia do estresse numa bioquímica de bem-estar. Tendo o bem-estar pessoal como base, uma nova ética de empatia e confiança é facilmente estabelecida entre os funcionários, a qual, sua vez, é potencializada por uma comunicação assertiva para a resolução de conflitos. Isso é especialmente importante, porque uma recente pesquisa feita pelos economistas John Helliwell, da Universidade da Columbia Britânica, e Robert Putnam, da Universidade de Harvard, revelou que a confiança na administração é o aspecto do trabalho que tem o maior efeito no bem-estar do colaborador, superando de longe o salário. Essa inteligência coletiva dos funcionários então se torna a plataforma de lançamento para analisar o indicador FIB e cocriar estratégias para uma organização mais feliz e eficiente.

Parece que o movimento FIB está decolando pelo mundo todo. Na verdade, uma vez que pessoas com níveis mais altos de bem-estar têm melhores chances de ser saudáveis, bem casadas, competentes no seu trabalho, com espírito cívico, cidadãs generosas e tolerantes, por que qualquer empresa ou governo sensato não iria querer moldar suas estratégias ou políticas para ajudar seus integrantes a atingir níveis mais elevados de bem-estar?

## Referência

WORLD HAPPINESS REPORT. Edited by John Helliwell, Richard Sayard and Jeffrey Saches. 2013. Disponível em: <http://goo.gl/YQgJKE>. Acesso em: 17 mar. 2015.

# Educação integral e territórios educativos

Helena Singer

No Brasil, nas últimas décadas, têm se desenvolvido, ainda de forma fragmentária, experiências de arranjos territoriais de políticas, escolas, famílias e comunidades para garantir o desenvolvimento integral de crianças e jovens. Essa visão dialoga com a perspectiva do que vem sendo chamado no país de educação integral.[1]

A educação integral propõe a integração dos diversos espaços e agentes de um território para garantir o desenvolvimento dos indivíduos em todas as suas dimensões. Compreende-se que, para tão complexa tarefa, é necessária a integração de diversos atores locais em torno de um projeto comum, um projeto que possa transformar localidades em bairros que se educam.

Uma das organizações que têm se dedicado a fomentar territórios educativos é a Associação Cidade Escola Aprendiz, que nomeia a tecnologia social que desenvolve como bairro-escola. Em seu esforço para compreender quais são as condições que caracterizam um território educativo, a organização chegou à seguinte definição:

- Em primeiro lugar, há ali um fórum intersetorial (poder local, iniciativa privada e sociedade civil organizada), interdisciplinar (educação, saúde, cultura, rede de garantia de direitos, desen-

[1] O campo conceitual e político da educação integral é apresentado na coletânea organizada pela pesquisadora Jacqueline Moll, diretora de Currículos e Educação Integral da Secretaria de Educação Básica do Ministério da Educação (MOLL, 2012b).

volvimento local, etc.) e intergeracional (crianças, jovens e adultos) dedicado a formular e gerir um Plano Educativo Local (PEL), com um diagnóstico do lugar, metas claras, prioridades e definição de papéis.

- Em segundo lugar, as escolas desenvolvem projetos político-pedagógicos democráticos, alinhados com os princípios da educação integral. Elas reconhecem os saberes comunitários, envolvem-se com as problemáticas locais e promovem a apropriação da cidade, assumindo seu lugar de catalisadoras da produção do conhecimento local.
- A terceira condição é a de que a rede sociopedagógica (escolas, assistência, saúde, etc.) trabalhe de forma integrada, compartilhando dados e agendas, alinhando princípios e construindo estratégias comuns para o trabalho.
- Por fim, configura-se um território educativo quando há o reconhecimento e o exercício do potencial educador de seus diversos agentes, ampliando e diversificando as oportunidades educativas para todos: um café se abre para cursos de informática em que adolescentes ensinam idosos; museus criam programações voltadas para públicos específicos do bairro, seja crianças pequenas, seja imigrantes, seja pessoas com deficiência; criam-se espaços de cultura geridos pela comunidade em escolas públicas do lugar; uma praça é revitalizada com intervenções criativas dos artistas e depois passa a ser utilizada para atividades de *skate*, malabares, horta ou basquete.

Sendo esses os elementos que constituem um território educativo, o seu processo de construção deve partir do diagnóstico das condições iniciais para que, em uma perspectiva de pesquisa-ação, na qual os agentes continuamente revisitam sua prática, possa ser elaborado coletivamente um plano com metas definidas a partir das características do lugar.

## As condições de vida do lugar e as possibilidades do desenvolvimento integral das pessoas

O território educativo tem como objetivo maior criar as condições para que os jovens se desenvolvam integralmente, ou seja, em todas as suas dimensões – intelectual, física, afetiva, social, simbólica. Para criar metas e monitorar esse processo, é preciso conhecer as condições iniciais de vida das novas gerações no bairro.

Em um território educativo estão garantidas as condições para a formação de cidadãos autônomos, com a ampliação do seu repertório sociocultural e o fortalecimento da sua capacidade associativa e de participação ativa na sociedade. Um cidadão pleno de direitos e participante ativo nas decisões que afetam sua comunidade constitui-se com base no desenvolvimento de seu corpo, de sua singularidade, de sua capacidade reflexiva e de suas habilidades para a comunicação e a criação.

Por isso as condições de um bairro para essa formação de cidadãos autônomos precisam ser conhecidas no início do processo de construção de um plano voltado para a transformação do local em um bairro educador. Segundo o sociólogo e professor Miguel Arroyo, as vivências dos tempos-espaços são centrais nos processos de socialização, humanização, formação e aprendizagem do próprio viver (Arroyo, 2012a, p. 33-45). Propostas orientadas pela educação integral, ao levarem em consideração as dimensões vida-corpo-espaço-tempo, precisam partir da investigação de "como os educandos vivem a vida" e a que vivências são submetidos nos diversos espaços e tempos e na totalidade de seu viver. É preciso conhecer as condições de moradia, trabalho, transporte, alimentação para construir uma proposta educativa voltada para o pleno desenvolvimento das pessoas dali.

Um projeto de educação integral não separa o corpo do pensamento. A origem de todo conhecimento está no corpo, e ele precisa ser mobilizado para que o conhecimento aconteça. Esse conhecimento acontece na relação entre o corpo e o ambiente em constante experiência exploratória, uma experiência que modifica a ambos continuamente. As pessoas, aprendendo a controlar as interações de forças do corpo em seu meio ambiente, estabelecem relações cognitivas e sociais. A cognição corporificada coloca a motivação no centro do processo: *é preciso desejar, ter alguma necessidade, para se mover* (Saito, 2010). Um território educativo oferece as condições necessárias para, nas palavras de Arroyo (2012b), "um justo e digno viver" – ambientes saudáveis, espaços próprios para o exercício motor, segurança, asseio, acessibilidade, serviços de saúde, condições de moradia adequadas, entre outros pontos de fundamental importância. Porém, mais do que isso, um território educativo efetivamente oferece as condições para que as pessoas desejem aprender, conhecer o mundo, desenvolver-se.

Um projeto de educação integral também não separa a capacidade de criar dos afetos, a base para o desenvolvimento de uma individualidade plena, em contato consigo mesma e com o mundo. A criação de símbolos se dá a partir de sensações e sentimentos, promovendo a integração física, afetiva, intelectual e social. Com o psicólogo americano Howard Gardner, aprendemos que o pensamento intuitivo e simbólico, normalmente desprezado nos ambientes escolares em favor da primazia do pensamento lógico-matemático, é uma das formas de compreender o mundo (Gardner, 1994). Os processos simbólicos manifestam a capacidade para perceber diferenças e singularidades, expressar, relacionar, ritualizar e criar os distintos aspectos da vida. O impulso criativo vem de cada um, da sua curiosidade, sua capacidade de se emocionar, compreender e desejar. Do ponto de vista psicocognitivo, *os processos simbólicos se articulam intrinsecamente com o desenvolvimento corporal e intelectual*, podendo-se mencionar, especificamente, a importância do desenho para a elaboração da noção de espaço, a manipulação de instrumentos para a estruturação de conceitos geométricos e os jogos para as habilidades de abstração e comunicação. Ao mesmo tempo, do ponto de vista da democracia, o desenvolvimento livre da expressão articula-se com o respeito à diferença, ao direito de todos a se expressar e desenvolver sua singularidade. Por isso, para se criar um PEL também é fundamental conhecer as condições de vida afetiva, a organização familiar, as formas de expressão presentes naquela comunidade, seus valores, suas culturas, suas linguagens e seus símbolos.

O corpo, o pensamento e a expressão são também indissociáveis das interações sociais. O desenvolvimento integral dos indivíduos depende da sua capacidade de se relacionar e comunicar, das suas habilidades de expressão, do compartilhamento de suas ideias e do seu envolvimento em projetos coletivos. Nas palavras de Paulo Freire, a comunicação é um ato pedagógico, e a educação é um ato comunicativo (Freire, 1973). Educadores como o francês Célestin Freinet e o polonês Janusz Korczak, muitas décadas antes do advento da Internet, já ressaltavam a importância dos meios de comunicação feitos pelos jovens (Freinet, 1975; Korczak, 1981), como jornal, mural e rádio. Essas ideias se atualizam no contexto das redes, da sociedade do conhecimento: *educar-se significa envolver-se em múltiplos fluxos comunicativos, fluxos que serão tanto mais educativos quanto mais rica for a trama de interações comunicativas*. Um território educativo potencializa os fluxos comunicativos nos quais as pessoas se envolvem, ampliando suas redes e possibilidades de troca. Daí a necessidade de conhecer esses fluxos e essas redes no início de todo o processo de construção.

A dimensão intelectual do desenvolvimento humano é intrinsecamente conectada às demais. O desenvolvimento do intelecto depende do desenvolvimento afetivo, corporal, simbólico e social. Por isso a escola, apesar de ser totalmente centrada nessa dimensão, de fato a limita. Os bairros, as cidades são contextos mais propícios para as muitas aprendizagens, e a educação integral reconhece esse fato quando dialoga com a "pedagogia das cidades" (Ávila, 2012, p. 258-266). Mesmo quando se reduz o foco apenas à inteligência lógico-matemática, os bairros e a cidade se mostram muito potentes. Nesses contextos da "vida vivida", multiplicam-se as situações em que a escuta, a leitura e a produção de textos orais, escritos e visuais se relacionam de forma significativa com a análise linguística, envolvendo tarefas que articulam as diferentes práticas: ler para conhecer, ler para escrever, escrever para ler, decorar para representar ou recitar, escrever para não esquecer, ler em voz alta para outros escutarem, falar para analisar. Como resultado, tem-se produção de vídeos, exposições, edição de livros, murais, jornais, boletins informativos, páginas virtuais, circulares, manifestos, campanhas que se espalham por bairros à medida que estes se tornam educativos.

Os projetos se multiplicam a partir de inquietações, desejos. Especialmente no caso de crianças e jovens, sua curiosidade vigorosa possibilita-lhes a formulação de perguntas provocadoras e perspicazes orientadas pelo prazer da descoberta. Uma pergunta leva a outra, que induz a representações mentais, conceituações e conexões entre os conceitos apreendidos. O conhecimento se faz em rede, com conexões, processos criadores, potencialidades que se atualizam na relação entre significados, objetos e acontecimentos. *Na busca dos significados, as pessoas aprendem a observar, comparar, associar, classificar, ordenar, medir, quantificar, inferir, verificar e refletir.* Essas habilidades se desenvolvem no contato com os objetos. Por exemplo, em contato com uma obra de arte, o observador é estimulado para o desenvolvimento das habilidades relacionadas ao senso espacial, como a proporcionalidade e a localização. Já em contato com uma narrativa, o leitor é apresentado a sequências singulares de acontecimentos e emoções que envolvem os personagens e, na busca da construção desses significados, precisa desenvolver a capacidade de relacionar a parte com o todo e as partes entre si. *Na gestão dos tempos e espaços necessários para a realização dos projetos nos territórios, as pessoas aprendem a forma como suas culturas classificam, ordenam, contextualizam, selecionam, organizam, distribuem, partilham e compartilham* (Singer, 2009).

Ao alargar a visão de educação, a educação integral articula o direito às ciências e tecnologias com o direito às culturas, aos valores, ao universo simbólico, ao corpo e suas linguagens, expressões, ritmos, vivências, memórias e identidades diversas.

## A governança democrática e as instâncias de participação do bairro

A governança do território educativo constrói-se em fóruns públicos democráticos onde crianças, adolescentes, jovens, gestores e técnicos dos públicos dos diversos setores, lideranças comunitárias, educadores e todos os demais interessados encontram-se para desenhar um plano voltado à garantia das condições para que as novas gerações desenvolvam-se integralmente. O território educativo convida seus atores a, juntos, conhecerem a realidade em que vivem e proporem ações que visem transformá-la, tornando-a mais justa, democrática e solidária.

Instituir um fórum com essas características não é processo fácil, ao menos não nas grandes cidades brasileiras, onde a cultura de participação, escuta, articulação e responsabilidade coletivas é muito frágil. Há ainda que se instituir processos decisórios fundados na análise consistente de dados, utilizando como método a pesquisa-ação.[2]

Os processos decisórios envolvidos na pesquisa-ação são sempre participativos, colaborativos e acompanhados de uma reflexão sistemática. Por isso, a pesquisa-ação depende de um espaço democrático de decisão, no qual o projeto de intervenção, no caso, o PEL, seja continuamente debatido e sistematicamente refletido com base em leituras coletivas dos dados levantados.

[2] A pesquisa-ação é um método forjado nos anos 1940 na Europa e nos Estados Unidos, utilizado em diversas áreas do conhecimento, mas que ganhou contornos definitivos no campo da educação na América Latina nos anos 1970, mesma época em que os trabalhos do educador Paulo Freire se consolidavam e se tornavam cada vez mais conhecidos (TRIPP, 2005).

**A pesquisa-ação como método**

A pesquisa-ação, como parece evidente, não se propõe a ocupar o lugar da neutralidade científica. Ao contrário, ela assume que altera o que está sendo pesquisado e rompe com a noção de "verdade científica". O objetivo da pesquisa-ação não é criar uma experiência que possa ser replicada em uma situação totalmente controlada como a de um laboratório, garantindo-se sempre os mesmos resultados. Embora haja o rigor da sistematização e do monitoramento dos resultados, não é possível, em um processo de pesquisa-ação, prever o futuro. O pesquisador não tem o controle da situação.

Na instância de formulação e gestão do PEL, o coletivo sistematiza uma reflexão sobre as características da comunidade, suas vocações, seus potenciais e desafios. Com base nesse *diagnóstico participativo*, que também envolve diversos mapeamentos, elabora-se um plano de ação sustentável, definindo metas, indicadores e formas de monitoramento. Criam-se instrumentos que possibilitam a construção colaborativa do conhecimento, como *sites* e grupos de discussão. As decisões são sempre feitas pelo coletivo, e os resultados alcançados, compartilhados com a comunidade para orientar políticas públicas locais.

Dessa forma, os agentes do território educativo produzem, circulam e utilizam informações e orientam ações tomando decisões com base em considerações estratégicas e táticas, no contexto de uma atividade planejada. Uma situação de aprendizagem, portanto. O fórum onde se dá a governança do território educativo alinha-se, assim, a um novo paradigma de gestão pública.

Nesse novo paradigma, a transparência e a efetividade da comunicação são fundamentais. Os produtores da informação são as pessoas da comunidade, e essas informações nascem das definições do fórum público. A efetividade da comunicação é avaliada, sobretudo, pelo nível de participação nas ações promovidas e nas decisões tomadas (Cidade Escola Aprendiz, 2011, v. 3).

Na perspectiva do território educativo, a gestão pública também se caracteriza pela apropriação comunitária daquilo que é público. Isso porque, quando um fórum inicia o processo de pesquisa-ação, compartilhando conceitos ou experiências e levantando potenciais educativos da comunidade, muitas vezes esbarra no desperdício e na gestão autoritária de recursos públicos.

As políticas públicas são invariavelmente desperdiçadas quando não há boa articulação entre os níveis de governo, secretarias e equipamentos encarregados de promovê-las, ou seja, quando estes não dialogam nem convergem. Também são autoritárias quando são formuladas e impostas pelos órgãos centrais do governo, sem participação dos cidadãos diretamente envolvidos, com critérios de gestão e avaliação definidos de maneira centralizada.

Os potenciais de geração de renda locais igualmente são desperdiçados quando não se reconhecem as vocações próprias do lugar, os saberes e as competências das pessoas dali. Espaços da comunidade, como praças e ruas de lazer, são muitas vezes subutilizados, porque não se encontram em bom estado de conservação ou simplesmente porque a população tem medo de permanecer naquele local público, sentindo-se vulnerável à violência. Equipamentos de cultura, como bibliotecas e galerias, são esvaziados, pois não atraem a população local, que não se vê reconhecida em seus ambientes e programas. Os veículos de comunicação, assim como os equipamentos de cultura e as instituições educadoras do lugar, muitas vezes, são esvaziados pela lógica da competição, que termina por beneficiar os grandes grupos, que não têm qualquer vínculo com as comunidades. Escolas e outras instituições de serviços públicos são geridas como se fossem propriedade de seus diretores, que esvaziam os conselhos gestores e não prestam contas à comunidade.

## A escola articuladora dos potenciais locais

No território educativo, a escola deve tornar-se um núcleo articulador: das políticas públicas, dos recursos comunitários e, principalmente, do conhecimento local. Pode desempenhar esse papel porque tem em sua missão a tarefa educativa e porque é, hoje, no Brasil, o equipamento público com maior capilaridade pelo território nacional, frequentado diariamente pela quase totalidade de crianças e adolescentes do país. Daí que a escola esteja no centro da área de abrangência do território a ser diagnosticado.

Na escola articuladora do território, todos que dela participam têm direitos de decisão sobre o seu destino. O compartilhamento das responsabilidades, as decisões que podem alterar a posição de cada um no coletivo são tomadas em conjunto, incluindo gestores, educadores, funcionários, estudantes e pais. Cada um é, nesse sentido, responsável por si, mas também pelos demais. Isso faz com que se intensifique a afetividade dos relacionamentos.

*O aprendizado do comportamento democrático se dá com a prática.* Trata-se de uma grande variedade de práticas de mediação e de tomadas coletivas de decisão, cuja vivência é indispensável para que todos possam aprender o que deles se espera e o que devem esperar dos outros. Os que se formam num meio em que prevalece a democracia vivem desde cedo situações definidas por comportamentos solidários. Aprendem que as pessoas diferem, mas que essas diferenças são positivas; que ninguém é tão forte que não precise do auxílio dos outros e que a união fortalece o coletivo e o indivíduo. São levados a perceber que a desigualdade não é natural e nem decorre da superioridade de quem manda sobre quem obedece. Que a desigualdade é ruim e injusta e que ela só pode ser abolida pela prática da solidariedade entre todos (Singer, 2009).

Talvez o aspecto mais importante para a constituição da escola como núcleo articulador do território educativo seja *a atitude de acolhimento e respeito e a consequente criação de vínculos entre equipe, estudantes e famílias,* vínculos que perduram mesmo depois de eles já terem saído da escola. Para o bom funcionamento da escola, a união entre estudantes, educadores, funcionários e famílias é essencial. Nesse ambiente, a vigilância é substituída pelas relações de confiança. Estudantes, educadores e funcionários não estão na escola para cumprir tarefas que lhes são impostas ou se submeter a critérios externos relativos à evolução do aprendizado, como promoções ou repetências. Todos são membros de um coletivo, responsáveis pelas decisões que afetam suas vidas e reconhecidos em sua individualidade.

Elemento-chave das atitudes de acolhimento e respeito em um ambiente onde prevalecem as relações de confiança é o que se refere às práticas de controle social. Nas escolas abertas à comunidade essas práticas se voltam para a restauração das relações entre as partes envolvidas no conflito e também com a comunidade afetada por ele. Estruturando-se sobre relações cooperativas, as escolas favorecem atitudes de respeito. Nesse contexto, as práticas de controle social visam, a um só tempo, apoiar as pessoas envolvidas em conflito e garantir que elas assumam responsabilidade por seus atos. Para tanto, todos os membros da comunidade escolar são estimulados a desenvolver estratégias não punitivas nas suas relações, aprendizado que levam para a mediação dos conflitos que envolvem outras pessoas da comunidade. Quando necessário, o conflito é debatido coletivamente de forma pública, e o coletivo busca que os envolvidos assumam suas responsabilidades, reparem os danos, reconheçam os sentimentos de todos e passem a cuidar de si próprios, dos outros e do bem comum.

Outro aspecto diretamente afetado pela abertura da escola ao território é a sua organização espacial, ou o que Paulo Freire chamou de *pedagogicidade da materialidade* (Freire, 1992). As escolas que se abrem ao diálogo rompem com a orientação disciplinar que enfileira as carteiras de frente para a mesa do professor, na qual se propõe a não comunicação entre os estudantes, e em seu lugar introduzem o trabalho em grupo, a forma circular. *A abertura para o diálogo com a comunidade também abre os portões, destranca as portas, disponibiliza os recursos, integra a escola com a rua. Torna público o que é público*, dos livros da biblioteca ao auditório, passando por computadores, materiais eletrônicos e qualquer outro tipo de recurso. E isso se reflete na "boniteza das salas" de que fala Freire. Quando os recursos são de todos, todos cuidam.

O coletivo busca que os envolvidos assumam suas responsabilidades, reparem os danos, reconheçam os sentimentos de todos e passem a cuidar de si próprios, dos outros e do bem comum.

Essas transformações no espaço têm, ao menos, outras duas implicações importantes. De um lado, elas estimulam mudanças nos papéis de educadores e estudantes. Em roda, quando o estudante expõe suas experiências e reflexões, o educador escuta. Quando os estudantes trabalham em grupos, o educador participa na medida em que é solicitado. Não mais aquele que professa o conhecimento diante de uma plateia passiva, mas sim aquele que escuta, aprende e orienta. De outro lado, as transformações no espaço estimulam o autoaprendizado. Quando as portas das bibliotecas se abrem e os livros saem dos plásticos, os computadores saem da sala de informática e se distribuem pela escola, a quadra fica disponível, quando enfim os estudantes adquirem liberdade de acesso e uso sobre os recursos pedagógicos, desenvolvem habilidades fundamentais para o exercício autônomo de suas pesquisas. Mas, em um território educativo, os espaços e recursos da escola não ficam disponíveis apenas para estudantes e professores, abrem-se também para a comunidade em geral, que passa a frequentá-la e participar de sua gestão.

Além do espaço, também o tempo se flexibiliza. Quando a diversidade local é incluída no projeto político-pedagógico da escola, o dia não precisa mais ser fragmentado em aulas de 50 minutos, assim como os anos não precisam necessariamente ser fragmentados em séries. Não se espera que pessoas da mesma idade sejam iguais em habilidades, interesses e talentos e não se aposta na homogeneidade para o progresso do aprendizado. Ao contrário, a aposta se faz nos estímulos e desafios que a convivência com os diferentes possibilita, e o tempo se organiza na medida das necessidades da aprendizagem. *Quem sabe lê para os que ainda não estão alfabetizados, e quem não conhece algum assunto pergunta para quem conhece.* Com liberdade para pesquisar o que é de seu interesse, cada estudante compartilha com os demais suas paixões e talentos (Singer, 2009).

Isso significa que o território educativo tem implicações definitivas sobre a organização curricular. Quando a escola se abre para o bairro, as diversas culturas de seus estudantes, educadores e da comunidade onde está inserida tornam-se o ponto de partida de seu currículo. Com essa base, a solidariedade é o elo que possibilita a produção de conhecimento, que, embora não reproduza, certamente dialoga com a cultura acadêmica. Os estudantes realizam seus projetos usando a solidariedade como organizador coletivo da atividade escolar, ao somar seus saberes aos de educadores, colegas e outras pessoas de sua comunidade, cada um com suas múltiplas experiências. Assim, os saberes específicos e os genéricos constroem a sabedoria coletiva solidariamente. O território educativo promove, enfim, o que Arroyo chamou de *outra pedagogia*, que parte de *outros sujeitos* (Arroyo, 2012b).

Ao se abrir para a comunidade, a escola não só transforma os papéis de estudantes e educadores e abre seus portões, como também se abre para o mundo, trazendo pessoas da comunidade para desenvolverem projetos, *promovendo trilhas educativas* (Cidade Escola Aprendiz, 2011, v. 2) que incluem a cidade como campo de pesquisa, intervenções no bairro, participação nas organizações comunitárias e parcerias com outras organizações.

## A rede intersetorial para a educação integral

O pressuposto da educação integral é o reconhecimento da responsabilidade conjunta do Estado, da sociedade, da família e dos próprios jovens no processo de seu desenvolvimento integral. A missão do território educativo é promover o aprimoramento das condições necessárias para isso.

O sistema escolar brasileiro – assim como em muitos outros países – tem demonstrado seus limites em altos índices de evasão escolar e no baixo desempenho dos estudantes em relação às habilidades mais instrumentais. A falta de condições básicas para a aprendizagem, o distanciamento entre famílias e escolas (e consequente pouco compartilhamento de valores e processos educacionais), a desvalorização do universo cultural dos estudantes pela escola, o absenteísmo do corpo docente e as dificuldades da gestão escolar são os fatores mais evidentes aí implicados.

No entanto, para além das dificuldades estruturais do modelo escolar ultrapassado, é fundamental considerar que a desarticulação entre os serviços públicos nos diferentes níveis de governo (municipal, estadual e federal), a descontinuidade entre os segmentos do ensino (infantil, fundamental, médio e superior) e a desarticulação das organizações que compõem o sistema de garantia de direitos da criança, do adolescente e do jovem são fatores que concorrem para agravar o quadro educacional brasileiro. As organizações que têm como público-alvo as crianças e os adolescentes partem de concepções muito diferentes do desenvolvimento humano, de educação e de direito e operam numa lógica fragmentada e competitiva. Como diz Arroyo:

> Essa velha dicotomia, de um lado o direito a viver, ao cuidado deixado por conta da família, da esfera privada, da mãe, sobretudo, ou deixado por conta das instituições como creches, orfanatos, Febens. [...] [De outro lado], o direito a aprender, ao conhecimento, ao domínio das competências deixado por conta das escolas, dos profissionais do conhecimento, da formação para a cidadania e para o trabalho. [...] Às escolas chegam seres humanos únicos, que exigem outras concepções pedagógicas menos dicotômicas, mais unitárias da formação e do desenvolvimento humano/cidadão, total (Arroyo, 2012b, p. 255).

Essa velha dicotomia impõe uma lógica de encaminhamentos que leva ao desperdício de diversos recursos existentes na comunidade. No caso das crianças e dos jovens, por exemplo, é comum que aqueles que não se enquadram no modelo de ensino vigente sejam encaminhados para os serviços de atendimento psicopedagógico e psiquiátrico ou para o Conselho Tutelar. A ausência de resultados acaba levando a novos encaminhamentos, dessa vez para outras escolas. Assim, todos os serviços públicos disponíveis são acionados, mas não surtem efeito positivo quando simplesmente são destituídos da sua função educadora.

Para que o território se torne educador, é necessário que se formem *redes de proteção social à criança, ao adolescente e ao jovem orientadas pelos princípios da educação integral*. Tais redes alinham agendas e compartilham seus cadastros e sistemas de informação em uma lógica de colaboração e transparência. Como princípio orientador, as redes de proteção social desenvolvem estratégias de integração dos agentes locais, visando à superação da lógica dos encaminhamentos pela abordagem integrada, que prioriza a criação de equipes multidisciplinares de referência para cada um dos atendidos.

O território educativo articula diversas iniciativas voltadas para infância, adolescência e juventude com a política de educação integral na cidade ao apoiar a formação de redes intersetoriais, integrando as escolas às organizações não governamentais, conselhos tutelares, centros de referência, de apoio e de formação da saúde, assistência social e justiça. É essa integração que possibilita a territorialização de políticas, programas e ações que fortalecem as famílias, as comunidades e as próprias escolas.

Além da constituição das redes de proteção social, há outro espectro de articulação intersetorial necessária ao território educativo. Trata-se daquela que possibilita a *diversificação das oportunidades educativas*, via integração de políticas, programas e projetos de educação, cultura, esporte, meio ambiente, artes, direitos humanos, comunicação, saúde e outros. Para que isso ocorra é preciso, de um lado, que a diversidade cultural da cidade seja reconhecida, mapeada, valorizada e divulgada e, de outro, que novas e diversificadas oportunidades educativas se consolidem nos bairros. Mais uma vez, a escola desempenha aqui papel articulador quando assume uma proposta curricular que legitima, valoriza e integra ao conhecimento acadêmico a cultura tradicional e as diversas manifestações culturais da cidade (Cidade Escola Aprendiz, 2011, v. 4).

Dessa forma o bairro-escola contribui para, como descreve Moll, a organização de "territórios educativos a partir da escola e de articulação de arranjos educadores construídos com base em ações intersetoriais" (MOLL, 2012b, p. 129-156). A convergência para o território de políticas públicas nos campos diversos estrutura princípios orientadores comuns e colabora para a formação de comunidades educativas constituídas de experiências realizadas nas distintas organizações da sociedade civil, abrangendo bibliotecas, museus, centros culturais, clubes-escola, quadras, centros poliesportivos, praças, parques, cineclubes, museus, bibliotecas, garagens digitais, pontos de cultura, telecentros. Para isso, no PEL, é fundamental a criação de bases territoriais para a integração dos programas das diversas secretarias, órgãos da prefeitura e também programas dos níveis estadual e federal. Essas bases precisam ser construídas a partir de um diagnóstico consistente relativo às políticas, aos equipamentos e aos programas disponíveis no território.

## Territórios educativos para construções de felicidade

A perspectiva da educação integral, que busca o desenvolvimento dos sujeitos em todas as dimensões, a partir da integração dos diversos agentes, espaços e tempos de um território, reforça e amplia as possibilidades para construções de felicidade.

Na perspectiva da felicidade, poderíamos dizer que uma pessoa cujo desenvolvimento é integralmente atingido tem maiores possibilidades de estabelecer relacionamentos amorosos duradouros e um círculo social forte, ser mais criativa, cooperativa, sociável e generosa, atingir sucesso profissional, ter maior autocontrole, liderança e competência para lidar com situações diversas (ANDREWS, 2011, p. 13-14).

Os territórios educativos ampliam as possibilidades da felicidade na medida em que, ao promover articulações e alianças em torno de objetivos comuns, reforçam laços afetivos entre as pessoas que constroem as organizações e o sentimento de colaboração coletiva por uma causa maior, fatores definitivos para a conquista da felicidade duradoura (ANDREWS, 2011, p. 20-21).

No que se refere especificamente às crianças, os territórios educativos são os mais adequados para a garantia do seu bem-estar. Segundo o cientista político Robert Putnam, "o desenvolvimento da criança é fortemente condicionado por laços sociais, tanto familiares quanto comunitários. Comunidades com menos capital social têm baixa pontuação numa longa lista de medidas de bem-estar infantil" (Putnam *apud* Andrews, 2011, p. 56).

A estrutura das escolas articuladoras dos territórios educativos colabora para as construções de felicidade por se basear em gestão participativa e em currículo que transversaliza os parâmetros comuns com os interesses pessoais e o contexto social. As pesquisas no campo da felicidade demonstram que o elemento que mais traz satisfação às pessoas é o engajamento em atividades intencionais e significativas, que promovem a autonomia, nas quais são razoavelmente eficientes e habilidosas e que também lhes permitam conectar-se e contribuir com o bem-estar coletivo, fortalecendo seus relacionamentos.

No mesmo movimento em que essas escolas buscam garantir a satisfação pessoal, também promovem o desenvolvimento das competências necessárias ao bem-estar coletivo: curiosidade e abertura para novas experiências, gosto pelo aprendizado, pensamento crítico, criatividade, visão sistêmica, perseverança, honestidade, generosidade, empatia, cooperação, senso de justiça, liderança, autocontrole, prudência, senso estético, entusiasmo, propósito (Andrews, 2011, p. 94-95).

## Referências

ANDREWS, Susan. *A ciência de ser feliz*. São Paulo: Ágora, 2011.

ARROYO, Miguel. O direito a tempos-espaços de um justo e digno viver. In: MOLL, Jacqueline (Org.). *Caminhos da educação integral no Brasil: direito a outros tempos e espaços educadores.* Porto Alegre: Penso, 2012a. p. 33-45.

ARROYO, Miguel. *Outros sujeitos, outras pedagogias*. Petrópolis: Vozes, 2012b.

ÁVILA, Ivany Souza. Por entre olhares, danças, andanças, os alfabetismos, letramentos na perspectiva da educação integral. In: MOLL, Jacqueline (Org.). *Caminhos da educação integral no Brasil: direito a outros tempos e espaços educadores.* Porto Alegre: Penso, 2012. p. 258-266.

CIDADE ESCOLA APRENDIZ. *Arranjos culturais*. São Paulo: Moderna; Fundação Itaú Social, 2011. (Tecnologias do Bairro-Escola: v. 4).

CIDADE ESCOLA APRENDIZ. *Comunicação comunitária*. São Paulo: Moderna; Fundação Itaú Social, 2011. (Tecnologias do Bairro-Escola: v. 3).

CIDADE ESCOLA APRENDIZ. *Pesquisa-ação comunitária*. São Paulo: Moderna; Fundação Itaú Social, 2011. (Tecnologias do Bairro-Escola: v. 1).

CIDADE ESCOLA APRENDIZ. *Trilhas educativas*. São Paulo: Moderna; Fundação Itaú Social, 2011. (Tecnologias do Bairro-Escola: v. 2).

FREINET, Célestin. *A educação do trabalho.* São Paulo: Martins Fontes, 1975.

FREIRE, Paulo. *Pedagogia da autonomia: saberes necessários à prática educativa.* São Paulo: Paz e Terra, 1996.

FREIRE, Paulo. *Pedagogia da esperança: um reencontro com a pedagogia do oprimido.* Rio de Janeiro: Paz e Terra, 1992.

FREIRE, Paulo. *Uma educação para a liberdade.* Porto José M.C.S. Ribeiro Editor, 1973.

GARDNER, Howard. *Estruturas da mente: a teoria das inteligências múltiplas.* Porto Alegre: Artes Médicas, 1994.

KORCZAK, Janusz. *Como amar uma criança.* Rio de Janeiro: Paz e Terra, 1983.

KORCZAK, Janusz. *Quando eu voltar a ser criança.* São Paulo: Summus Editorial, 1981.

MOLL, Jacqueline. A agenda da educação integral: compromisso para sua consolidação como política pública. In: MOLL, Jacqueline (Org.). *Caminhos da educação integral no Brasil: direito a outros tempos e espaços educadores.* Porto Alegre: Penso, 2012a. p. 129-146.

MOLL, Jacqueline (Org.). *Caminhos da educação integral no Brasil: direito a outros tempos e espaços educadores.* Porto Alegre: Penso, 2012b.

SAITO, Cecilia. *Ação e percepção nos processos educacionais do corpo em formação.* São Paulo: ECidade; Hedra, 2010.

SINGER, Helena. Aprendendo em liberdade. In: MARTINS, Angela Maria Souza; BONATO; Nailda Marinho da Costa (Org.). *Trajetórias históricas da educação.* Rio de Janeiro: Rovelle, 2009. p. 99-116.

SINGER, Helena. *República de crianças: sobre experiências escolares de resistência.* Campinas: Mercado de Letras, 2010.

TRIPP, David. Pesquisa-ação: uma introdução metodológica. *Educação e Pesquisa,* São Paulo, v. 31, n. 3, p. 443-466, set.-dez. 2005.

# A educação democrática em Israel

Yaacov Hecht[1]

Boa noite a todos.

Decidi ficar de pé e não sentado, porque esta é uma experiência muito nova, falar no meio do que seria noite em meu país. Em Israel, agora, é o meio da noite, e eu vim para cá ontem. Logo, acho que sentar não seria uma boa ideia. Mas agradeço por me receberem, é uma grande honra estar aqui.

Falarei um pouco sobre educação democrática. Tenho lidado com essa ideia durante os últimos 40 anos. Tudo começou quando eu tinha 16 anos e deixei a escola. Deixei a escola porque não sabia ler e escrever, e até hoje não sou muito bom em leitura e escrita. Normalmente, pessoas que não sabem ler e escrever têm problemas com línguas estrangeiras, e, muitas vezes, aqueles que me ouvem falar em inglês dizem: "Oh, o Yaacov têm problemas com o inglês". Não! As pessoas que me ouviram falar em hebraico sabem que ele não é melhor que o meu inglês.

Como dizia, tenho um problema com línguas estrangeiras, com a fala, a leitura e a escrita. Deixei a escola quando tinha 16 anos e, daquele dia até hoje, tenho lidado com a ideia de como construir uma escola que possa incluir pessoas como eu. Passo a passo, entendo que todos são iguais a mim. Isso significa que cada um de nós tem uma área que é muito fraca, outras áreas que são muito boas, e várias áreas que são medíocres. E o meu azar foi que a área em que eu era muito fraco

[1] Transcrição e tradução do Grupo Educa.

as pessoas na escola decidiram que era a principal questão que deveria ser resolvida, desde quando eu tinha 4 anos até o momento em que eu completei 18 anos. Decidi, então, que queria sair da escola e fazer outras coisas que eram importantes para mim.

Quando eu tinha 27 anos, descobri que realmente tinha ideia de como uma escola precisava ser e construí a Escola Democrática Hadera. Ela foi fundada em 1987.

E o que era essa escola?

Primeiro de tudo, nessa escola hoje estudam 450 alunos, de 4 a 18 anos de idade, e o que fazemos são quatro coisas. Uma delas é que vivemos como uma comunidade democrática. O que isso significa? A lei que fazemos na escola nós fazemos juntos. Temos uma reunião todas as sextas-feiras pela manhã, todos os alunos dos 4 aos 18 anos, todos os pais podem vir, todos os funcionários participam, e temos discussões. No final das discussões nós votamos, e meu voto, como diretor da escola, e o voto de uma criança de 4 anos têm o mesmo valor. Essa é a maneira como tomamos decisões na nossa escola.

Outro aspecto é que, caso alguém quebre as regras, temos um tipo de área de mediação [de conflitos]. Na nossa escola, o professor não pode dizer "Saia" ou "Não venha para a escola amanhã"; em vez disso, ele pode dizer: "Eu convido você para a área de mediação". Ou o aluno pode vir e me dizer: "Queremos ir com você para a área de mediação, porque não nos sentimos bem com o que você fez para mim". Construímos um ambiente democrático.

Também temos outra coisa muito importante que chamamos de "aprendizagem pluralista". A ideia é que todo mundo tem um plano de aprendizagem diferente e todo mundo pode aprender assuntos diferentes, de maneiras diferentes e em momentos diferentes. E podemos continuar com todos esses "diferentes". Outro ponto muito importante é que focamos em conteúdo democrático. Isso significa que estudamos, do ponto de vista dos direitos humanos, como manter os direitos humanos envolvidos em cada assunto que estamos estudando. Podemos estudar, por exemplo, história, mas do ponto de vista dos direitos humanos, e isso é muito importante.

O último e mais importante fator, eu acho, que desenvolvemos é a relação de diálogo. Uma relação muito estreita entre jovens e adultos. Não vivemos como um grupo de idade, vivemos como aqui, entre várias idades. Muitas vezes as pessoas me perguntam por que, e eu respondo:

"Porque as pessoas vivem assim somente na escola!". É o único lugar no mundo em que as pessoas vivem agrupadas de acordo com a sua idade. Pense se eu viesse aqui e dissesse: "Uau, isso está uma bagunça! Por favor, todos que tiverem menos de 25 anos se dirijam para a outra sala, de 25 a 30 anos fiquem aqui, de 30 a 40 lá"... Isso é uma loucura! Mas isso é o que acontece na escola, e eu não sei o porquê.

Assim, na nossa escola, temos uma mistura de idades. Por exemplo, temos um calendário em que as crianças podem escolher o que querem aprender. Não as forçamos sobre o que aprender, elas podem escolher. Quando fazem isso, a maior parte do tempo acabam em um grupo com faixa etária variada. Porque isso é o que acontece na realidade. Por exemplo, se houvesse um curso de matemática, ele poderia ser muito interessante com alguém que tem 8 anos e outra pessoa que tem 18 anos de idade. Isso é muito fascinante.

Bom, eu não posso continuar falando somente sobre a escola que construí, mas vamos continuar dizendo que era em 1987. Então começamos a construir outra escola democrática em Israel, e hoje temos 26. A ideia principal é que nenhuma delas é semelhante à Escola Democrática de Hadera. Cada escola democrática é diferente. Por que é diferente? Porque se você construir um processo democrático, ele não pode se basear no conceito de que as ideias de uma comunidade serão as mesmas ideias de outras comunidades. Portanto, temos 26 escolas democráticas, e todas elas são diferentes, se tivermos duas escolas iguais, isso significa que uma delas parou de pensar, parou o processo democrático. Não pode ser assim, por sorte, duas comunidades decidindo usar as mesmas ideias, reagindo da mesma forma.

Continuando, quando construímos as 26 escolas tivemos um problema, porque precisávamos de muitos professores. Por isso, construímos um departamento na faculdade de formação de professores de Israel, a maior delas. É chamada de Faculdade de Educação Kibbutzim, construímos ali uma faculdade de educação democrática, e, hoje, 5% de todos os estudantes de educação israelenses estudam nessa faculdade. Descobrimos que quem estuda a educação democrática não opta apenas por lecionar em escolas democráticas, também vai para as escolas regulares. E isso nos leva ao que chamamos de processo de democratização.

Em 1995, foi o assassinato de nosso primeiro-ministro, Yitzhak Rabin, e, um dia depois, recebi um telefonema do ministro da Educação, dizendo: "Yaacov, pare de construir todas essas escolas, venha e nós mudaremos o sistema de ensino em Israel". Naquele ano, trabalhei com o ministro da Educação, e pensamos sobre como mudar todo o sistema de educação. Mais tarde, houve eleições, ele saiu do poder, e construí essa faculdade de formação de professores em educação democrática. Mas a ideia principal do que fizemos foi como mudar as escolas a partir do trabalho nas cidades. Isso é o que fizemos com 12 cidades em todo o país de Israel.

Agora vou entrar em mais detalhes sobre o que estamos fazendo. Vou demonstrar o significado mais profundo da educação democrática, no que entendo por educação democrática.

Imaginem que todo o conhecimento que existe no mundo pode ser representado em uma grande esfera. Temos conhecimento em geografia, ciências, esporte, tudo. Imaginem, agora, que todos nós também estamos dentro dessa grande esfera. Cada um de nós é diferente. E cada um de nós tem um talento diferente. Pense em como Deus foi um gênio quando nos criou. Pense sobre isso... Quando Ele criou o ser humano, poderia ter dito: "Vamos fazer todos iguais". Isso teria sido uma catástrofe, e eu digo o porquê. Eu estava vindo de Israel para conversar com vocês, e todos vocês são como o Yaacov. E eu vou para as ruas de São Paulo e todo mundo é como o Yaacov. Catástrofe! Agora, pensem em como é bonito, que somos todos diferentes. Cada um de nós é diferente, e isso é maravilhoso.

Então, cada um de nós tem um talento e motivações diferentes. Agora imaginem uma caixa. Essa caixa são as escolas. Elas não podem lidar com todo o conhecimento que existe no mundo. Especialmente esse conhecimento que se duplica a cada ano. Então, decidimos construir uma caixa e lá dentro colocaremos um pouco de história, sendo que a maior parte da história fica do lado de fora. Também colocamos um pouco de matemática, mas a maior parte está fora, entre várias outras coisas que não podíamos colocar na caixa, porque não tínhamos espaço. Mas eu digo para vocês o que a caixa faz: ela faz algo terrível. A caixa diz a todas essas pessoas: "Por favor, entrem, é muito importante estar aqui dentro, se você não entrar sua vida será uma catástrofe, você tem de entrar na caixa". E se você estiver interessado em matemática, mas esse não for o tipo de matemática de que você precisa: "Por favor, entre na caixa". E se você estiver interessado em amor aos 16 anos de idade, isso não é importante, por que você precisa lidar com o amor quando você tem 16 anos? Isso não entra na caixa. Você talvez precise de matemática para entrar na caixa. Nós empurramos todos para dentro da caixa. Vocês também entram na caixa. Isso é uma catástrofe, não é?

Fui professor por 10 anos e digo que não se pode ver a singularidade de ninguém. Todos estão dentro da caixa. Mas dentro da caixa outra coisa ruim acontece: eles verificam as pessoas e decidem quem é excelente, quem é medíocre e quem é fraco. Quero dizer uma coisa muito importante. Eu não era um dos alunos fracos. Eu estava fora da caixa. Vocês entendem? Isso é uma grande mentira, porque essas pessoas não são fracas ou medíocres. Elas são fracas dentro da caixa. Elas podem ser excelentes em outros lugares, e as pessoas que são excelentes o são dentro da caixa, mas podem não ser fora dela.

Em educação democrática nós não entendemos a ideia da caixa. Mas nesse sistema não se trabalha sozinho, o governo e os estados interferem, e eles disseram: "Nós temos uma ideia do que fazer com a caixa, vamos fazer um teste nacional para melhorar a escola. É uma ideia para melhorar a escola".

Então vocês precisam entender. Essa caixa, eu a chamo de caixa humanista. Vocês sabem por que é humanista? Porque dá às pessoas a opção de ficar fora caixa. Vocês sabem por que existe essa opção? Porque as pessoas que assumem a responsabilidade pela caixa são realmente mulheres maravilhosas. A maioria delas são mulheres, alguns deles homens, mas todos adoram crianças. Eles veem que as crianças não podem ficar dentro da caixa todo o tempo. E dizem: "Ok, você pode ficar do lado de fora da caixa por um tempo". Mas então, as autoridades dizem: "Vocês veem essas mulheres e esses homens, eles não entendem realmente a ideia de regras". E começam a fazer o teste nacional. Vocês sabem o que é o teste nacional. Eles mantêm o mundo como ele deve ser, todo mundo está em seu lugar.

Agora vamos ver o que acontece com as crianças dentro da caixa. Dentro da caixa nós as colocamos e, depois, as tiramos. Vocês sabem o que acontece com elas quando saem da caixa? Algumas passam a acreditar que não têm cabeça. Você as encontra, eu conheci várias delas. Outras acreditam que não têm coração. Outras acreditam que não têm mãos. Isso é muito, muito triste.

Isso é só o começo, porque após o teste nacional, iremos para o teste internacional. No teste internacional também teremos várias pessoas lindas no mundo. Teremos belas culturas, culturas diferentes, porque somos diferentes. Não apenas entre nós mesmos, mas também porque somos parte de grupos que são diferentes. Mas, vocês sabem, as pessoas gostam de competir. Então eles dizem: "Vamos criar uma cultura e uma educação mundial". Eles empurram todos para dentro da caixa: "Vamos entrar na caixa, ver o que acontece, ver quem é o melhor". Você ouve os exames PISA [Programme for International Student Assessment][2] e os exames CIE. Vocês sabem o que acontece com todas essas culturas dentro da caixa? Eu chamo isso de "cultura Coca-Cola". Então eles empurram isso para todo o mundo.

Acho isso terrível. Por que eles precisam que os brasileiros aprendam exatamente como o povo de Israel? E competir para ver quem é o melhor? Por quê? Vocês entendem que os testes não verificam o que você sabe, os testes dizem o que você deve aprender. Por que as pessoas na China, nos Estados Unidos, no Brasil e em Israel precisam aprender a mesma coisa? Quero que as pessoas em Israel aprendam a nossa cultura. As singularidades dos israelenses, e vocês precisam aprender as singularidades dos brasileiros. E os chineses precisam aprender as singularidades dos chineses. Por que é preciso que todos sejam iguais?

Com a educação democrática, dizemos que não acreditamos nessa ideia da caixa. Dizemos que todos podem ser excelentes, todos. O que isso significa? A primeira ideia diz que alguns de nós somos fracos, medíocres ou excelentes. Por exemplo, essa ideia diz que nesta audiência agora, temos 120 pessoas. Não sei quantos, talvez 200. Então, essa ideia diz que agora nesta audiência temos duas pessoas que são gênios, porque a cada 100 pessoas você tem um gênio. Temos 200 pessoas, então, pelas estatísticas são dois. Talvez, por esta ser uma universidade, três de nós sejam gênios. Isso é o que aprendemos na história do QI.

Mas o que dizemos é que em cada um de nós existe uma parte que é um gênio. Em todos. Sim, cada um de nós também tem várias áreas medíocres. Minha esposa diz isso o tempo todo. "Se você conhece o Yaacov bem, sabe que ele é estúpido em um monte de coisas". Como disse antes, eu sou estúpido em um monte de coisas, porém sou um gênio em muitas outras coisas. Essa é a diferença. Se você acredita que

[2] O Programa Internacional de Avaliação de Estudantes é desenvolvido pela Organização para a Cooperação e Desenvolvimento Econômico (OCDE) para avaliar estudantes a partir dos 15 anos de idade nas áreas de leitura, matemática e ciências.

é muito forte ou muito fraco em alguma coisa, ou se você faz parte de um grupo de pessoas fracas, ou talvez de pessoas medíocres, essas são duas formas de definição do que é um ser humano. Para esses dois tipos, dois sistemas de educação diferentes são construídos. Porque se eu acreditar nisso, sempre vou verificar quem é brilhante e construir para eles um programa especial. Verifico quem é medíocre e construo para eles um programa especial. Verifico quem é fraco e construo para eles um programa especial. Mas se eu acreditar nisso, o principal problema é tirá-los da caixa e procurar pela área forte de todos. Isso é muito, muito importante.

Eu digo para vocês, várias pessoas me perguntam: "Será que todas as pessoas têm uma área de forte?". Minha resposta é que eu não sei. Porque no início, pelo menos, trabalhei com apenas cerca de 5 mil alunos e não encontrei nenhum deles sem uma área forte. Então, pode ser que exista, mas não encontrei nenhum ainda. Vou dar um exemplo. Tinha uma criança que veio estudar conosco quando tinha 8 anos de idade, depois de ser expulsa de todas as outras escolas da cidade por ser muito violenta. Ela veio estudar conosco e estava no círculo de "crianças problemáticas", porque toda vez que vinha para aula, o professor a mandava embora. Com o passar do tempo ela começou a se sentir bem sendo expulsa. Eu era o seu tutor. Toda criança em nossa escola escolhe um adulto para ser seu tutor. O nome dela era Sara, e ela me escolheu como tutor. Ela saiu da classe, foi para uma área onde temos árvores enormes e subiu nas árvores. Eu também subi na árvore, sentei lá e conversamos sobre a vida. Foi muito fácil entender que ela era muito boa em duas coisas importantes: era a melhor jogadora de futebol, muito melhor do que os meninos que eram dois ou três anos mais velhos do que ela, e cantava muito bem.

Todo o tempo tentamos puxar para que ela cantasse ou jogasse futebol. Mas ela não queria, porque vocês precisam saber, para as crianças no círculo de falhas, é muito difícil para elas terem sucesso. Elas não querem, isso não faz com que elas se sintam bem. Elas se sentem bem quando falham. Então, essa é uma longa história, mas depois de três anos tivemos um grande sucesso, e ela começou a cantar no nosso palco. Agora, vou dar um grande salto no tempo, porque não temos muito tempo aqui. Essa é uma história muito boa, agora, acho que por uns 15 anos, ela é a cantora mais famosa de Israel e canta no mundo todo. O nome dela é Sarit Hadad, mas ela ainda não chegou no Brasil.

Mas a história é que ela falhou em tudo dentro da caixa, e nós precisamos encontrar algo em que ela era boa. E "boa" não é a palavra, porque acho que cada um de nós tem algo que é inacreditável. Acho que essa é a razão pela qual viemos para o mundo, para trazer a nossa singularidade. Mas a maioria de nós diz: "Oh, nós não usamos esse conceito, usamos algo seguro, que vai nos proteger". Porque fazer algo em que somos muito bons é muito complicado, não é tão simples. É algo em que podemos falhar.

O que temos feito em educação democrática é ir em direção ao conhecimento como um todo e olhar para os lugares onde as crianças podem ter sucesso. Muitas vezes as pessoas me perguntam: "O que as crianças precisam fazer no primeiro ano? Será que eles precisam aprender a ler e escrever, ou fazer outras coisas?". Eu digo o tempo todo: "Crianças no primeiro ano só precisam de uma coisa: se sentir bem-sucedidas, sentir que são um sucesso". Não posso chegar no primeiro ano e achar que sou medíocre. "Eu sou medíocre no primeiro ano? Isso destruirá toda a minha vida na escola".

Logo, vê- se que essas pessoas estão crescendo, que existe uma inteligência emocional aumentando. Elas começam a acreditar em si mesmas, depois de ter sucesso em coisas diferentes. Então, elas podem voltar para a caixa e lidar com áreas onde são fracas ou medíocres. Esses locais [de reconhecimento] são como uma fonte de energia, dando um empurrão para que elas possam continuar. Sem essa "área de abastecimento" não podemos continuar. Não teremos sucesso em nada.

O que fizemos. Falei até agora sobre o que temos feito na escola. Mas, passo a passo, entendemos que escola é uma opção muito limitada. Pensem, se vocês têm uma escola com mil alunos, precisam encontrar mil planos diferentes de aprendizagem, com muitos recursos diferentes, e diferentes especialistas que possam ajudar as crianças. Isso se torna muito complicado. Por isso, em 1999, começamos a construir um novo conceito. Chamamos ele de Cidade Educadora [*Education City*]. A ideia principal era usar todos os recursos que existem na cidade para dar a opção para cada criança aprender o que é a sua área forte. Começamos a fazer isso através da cooperação entre o sistema de ensino e as organizações públicas e privadas. Depois, começamos a olhar para toda a cidade como uma grande escola. Vou dar um exemplo de uma das cidades em que trabalhamos, que se chama Tiberíades.

É uma bela cidade, perto do Mar da Galileia. Ali naquele lago, Jesus caminhou sobre a água. Assim, nessa cidade, o que nós fizemos? Tivemos nessa cidade 10 mil estudantes. A ideia principal no início era: "Qual é o seu sonho?". Com todas as crianças, começamos com a pergunta: "Qual é o seu sonho?". Fizemos um mapa com todos os sonhos de todas as crianças que existem na cidade. Temos no computador todos os sonhos, cada criança e qual é o seu sonho. Para a criança definir qual é o seu sonho é uma grande jornada. Mas não posso falar desse aspecto em uma palestra tão pequena.

O seu sonho poderia ser, por exemplo: "Eu quero ser o Messi, o jogador de futebol". "Eu quero ser um astronauta", "Eu quero ser um médico", "Eu quero ser tudo". Em seguida, passamos para outra pergunta: "Se esse é o seu sonho, o que você quer fazer este ano para atingi-lo? Você quer aprender essas coisas, algumas outras coisas?". Cada um desses 10 mil alunos começou a construir o seu plano de aprendizagem. Cada um também escolheu um mentor, mas não da sua escola, e sim da cidade em torno dele, que pudesse ajudá-lo a alcançar seu sonho. Nesse ponto, pudemos nos aproximar pelo outro lado. Começamos a procurar por cidadãos da cidade que tivessem atingido os seus sonhos. E demos para eles certificados dizendo que eles são os "Realizadores de Sonhos de Tiberíades".

Logo encontramos alguém que se tornou ator em Hollywood. Encontramos um cientista que trabalhou na Suíça. Encontramos muitas pessoas que já não viviam mais em Tiberíades que trouxemos de volta e entregamos os certificados. Dissemos que eles eram agora as pessoas mais honradas na cidade, porque tinham atingido seus sonhos, mas que agora eles precisavam apoiar um estudante da cidade que quisesse alcançar os seus sonhos de se tornar um profissional. Então isso se torna uma grande celebração na cidade, e as crianças começaram a falar sobre quais eram os seus sonhos, para construir grupos que suportam crianças por crianças, crianças por adultos, mas tudo é fundado em torno da ideia de alcançar seus sonhos.

Essa é Tiberíades, e o outro lugar é Hadera. É onde eu estou com base. Descobrimos um fator em Hadera. Lá foram construídos centros de aprendizagem em diferentes lugares, mas definimos os centros de aprendizagem de acordo com a meta da cidade. Fomos até o prefeito e perguntamos: "Qual é o seu objetivo?". Ele disse: "Quero construir um hotel aqui, uma nova área lá, um parque aqui...". E o que fizemos?

Levamos os objetivos da cidade conectados com as crianças, então se tornou algo grande, porque dobramos o dinheiro do sistema de ensino, dobramos os recursos, e a ideia é que cada criança trabalhe na área em que estiver motivada, ache interessante, etc.

Esse é um exemplo em Hadera. Temos uma estação de energia muito grande e construímos lá um plano de aprendizagem, e todos os que estiverem interessados em eletrônica e eletricidade verde trabalham nessa fábrica um dia por semana. Começamos com um dia por semana, mas quando íamos até a fábrica, víamos algumas pessoas lá não nos dias especificados. Descobrimos que alguns alunos interessados estavam indo para a estação de energia três, quatro dias, além do que os professores, os pais e eles tivessem decidido. Mas do ponto de vista do pessoal da usina, eles estavam muito entusiasmados. Disseram que os estudantes trouxeram muitas soluções que eles não tinham antes.

Outra cidade onde trabalhamos é Netanya, onde o centro de pesquisa da Cisco se localiza, e a coisa mais interessante que eles fazem é videoconferência. Então, o que fizemos foi construir um tipo de sala em diferentes escolas de Netanya. Quando começamos a trabalhar em Netanya, esse se tornou um símbolo das escolas. Cada escola trabalha de forma individual. O que fizemos foi construir salas Cisco em lugares diferentes, em várias escolas. Logo, começamos a celebrar, porque professores aqui começaram a ensinar todos os alunos em diferentes partes da cidade. Por exemplo, se temos um pequeno grupo de alunos que quer aprender chinês, se eles ficarem em uma escola, seria muito difícil trazer um professor chinês para essa escola. Por isso, construímos um lugar em que o professor chinês vem para essa escola e ensina os alunos em todas as escolas de toda a cidade.

Finalizando, a principal coisa que conseguimos foi que mudamos a atmosfera de todos cuidando de si próprios para todos trabalhando em grupos. Trabalhamos em equipe, porque é muito importante que eu encontre a minha área forte. Mas isso não é o suficiente. O mais importante é que vejo as áreas fortes de outras pessoas. Como uma equipe, fazemos coisas juntos. Assim, todos contribuem com sua área forte. E isso é o que queremos dizer quando dizemos que mudamos de uma abordagem individual para uma de grupo. É como jogar futebol, em que cada um dos jogadores tem uma área forte diferente. E a principal ideia é como trabalhar em conjunto. E que todos possam trazer sua área forte. Eu acho que essa é a ideia principal do que chamamos de educação democrática.

Para mim, a educação democrática é algo que eu chamo de "peça que faltava" do quebra-cabeça democrático. Porque se voltarmos 200 anos no tempo, a maioria dos países não era democrática. Mas hoje, a maioria dos países do mundo diz que é democrática, mas se vocês observarem o sistema de ensino de 200 anos atrás e o sistema de educação que existe hoje, eles são muito semelhantes. Acho que se queremos mudar a cultura e alterar os valores do que desejamos alcançar, devemos mudar o sistema de ensino. O que tentei mostrar durante o meu curto tempo é que se vocês começarem a brincar com a ideia da educação democrática, poderão chegar a lugares maravilhosos.

As pessoas sempre me perguntam: "O que é educação democrática?". Educação democrática no meu ponto de vista é muito fácil definir. Todo sistema de educação que faz as perguntas: "O que é educação democrática?" e "Como posso implementar a educação democrática na minha escola?" já está trabalhando com educação democrática. O que vejo aqui no Brasil é que alguma coisa acordou. Ontem e hoje estive em três escolas e estou sentindo algo muito poderoso se movendo aqui, e para mim isso é muito emocionante. Obrigado.

# Práticas emancipatórias na construção do justo e da justiça[1]

Petronella Maria Boonen

Alguns anos atrás, em Porto Alegre, dois jovens cometem um assalto à mão armada. A vítima, um policial fora de serviço, reagiu e atirou na perna de um deles, enquanto o outro conseguiu fugir. Chamarei de José esse jovem cujo caso entrou nos procedimentos da instituição Justiça e que ficou durante seis meses recluso na unidade de atendimento socioeducativo. A Vara de Infância e Juventude responsável pelo processo achou por bem aplicar práticas de Justiça Restaurativa (JR) nesse caso. O círculo de restauração com a participação de José, seu pai, sua avó, sua madrasta e, por parte da vítima, do policial, sua esposa e seu filho com idade próxima à de José acontece, praticamente, quando o prazo de internamento estava chegando ao fim.

Ao longo das diversas rodadas durante as quais as técnicas do Judiciário faziam perguntas aos presentes, eles podiam expressar sentimentos, desejos e necessidades. A vítima aproveita para dizer que não se arrepende daquilo que fez, ou seja, não matar o jovem que estava deitado no chão, desarmado, apesar de, naturalmente, isso ser a ação correspondente nesses casos: "O natural teria sido eu matar você". A vítima também partilha sua admiração quanto ao fato de, na Brigada

[1] Todas as referências bibliográficas são tiradas de minha tese de doutorado, *A Justiça Restaurativa, um desafio para a educação*. Faculdade de Educação da Universidade de São Paulo, 2011.

Militar, seus colegas não terem aprovado sua decisão de não matar e de ninguém ter se aproximado para dizer que ele tomou a atitude certa.

Nós, no Centro de Direitos Humanos e Educação Popular de Campo Limpo, em São Paulo, usamos esse caso em muitos cursos de formação sobre JR, pois ele tem uma riqueza de detalhes e informações que permite problematizações a respeito da realização de círculos restaurativos. Uma informação importante é que a mãe de José suicidou-se em sua frente, anos antes de ele cometer o assalto. No círculo, José, bastante emocionado, conta que, quando deitado no chão, desarmado, com raiva e medo da vítima que lhe apontava a arma, pensava em sua mãe e que em breve poderia estar com ela.

Como se aproximar desse caso a partir da ótica emancipatória e restaurativa? Embora esse círculo seja realizado no Tribunal de Justiça e já tenha acontecido um julgamento e uma condenação, a instauração do justo não necessariamente depende da instituição do Judiciário. Instituir o justo precisa da tensão, da dinâmica e da disputa que, em alguns casos, podem ser elevadas ao nível de processo jurídico, centrado no debate de palavras e convencimentos. Na tensão entre palavras, argumentos, necessidades e desejos, às vezes, tentando domar a violência, localiza-se a possibilidade e a dinâmica de realizar *o justo*. No caso da JR, o Judiciário abnega de sua posição de superioridade de pronunciar um julgamento como terceiro neutro que se apropriou do caso de outrem.

Consultando o dicionário, a palavra "tribunal" é definida como o órgão colegiado ao qual compete a jurisdição para administrar a justiça em determinado território. O tribunal é o lugar capaz de emitir decisão, ou seja, julgamento. A consulta sobre a palavra "justiça" apresenta várias possibilidades: virtude moral, pela qual se atribui a cada indivíduo o que lhe compete; conformidade com o direito; ação ou poder de julgar alguém, punindo ou recompensando. Ou ainda, ato de justiça, ação justa, digna e merecida. Fazer justiça, dar a cada um o que lhe é devido.

Portanto, tradicionalmente, a *justiça*, como ato de julgar, está ligada a um lugar determinado, o tribunal. A partir de meu diálogo sobre a JR, quero problematizar essa prática e esse lugar, para identificar o que é para mim essa justiça justa e como concretizar esse conceito abstrato, uma vez que a questão central é: o que compete a cada indivíduo em relação ao justo? O que é devido a cada um, o que lhe é de *direito*, quando exatamente o que lhe é de direito é objeto de disputas? Como obter o justo, como fazê-lo acontecer? Como fazer a política, articular o dissenso e a disputa?

A universalização de justiça, processo dinâmico, é a adequação da aplicação das leis a cada situação específica, procedimento justo e desejável, e é unicamente alcançável através do discurso, da tensão e da construção coletiva. O justo somente pode emergir da relação, sendo construção, tarefa e processo, possibilitados através da comunicação e da ação política.

Como alcançar a realização de normas e comportamentos que favorecem essa justiça num universo plural, que liga os humanos entre si por laços de reciprocidade simétrica ou não?

A realização da justiça é uma tarefa da política, e, como Hannah Arendt (2007), considero o ponto central da política sua preocupação com o mundo, e não com a pessoa singular. O nosso mundo, que já existia antes de nós e está destinado a sobreviver aos que nele vivem, não pode se dar ao luxo de conferir primeiramente sua atenção aos individuais e aos interesses a eles associados em particular. O âmbito político contrasta com o domínio privado, pois, na política, não a vida privada, mas o mundo está em jogo. Portanto uma ação política adequada pede que nos desliguemos de nossos gostos e desgostos pessoais e de nossos interesses para estabelecer, em cada situação determinada, o que é justo, de olho na humanidade como um todo.

Essa humanidade está ligada por sua natureza humana comum e por direitos humanos, constituindo regras comuns. Se certas normas comuns constituem a humanidade, essas têm validade para todos e devem ser aplicadas a todos, e todos os membros *da humanidade* devem aplicá-las igualmente. Cada um é obrigado a observar as normas comuns e aplicá-las ao resto de toda a humanidade. O senso de justiça expressa a vontade de constituir a humanidade como "grupo essencial protetor" (Heller, 1998, p. 70).

Na sociologia de Max Weber encontramos o conceito de *comunidade de vizinhos*, que repousa no fato da proximidade de residência, a típica aldeia, e da igualdade nas relações. Nesse espaço reina o princípio próprio da ética popular de todo o mundo: *como tu comigo, assim eu contigo*, ou seja, o princípio básico da ética comunitária, que é o preceito conhecido como a *regra de ouro*. Na comunidade de vizinhos, é possível contar com os demais em caso de necessidade, pois o vizinho é aquele que socorre e dá o suporte, na medida em que todos estão na mesma situação de vulnerabilidade, já que todos podem um dia chegar a uma situação na qual necessitem de ajuda urgente dos demais. A comunidade possui um duplo padrão moral, conforme a relação intersubjetiva, interior ou exterior ao grupo. No interior do grupo, em caso de emergência e vulnerabilidade, o sentimento de fraternidade se confirma, e se fazem valer a reciprocidade, a prestação gratuita, a regra de ouro. Somente os vizinhos, aqueles mais próximos, os iguais, têm direitos iguais. O estranho ao grupo tem outro estatuto, outros direitos, com certeza subordinados aos do próprio grupo.

Parece-me que uma tarefa para a conquista dos direitos humanos e a construção da justiça justa universal é a integração do estranho à humanidade. Se nós, seres humanos, conseguíssemos aceitar e apreciar outros seres humanos e nos empenhar no diálogo, também em situações de conflitos e crimes, as diferenças de qualquer tipo teriam menos importância e talvez deixariam de ser causa de disputas e violências. Respeitar e salvaguardar a existência do outro com sua diversidade e entrar em relação devido à diversidade podem ser um caminho para aprender a arte de viver com a diferença. O oposto disso é a humilhação e o extermínio do outro, devido a sua heterogeneidade.

As respostas aos desafios para avançar em direção à justiça justa dependem da capacidade de avançarmos na percepção desse conceito de humanidade, de aldeia de vizinhos, os mais próximos e os mais longínquos, que partilham igualmente dessa mesma humanidade. O desafio é sermos capazes de integrar o estranho com sua singularidade, com seus equívocos, sua violência e seus crimes. Urge aprender a arte de integrar cada um de seus membros na humanidade, ainda que o pacto da convivência seja quebrado. Uma vez que na política o mundo e a humanidade são o ponto central, somos convidados a responder de forma adequada para que esse mundo possa ter as melhores perspectivas para o futuro. Por mais que cada processo judicial, aparentemente, constitua um caso privado, ele também é público na medida em que se leve em consideração sua ligação com toda a humanidade.

Outro ponto a ser considerado é a perspectiva de tempo. A justiça criminal se volta para um ato do passado e dá uma resposta a ele. Mas esse passado já foi, e não é mais possível alterá-lo. O futuro ainda não é, e assim está aberto a muitas possibilidades. Nossas ações no presente nos mostram a orientação que temos pessoalmente e como sociedade. Respondemos ao passado, que é inalterável, ou nos deixamos convidar pelas possibilidades do futuro? No caso de crimes, podemos intuir como a perspectiva do tempo que nos orienta modifica as respostas, abrindo ou fechando-se ao futuro.

Esta percepção de justiça e de política, assim como a perspectiva do de tempo que orienta nossas ações, ao mesmo tempo em que são um desafio, são um convite para reorganizarmos nossas respostas. Entendo que a direção desta orientação vai para a restauração que soe opõe à punição.

Entendo a punição como fazer alguém sofrer intencionalmente, impor algo desvantajoso, oneroso. A punição, em muitos casos, é uma resposta social e política a uma conduta não desejada, ofensiva ou criminosa. O conteúdo da punição é sempre uma escolha indesejada, caso o sujeito possa optar livremente. É uma imposição que faz do sujeito punido, naquele momento, um sujeitado a uma vontade alheia. Por causa dessa imposição, dessa submissão, é difícil aceitar a punição como um meio capaz de reforçar a responsabilidade de sujeito e sua cidadania.

É verdade que nas sociedades democráticas a punição pode ser vista como um direito da vítima, representada pelo Estado, de impor um castigo sobre quem a prejudicou. Pune-se o ato criminoso na proporção do crime. A lei da justiça retribui em forma de pena e punição na devida proporção a cada um o que lhe deve. É um caminho de reconhecer publicamente a vítima como ser ofendido e humilhado, excluído do regime da reciprocidade por aquilo que o crime lhe fez. Ao mesmo tempo, a vítima pode seguir um percurso mais íntimo, ligado à autoestima, restabelecendo algo como honra, reputação e respeito próprio. E ainda, a punição contribui para o trabalho de luto, de elaboração dos acontecimentos dolorosos, com o qual a alma ferida se reconcilia consigo mesma. Ademais, a punição deixa claro quem é o agressor (Ricœur, 2008).

Já é bastante conhecido que através da JR se opera uma mudança na consideração da ofensa e do crime. Se, na noção da Justiça Retributiva, o crime é considerado uma ação contra o Estado, que se responsabiliza pela punição, na JR é percebido como um prejuízo nas relações sociais. A JR tem interesse na infração penal e busca por uma resposta, pois se interessa pelas relações entre as pessoas envolvidas, pela comunidade, pelos danos causados, pelas emoções e pelos sentimentos desencadeados, e ainda pelos pensamentos e pelas compreensões subjacentes. Em muitos casos, a vítima, quando tem alternativas, não quer nem espera pela punição do ofensor. Quer o reconhecimento de ter sido vítima e a restauração material e/ou imaterial. Creio que esse reconhecimento e a restauração sejam as maiores contribuições da JR, uma vez que, no sistema tradicional, a vítima não tem um lugar de destaque.

A punição continua sendo uma questão entre os teóricos defensores da JR: é necessário punir? Quanta punição é adequada aos procedimentos restaurativos? Contudo, quando se vai para a prática dos círculos, a pergunta sobre quanto e como punir perde sua força. Na prática dos círculos restaurativos, as discussões prolongadas, num primeiro momento, são sobre a construção coletiva de uma narrativa aceita pelos envolvidos. Com a pergunta "O que aconteceu?", tenta-se reconstruir algo como uma verdade mínima aceita por todos; num segundo momento, as conversas são sobre os pensamentos, os sentimentos do passado quando aquilo aconteceu e também no presente. E, por fim, reflete-se sobre as possibilidades de repostas restaurativas. Parece claro que os procedimentos da JR devem ajudar o ofensor a assumir sua responsabilidade. Nenhuma intervenção ou punição faz sentido se o ofensor não conseguir a introspecção, no sentido psicológico de capacidade de culpa. Na ausência desta, qualquer intervenção contra o agressor, mais do que evitar a reprodução da violência, favorece a desintegração psíquica e/ou social, produz raiva e empurra para uma nova resposta violenta.

Embora a punição seja uma tradição cultural amplamente divulgada que, em certos casos, parece satisfazer a sociedade, principalmente em casos amplamente divulgados pela mídia, neste momento histórico, ela não produz o fruto de pacificação social desejado. A punição é incapaz de satisfazer a expectativa sociocultural da convivência pacífica. Existe uma crise que convida a uma avaliação de nossas respostas.

Se a punição é uma necessidade socialmente construída, é possível pensar que possa ser desconstruída socialmente também. A JR entende que a confrontação com os próprios atos é uma possibilidade saudável na tentativa de responsabilização e autorresponsabilização dos envolvidos em ofensas e crimes. A confrontação é uma possibilidade de tencionar, modificar ou reafirmar as regras da sociedade. Ela é um caminho de persuasão para o ofensor assumir seu lugar social de convívio e colaboração entre humanos e pouco a pouco substituir a punição.

Qual é a diferença entre julgar e confrontar? Quando acontece o ato de julgar e, por conseguinte, o de punir, alguém tem a autoridade de quebrar a relação de igualdade, ir para um nível superior e pronunciar uma decisão. No tribunal, a disposição física dos presentes é organizada de forma que o juiz se diferencie dos outros, por seu assento em um patamar superior aos demais. A finalidade do ato de julgar é, a curto prazo, deslindar, investigar um conflito, pondo fim à incerteza, e, a longo prazo, contribuir para a paz social, isto é, a consolidação da sociedade como uma empresa de cooperação. No estado de direito, idealmente, a instauração de um processo público, após se constatar alguma injustiça, tem como função romper com a vingança e estabelecer a justa distância entre o delito que desencadeia a cólera privada e pública e a punição, imposta pela instituição Justiça. Enquanto a vingança cria um curto-circuito entre dois sofrimentos – o da vítima e o infligido pelo vingador –, o processo judicial se introduz entre os dois, para instituir a justa distância através de um exercício de linguagem (Ricœur, 2008).

As próprias palavras "julgar" e "decidir" já dizem que se trata de uma cisão, de separar e colocar a justiça que distancia para poder administrar o fato que originou o processo. É bastante comum perceber que, ao final de um processo judicial, os envolvidos não saem pacificados das dependências do tribunal. O que faltou nesse ato? Uma resposta possível é que, para acontecer a pacificação, os envolvidos precisam ser reconciliados, o que, segundo Ricœur, é percorrer até o fim o caminho do reconhecimento. A tarefa da instituição Justiça não tem relação, tampouco obrigação, com o acontecimento da reconciliação, que pode ou não acontecer. Quando se impõe uma punição, algo indesejado a alguém, o condenado dificilmente pode ficar feliz com o resultado da condenação.

O ato de confrontar, ao contrário, pede uma igualdade de relação para que as *frontes* possam se encontrar. Precisa do sujeito capaz de ser agente de suas ações e, portanto, responsabilizar-se por elas. Somente haverá a constituição do sujeito de direito se existir a troca entre dois iguais e diferentes e que reconhecem no outro seu igual em termos de direitos e deveres. A disposição física dos participantes na JR em forma de círculo indica a igualdade de posições, em que ninguém tem autoridade de delegar a fala e todos têm poder e direito para contribuir verbalmente o tanto quanto quiser e puder.

Esse reconhecimento mútuo cria uma relação interpessoal, um diálogo na confiança, que aos poucos estabelece compromissos e promessas. Através da promessa, o outro está implicado fundamentalmente como aquele que conta com a capacidade de cumprir a palavra, chama-o à responsabilidade e o torna responsável. Nessa estrutura de confiança se encerra o elo social instituído que confere estrutura jurídica às palavras dadas mutuamente e ultrapassa o face a face da promessa de pessoa a pessoa. Essa regra do reconhecimento engloba qualquer um que viva sob as mesmas leis.

Com essa interação entre o *eu*, o *tu* e os *outros*, chegamos ao âmbito político por excelência, espaço e condição da pluralidade, resultante da extensão das relações inter-humanas, que incluem também aqueles que ficam fora da relação entre o *eu* e o *tu*. Essa condição de pluralidade é caracterizada pelo querer-conviver de uma comunidade histórica – povo, nação, região, classe. Esse querer-conviver gera uma força comum, um poder, também capaz de instaurar o justo, de permitir a vida ao outro, plural, diferente, uma vez que o lema da justiça é exatamente "A cada um o que lhe deve" (Ricœur, 2008).

Idealmente, se cada cidadão receber o que lhe couber, somente poderá querer o mesmo para todos os humanos. Realisticamente, essa afirmação abre a porta para um imenso trabalho de fazer o justo acontecer, o que consiste em possibilitar a cada um, assim como a mim, o direito de, para, a... Creio que nesse fundamento do reconhecimento – *assim como a mim* ou *assim como eu* – esteja situada a tensão para instaurar aquilo que é justo para todos, além da possibilidade do reconhecimento mútuo de sermos todos sujeitos de direito.

Com essa digressão teórica estou de volta ao caso inicial do José, que assaltou uma pessoa e foi desarmado e ferido com um tiro na perna pela sua própria vítima. Através das práticas de JR no Tribunal de Justiça, os atores principais, agressor e vítima, junto a seus familiares, puderam fazer a confrontação e o reconhecimento mútuo. Nesse ambiente seguro, cada um expressou o que sentiu na hora da agressão, como pensa agora, o que é necessário acontecer para que, no futuro, esse acontecimento não mais perturbe a vida da vítima nem a do agressor.

No caso em questão, as respostas ao ato de José foram, além dos seis meses de internamento, voltar para a escola, ter um dia por semana para almoçar na casa da avó, toda a família, e uma vez por mês sair com o pai, por exemplo, para praia. Essa resposta implica a família como um todo, pois José expressou seu desejo de estar junto a sua mãe já falecida. Isso permitiu captar sua necessidade de reforçar o vínculo familiar. Ademais, apareceu e foi aceita a proposta de fazer uma filmagem tendo José como protagonista nesse processo restaurativo e realizar um trabalho com ele tanto na instituição de internamento quanto na corporação militar. As respostas também exigem um engajamento por parte da família, pois esta tem de se dispor a passar seu tempo com o jovem.

Mas o mais admirável é que o círculo delegou uma tarefa à vítima. Esta foi convidada e aceitou fazer uma conversa, a partir da filmagem da vida de José, com os jovens internos sob tutela do Estado por algum crime cometido e também com os colegas da Brigada Militar. A confissão do policial-vítima de que o natural teria sido ele matar os dois jovens não passou despercebida. Nas reações, o pai e a avó agradecem por José estar vivo, agradecem ao policial por ele não ter matado um jovem deitado no chão, desarmado e indefeso. Essas contradições confessadas no Tribunal de Justiça por uma vítima, agente do aparato do Estado, são passíveis de ser acolhidas nas práticas da JR e problematizadas. Confrontar essa vítima com seu próprio pronunciamento de que, sendo policial, naturalmente mataria aquele jovem, assim como responder com a ação de conversar com os colegas da corporação militar sobre esse jovem, certamente não foi uma atuação fácil. Essa confrontação da vítima no círculo restaurativo fez com que ela confirmasse sua opção de não matar e assumisse publicamente essa decisão tomada em segundos, e o empoderou para comunicar essa decisão aos colegas de trabalho. Essa confrontação, de forma segura e voluntária, foi possível porque o círculo permite que as pessoas se desarmem e se reconheçam como iguais. Possibilita, ainda, um olhar em direção ao futuro, refletindo sobre possibilidades melhores e, juntos, colocar a mão nessa construção. Por ter podido acolher essa contradição em pessoas pertencentes ao aparelho de segurança do Estado, esse caso evidencia que trabalhar com a JR no Brasil é, também, ou talvez antes de qualquer coisa, instaurar o direito para todos, para depois restaurar o justo.

Estou ciente de que existem agressores que, apesar de sua boa capacidade racional, não conseguem respeitar os direitos de outros e as leis da sociedade civil e não respondem com autorresponsabilização, apesar dos convites. Talvez estes possam e devam ser tratados com a alternativa da punição, para a sociedade deixar claro que não concorda com sua atuação e lhe impõe limites, sem esperar, contudo, alguma mudança favorável em seu comportamento futuro.

Estou ciente também de que nem todas as vítimas querem participar de processos restaurativos. Mas pesquisas mostram que a adesão da vítima ao processo restaurativo depende de diversos fatores, sendo um a forma como foi feita a primeira abordagem. Essas mesmas pesquisas revelam que, mais do que punição para o agressor, a vítima quer e precisa ser reconhecida como vítima e ter informações sobre o agressor e seu contexto. Participar do processo permite à vítima receber informações sobre seu agressor e as circunstâncias do crime, o que costuma amenizar a vontade punitiva. Quanto mais as pessoas sabem sobre as circunstâncias e a complexidade da vida do ofensor, menos punitivas tendem a ser.

A vítima precisa de uma restauração emocional e um pedido de desculpas e, quando possível, uma reparação material, preferencialmente proveniente diretamente do ofensor. Isso explica por que a quantidade de dinheiro ou seu equivalente sugerido pelas vítimas quando são consultadas muitas vezes seja bastante pequena em relação ao dano. Objetiva tornar o pagamento viável ao infrator, o que testemunha a vontade de haver reparação, e não necessariamente vontade de vingar e impor dor.

Quero dialogar com a possibilidade de um cenário político e público que tenha a punição como alternativa e a responsabilização como opção primeira. Como avançar nessa proposta? A responsabilização pelos próprios atos é um atributo do sujeito capaz, ou seja, de quem tem capacidade de ser agente de suas ações. Creio que uma das tarefas da educação seja permitir e viabilizar que se coloque ao alcance do sujeito a possibilidade de responsabilização, que se opõe à punição.

Os teóricos de JR McCold e Wachtel desenvolveram a "janela de disciplina social", na qual se combinam controle, no sentido de limitar ou influenciar os outros, e apoio, no sentido de cuidar, encorajar ou assistir. Classificam as combinações em alto e baixo. A delimitação clara de limites e a imposição de padrões de comportamento caracterizam um alto grau de controle social. Padrões vagos ou fracos de comportamento e regulamentos permissivos ou inexistentes caracterizam um baixo controle social. A assistência ativa e a preocupação com bem-estar coletivo caracterizam o alto apoio social. A falta de encorajamento e uma provisão mínima para necessidades físicas e emocionais caracterizam o baixo apoio social. Combinando um nível alto ou baixo de controle com um nível alto ou baixo de apoio, a "janela de disciplina social" define quatro abordagens de comportamento, resumidas em quatro palavras: *punitiva, permissiva, negligente e restaurativa.*

Nos trabalhos com grupos percebi que nossa forma mais comum de encarar o mundo com suas adversidades se dá no eixo permissão-punição.

Quando se questiona a funcionalidade da punição, imediatamente as pessoas, com uma atitude defensiva, dizem que não dá para permitir tudo. O imaginário não está treinado para encontrar alternativas à punição que não sejam de permissividade. Pensar na restauração, antecipada pelo reconhecimento, a afirmar a existência do outro, que me permite assumir meus atos e a partir desse gesto me responsabilizar por eles, ainda causa profundo estranhamento.

Essa janela expõe a resposta a uma transgressão, a restauração na ótica da JR, como um processo de assunção de responsabilidade para com o próximo e a comunidade, o que tem a ver com a ética do reconhecimento e da responsabilidade. Creio que o caso do jovem que assaltou e da vítima que pertence a uma corporação que "naturalmente" mata evidencia essa possibilidade na prática. Creio que se substituirmos a palavra "punição" por "responsabilização" e "restauração", será mais fácil alcançar a sensação de reconhecimento também do ofensor, ou a quem foi imputada uma culpa. Através do reconhecimento, que pode levar à responsabilização, mais do que à punição, é possível aproximarse do ideal de uma sociedade que fortalece os laços de solidariedade. Creio que uma tarefa da educação seja ajudar os humanos a assumirem seus atos.

Segundo minha percepção, colocar limites ao mesmo tempo que se dá apoio, desaprovar as transgressões ao mesmo tempo que se afirma o valor inerente ao transgressor, esse caminho complexo, difícil e respeitoso é uma possibilidade, se não a única, para conseguir uma resposta aos apelos contemporâneos que não reforçam a violência.

## Referências

ARENDT, Hannah. *A condição humana*. Rio de Janeiro: Forense Universitária, 2008.

ARENDT, Hannah. *O que é política?*. 7. ed. Rio de Janeiro: Bertrand, 2007.

HELLER, Agnes. *Além da justiça*. Rio de Janeiro: Civilização Brasileira, 1998.

RICŒUR, Paul. *O justo*. São Paulo: Martins Fontes, 2008. 2 v.

# Escola, pesquisa e intervenção: a atividade inicial em educação quilombola

Grupo Educa

Amanda Mayara de Araújo; Caio Cândido Ferraro; Camilo Lisboa André Cardoso; Cyndel Nunes Augusto; Jackson de Oliveira Souza; Jaqueline Ferreira; Jessica de Moura Machado; Larissa Jordão Pino; Luísa Helena Alessandra da Silva Rodrigues; Renato Dantas Capella; Thiago Wesley Custódio; Wagner Alves Pereira

Encadear o processo de construção identitária, seja de indivíduos seja de comunidades, é um procedimento árduo, mas quiçá factível. A constituição dos mais diversos agrupamentos humanos perpassa momentos densos de interação social, em que o agir político, a produção cultural e a formação intelectual somam-se a uma pluralidade de processos individuais e íntimos, nas quais cada ator produz, contesta e se manifesta perante o mundo que o circunda. A inquietação vivenciada durante o primeiro semestre de 2013, que a princípio questionava a problemática da mobilidade urbana, contribuiu substancialmente para a constituição do nosso grupo. Composto por graduandos de Pedagogia e por profissionais das áreas de Letras, Serviço Social, Direito, História e Relações Internacionais, o coletivo encontra-se em processo de formação. Munidos com valores comuns, buscamos alternativas credíveis de resistência com as quais possamos contribuir e colaborar na luta em busca do desenvolvimento humano sustentável.

A formação e a constituição dessa iniciativa é relativamente recente. Por um lado conseguimos nos articular de forma rápida para atuar concretamente na realidade que nos era próxima, por outro a velocidade com que as ações se desenvolveram implicou, por exemplo, na indefinição de um nome que nos representasse. Carinhosamente adotamos a alcunha "Educa", fazendo referência ao curso de Pedagogia da Faculdade de Educação da Universidade de São Paulo (USP), onde estuda a maioria dos membros do grupo.

Convencidos de que interesses hegemônicos são transformados em verdades *a priori* inquestionáveis, que estão diretamente relacionadas com a legitimação do poder social, nossa contribuição no enfrentamento das diversas formas de exclusão, marginalização, opressão e discriminação advém de projetos educacionais. Duas iniciativas merecem destaque: a primeira desenvolvida em parceria com a Escola Municipal de Ensino Fundamental Érico Veríssimo, localizada no Morro Grande, periferia da cidade de São Paulo; e a segunda, em processo de articulação, com as comunidades tradicionais situadas entre Ubatuba e Paraty, especialmente com os quilombos do Campinho e da Fazenda.

Essas ações não possuem vínculos institucionais, ainda que possam ser enquadradas no que se caracteriza como extensão universitária. Sua execução articulou pessoas e instituições em benefício das comunidades onde foram desenvolvidas, tendo como objetivo a promoção de valores democráticos, respeitando as particularidades regionais. Ao mesmo tempo, possibilitaram o contato com realidades sociais diversas, contribuindo com o processo de formação humana e profissional de cada um dos participantes.

O encontro com as comunidades quilombolas ocorreu entre os meses de abril e maio de 2014 com o objetivo de investigar a educação escolar local. Como referência legal, observou-se a Resolução n. 8, de 20 de novembro de 2012, que define as diretrizes curriculares nacionais para a educação escolar quilombola na educação básica. A norma estabelece que se considere a cultura das comunidades e que se promova a participação na organização escolar (gestão, calendário, plano político-pedagógico, metodologias didático-pedagógicas, currículo, alimentação, etc.). Esses pressupostos municiaram a visita e possibilitaram verificar se existiria harmonia entre a legislação e a execução, teoria e práxis.

O diálogo construído com as lideranças do Quilombo do Campinho complementou o conhecimento prévio, mas, sobretudo, consistiu numa quebra de paradigmas relacionados à cultura e aos preconceitos que envolvem essas comunidades. Estabeleceu-se uma concepção mais ampla do que seja a educação quilombola, definida na conjugação de três vias, sendo a primeira delas a legislação específica, considerada um avanço por empoderar os quilombolas na luta pelo direito à educação.

A segunda diz respeito às famílias que, através da oralidade, transmitem os conhecimentos tradicionais para as próximas gerações. A terceira, por fim, é um ponto nevrálgico, pois refere-se à escola pública e à interpretação do papel desta frente à comunidade. A crítica manifesta o sentimento coletivo de que a escola pública, tal como instituída, presta um desserviço, desequilibrando a tríade estabelecida pelos aspectos supracitados.

A argumentação converge na ideia de que, apesar da presença física da escola no quilombo, existe um distanciamento entre a instituição e a comunidade. Esse hiato fica evidenciado na ausência de professores e gestores nativos e na adoção de projetos escolares genéricos, fundados em uma realidade exterior e que, portanto, desconsidera a cultura local. O processo de descaracterização identitária acentua-se nos níveis subsequentes da educação básica, uma vez que a oferta das etapas, distribuídas em diferentes locais, resulta num deslocamento considerável para as crianças. Um dos principais obstáculos é a falta de infraestrutura, que dificulta o acesso ao transporte público nas áreas onde estão estabelecidos os quilombolas. Esses fatores contribuem para a evasão e o baixo aproveitamento escolar. Nesse aspecto, a preservação de uma identidade, que venha a ser alicerçada pela via pública institucional, torna-se crucial diante dos desafios sociais enfrentados pela comunidade.

A demarcação e a titulação do território são as questões mais candentes, já que interferem diretamente no cotidiano das pessoas e geram insegurança quanto ao futuro. Em meados da década de 1970, passam a vivenciar uma nova realidade, produto de duas mudanças significativas: a incorporação das terras quilombolas aos parques Nacional da Serra da Bocaina e Estadual da Serra do Mar e a construção da Rodovia Rio-Santos. Encerrados em áreas de preservação ambiental, porém expostos ao assédio e à especulação imobiliária, os quilombolas foram compelidos a alterar decisivamente sua maneira de produzir os meios de subsistência e de geração de renda.

Apesar do caráter sustentável da produção tradicional, em que se respeitam os ciclos da natureza e para a qual a sabedoria das comunidades é tão legítima quanto a ciência produzida nas universidades, as transformações foram inevitáveis. Impossibilitaram, em grande medida, o desenvolvimento da coleta, da agricultura de subsistência e da pesca nos rios e mares, atividades que eram, muitas vezes, acompanhadas por músicas, com cantos e batuques que expressavam as tradições culturais.

O trabalho nas cidades vizinhas, Ubatuba e Paraty, foi uma das alternativas de obtenção de renda, bem como as atividades ligadas ao turismo, promissoras na região, porém sujeitas à sazonalidade de feriados, fins de semana e temporadas de férias.

Esses fatores são desdobramentos da luta pelo território e denotam a complexidade social das comunidades. Os esforços para o enfrentamento dessas questões exigem disposição e o envolvimento da população local. Uma educação escolar quilombola tem a incumbência, portanto, de se somar às iniciativas efetivas de resistência, colaborando na valorização da cultura comum, que reforça e possibilita reconhecer o pertencimento às comunidades. Deve, ainda, atenuar a insegurança em relação ao futuro, representando uma vertente da luta cultural e econômica, colaborando para manter vivos os laços de solidariedade. Para tanto, faz-se necessário mobilizar e articular setores da sociedade civil que pensem numa educação democrática, comunitária, participativa e que considere as especificidades da localidade em que a escola se estabelece.

Por intermédio do Núcleo de Psicopatologia, Políticas Públicas de Saúde Mental e Ações Comunicativas em Saúde Pública (NUPSI), almeja-se estabelecer com as comunidades tradicionais o resgate dos conhecimentos e de práticas quilombolas, evitando o que Boaventura de Sousa Santos (2002) chama de "desperdício da riqueza social". Nessa lógica, o autor propõe zonas de contato onde são compartilhados práticas e saberes que, por livre interpretação, o grupo elencou, em sua esfera de atuação, como pertencentes às comunidades de aprendizagem. O significado do estabelecimento dessas parcerias leva em consideração as possibilidades e os limites da educação e pode ser melhor traduzido pelo referido autor em sua definição, segundo a qual "intelectuais fortemente enraizados nas práticas e saberes que representam, [...] para buscar noutros saberes ou noutras práticas as respostas que não se encontram dentro dos limites de um dado saber ou de uma dada prática" (Santos, 2002, p. 271). O aporte das invenções democráticas será o subsídio das futuras ações. Através dos contributos que provêm da democracia participativa, da economia solidária, da justiça restaurativa, da tecnologia social e do movimento da psicopatologia para a saúde pública, intenciona-se combater os cânones e as práticas estandardizados.

O saldo das visitas aos quilombos, conjuntamente ao diálogo estabelecido com as lideranças e pessoas das comunidades, além das entrevistas com os gestores e funcionários das escolas, foi, em sentido imediato, a apreensão de uma realidade distinta daquela a que se está habituado na capital paulista. Observou-se a necessidade latente de preservar a identidade comunitária. Houve, inclusive, a ideia de articular parcerias para a elaboração de uma educação escolar quilombola. Existe a vontade de contribuir, e nesse processo surgem algumas indagações. Quais caminhos devem ser percorridos para construir essa diretriz educacional? A alternativa seria marchar com as lideranças e se somar às suas lutas? Escolas comunitárias poderiam ser erigidas, à margem do sistema, e seriam suficientes para reavivar as tradições locais? As instituições escolares existentes deveriam ser reapropriadas para promover uma verdadeira conexão com a comunidade? Seria relevante prover-se das ferramentas disponibilizadas pela universidade para institucionalizar o apoio a esse projeto? Poderíamos conjugar todos esses contributos?

Unir saberes e vontades da universidade, de professores e estudantes, com os das comunidades tradicionais e periféricas, explorando caminhos e soluções para tais inquietações, pode ser a chave para efetivar essa iniciativa que versa sobre novas formas de atuar na esfera educacional, colaborando, assim, com a transformação social.

## Referência

SANTOS, Boaventura de Sousa. Para uma sociologia das ausências e das emergências. *Revista Crítica de Ciências Sociais*, n. 63, p. 237-280, 2002.

# Amizade, identidade e democracia: carta ao Grupo Educa

David Calderoni

*Uma certa construção para uma certa felicidade: a da identidade aberta e apta a um desenvolvimento humano sustentável.* Permitindo traduzir e especificar a construção da felicidade em tão bela proposta formativa, saúdo e comemoro o advento e os trabalhos inaugurais do Grupo Educa, que presentifica excelentes esperanças de um futuro que desejamos, em que a construção participativa do conhecimento se conjugue à construção participativa da justiça social. E agradeço sobremaneira aos educadores que o integram, por me motivarem a dialogar aqui, haja vista suas referências às Invenções Democráticas concluírem-se por aquela que vim a conceituar: "Através dos contributos que provêm da democracia participativa, da economia solidária, da justiça restaurativa, da tecnologia social e do movimento da psicopatologia para a saúde pública, intenciona-se combater os cânones e as práticas estandardizados" (Grupo Educa, neste livro, p. 52).

Segundo o que entendi da pesquisa e da reflexão do Grupo Educa, "os cânones e as práticas estandardizados" da escola pública acarretam um processo de descaracterização identitária quilombola pela ausência de professores e gestores nativos, pela desconsideração da cultura local e pela imposição de deslocamentos para escolas de difícil acesso, ocasionando a evasão e o baixo aproveitamento escolar. Esses fatores se conjugam a outros de descaracterização identitária deflagrados pela construção da BR-101 (Rodovia Rio-Santos) e pela instituição de áreas de proteção ambiental. Tal cenário provocou a restrição "da coleta, da agricultura de subsistência e da pesca nos rios e mares, atividades que eram, muitas vezes, acompanhadas por músicas, com cantos e batuques que expressavam as tradições culturais", o que determinou um quadro geoexistencial em que a busca por trabalho "nas cidades vizinhas, Ubatuba e Paraty, foi uma das alternativas de obtenção de renda, bem como as atividades ligadas ao turismo, promissoras na região, porém sujeitas à sazonalidade de feriados, fins de semana e temporadas de férias".

Observando em tal processo de dispersão, estandardização e descaracterização identitária o papel determinante do desalojamento da terra, ensejando a luta pela sobrevivência em trabalhos subordinados, remotos, itinerantes e inconstantes, recordo-me do prefácio que elaborei para o livro lançado no colóquio que deu base a este livro – *O precariado*, de Guy Standing –, em que eu resumira uma das consequências da globalização precarizante retratada pelo autor, a saber: o desmantelamento da relação interna entre *praxis* e *philia*, com a consequente desumanização do trabalho (Calderoni, 2013). Quis com isso salientar que a produção do nosso mundo material, cultural, ético e político perde o sentido quando o bem-querer mútuo e constante entre seres humanos autônomos deixa de ter lugar. A isso acrescentei que:

> Como psicanalista e cidadão contraposto à opressão laboral de centenas de milhões de seres humanos em largas porções do planeta, gostaria de sugerir a ideia de que a amizade política é inviabilizada não apenas intersubjetivamente, mas também intrapsiquicamente, na medida em que o truncamento de status [interposição de papéis sociais e laborais degradantes] e a correlativa perda de identidade ocupacional torpedeiam o cerne da autoestima, a saber, a relativa integridade íntima que é construída ao longo do processo individual e social pelo qual respondemos aos dois desafios psicossociais fundamentais que a problemática do precariado agudiza e transversaliza, por envolver a globalização de relações de produção e distribuição da insegurança e da incerteza: a necessidade de amparo e a necessidade de identidade (Calderoni, 2013, p. 8-9).

Como mostra o texto do Grupo Educa, sua diretriz-princeps de "encadear o processo de construção identitária [...] em busca do desenvolvimento humano sustentável" envolve, democraticamente, todos os protagonistas do processo de ensino-aprendizagem: os do Grupo Educa, os das escolas (professores, estudantes), os das comunidades. Como colocar em prática tal diretriz democrática em face das forças que atentam contra a amizade intra e intersubjetiva?

Um significativo ponto de apoio positivo consiste no afeto de amizade que une os integrantes do Grupo Educa, do qual pude usufruir ao acompanhá-los em quilombos de Ubatuba e Paraty. Tal afeto de amizade é fundamental na perspectiva da *psicopatologia para a saúde pública*, visto que esta se define "pautando a saúde mental pública pela promoção de intercâmbios solidários de acolhimento, escuta, curiosidade, compreensão, intenção reparatória, generosidade, ajuda mútua, prazer, alegria, encantamento e reflexão" (Calderoni, 2009b, p. 25).

É evidente que essas atitudes caracterizam o exercício da amizade, em cujo âmbito florescem os direitos psíquicos, atinentes "à liberdade espontânea e singular de pensar, sentir, imaginar, sonhar, interpretar e comunicar" (Calderoni, 2009b, p. 25). Em suma, o afeto de amizade que permeia o Grupo Educa é fundamental para que intercâmbios solidários se estendam às comunidades pesquisadas, ensejando a interpolinização e a propagação das liberdades mentais.

Minha segunda consideração consiste em testemunhar o afeto de amizade que animou o diálogo entre o Grupo Educa e três lideranças do Quilombo do Campinho e do Fórum das Comunidades Tradicionais, fazendo com que seu primeiro encontro se estendesse por várias horas além das previstas. Tendo sido comunicados os temores e as esperanças de parte a parte, de modo que a energia liberada dos temores alavancou a inseminação recíproca das esperanças, eu diria que foram vividos os processos correspondentes à proposta das oficinas do medo e dos sonhos, estratégia metodológica da psicopatologia para a saúde pública.

Coloca-se então a pergunta: em que medida os professores, estudantes e membros das comunidades gozam da abertura à liberdade psíquica e às atitudes florescentes da amizade que permeiam os pesquisadores do Grupo Educa e os movem em direção às Invenções Democráticas?

Num complexo cenário de desagregação e resistência, onde as forças de inteligência e amorosidade encontram seu desafio, enfrentá-lo requer que cada educador se torne também um psicopatólogo, se por psicopatologia entendermos "estudos e cuidados relativos ao que se contraponha à liberdade espontânea e singular de pensar, sentir, imaginar, sonhar, interpretar e comunicar" (Calderoni, 2009b, p. 25).

Mas como cuidar do que se contrapõe às vertentes da liberdade psíquica?

Ao definirmos as motivações, os conceitos e as estratégias metodológicas do movimento da *psicopatologia para a saúde pública*, pautamos a saúde mental pública pela promoção do equilíbrio do cuidado de si e do semelhante.

Percebemos que, no âmbito do trabalho subordinado, dura cada vez menos o tempo em que podemos nos voltar para o semelhante, sem que dessa pretensa economia resulte mais tempo para um equilíbrio do cuidado de si.

O que significa aqui cuidar?

Significa reparar – tanto no sentido de dar atenção como no sentido de consertar.

Nesses sentidos, o desequilíbrio do cuidar decorreria da falta de potência relativa para cuidar – seja de si, seja do semelhante. Isso porque não dá tempo de reparar sem que advenham traumas que superam – por sua natureza, intensidade e frequência – a potência de reparar.

Vivemos um tempo histórico em que, com crescente intensidade e frequência, os indivíduos – de si a si e de um a outro – procuram assentar suas identidades em uma escala relativa ao poder de se fazer bem-sucedido.

Ao mesmo tempo, vivemos um tempo histórico em que, com crescente intensidade e frequência, fazer-se bem-sucedido torna-se incompatível com amar-se a si mesmo e amar ao semelhante.

Isso porque, com crescente intensidade e frequência, torna-se efêmero, ambivalente, conflitivo, contraditório, inseguro e incerto o lugar ou a condição alcançados no sucesso.

A causa disso é a infiltração, no tecido da amizade, da lógica da guerra, em que imperam o medo da morte e a política da dominação.

Procuremos compreender as consequências intrapsíquicas do império da guerra à luz de um adágio de Cícero (1988, p. 101): "Sou portador de três pessoas: eu mesmo, o adversário e o juiz".

Diríamos que, em nosso tempo histórico, impera cada vez mais um juiz interior interessado na reposição imediata de adversários, tão logo o eu logre eventualmente fazer-se bem-sucedido. Com tal juiz proferindo julgamentos pautados pela desconfiança no eu e pela aposta no adversário (incorporando o credo liberal, segundo o qual a concorrência plena promoveria o equilíbrio das trocas – credo que deu lugar ao darwinismo neoliberal, conforme o qual a concorrência insana promoveria a sobrevivência dos mais aptos a aumentarem a taxa de lucros), interioriza-se uma luta sem tréguas que estressa e fragiliza o equilíbrio narcísico do eu, entendendo por tal equilíbrio a situação em que a dor não impede ou esgota o prazer, isto é, a reserva de energia libidinal e a sua efetuação.

Na economia dos afetos, passa a predominar a luta pela conservação da energia libidinal sobre as ocasiões de sua reflexão, seja no amor, seja no trabalho. Na lógica da conservação da energia libidinal, há competição segundo um jogo de soma zero: o princípio é que a quantidade de energia libidinal sempre se conserva, de modo que se eu tenho um certo tanto, o outro deixará de ter o mesmo tanto, e vice-versa. Já na lógica da reflexão da energia libidinal, há intercâmbios segundo uma relação multiplicativa de poderes: uma vez que a quantidade de energia libidinal pode aumentar, se eu invisto um certo tanto, o outro poderá reinvestir ainda mais, e vice-versa.

Por outro lado, é preciso lembrar a estimativa de que quatro milhões de brasileiros trabalham cooperativamente. Embora a cooperação não seja o modo de trabalho predominante, constitui alternativa real à competitividade desenfreada, haja vista a crescente mundialização da economia solidária. O Grupo Educa sabe disso, donde os seus membros valorizarem as propostas da Cooperativa do Azul e da Unidade de Saúde e Cooperativismo que confluem e defluem das intervenções do Núcleo de Psicopatologia, Políticas Públicas de Saúde Mental e Ações Comunicativas em Saúde (NUPSI) em Ubatuba e particularmente no Quilombo da Fazenda, e que prometem se espraiar por Paraty e Angra a partir de acordos entre as respectivas municipalidades.[1]

Ocorre que a lógica da guerra se infiltra muitas vezes entre os próprios grupos e indivíduos que batalham por tais alternativas, seja porque são inevitáveis os influxos das interfaces com a cultura competitiva dominante, seja porque há carência de meios de compreensão e de elaboração da agressividade e da destrutividade traumaticamente incorporadas e atuadas no seio dos próprios cooperantes.

Diante disso, o objetivo das notas que se seguem consiste em oferecer alguns elementos oxalá úteis para aumentar e intensificar as ocasiões de reflexão da energia libidinal, reflexão vital à construção, à sustentação e à reparação da amizade democrática consubstancial à proposta do Grupo Educa.

[1] Ver: <http://goo.gl/yzOPi6>; <http://goo.gl/2aJn0z>; <http://goo.gl/iDC11o>.

## Premissas

I. Vem-se esgarçando e rompendo a tela convivencial – cotidiana, presencial – onde é urdida a trama da amizade.

II. A esfera da amizade é transversal à esfera pública e à esfera privada.

III. Dado que sentimos nosso amigo em nosso corpo, trata-se de retomar a proposta de uma traumatogênese psicopolítica do corpo comum (estudo das divisões sensíveis do eu ao longo da luta coletiva pela liberdade e contra a dominação).[2]

## Proposições

1

As dificuldades e os impedimentos da amizade democrática são o ponto nevrálgico da própria democracia.[3]

2

O maior desafio da amizade democrática é a igualdade na diferença e a diferença na igualdade, sem o que se divorciam fraternidade e liberdade.[4]

3

Quanto maior for o campo das diferenças incluídas na igualdade de direitos e na dignidade e no cuidado dos tatos e tratos, tanto mais forte e flexível será o corpo comum que energiza e equilibra a esfera da amizade.

4

Assim como a amizade democrática francesa do final do século XVIII comportava burgueses, artesãos e camponeses, assim também a amizade dos inventores democráticos da segunda década do

[2] Ver Calderoni (2009a). Para fins deste ensaio, podemos entender assim cada termo em jogo: traumatogênese = estudo da origem e da evolução das divisões do eu; psicopolítica = campo da luta do eu pela liberdade e contra a dominação; corpo comum = acordo sensível gerado pela interação convergente dos eus. Traumatogênese psicopolítica do corpo comum: estudo das divisões sensíveis do eu ao longo da luta coletiva pela liberdade e contra a dominação.

[3] Concebo a amizade como o exercício do bem-querer recíproco e constante. Sua extensão intencional pode ser geral (amizade democrática), particular (amizade aristocrática) ou determinada intrinsecamente pelo intento de aniquilar alguma alteridade (amizade totalitária).

[4] Diferença é aqui concebida como algo que abrange alteridades positivas e negativas.

século XXI pode incluir migrantes superexplorados, trabalhadores destituídos das garantias de emprego, indivíduos cuja qualificação universitária não encontra trabalho condigno e, de modo cada vez mais generalizado, populações nativas vulnerabilizadas por perdas formais e reais de direitos econômicos, sociais, jurídicos, profissionais e culturais.

5
A amizade democrática atual pode assim aspirar ao mais amplo leque de alianças objetivando iguais direitos à diferença máxima que apoie liberdade com fraternidade.

6
A insegurança e a incerteza corroem a amizade democrática dos que poderiam combatê-las.

7
Sem a amizade, a democracia fica abstrata e sem sentido nem alma.

8
Aos amigos da democracia urge pensar nos traumas que a periclitam.

9
A lógica da guerra impõe traumas contínuos à trama da amizade.

10
O trauma é um corte que pode ou não cicatrizar.

11
Denomina-se elaboração aquilo que pode cicatrizar um trauma.

12
A elaboração comunica as partes separadas pelo corte.

13
O limite do comunicável determina o limite do elaborável.

14
O medo e a quebra de confiança traumatizam a trama da amizade.

15
A circulação dos amigos oxigena a trama da amizade.

16
Quando dois amigos se estremecem, um terceiro pode comunicá-los ainda que indiretamente, reatando em alguma medida a trama das amizades democráticas.

17
A lógica da guerra determina a competição entre o cuidado de si e do semelhante.

18
Quando um amigo deixa de cuidar de um amigo, traumatiza-se a si mesmo, visto que sentimos nosso amigo em nosso corpo – o pronome *nosso* abrangendo desde o eu e o tu até o corpo comum ou coletivo, que aqui propomos designar por *philiosfera* ou esfera da amizade.

19
Para que um amigo nunca deixasse de cuidar de outro, teria de ser onipotente. No entanto, é inevitável que um amigo se responsabilize pelo destino do outro e da amizade.

20
Se existem condições de nunca acontecerem traumas na trama das amizades democráticas, faltam-nos informações ou experiências.

21
Quando a escassez relativa de compreensão, de energia ou de outros meios impede que um amigo cuide de outro, este pode se ressentir de que aquele tenha faltado com a benevolência recíproca antes praticada.

22
A expressão de discordâncias ou críticas pode traumatizar, sobretudo quando no contexto da comunicação pesam diferenças entre os amigos no tocante a hierarquia, prestígio ou outra condição de status.

23
Quanto mais escape do horizonte o sentido democrático de uma ação comum, tanto mais entram em cena diferenças de status que podem traumatizar as amizades.

24
O sentido democrático de uma ação é o bem-comum em ato, laço vital da amizade não aristocrática de que aqui se trata.

25
A amizade democrática prima por produzir vantagens não apenas pessoais.

26
A amizade democrática inclui o estrangeiro, o futuro e a natureza nos bens-comuns inegociáveis.

27
A capacidade de pedir e de receber perdão é tanto maior quanto menor for a presença das questões de status entre os amigos.

28
O risco de ofender é tanto menor quanto mais o laço de amizade se fortaleça por interações que visem ao bem-comum.

29
Quando um amigo cai em desgraça deve-se procurar ajudá-lo. Quando isso não ocorre, mesmo havendo meios para tal, desmascara-se uma falsa amizade.

30
Assim como o termo "metafísica" (além da física) provém do ordenamento – realizado por Andrônico de Rodes – dos livros de Aristóteles na Biblioteca de Alexandria, situando os volumes em que o estagirita examinava as primeiras causas e princípios em posição posterior aos escritos sobre a física (natureza), assim também a origem da conotação política do par esquerda/direita remonta à localização espacial, uma vez que os deputados partidários da aristocracia (amigos dos nobres, monarquistas e clérigos) sentavam-se à direita, e os partidários da democracia (amigos dos artesãos, burgueses e camponeses) sentavam-se à esquerda do ponto de vista de quem entrava no recinto da Assembleia Legislativa instaurada na França em outubro de 1791.

31
A *philiosfera* não é indiferente à esquerda e à direita, visto que existe uma amizade aristocrática (interessada em privilégios) e uma amizade democrática (interessada em direitos universais).

32
A *philiosfera* aristocrática costuma depender da valorização extrema de insígnias exteriores, tais como os *cullotes* (bermudas chiques) com

que a nobreza francesa se distinguia ao designar a esquerda como *sans-cullotes*.

33
O que pode confundir o sentido das coisas é que entre *ser* e *parecer* de esquerda ou de direita interpõem-se o julgamento, a retórica e os meios de comunicação de particulares cuja virtude subjaz nos privilégios de que dispõem em determinados contextos atinentes ao poder sociopolítico de afetar a renda, ao poder institucional de estigmatizar/excluir e ao poder cultural de fazer saber.

34
Recriam-se assim diferenças de status que dissimulam a amizade aristocrática no seio da amizade democrática.

35
É próprio das personalidades autoritárias converter diferenças conceituais em diferenças de status: manicomial/antimanicomial, esquerda/direita, aristocrático/democrático, anti-isso/pró-aquilo etc., etc.

36
Há, no entanto, partidos diferentes.

37
Mesmo em tempos de guerra, vale dialogar, isto é, pensar em voz alta e aberta ao outro, uma vez observados todos os cuidados possíveis, sob pena de sacrificar a liberdade, ainda que os partidários da aristocracia possam se aproveitar escusamente da interlocução crítica dos amigos da democracia, arquitetando falácias e mentiras engenhosas para perverter e trair a potência reflexiva da linguagem e a inteligência coletiva que se intensifica pela comunicação veraz.

38
Aos amigos da democracia cumpre atentar aos riscos e abusos do direito à indignação, pois esta dá margem a se comprazer no ódio, cuja escalada leva a linchamentos físicos ou psíquicos.

39
A esfera da amizade comunica as esferas pública e privada, sem prejuízo de se distinguirem os planos da amizade pessoal e da amizade política, pois são universais os direitos à privacidade e à intimidade, assim como os do agir estatal, social, comunitário e coletivo.

40
Uma vez que não se pode nem se deve legislar sobre o amor, este acontece de enlaçar aristocratas a democratas.

41
O exercício benevolente e sincero da gratidão, do reconhecimento, da apologia e do elogio estão permanentemente arriscados de perversão, corrupção e mal-entendidos em sociedades estruturadas historicamente pela lógica do favor, da tutela e da dependência.

42
O item anterior expõe uma das frequentes razões pelas quais a gratidão e a ingratidão são reduzidas a uma contabilidade de débitos e créditos.

43
É possível haver amizade política sem amizade íntima, na medida em que a vivência do bem-querer mútuo e constante tem sentidos e campos variáveis, conforme o contexto seja ou não público. Porém, quando a exposição da intimidade vira mandamento de pertinência grupal, a libertinagem sinaliza o sofrimento repressivo travestido de liberdade. Por outro lado, quando alguém se politiza no sentido e a ponto de temer cumprimentar um amigo em público e isso se espraia para a intimidade, o terror venceu.

44
Pior que a aristocracia, o culto a personalidades coléricas semeia a amizade totalitária.

45
Na medida em que atos, afetos e ideias presentifiquem o amor ao estrangeiro, ao futuro e à natureza, existe esperança de que os amigos da democracia possam elaborar os seus traumas e prosseguir com a felicidade da construção do bem-comum.

46
União, unidade, identidade, uniformidade são caminhos interconectados.

47
União, pluralidade, singularidade, diversidade – também o são.

48
De um a outro caminho se joga a diferença entre totalitarismo e democracia.

49
O labor sem amizade exclui as multidões do trabalho simbolizante que pode enraizá-las a um lugar e a uma comunidade mediante uma filiação não totalitária, semeando tal labor sem amizade um campo fértil para uma unificação tal como emblematizada pelo lema hitlerista: "*Ein Volk, ein Reich, ein Führer*" (Um povo, um império, um líder).

50
A origem da amizade totalitária entre os oprimidos reside aqui na sua autoexclusão recíproca e solidária pela qual buscam paradoxalmente o amparo e a identidade no Grande Um que os usurpa de toda a felicidade sustentável, porque os usurpa de toda a autonomia individual e porque os lança no infindável ciclo de retaliações e perseguições, conforme o seguinte esquema: "Aceite-me como o teu senhor, renuncie à tua soberania sobre si, e eu te restituirei a dignidade mediante o aniquilamento dos que te humilharam".

51
O paradoxo em que consiste acreditar reaver a dignidade mediante a submissão nos leva a examinar mais detidamente o vínculo entre identidade e amparo. Existem relações entre ideais e exigências que podem ou não amparar a identidade do eu, em diferentes graus. Quanto mais perfeição inalcançável provier de seus ideais e exigências, tanto mais empobrecida de autonomia e suscetível a idolatrias será a identidade do eu. Quanto mais autonomia e autoconfiança estruturar a identidade do eu, tanto maior a sua coesão interna e a sua potência amorosa para se contrapor às forças tendentes a destruir, desagregar ou traumatizar por desatenção, cerceamento, isolamento, repressão, intimidação, ódio, agressão física e inanição afetiva ou bioquímica. Sendo a identidade um fenômeno simbólico fundante, entrelaça linguagem e verdade, pois é um reconhecer(-se) que faz ser. Por isso, a mentira é um instrumento da guerra. Por isso, também, um dos meios privilegiados de gerar submissão consiste em se oferecer como amparo supremo e infalível contra ameaças de perda de identidade em situações catastróficas, condensando tais ameaças em grupos identificados por supostas características

genéticas, encarregados de encarnar o papel do "estrangeiro" cujo desígnio natural seria o de confiscar o futuro. Diante da colossal destrutividade histórica de tais absurdas construções imaginárias, a paz será tão mais sólida quanto mais haja cidadãos armados de autoconfiança e capacidade de interrogação para se defender da regressão à infantilidade dependente da tutela e dos ditames inquestionáveis de avatares parentais. Objetivando a consolidação histórica de uma cultura de paz, entendo que é missão precípua da educação democrática a formação de identidades que sejam ricas de autonomia e autoconfiança para rimar singularidade e solidariedade, como na canção que diz: "A liberdade é dar a mão a quem respeita cada qual".

52
Quando a frustração, o desamparo e a carência determinados por um sistema objetivamente precarizante nos levam a exigir mais do que os amigos nos podem dar, corremos o risco de sobrecarregá-los emocionalmente ao serem responsabilizados além da conta e, com isso, pomos em risco a nossa potência de solidariedade e cooperação. Risco que se redobra quando estes de quem esperávamos apoio pedem de nós, eles também, um amparo que, enfraquecidos, já não lhes podemos proporcionar. Ressentidos e culpabilizados nos precipícios da vergonha e da desconfiança, isolados e dispersos nos labirintos da incerteza e da insegurança, os amigos da democracia ficam expostos aos opressores, para os quais os outros não passam de coisas. Infelizmente, as técnicas de governo ou de "gestão" praticadas mesmo por partidários da democracia sacrificam a qualidade à quantificação, de modo que a opressão provém de quem deveria lutar contra ela. Assim, no tecido da democracia, a opressão age como um tumor que se infiltra nos tecidos sem que suas bordas sejam delimitáveis.

53
Ora, é justamente na gênese da cultura do rancor, da humilhação, da solidão, da melancolia e de ressentimentos afins que incide a problemática do truncamento de status com que Guy Standing caracteriza a perda de identidade ocupacional própria do Precariado, que se vê confrontado com a desumanização gerada por um labor sem amizade.

54
Essa ordem de considerações leva a retomar a relação entre linguagem, verdade, paz e guerra.

55
A legítima defesa em que consiste matar para não morrer ocasiona todavia uma perda irreparável para quem mata: a humanidade, a expressão, a verdade de quem morre. Enquanto houver ódio assassino, a lógica da guerra faz com que a amizade democrática viva permanentemente constrangida, desde dentro, pela amizade totalitária, dado o imperativo de aniquilar quem nos aniquila.[5] Invoco aqui as palavras poéticas do grande cancionista cubano Silvio Rodrigues (1978): "*Soy feliz / Soy un hombre feliz / Y quiero que me perdonen / Por este día / Los muertos de mi felicidad*". Mesmo na vitória, a lógica da guerra generalizada torna duvidosa a verdade de quem sobrevive: num mundo onde pululam o falso e o adverso, quem não seria o inimigo? Quando repetidos terremotos desencadeiam epidemias de labirintite, como encontrar equilíbrio para distinguir entre paranoias e perigos reais? Não conhecemos melhor remédio senão o persistente cultivo, ombro a ombro, da amizade democrática.

56
Uma verdade se torna indizível quando a sua enunciação ameaça e ao mesmo tempo requer a integridade de quem poderia dizê-la (Hayner, 2011). A integridade ameaçada e a integridade requerida solicitam e desafiam os amigos da democracia – interessados na promoção e na defesa universais dos direitos humanos de generais, soldados e cidadãos de todas as nações – a levarem em conta as divisões ou clivagens do eu causadas por traumas psíquicos que acompanham contextos sócio-históricos afins à guerra civil ou internacional. A respeito dos efeitos intrapsíquicos da violência extrema, o psicanalista húngaro Sándor Ferenczi postulou a existência de um processo denominado autoclivagem narcísica do eu. Remontando esse processo a traumas devidos a agressão ou abandono, vejamos como Ferenczi descreve "a clivagem [cisão, divisão] da pessoa em uma parte sensível, brutalmente destruída, e uma outra que sabe tudo, mas não sente nada, de certa forma":

> Tudo se passa verdadeiramente como se, sob a pressão de um perigo iminente, um fragmento de nós mesmos se clivasse sob a forma de

[5] Poder-se-ia considerar que a lógica da guerra determina a amizade democrática de modo extrínseco, e não intrínseco. Tenho porém a tendência de pensar que a interiorização da lógica da guerra se dá precisamente por ocasião do trauma, trazendo consigo processos tais como o da identificação com o agressor.

uma instância perceptiva, querendo vir em sua própria ajuda, e isto desde a primeira, ou primeiríssima infância." [...] Isto nos permite entrever aquilo que constitui o mecanismo da traumatogênese: primeiro a paralisia completa de toda a espontaneidade; depois, de todo o trabalho do pensamento, até estados semelhantes aos de choque, ou coma, no domínio físico, seguindo-se a instauração de uma situação nova – deslocada – de equilíbrio (Ferenczi, [s.d.], p. 340-342).

57
Entre as vivências ocasionadas por situações traumáticas extremas, destacam-se o sentimento de estar vagando a esmo num mundo vazio e sem esperança, as sensações sem objeto, as angústias impensáveis, as dilacerações inomináveis e inenarráveis que, não obstante, como noticiado por Maria Luci Buff Migliori (em ensaio inserido adiante), dão lugar à função da testemunha, tal como conceituada por Jeanne Marie Gagnebin:

> [...] aquele que não vai embora, que consegue ouvir a narração insuportável do outro e que aceita que suas palavras levem adiante, como num revezamento, a história do outro: não por culpabilidade ou por compaixão, mas porque somente a transmissão simbólica, assumida apesar e por causa do sofrimento indizível, somente essa retomada reflexiva do passado pode nos ajudar a não repeti-lo indefinidamente, mas a ousar esboçar uma outra história, a inventar o presente.

58
Essa função da testemunha é análoga à do psicanalista que permite que traumas inscritos no corpo do paciente em época anterior à linguagem encontrem formas de expressão mediante as figuras sensíveis mobilizadas no corpo do analista sob o influxo do paciente e comunicadas ao paciente pelo analista – figuras que este sente em seu corpo num processo denominado regressão alucinatória na transferência (Fontes, 2002). Tal analogia mostra que não constitui monopólio a função do psicopatologista que cuida do que impede as potências e os direitos espontâneos e singulares de pensar, sentir, sonhar, imaginar, comunicar e interpretar.

59
Aqui, este texto encontra o seu limite, pois é quase impossível falar daquilo que recusa a linguagem. Há um desafio constitutivo, um impasse

intrínseco situado na luta pela integridade por parte de quem se sente interpelado pela verdade como questão existencial. Digo apenas que a guerra atenta contra a verdade não apenas através da mentira, mas sobretudo através do impedimento do diálogo intrapsíquico e intersubjetivo. Miraculosamente, os prisioneiros de guerra no Holocausto sonhavam que ninguém escutaria a narrativa de seus suplícios. Mas sonhavam, como contou Primo Levi. A seguir, teço considerações sobre lembrar e falar (mas sabemos que se trata sobretudo de resgatar o inominável e o inenarrável).

60
Tratando-se de situações traumáticas, a verdade equivaleria ao curativo apto a reunir ou cicatrizar o tecido lesionado e rompido, restituindo a sua integridade. Mas, supondo-se que haja o resgate daquilo que está além ou aquém da memória linguística, qual seria o curativo de um trauma psíquico – lembrar ou esquecer?

61
Esquecer, porque lembrar machuca, retraumatiza.

62
Lembrar, porque esquecer é perder parte essencial de si mesmo.

63
Eis nesses dilemas o campo em que se procura construir a travessia inerente à motivação e ao trabalho da Justiça de Transição.

64
Mas, além das alternativas centradas na relação da vítima consigo mesma, cabe atentar à relação com a alteridade negativa, isto é, à relação entre a vítima e o seu ofensor.

65
Esta consideração abre para a aposta que consiste em lembrar de modo a restaurar a integridade do tecido social-histórico, abrangendo, portanto, os que outrora se perfilaram no campo do inimigo.

66
Sentir-se, saber-se e exercer-se como a mais abrangente potência de bem-comum, incluindo aqueles que perpetraram as violências a superar – eis a aposta das Comissões de Verdade e da Justiça Restaurativa que as inspirou (HAYNER, 2011).

67
Ali onde a arrogância ou a inocência logocêntrica fracassam, a potência humanizadora do trauma consiste justamente na fundação (operada pelo próprio trauma) de uma temporalidade insurgente na qual o espaço de expressão consentido é continuamente transgredido pela memória muda de uma percepção que não cessa de insistir na memória do corpo comum. Por isso, os encontros humanos sensíveis e aptos às dimensões poiéticas radicais das artes, dos sonhos e da imaginação constituem a fonte da juventude de uma cultura de paz.

68
A palavra "temporalidade", quando qualificada como insurgente, encaixa-se na fase da traumatogênese em que um retorno (*Wiederkehr*) do trauma deve ser entendido como uma ruptura das divisões (*des Spaltungen*) que ocorrem por processos de recusa (*Verleugnung*). Enquanto a repressão ou recalque (*Verdrängung*) incide sobre lembranças – isto é, sobre representações –, a recusa age sobre percepções. Uma parte do psiquismo percebe, enquanto a outra contrainveste o que percebe. Esse mecanismo está na base da eficácia da conhecida frase: "Uma mentira repetida mil vezes torna-se uma verdade". Por isso, questionar as clausuras mentais é fundamental para dar a ver as verdades recusadas. Justamente por isso, também, formar identidades questionadoras é sustentar o desenvolvimento da humanidade, como quer o Grupo Educa.

69
Quando uma divisão (*Spaltung*) acontece por causa de um trauma, processos de percepção são simultaneamente mortos e preservados.
Essa simultaneidade poderia ser descrita a partir de um ponto de vista externo.
Mas, do ponto de vista do predomínio das percepções mortas, não há condições iniciais de se estar ciente das percepções preservadas.
A partir da sua memória interna, uma amiga descreveu esse momento (que pode durar uma vida inteira) com esta expressiva imagem: "*Não há esperança em um universo vazio*".
Aquelas pessoas que conseguem sobreviver, por vezes, chegam à ressurreição das percepções mortas.
Quando isso ocorre, acontece um encontro das percepções mortas com as percepções preservadas.

Esse encontro cria um novo processo – ou uma nova temporalidade, no sentido de que a pessoa pode, então, inaugurar uma nova relação com a sua própria história.
A simultaneidade, primeiramente descrita externamente, agora pode ser descrita internamente.

70
Algo do que foi morto ou obliterado pelo trauma nunca vai existir novamente.
A ressurreição ou extravasamento não restitui uma parte do que foi morto (a primeira espontaneidade, por exemplo).
Assim, a obliteração poderia ser vista como uma forma de assassinato.

71
O equilíbrio restaurado contém e revela a memória profunda de uma perda irreversível.
Trauma implica cicatrizes.
Tentei indicar as cicatrizes textualmente [na nota 64], quando o adjetivo "muda" junta-se à "memória" substantiva.
Nossa amizade nos faz sentir, perceber, testemunhar e reconhecer corporalmente as partes mudas, as cicatrizes do indizível.

72
As clausuras mentais são correlatas às perceptuais.
As aberturas também.
A amizade democrática é fundamental para essa última direção.

## Referências

CALDERONI, David. Laurent Bove e as invenções democráticas. In: JUSTO, Marcelo Gomes. *Invenções democráticas: a dimensão social da saúde*. Belo Horizonte: Autêntica, 2009a. p. 137-199.

CALDERONI, David. Prefácio à edição brasileira. In: STANDING, Guy. *O precariado: a nova classe perigosa*. Tradução de Cristina Antunes. Belo Horizonte: Autêntica, 2013. p. 7-9.

CALDERONI, David. Psicopatologia para a saúde pública: motivações, conceitos e estratégias metodológicas. In: JUSTO, Marcelo Gomes. *Invenções democráticas: a dimensão social da saúde*. Belo Horizonte: Autêntica, 2009b. p. 23-28.

CÍCERO. Unus sustineo tres personas: Mei, Adversarii, et Judicis. *Apud* Hobbes, T. *Leviatã*. São Paulo: Nova Cultural, 1988. (Coleção Os Pensadores.)

FERENCZI, Sándor. Análise de crianças com adultos. In: *Sándor Ferenczi: escritos psicanalíticos*. Organização de Joel Birman. Rio de Janeiro: Taurus, [s.d.]. p. 340-342.

FONTES, Ivanise. *Memória corporal e transferência: fundamentos para uma psicanálise do sensível*. São Paulo: Via Lettera, 2002.

HAYNER, Priscilla B. *Unspeakable Truths: Transitional Justice and the Challenge of Truths Comissions*. 2nd ed. New York; London: Routledge, 2011.

HOLANDA, Chico Buarque de (Interp.). Pequeña serenata diurna. *Chico Buarque*. Rio de Janeiro: Universal, 1978.

# Atenção psicossocial: uma invenção hiperdemocrática[1]

Luciano Elia

De saída, uma nota de advertência: na escrita deste trabalho, o tom e a direção eminentemente críticos que têm acompanhado minhas intervenções sobre a questão do desmonte da atenção psicossocial a que assistimos no Brasil atual cederam lugar a uma perspectiva que chamarei de *politicamente amorosa,* efeito do significante que compõe o tema-título deste colóquio: *construções da felicidade.*

[1] Este título não foi dado ao trabalho apresentado em seu primeiro momento. Ele tinha um título homólogo ao da mesa em que foi apresentado: "O Centro de Atenção Psicossocial como dispositivo de atenção à crise: em defesa de uma certa (in)felicidade". Posteriormente, recebeu o título com que ora é publicado, o que merece uma nota de esclarecimento que, a rigor, poderia engendrar um novo trabalho, se a isso nos propuséssemos. Mas vamos nos limitar às indicações que poderão dar ao leitor o ensejo de, desejando, aprofundar este ponto. Retiramos essa expressão – "hiperdemocrática" – por uma paráfrase tomada de uma expressão de Jean-Claude Milner, filólogo francês que dedicou a parte mais importante de sua obra à psicanálise de orientação lacaniana, constituindo-se, ele próprio, como membro da *École de la Cause Freudienne*, que, como se sabe, admite não praticantes da psicanálise como exercício clínico. Em sua *L'Œuvre Claire*: *Lacan, la science, la philosophie* (Paris: Seuil, 1995), livro dedicado à obra de Lacan (a *obra clara* é a de Lacan!), Milner, ao abordar a relação do ensino de Lacan com o estruturalismo, demonstra que essa relação não se reduz a uma *adesão (social) de princípios ao método estruturalista* (p. 104, destaque do autor), mas especifica o que seria próprio à noção mesma de estrutura, e portanto capaz de distingui-la do que não é uma estrutura e ao mesmo tempo anulando qualquer possibilidade de distinguir entre uma verdadeira estrutura e qualquer outra. Denomina isso de *conjectura hiperestruturalista,* que se enuncia assim: "*a estrutura qualquer tem propriedades não quaisquer*" (p. 104, destaque do autor). O prefixo "hiper" situa um plano para além de toda estrutura, transcendendo-a, e ao mesmo tempo concernindo-lhe no mais alto grau.

Dito isso, reafirmemos que a *atenção psicossocial*, como categoria que designa algo de absolutamente inédito, inventivo, democrático, transformador e irredutível a qualquer outra invenção que a tenha precedido no mundo, inclusive na psiquiatria italiana, (os *centros de salute mentale* de Basaglia), vem sofrendo um processo de desmontagem, retrocesso, destruição mesmo, no Brasil de hoje.

A atenção psicossocial é efetivamente uma invenção democrática. Rapidamente, quero caracterizá-la, admitindo que há, nessa caracterização, mais do que um mero esforço de retratar para os que aqui estão o que essa categoria designa no quadro conceitual da Reforma Psiquiátrica Brasileira, contexto que a formulou: há na minha leitura do que seja atenção psicossocial algo de inventivo, próprio, meu, que não está nela em si mesma.

A atenção psicossocial pode ser entendida, como sua própria composição nominal indica, como uma modalidade de atenção em saúde, no caso, saúde mental. No entanto, se o primeiro termo do binômio insere essa categoria no campo da saúde – ela é uma modalidade de *atenção em saúde*, o segundo termo – *psicossocial* – está destinado, se não a retirá-la desse campo, pelo menos a fazê-la transbordá-lo, extravasá-lo.

E aqui uma primeira verificação importante: tanto quanto a própria loucura o extravasa. Sem transbordar o campo da saúde, qualquer tipo de invenção/intervenção com a loucura estará destinado ao fracasso. E, portanto, uma primeira expressão da potência da atenção psicossocial é que ela não cabe inteira no campo da saúde.

Nisso ela faz jus a uma dignidade histórica da própria psiquiatria que é justo resgatar hoje aqui, num momento em que a psiquiatria, como a psicologia, tem sido tão degradada, tem estado tão vagabunda

Ora, aplicando essa lógica ao nosso campo e ao tema aqui tratado, *a atenção psicossocial e a invenção democrática*, podemos dizer que a atenção psicossocial concerne à democracia no mais alto grau, não simplesmente por aderir a princípios democráticos, mas porque radicaliza a própria categoria de democracia, para além de seus procedimentos operacionais, na medida em que se imiscui, infiltra capilarmente (poderíamos dizer: *capsilarmente*) no tecido social, para além dos serviços do setor saúde e até mesmo dos equipamentos intersetoriais. Sua acessibilidade, equanimidade, universalidade de acesso, integralidade da ação (princípios do SUS) vão além da dimensão sanitária, produzindo no seio da sociedade profundas alterações que permitam que a existência, a circulação do louco, e portanto sua crise, sejam suportados no laço social. Daí a afirmação do título: a atenção psicossocial é uma invenção hiperdemocrática.

em termos de ciência e ética, se me permitem dizer assim de modo que parece grosseiro, tão *fodidas* pelo capitalismo, não sem seu gozo nessa foda, que elas estão. Mas não foi sempre assim. Nos primórdios da psiquiatria (e parece que os saberes e as práticas, em suas fases primordiais, são sempre mais verdadeiros, marcados que são de modo mais genuíno pelas condições de sua emergência) ela própria transbordava a medicina. Podemos afirmar que a psiquiatria foi efeito de um transbordamento do campo médico, do campo da saúde: com Edmar de Oliveira (um psiquiatra piauiense politizado e dos bons, protagonistas da Reforma Psiquiátrica Brasileira (RPB), que mora, trabalha e milita no Rio), podemos dizer que a primeira especialidade médica foi a psiquiatria exatamente porque ela *não é* uma especialidade médica, por não caber toda na medicina, ela foi cuspida, expelida para fora, dando a impressão de que era uma especialidade.

Pois bem, a atenção psicossocial, fruto epistêmico-assistencial genuinamente brasileiro que não tem mais de 30 anos de existência e já está morrendo antes mesmo de florescer, emergiu de forma análoga: extravasando o campo da saúde mental, que o pariu. O caráter inventivo desse campo está, a meu ver, sobretudo em sua irredutibilidade ao campo estritamente sanitário.

Para lembrar algo demasiadamente fundamental mas que nem todos são obrigados a saber aqui, a saúde é estratificada em modos e níveis de atenção, ditos *primário, secundário e terciário.* Ao nível primário, a atenção primária ou atenção básica, cabem as ações de prevenção, promoção e atenção à saúde em escala ampla, social e fundamental, que garantem à população o acesso às condições básicas de seu bem-estar físico e social: saúde materno-infantil, bucal, vacinação, etc. Para simplificar e não alongarmos demais essa rápida caracterização, que não visa aqui a esses níveis, mas situar a atenção psicossocial em relação a eles, diremos que os níveis secundário e terciário vão avançando no sentido de uma crescente especialização em termos de intervenção, sempre envolvendo as dimensões da prevenção e do tratamento – a prevenção não é exclusividade da atenção básica, que por sua vez pode incluir formas de tratamento em seu escopo.

Será que a atenção psicossocial cabe no espectro vertical dos níveis de atenção em saúde? Poderia ser ela dita primária, secundária ou terciária? Ou ela é externa e estranha a esse eixo? Poderíamos dizer que a atenção psicossocial é secundária? E aqui começamos a enxergar que o modo mais eficaz pelo qual as políticas públicas de saúde mental, por atos diretos de gestão do Ministério da Saúde, começaram o desmonte do campo da atenção psicossocial foi sua forçagem para dentro desse eixo, no qual a atenção psicossocial começa a ser vista como uma modalidade especializada de atenção, o que acompanha o processo de sua plena sanitarização.

Para isso, iniciou-se uma aparente articulação da saúde mental com a atenção básica, e forjou-se o feio termo "matriciamento" para isso. Mas na prática, onde se revelam as intenções políticas, o que vemos é uma fagocitose da atenção psicossocial pela atenção básica. Fiz questão de falar antes de atenção básica como a forma mais democrática das práticas de saúde para que minha colocação sobre esse processo não dê lugar a mal-entendidos, que no entanto ocorrem, parecem indefectíveis, quanto a uma inexistente e absurda crítica que eu faria à articulação da atenção psicossocial com a atenção básica. Articulação não é redução, fagocitose, submissão. E podemos atestar isso simplesmente ao registrar o número de vezes em que os nossos próprios colegas, que sempre foram engajados nas políticas de vanguarda em saúde mental, muitos deles atores guerreiros e de primeira hora na RPB, começam a se referir aos Centros de Amparo Psicossocial (CAPS) como *serviços especializados*. Um deles, certo dia, em uma discussão comigo, disse: "Mas Luciano, o que você tem contra o termo 'especialização'? Eu não tenho nada". Quero dizer a vocês que eu tenho *tudo* contra esse termo, sobretudo quando aplicado ao CAPS. O CAPS não é um serviço especializado em loucos, em loucura ou em casos graves, não porque não se destine a eles, visto que ele existe *para* o sofrimento grave e persistente, para os que têm seus laços sociais esgarçados, os que sofrem em demasia – e curiosamente o que vemos é que os CAPS, ao longo do processo de sua nociva especialização em casos graves, começou a ser inundado pelos chamados casos *leves*, aspecto que abordaremos depois. O CAPS não é especializado em coisa alguma, porque ele é territorial, articulado em rede, intra e intersetorialmente, e não viceja senão costurado com a comunidade, com o tecido social e cultural, nos efeitos que produz sobre as formas como a civilização suporta e não suporta o convívio com a loucura, pois sabemos que ela *não o suporta*. E aqui me lembro das palavras de Marilena Chaui[2] ontem que, por me precederem na

[2] Ver nota 1, p. 11, neste livro.

sequência das apresentações, pude acrescentar a este escrito: *a privatização é a transformação de direitos em serviços*, e as aplico aqui: o CAPS precisa se manter no plano dos direitos sociais, psicossociais, direito, no caso, precipuamente do louco, a existir no laço social, e direito do corpo social a ter viabilizadas algumas condições de suportar a loucura. Ele vem se transformando em serviços, aliás de péssima qualidade, e aqui não entra em jogo apenas a qualidade das equipes, que vêm sendo vilipendiadas em sua formação, remuneração e nas condições de seu trabalho em todos os níveis.

E é claro que, em paralelo não casual ao processo de transformação dos CAPS em serviços, e pior, especializados, eles vêm sendo privatizados em sua gestão pelas Organizações Sociais (OSs), o que, entre outros danos irreparáveis, mata qualquer possibilidade de que resgatem seus fundamentos político-assistenciais, eliminando as pactuações coletivas, as diretrizes das políticas construídas em décadas de um processo democrático de conferências municipais, estaduais e nacionais de saúde mental, em fóruns coletivos diversos, pois delega ao poder gestor de grupos privados a própria direção das ações, os modos degradantes de contratação com permanente ameaça de demissão sumária de profissionais críticos, politizados, etc., etc. etc. Vocês tiveram aqui em São Paulo o exemplo paradigmático disso com o que se passou no primeiro CAPS do Brasil, o da Rua Itapeva, de cujo primeiro aniversário, em 1988, eu tive a honra e o prazer de participar, compartilhando, com Jairo Goldberg e Peter Pal Perbart[3] e todos os colegas, um entusiasmo psicossocial que hoje está extinto (por culpa, evidentemente, dos retrocessos de gestão e não dos próprios trabalhadores, sobre os quais essa culpa muitas vezes é irresponsavelmente colocada: como querer que trabalhadores engajem-se e se entusiasmem quando são contratados por OS que a qualquer momento podem demiti-los e não encarnam princípio algum da Reforma Psiquiátrica Brasileira?). E eu participei da criação e da supervisão, por 13 anos, quando fui devidamente afastado pela gestão municipal, do primeiro Centro de Atenção Psicossocial Infantil (CAPSi) do Brasil, o Pequeno Hans, no Rio, e sei em que condições ele teimosamente ainda sobrevive.

[3] Inesquecível a intervenção, neste momento histórico, de Pelbart – "Um desejo de asas", feito a partir do filme *Asas do desejo,* de Wim Wenders, um *cult* da época.

Pois bem. Antes de chegar ao ponto central da questão temática desta mesa, e assim concluir esta intervenção, quero afirmar que o CAPS É PRIMÁRIO, não no sentido da atenção primária com a qual ele tem de se articular, é claro, mas mantendo seu caráter psicossocial não destituído nem descaracterizado, bem como com outros setores que não a saúde – assistência, educação, justiça, esporte e lazer e, mais do que isso, com todas as instâncias formais e informais do território. O CAPS é primário porque, em relação à loucura (dita aqui em termos amplos, democráticos e basaglianos), sua ação territorial é primordial, primeira, primária. Cabe a ele a ordenação da rede, o que é mal tolerado pelos gestores, pois fazem sempre uma interpretação dessa ordenação em termos de centralidade e poder, quando não se trata disso. O CAPS tem e opera com alguma forma de poder? Claro que sim, e como não operaria, a menos que adotasse a posição impotente? Mas seu poder não é central nem estatal, não é gestor, e aqui quem nos fundamenta é Michel Foucault, com sua teoria do poder, sucintamente exposta no capítulo III, "Método", do primeiro volume da *História da sexualidade*, intitulado *A vontade de saber* (FOUCAULT, 1989). Esse autor nos explica, ali, que o poder se exerce em todas as direções, de cima para baixo, de baixo para cima, de um lado para o outro, entre cada um e cada outro, incluam aí o louco e os que tratam dele. Pois bem, o poder do CAPS é foucaultiano, não manda em ninguém na rede, não exerce autoridade sobre outros equipamentos nem outros setores. Ele é pactual, articula, ordena a rede segundo uma lógica nova, polariza e encarna essa política no território, sustentando ali as condições de possibilidade de afecção e mudança no tecido social em suas relações com o sofrimento demasiadamente agudo, com a loucura. É claro que o CAPS trata, e como, no sentido clínico, terapêutico, se quiserem, do termo, e eu poderia passar o dia inteiro aqui apresentando a vocês inúmeros exemplos de casos de autismo de que tratamos, com bastante eficácia, no Pequeno Hans – mas fiquem calmos, não vou fazer isso –, a despeito de hoje a ciência, mancomunada com a gestão estatal e com uma sociedade sempre fiel e ávida por apoiar o que há de pior na ciência e na gestão, afirmarem que o autismo é uma deficiência, que seu tratamento é neuronal e comportamental, ladainha cotidiana no Fantástico, na *Revista Veja* e portanto no nosso dia a dia. Mas o CAPS trata tanto melhor quanto menos ele for concebido como um lugar especializado em tratar. Ele tratará sempre melhor, clinicamente, de seus usuários quanto mais fiel ele for aos princípios que o fundam e fundamentam: um polo de direitos e de encarnação de uma política de sustentação da loucura no laço social, avessa e combativa a toda prática de exclusão, segregação e internação não acompanhada.

Uma última mas de forma alguma menos importante observação: um CAPS, se ele é voltado para o campo da loucura, sem patologizá-lo mas também sem neutralizar demais a positividade e a irredutibilidade próprias ao sofrimento louco, precisa ser afeito ao próprio funcionamento louco. Ele precisa ser um pouco louco. Os CAPS são, como tudo hoje no mundo, cada vez mais obsessivos. Nem histéricos eles têm sido mais, pois o mundo fruto da cópula da ciência com o capitalismo, o mundo da cópula das neurociências com a psicologia comportamental, não tem dado lugar à histeria, só a transtornos miseravelmente arrolados nos manuais diagnósticos e estatísticos, o *Manual Diagnóstico e Estatístico de Transtornos Mentais* (DSM). Sem um funcionamento mais afeito à lógica da loucura um CAPS não opera bem sua função psicossocial, clínica e política. E essa observação nos introduz no tema da crise, não porque seja a crise o paradigma da loucura, longe disso. Em tempos de calmaria, também e sobretudo neles, a atenção ao funcionamento louco é preponderante.

Vamos à crise: como é que um serviço assim concebido e exercido não tomaria a si a responsabilidade sobre as crises de seus usuários? Como é que o CAPS poderia manter-se alheio à crise? É claro que o CAPS deve tomar a si não apenas o tratamento, o encaminhamento das ações clínicas aplicáveis a situações de crise, mas em termos de um princípio que é ético, conceitual, clínico e político ao mesmo tempo: a crise lhe diz respeito.

Vamos começar pelo começo. Se o usuário do CAPS tem nele um lugar de referência primordial, se ele efetiva e verdadeiramente inclui o CAPS em sua vida, em sua experiência de dor, prazer ou sofrimento, para o que é obviamente necessário que o CAPS o inclua em seu espaço de CAPS, o que não é fácil nem frequente, quando ele começa a sentir que está piorando, quando uma crise se anuncia, seria ao CAPS que ele tenderia a recorrer, e a equipe estaria acompanhando, advertida dos sinais que lhe estariam chegando, não é mesmo? Começaria então a intervir junto à crise anunciada antes de sua eclosão, muitas vezes inevitável, e, no momento da eclosão, praticaria ações que ou já estariam sendo elaboradas ou que seriam da ordem da surpresa e da invenção súbita, porém advertida. Entre essas ações eu incluo, é claro, a internação, mas não qualquer internação, e sim uma internação inteiramente logicizada pelo CAPS, inserida na lógica da atenção psicossocial, e não uma internação manicomial.

Sabem o que acontece hoje, na maioria das vezes? O usuário começa por ir pouco, ou burocraticamente, ao CAPS. Quase sempre vai porque precisa pegar remédio, e o CAPS, esse ambulatório psiquiátrico multiprofissional, sustenta a prática de dispensação de remédios sem nenhuma problematização da situação, sob alegação da equipe de que "já trabalha demais". Quando começa a perceber que vai entrar em crise, o usuário se afasta de um CAPS que já está afastado dele há muito tempo e, em crise, dirige-se ao hospital psiquiátrico e se interna. O hospital, quando algum enlace territorial já tiver existido no passado, ou porque sua equipe (do hospital) tem, por acaso, algum grau de engajamento territorial, telefona para o CAPS e informa que tem um paciente "seu", do CAPS, internado. A equipe registra o fato, comentando: "É mesmo, o fulano não vinha mesmo aparecendo por aqui", e espera o fim da crise e da internação para novamente receber o usuário para voltar a pegar remédio no CAPS. Esse relato é monotonamente revisitado no cotidiano dos CAPS.

Os argumentos são: a equipe está sobrecarregada, não tem médicos, só uma vez por semana, estamos repletos de pacientes. Que pacientes? Aí começamos a ver que o CAPS é preenchido até o pescoço com os chamados "casos leves". Leves? Que espécie de leveza? Os casos que a psiquiatria transtornalista do DSM classifica e medica com os poderosos e eficazes psicofármacos. CAPS não é para casos leves, que podem ser atendidos em ambulatórios e na atenção básica, desde que sob a ordenação de rede feita pelo CAPS, pois é preciso observar que, se o CAPS se desobriga desses casos, perde sua função ordenadora da rede, e em pouco tempo teremos uma rede de saúde mental novamente medicalizada, ambulatorizada, sanitarizada. Se é de saúde mental que se trata, o CAPS deve se envolver, mas não para tratar, absorver o caso na agenda de sua equipe de profissionais e em suas atividades cotidianas.

Não ouvimos mais falar de desconstrução de demanda. No caso de crianças e adolescentes, isso é fundamental. Escolas inundam os serviços de saúde mental com demandas de atendimento, não problematizado nem interrogado, para indisciplina, hiperatividade, desatenção. O Transtorno do Déficit de Atenção com Hiperatividade (TDAH), quadro em larga medida forjado pela psiquiatria atual, compõe mais de 50% (estou sendo moderado) dos casos atendidos em CAPSis. Para vender Ritalina, que alguns psiquiatras recomendam que se coloque na caixa d'água das grandes cidades, nas estações de tratamento da água do Guandu ou do Tietê. Ora, um CAPSi precisa envolver-se com isso, politizar isso, discutir clinicamente isso, trabalhar com a escola, clínico-intersetorialmente, e não simplesmente remetê-la à atenção básica, por se tratar de casos leves. Mas para isso o CAPS precisa sustentar ações interequipamentos, fóruns coletivos semanais, quinzenais, mensais, conforme o caso. Mais uma vez, para cumprir sua função, inclusive nas crises, o CAPS não pode restringir-se a tarefas clínicas de um cotidiano rotineiro e repetitivo, ele precisa estar em plena articulação no território.

Tomar a crise como sua questão, tarefa e função exige muito mais do que se aparelhar tecnicamente para isso, com recursos médico-profissionais, o que apenas reproduziria a lógica médico-manicomial no CAPS. Fala-se em crise, pensa-se em um setor de emergência dentro do CAPS. Mas tratar da crise é algo muito diferente disso, requer uma malha, um tecido de atos territoriais, não apenas para dar encaminhamento territorial aos casos ditos leves e assim liberar a equipe para os casos graves e em crise, mas porque não se trata de crise, em termos psicossociais, sem o recurso lógico-político da rede, do coletivo, do fora-do-serviço, do fora-de-si.

Um *CAPS fora de si* (título da dissertação de mestrado de meu filho Daniel Elia, defendida este ano na Fiocruz): eis a invenção democrática que estaria à altura do que é ou deveria ser o CAPS na concepção clínico-política que lhe convém e que presidiu à sua criação, e eis a única forma possível de responder à crise, incluindo alguma dimensão inventiva de infelicidade na construção permanente da felicidade.

## Referências

FOUCAULT, Michel. *História da sexualidade I: a vontade de saber*. Rio de Janeiro: Graal, 1989.

MILNER, Jean-Claude. *L'Œuvre claire: Lacan, la science, la philosophie*. Paris: Seuil, 1995.

# Os Centros de Atenção Psicossocial como dispositivos de atenção à crise: em defesa de certa (in)felicidade inventiva[1]

Ana Maria Thomé

Quando penso sobre os Centros de Atenção Psicossocial (CAPS), dois pontos iniciais vêm à cabeça de modo instantâneo e profundamente relacionado: a ideia de desospitalização como carro-chefe para a criação desse dispositivo que se funda com o advento da Reforma Psiquiátrica Brasileira e a orientação preconizada em 2002 pela Organização Mundial de Saúde, em seu *Relatório mundial de saúde – saúde mental: nova concepção, nova esperança* (Organização Mundial da Saúde, 2002, p. XVI), que aponta para a importância do fomento de uma rede de cuidados em saúde mental com base na comunidade.[2]

[1] O título deste texto não é de minha autoria exclusiva. Resultou de uma construção coletiva feita em uma reunião na sede do Núcleo de Psicopatologia, Políticas Públicas de Saúde Mental e Ações Comunicativas em Saúde Pública (NUPSI), onde estavam presentes David Calderoni, Maria Lúcia Calderoni, Luciano Elia e eu. Na ocasião, pensávamos em possíveis temas para a mesa. A possibilidade de abordarmos a questão dos Centros de Atenção Psicossocial como dispositivos que substituem as emergências psiquiátricas e atendem o usuário em franca crise nos pareceu essencial, tendo em vista o quanto a maioria dos CAPS está longe de atuar de acordo com essa diretriz tão cara à Reforma Psiquiátrica. Agradeço de modo especial a David Calderoni por me convidar a participar do II Colóquio Internacional do NUPSI.

[2] Diz o relatório (p. XVI): "Os grandes hospitais psiquiátricos, de tipo carcerário, devem ser substituídos por serviços de cuidados na comunidade, apoiados por camas psiquiátricas em hospitais gerais e cuidados domiciliários, que respondam a todas as necessidades dos doentes que eram da responsabilidade daqueles hospitais. Essa mudança para os cuidados comunitários requer a disponibilidade de trabalhadores em

Ao analisar o termo "desospitalização" gramaticalmente, constata-se que ele é composto pelo prefixo "des", que indica uma ação contrária. A desconstrução de algo anteriormente estabelecido. Nesse caso, "desospitalizar" se refere à reversão de uma situação que resultou na assistência hospitalar a determinada pessoa. Essa constatação um tanto óbvia revela algo que considero fundamental ser debatido frente às situações de agravo no campo da saúde mental. Uma chama que precisa ser acesa, ou reacesa.

Ela pode ser resumida na seguinte pergunta: por que, mesmo com a criação de uma rede substitutiva aos hospitais psiquiátricos, seguimos hospitalizando largamente? Por que frequentemente o CAPS, concebido para ser o principal dispositivo de abordagem ao usuário em crise, não consegue interromper as numerosas situações que resultam em internação psiquiátrica desnecessária? Em minha opinião, isso acontece porque, além de não receber o investimento público necessário, o CAPS se acomodou, com o passar do tempo, sobre uma rotina que tipifica o cuidado ambulatorial.

O princípio magno da Luta Antimanicomial, legitimado no compromisso primordial dos CAPS de provocar e sustentar o processo de desinstitucionalização, parece desvanescido. A precariedade da rede desvitalizou as equipes e seus ideais, despolitizando-as e burocratizando-as. O resultado disso é que o hospital segue com o status de lócus principal do cuidado intensivo em todos os campos da saúde – igualmente diante das situações de agravamento psíquico.

Os CAPS não carecem de construções teóricas, ou legais. Estas já existem e são ferramentas adequadamente elaboradas e esclarecedoras sobre o que CAPS é e faz (Londero, 2010, p. 6; Ministério da Saúde, 2004, p. 10; São Paulo, 2011, p. 1). Há, no entanto, uma dificuldade das equipes em colocar em prática as diretrizes conceituais presentes nesses documentos.

Como exemplo, pensemos na ideia de *cuidado intensivo*. Teoricamente os CAPS são equipamentos que devem superar a ideia de cuidado intensivo como *cuidado médico-hospitalar*. O cuidado intensivo na perspectiva da Reforma Psiquiátrica Brasileira traduz-se em *estar*

saúde e serviços de reabilitação no nível da comunidade, juntamente com a prestação de apoio, em face de crises, e protecção na habitação e no emprego".

*mais perto e por mais tempo* (Belo Horizonte, 2004). Cabe ressalvar que os cuidados médico e medicamentoso são importantes e devem ser garantidos na composição de uma intervenção terapêutica urgente, feita na ocasião do acolhimento ou estabelecida a partir da discussão do caso. O cuidado hospitalar pode ser indicado nos casos em que outra intervenção desenhada por equipe/usuário não resulte na superação do risco que a crise aguda deflagrou.

Assim, cuidado intensivo na perspectiva da Reforma Psiquiátrica significa *estar junto, por mais tempo*. A ideia, por exemplo, de *hospitalidade noturna* que o CAPS III, com funcionamento 24 horas, inaugura se vale exatamente do pareamento entre *intensividade do cuidado* e *aproximação intensa entre equipe e usuário* (Belo Horizonte, 2004). Essa é, portanto, a diretriz conceitual que embasa a hospitalidade noturna. Nesse sentido, é fundamental que a implantação de CAPS III na cidade de São Paulo seja estabelecida observando-se o preceito básico que ordena a hospitalidade noturna, ou seja: como decisão de equipe/usuário fundada na relação terapêutica. Não observar esse preceito, regulando os leitos de CAPS III por outro critério, é retroceder nos avanços estabelecidos pela Reforma Psiquiátrica.

As equipes dos CAPS, em número insuficiente para o município, são levadas a se descaracterizar antes mesmo de se constituir. Antes mesmo de estabelecer a lógica de cuidado preconizada pela Reforma Psiquiátrica Brasileira. Os CAPS já nascem com a demanda de compor *grades* organizadoras do contato da equipe com o usuário, abdicando de seu caráter peripatético (Lancetti, 2008, p. 27): "grade de grupo", "grade de acolhimento", "grade de técnicos na convivência", "grade de atendimento individual" e assim por diante. As equipes ficam presas às grades erigidas por elas mesmas. As grades visam satisfazer a lógica da produtividade numérica imposta pela Prefeitura; sem dúvida que sim. Mas a "grade de atividades" também *defende* a equipe do contato não mediado pela atividade estruturada, conforme a clínica que atende o usuário em crise demanda.

Como consequência, vemos projetos terapêuticos singulares longe de atender minimamente à ideia de singularidade: o usuário é "encaixado" num cardápio de atividades. A vida dos CAPS se organiza em torno de um carrossel semanal de tarefas. Usuários "malcomportados", que não vão ao CAPS nos dias certos ou que não conseguem frequentar o serviço, são taxados como "sem adesão ao tratamento". As equipes esperam a piora desse *usuário desencaixado* para que ele seja remetido ao hospital e volte "mais organizado".

Comparo a "grade de atividades" às defesas neuróticas de que lançamos mão internamente diante da vivência de angústia intensa. A grade de atividades é a proteção politicamente correta que dá *cara de trabalho* ao cotidiano do CAPS e afasta cordialmente o usuário do profissional, este último ocupado com o gerenciamento de suas atividades diárias e a anotação de seus índices de produtividade.

Portanto, a crise, se chegar, quando chegar, será remetida para o hospital. Isso significa admitir que o CAPS não substitui o hospital psiquiátrico. Isso significa também admitir que o CAPS, na atualidade e com honrosas exceções, faz atendimento ambulatorial para acompanhamento regular do usuário que foi "estabilizado" durante a hospitalização. "Estabilizado" para a rede de saúde significa a condição do sujeito que teve seus sintomas remitidos, ou minimizados.[3] A "DMSzação"[4] dos eventos psicopatológicos vem empobrecendo a compreensão da experiência de adoecimento.

Considero importante problematizar qual a concepção de clínica adotada pelos CAPS e pela rede de saúde no atendimento aos casos de saúde mental. Preocupa-me que ações que garantam a "estabilização" do usuário resultem em, ou fortaleçam, uma perspectiva higienista, que não tolera nem consegue conviver com a loucura. Esse importante princípio da Luta Antimanicomial parece-me esquecido, salvo no 18 de Maio, quando voltamos a contextualizar historicamente de onde viemos e o que, afinal, a rede substitutiva deveria efetivamente substituir. Mas é pouco.

[3] Eis outra aberração nascida a partir da noção equivocada de "manutenção da estabilidade" para evitar a internação psiquiátrica. Muitos CAPS trabalham com a ideia de não permitir que sintomas brotem e o usuário "piore" ou "regrida", "desestabilizando-se". Há que se questionar que ideia de clínica é essa cuja finalidade maior é não permitir que a crise brote ou que o sofrimento psíquico se descortine. O sintoma não é mais foco de questionamento clínico. O sintoma passou a ser sinônimo de *piora*. Esse é outro "vespeiro" que exige uma discussão cuidadosa e vagarosa.

[4] Quero dizer com "DSMzação" o que vivenciamos atualmente na saúde: a construção do "diagnóstico baseado em evidência", conforme preconizado pelo *Manual Diagnóstico e Estatístico dos Transtornos Mentais*, publicado e reeditado *ad infinitum* pela Associação Americana de Psiquiatria. No Brasil, ele é conhecido como DSM, uma abreviação para *Diagnostic and Statistical Manual of Mental Disorders*. O DSM é largamente utilizado pelas ciências *psi*, sobretudo pela psiquiatria; deu força a uma clínica acrítica, cuja única preocupação é a remissão de sintomas.

As pré-conferências municipais de saúde de 2013 estavam esvaziadas de usuários e trabalhadores militantes da luta antimanicomial. Estamos abdicando de fóruns importantes de tensionamento e legitimação de princípios antimanicomiais com o poder municipal. A coexistência entre diferentes é um princípio caro, que precisa ser constantemente relembrado. A dimensão comunitária através da participação popular é um campo que precisa ser repolitizado para a ampliação de uma frente de posicionamento contra-hegemônico.

No interior dos CAPS e na comunidade, é importante que adotemos um *funcionamento psicótico*, desmontando progressivamente a "grade de atividades". A ideia de circulação o mais desestruturada possível – pela unidade, pelo território – embasará as demais ações de cuidado e poderá retomar a gênese da Reforma Psiquiátrica, indo em direção a uma *clínica da singularidade*. A clínica da singularidade exigirá o *desagendamento* do cuidado e o abandono de boa parte das atividades mediadas por estruturas fixas grupais e individuais. Estas devem compor as ações de cuidado, não protagonizá-las.

Quase nunca a clínica do encontro com o usuário em crise pode ser feita com dia e horário marcado. Há, portanto, a necessidade de calibrarmos a mescla das atividades com *setting* e sem *setting*. A calibragem quem faz é a equipe, valendo-se, para isso, de espaços regulares para discussão e reflexão sobre seu processo de trabalho. Nesse sentido, compreender a concepção de *ambiente terapêutico*, capaz de receber o usuário como e do jeito que ele consegue chegar e permanecer, é fundamental (Ministério da Saúde, 2007, p. 18; São Paulo, 2011, p. 4).

O usuário em crise que não consegue vir ao CAPS é alvo de *busca ativa*: trata-se de uma perspectiva inovadora, que permite o cuidado daqueles que não conseguem ou não querem ir ao CAPS.[5] Mas isso

5 Cabe a ressalva de que deveria ser um direito do usuário não querer ser acompanhado pelo CAPS. Há que se ter um *cuidado sensível* para distinguir a linha tênue que separa o legítimo direito de não querer ir ou frequentar o CAPS da situação em que a patologia disputa e ganha a capacidade de escolha do usuário. Na perspectiva brasileira, sobretudo na cidade de São Paulo, cujo governo municipal insiste em adotar uma prática que David Oliveira de Souza, em artigo publicado na *Folha de S.Paulo*, denominou de *assistencialismo-higienista* (http://goo.gl/7kGkR1), as instituições de saúde e assistência social pouco perguntam sobre o desejo do usuário. Muito menos interagem em regime de igualdade com o louco, o pobre, o velho, o menor, o andarilho. Certa vez, fui duramente inquirida por uma colega da assistência social

exige a recomposição das agendas, o investimento nas ações *sem grade* como majoritárias e ordenadoras do cotidiano do equipamento, além do incentivo ao debate permanente da equipe sobre seu processo de trabalho. O equipamento só atenderá a crise se tiver a qualidade plástica de se aproximar da urgência que invade apressada o serviço.

Esse modo de atuar em saúde mental não é simples nem fácil. Trata-se do que costumo chamar, quando converso com minha equipe, de *desencapar o fio,* permitindo o contato entre usuário e equipe sem a mediação que a atividade estruturada oferece ao profissional. Trata-se de uma clínica desconfortável, imprevisível, de complexidade artesanal e, reconheço, potencialmente adoecedora. Nesse sentido, os técnicos necessitam, em frequência alta, de encontros que permitam a reflexão e a elaboração conjunta sobre o trabalho produzido (reuniões de equipe, capacitações regulares, reuniões gerais, espaços de encontro entre os profissionais, saídas do serviço para estudo, saídas do serviço para o autocuidado).

Observo na minha vivência como coordenadora técnica de CAPS e, anteriormente, como psicóloga atuante na saúde pública que a coletividade é altamente protetiva e que o trabalho em saúde depende inteiramente da reflexão regular conjunta sobre a prática. Ainda assim, os técnicos não podem abdicar de uma rotina de autocuidado cuja finalidade é a elaboração do que vivenciam cotidianamente, como supervisão clínico-institucional e terapia individual.

É a crise do usuário e a crise da equipe[6] que trazem à tona as questões que precisam ser enfrentadas reflexivamente. Observo que meu entendimento de *crise* é sofrimento psíquico intenso, cuja manifestação pode adquirir diversas e cambiantes formas: desde a adoção de uma postura catatônica até episódios de ataque físico a si mesmo ou a

sobre o porquê de convidar um usuário do CAPS a participar da reunião mantida pelos diversos equipamentos que "cuidavam do caso dele". Olhou-me com perplexidade quando respondi que o convidei exatamente por isso. Diariamente constato que a hipótese de um usuário do SUS optar por *não se tratar* – especialmente no caso dos loucos, humanos menos humanos – é inconcebível. A perspectiva normatizadora, cujo paradigma é a "estabilização", não dá espaço para o contraditório, o desequilíbrio, a exacerbação pela falta ou pelo transbordamento.

6 Na verdade, falamos de uma única crise. A distinção entre *crise do usuário* e *crise da equipe* é meramente didática para a situação do colóquio, com tempo exíguo para a exposição do tema.

terceiros. Mas é preciso reconhecer: a desconstrução da lógica ambulatorial deflagra a crise na equipe, que, se bem conduzida, poderá ser o elemento que transforma *clínica ambulatorial* em *clínica do encontro*. Eis a infelicidade inventiva de que precisamos: aproximarmo-nos do usuário em crise, estar verdadeira e desestruturadamente em contato com ele, topar a função de ser a *superfície porosa*[7] entre usuário e o ambiente; enfim, singularizar o cuidado a partir da gravidade do caso e organizar a intervenção em sintonia com a crise.

Uma boa metáfora para o desenho de intervenção do CAPS diante da crise é a estranha arquitetura de Kowloon, bairro em Hong Kong, China, onde 33 mil famílias viviam em mais de 300 arranha-céus construídos sem arquitetos ou engenheiros. Kowloon foi descrito como caótico, violento e clandestino. Entretanto, a população que lá morava referia viver bem nessas condições. Foi demolido em 1992, sob os protestos dos seus moradores.

No início do segundo semestre de 2013 propus à minha equipe que iniciássemos a desconstrução da grade de atividades no CAPS, adotando o que chamei, inicialmente, de "circulação terapêutica". Atualmente, chamamos apenas de "circulação". Nestas primeiras semanas de experiência de circulação, foi comum ouvir os técnicos me relatarem magoados a sensação de "não estarem trabalhando" ou de estarem "perdidos". A conversa sobre as primeiras impressões e sensações dos técnicos diante do contato imediato com as pessoas que circulam diariamente no CAPS revelaram percepções e sensações poderosas, intensas.

Relatos como "Vim nervosa, não sabia o que ia acontecer", "Todos os usuários querem ficar ao meu lado, falar. Um deles me disse 'estou aqui pra te proteger'", "O paciente me perguntou se hoje eu não estava trabalhando", "É pesado ficar com eles", "Tenho medo do que os colegas vão dizer, que não estou fazendo nada. Só sentada, de papo com as pessoas" foram algumas das primeiras impressões desse terreno pouco conhecido da atuação sem a moldura da atividade programática.

No III Simpósio Internacional de Acompanhamento Terapêutico,[8] participei de uma mesa cujo tema foi "Desospitalização" e fui questionada por alguém da plateia sobre quais os subsídios teóricos que embasam a

[7] Chamo de superfície porosa a função de mediação entre o sujeito em crise e o seu meio, permitindo a intercomunicação entre ambos.

[8] Ocorrido nos dias 13 e 14 de setembro de 2013.

figura do *circulador*. Minha resposta – reconhecidamente cretina – foi a de que ao propor a remoção da grade de atividades baseei-me unicamente nos pressupostos primordiais dos documentos que definem e regulam a função dos centros de atenção psicossocial (MINISTÉRIO DA SAÚDE, 2007; SÃO PAULO, 2011). Ironicamente constato que implantá-los de acordo com o preconizado não se faz sem que a equipe vivencie franco e doloroso sofrimento, ainda que com algum entusiasmo.

Outro ponto relevante para a concretização do CAPS como dispositivo que atende crises, que menciono aqui a título de sinalização, refere-se à importância de sermos, de fato, e não apenas burocraticamente, o dispositivo que ordena a rede. Nesse sentido, estabelecermos um canal de diálogo regular com a rede hospitalar para onde os usuários de saúde mental são remetidos é vital. CAPS e hospital precisam tecer o difícil diálogo do cuidado compartilhado dos casos que necessitam de internação, a fim de acordarem aspectos fundamentais que o acompanhamento em saúde mental exige, como tempo mais breve possível de internação, visita da equipe do CAPS ao usuário internado, avaliação conjunta sobre o tempo de internação e alta hospitalar assistida pela equipe do CAPS para a continuidade do cuidado.

A atenção à crise somente poderá se constituir como tal se estiver de acordo com os ideais da Reforma Psiquiátrica e se o CAPS for poroso à infelicidade e à impotência presentes nas formas de sofrimento psíquico extremas e na realidade do território ao qual referencia. Conviver com o pesar que a escuta e o acompanhamento dos casos difíceis impõem ao profissional não é tarefa simples. Como diz a canção "Enquanto durmo" de Zélia Duncan: "De longe parece mais fácil, frágil é se aproximar". A saída talvez seja a coletividade propiciando encontros solidários, na equipe, na comunidade.

## Referências

BELO HORIZONTE. Coordenação de Saúde Mental; Secretaria Municipal de Saúde. Hospitalidade noturna: um ousado sonho. *Sirimim*, Belo Horizonte, ano 3, n. 3, ago.-dez. 2004.

LANCETTI, Antonio. *Clínica peripatética*. São Paulo: Hucitec, 2008.

LONDERO, Susane. *Re-inventando o acolhimento em um serviço de saúde mental*. 2010. 85 f. Dissertação (Mestrado em Psicologia Social) – Instituto de Psicologia, Universidade Federal do Rio Grande do Sul, Porto Alegre, 2010.

MINISTÉRIO DA SAÚDE. Secretaria de Atenção à Saúde. *Saúde mental e atenção básica: o vínculo e o diálogo necessários*. Brasília: Ministério da Saúde, 2007.

ORGANIZAÇÃO MUNDIAL DA SAÚDE. Direcção Geral de Saúde. *Relatório mundial de saúde – saúde mental: nova concepção, nova esperança*. Lisboa: Organização Mundial da Saúde, 2002.

SÃO PAULO. Secretaria Municipal de Saúde. *Diretrizes técnicas para os serviços CAPS*. São Paulo: Secretaria Municipal de Saúde, 2011.

SOUZA, David Oliveira. As manjedouras estão aumentando. *Folha de S.Paulo*, São Paulo, 25 dez. 2008. Opinião.

# Protagonismo do Centro de Atenção Psicossocial (CAPS) na Rede de Atenção Psicossocial (RAPS)

Catalino Lós Reis

## O Centro de Atenção Psicossocial como dispositivo de atenção à crise

### *Preâmbulo histórico*

Desde a Antiguidade a doença mental é descrita por poetas, historiadores e filósofos. Os médicos no início da medicina tinham de se deparar com as doenças mentais, muitas vezes fruto de afecções como convulsões, estados febris, infecções com sífilis ou até quadros demenciais.

Hipócrates (460 a 377 a.C.) atribuía os distúrbios mentais às alterações dos humores, (sangue, flegma ou pituíta, bílis amarela e bílis negra), cujas quantidades relativas presentes no corpo levariam a estados de equilíbrio (eucrasia) ou de doença e dor (discrasia).

Contudo, com o passar dos séculos pouco se podia fazer pelos enfermos, que sempre foram vítimas de suas patologias e do julgamento social de sua condição mórbida, ao sabor de sua época, sendo por vezes excluídos do convívio social, ou até mesmo queimados ou submetidos a tratamento cruéis, sem que houvesse propostas terapêuticas específicas eficazes.

Durante o Iluminismo, com o estabelecimento da ciência moderna, as novas ideias antropocêntricas mudaram a maneira de interpretar a doença mental, separando os doentes dos presos comuns ou do julgamento religioso e propondo um modelo hospitalar, especializado para o tratamento dos doentes mentais, que era excludente e visava proteger os doentes sem, contudo, modificar seus terríveis sintomas.

Esse modelo hospitalar manteve-se até a segunda metade do século XX, quando, após o advento de medicamentos que atuavam no sistema nervoso central, os médicos podiam finalmente ministrar tratamentos psicofarmacológicos eficientes, descritos e documentados cientificamente, minimizando os sintomas e os riscos. Isso abriu uma nova era para a saúde mental, agora era possível propor um tratamento fora de um modelo de contenção por exclusão e hospitalização, permitindo um tratamento ambulatorial e evitando internações prolongadas.

## O paradigma do século XX

As novas tecnologias de estudo do cérebro aplicadas à psicofarmacologia foram acompanhadas de mudanças socioculturais na visão do processo de saúde e doença, relacionado à saúde mental. Essas mudanças levaram a uma substituição do modelo hospitalar, gerando uma nova era para saúde mental, ampliando os horizontes do tratamento dos enfermos. Muitas foram as mudanças, entre elas uma maior participação de outros profissionais, como psicólogos, assistentes sociais, filósofos, e uma inúmera gama de propostas terapêuticas, assim como a socialização dos pacientes.

No Brasil, no início do século XXI, após centenas de anos de um modelo hospitalar, foi adotada uma nova política para os cuidados com a saúde mental. A Portaria GM/SM n. 336 foi publicada em 19 de fevereiro de 2002.

> Art.1º Estabelecer que os Centros de Atenção Psicossocial poderão constituir-se nas seguintes modalidades de serviços: CAPS I, CAPS II e CAPS III, definidos por ordem crescente de porte/complexidade e abrangência populacional, conforme disposto nesta Portaria;
>
> [...]
>
> § 2º Os CAPS deverão constituir-se em serviço ambulatorial de atenção diária que funcione segundo a lógica do território;
>
> [...]
>
> 4.1 – CAPS I – Serviço de atenção psicossocial com capacidade operacional para atendimento em municípios com população entre 20.000 e 70.000 habitantes, com as seguintes características:
>
> [...]

> 4.2 – CAPS II – Serviço de atenção psicossocial com capacidade operacional para atendimento em municípios com população entre 70.000 e 200.000 habitantes, com as seguintes características:
>
> [...]
>
> 4.3 – CAPS III – Serviço de atenção psicossocial com capacidade operacional para atendimento em municípios com população acima de 200.000 habitantes, com as seguintes características:
>
> [...]
>
> 4.4 – CAPS i II – Serviço de atenção psicossocial para atendimentos a crianças e adolescentes, constituindo-se na referência para uma população de cerca de 200.000 habitantes, ou outro parâmetro populacional a ser definido pelo gestor local, atendendo a critérios epidemiológicos, com as seguintes características:
>
> [...]
>
> 4.5 – CAPS ad II – Serviço de atenção psicossocial para atendimento de pacientes com transtornos decorrentes do uso e dependência de substâncias psicoativas, com capacidade operacional para atendimento em municípios com população superior a 70.000, com as seguintes características:
>
> [...]
>
> Art.5º Estabelecer que os CAPS I, II, III, CAPS i II e CAPS ad II deverão estar capacitados para o acompanhamento dos pacientes de forma intensiva, semi-intensiva e não-intensiva, dentro de limites quantitativos mensais que serão fixados em ato normativo da Secretaria de Assistência à Saúde do Ministério da Saúde.
>
> Parágrafo único. Define-se como atendimento intensivo aquele destinado aos pacientes que, em função de seu quadro clínico atual, necessitem acompanhamento diário; semi-intensivo é o tratamento destinado aos pacientes que necessitam de acompanhamento frequente, fixado em seu projeto terapêutico, mas não precisam estar diariamente no CAPS; não-intensivo é o atendimento que, em função do quadro clínico, pode ter uma frequência menor. A descrição minuciosa destas três modalidades deverá ser objeto de portaria da Secretaria de Assistência à Saúde do Ministério da Saúde, que fixará os limites mensais (número máximo de atendimentos); para o atendimento intensivo (atenção diária), será levada em conta a capacidade máxima de cada CAPS, conforme definida no Artigo 2º.

O Centro de Atenção Psicossocial (CAPS) passa a ser um equipamento estratégico nos cuidados dos pacientes e familiares:

**Gráfico 1** – Série histórica da expansão dos CAPS (1998 a julho de 2011)

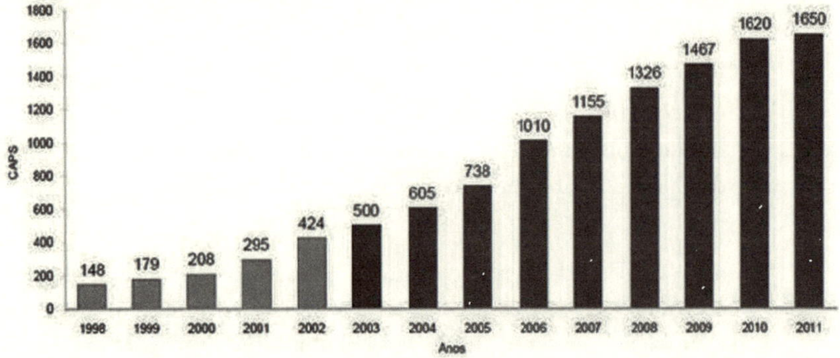


**Fonte:** Coordenação de Saúde Mental, Álcool e Outras Drogas/DAPES/SAS/MS. Antes de 2001: Levantamento CAPS Disque-Saúde 2001.

O gráfico apresenta a expansão regular dos serviços tipo CAPS ao longo dos anos. A cobertura em saúde mental no Brasil ao final de 2002, quando existiam 424 CAPS, era de 21%. Em julho de 2011 temos 1.650 CAPS e 68% de cobertura.

De 2002 a 2011 foram abertos mais de 1.500 CAPS no Brasil, ampliando os cuidados especializados para as populações pelo país. Contudo esse equipamento sozinho tem capacidade limitada para atender todas as condições dos pacientes e familiares. A necessidade de resgate de urgência de um paciente, por exemplo, é tecnicamente muito difícil para a equipe do CAPS, que não prevê necessidade de uma viatura para esse fim.

Com a ampliação do conceito de atenção psicossocial, ficou evidente a necessidade de compor uma Rede de Atenção Psicossocial, em que "linhas de cuidados" e "pontos de atenção" são organizados em REDES.

Paradigma do século XXI, durante os primeiros anos do século XXI no Brasil esse novo modelo de substituição do hospital pelos CAPS, ligado aos territórios, foi implementado, possibilitando aos municípios propor uma atenção psicossocial que mostrou ser mais humanizada e integrada à sociedade.

Essa evolução também foi um diagnóstico da sociedade, pois se evidenciou que apenas um CAPS não era suficiente para atender a todas as necessidades dos pacientes, como nas urgências ou na ressocialização, que todas as redes de atenção foram envolvidas.

Na segunda década do século XXI é promulgada a Portaria n. 3.088, de 23 de dezembro de 2011:

Institui a Rede de Atenção Psicossocial para pessoas com sofrimento ou transtorno mental e com necessidades decorrentes do uso de crack, álcool e outras drogas, no âmbito do Sistema Único de Saúde (SUS).

[...]

"Art. 1º Fica instituída a Rede de Atenção Psicossocial, cuja finalidade é a criação, ampliação e articulação de pontos de atenção à saúde para pessoas com sofrimento ou transtorno mental e com necessidades decorrentes do uso de crack, álcool e outras drogas, no âmbito do Sistema Único de Saúde – SUS.

Art. 2º Constituem-se diretrizes para o funcionamento da Rede de Atenção Psicossocial:

I – respeito aos direitos humanos, garantindo a autonomia e a liberdade das pessoas;

II – promoção da equidade, reconhecendo os determinantes sociais da saúde;

III – combate a estigmas e preconceitos;

IV – garantia do acesso e da qualidade dos serviços, ofertando cuidado integral e assistência multiprofissional, sob a lógica interdisciplinar;

V – atenção humanizada e centrada nas necessidades das pessoas;

VI – diversificação das estratégias de cuidado;

VII – desenvolvimento de atividades no território, que favoreçam a inclusão social com vistas à promoção de autonomia e ao exercício da cidadania.

VIII – desenvolvimento de estratégias de Redução de Danos;

IX – ênfase em serviços de base territorial e comunitária, com participação e controle social dos usuários e de seus familiares;

X – organização dos serviços em rede de atenção à saúde regionalizada, com estabelecimento de ações intersetoriais para garantir a integralidade do cuidado;

XI – promoção de estratégias de educação permanente; e

XII – desenvolvimento da lógica do cuidado para pessoas com transtornos mentais e com necessidades decorrentes do uso de álcool, crack e outras drogas, tendo como eixo central a construção do projeto terapêutico singular.

[...]

Art. 5º A Rede de Atenção Psicossocial é constituída pelos seguintes componentes:

> I – atenção básica em saúde [...];
> II – atenção psicossocial especializada [...];
> III – atenção de urgência e emergência [...];
> IV – atenção residencial de caráter transitório [...];
> V – atenção hospitalar [...];
> VI – estratégias de desinstitucionalização [...];
> VII – reabilitação psicossocial [...].

Um novo modelo é proposto, com um nível de complexidade crescente, sendo o desafio organizar as redes com múltiplos atores, neste modelo o CAPS tem papel fundamental, sendo o Centro da Rede de Atenção Psicossocial (RAPS).

## O CAPS como dispositivo na "crise de mudança do sistema de saúde mental"

Após séculos em um modelo exclusivamente hospitalar, a proposta substitutiva tem uma complexidade enorme, sendo atualmente necessária a formação das redes de saúde. O CAPS tem o papel de atender e fomentar a composição dessas redes, principalmente a RAPS, em cada região do país.

Para potencializar essa mudança de paradigma, está sendo realizado um esforço conjunto que conta com os três níveis do poder público, federal, estadual e municipal, em que técnicos participam do Grupo Condutor da RAPS em cada estado. Nesse trabalho todos os municípios são avaliados minuciosamente "Ponto de Atenção por Ponto de Atenção", propondo "Linhas de Cuidados" em uma lógica microrregional, considerando a capacidade de ofertar serviços de cada município, e é proposta a RAPS para cada microrregião, considerando os fatores populacionais locais, assim como os recursos disponíveis nos territórios e as possíveis propostas de novos equipamentos.

O papel do CAPS nesse processo deve ser proativo; é fundamental que as equipes do CAPS se proponham a organizar as redes locais e a capacitar os pontos de atenção.

Em um modelo de rede tem de haver uma composição de Linhas de Cuidados e Pontos de Atenção.

O CAPS é, do ponto de vista da saúde mental, na lógica da RAPS, o principal ator.

O CAPS é o Ponto de Atenção mais especializado e o equipamento que deveria ligar os pontos da RAPS, responsabilizando-se pelo projeto terapêutico singular de cada paciente e familiar, sempre em uma composição matricial com os pontos da RAPS, projetando as Linhas de Cuidados necessárias em cada caso.

Um grande desafio do Sistema Único de Saúde (SUS) é atualmente evoluir com o processo de composição das redes de saúde, e a RAPS é parte dessa evolução.

Quando um paciente está em crise, muitas vezes ele busca ou é levado a equipamentos da Rede de Urgência e Emergência (RUE), tais como Serviço de Atendimento Móvel de Urgência (SAMU) ou pronto-socorro. Muitas vezes a equipe do CAPS não é notificada, e perde-se o seguimento. Com a adoção de um modelo em rede isso é proposto, uma corresponsabilidade dos Pontos de Atenção.

No município de Ubatuba, com cerca de 84 mil habitantes, no litoral norte do estado de São Paulo, onde sou coordenador da saúde mental, estamos adotando esse modelo em rede, com leitos no Hospital Geral, CAPS I e CAPS ad, assim como atendimento em saúde mental infantil (referência para os municípios do litoral norte), contando com cobertura da atenção básica (Estratégia de Saúde da Família – ESF).

Para esse fim, em Ubatuba estamos propondo reuniões periódicas com todos esses atores, sendo o CAPS o centro desse modelo em rede. Existe a necessidade de interligação eficaz dos Pontos de Atenção, e para isso iniciaremos uma experiência com uma ferramenta de tecnologia da informação e comunicação chamada Telessaúde, que liga todos os pontos da RAPS.

Nessa experiência foi eleita uma microrregião (Maranduba), que conta com Pronto Atendimento (PA 24h) e uma unidade de ESF, com apoio do CAPS.

O início dessa experiência foi positivo do ponto de vista humano dos pacientes e dos profissionais da saúde envolvidos no processo, pois gerou uma sensação de ajuda mútua e de valorização dos profissionais.

Do ponto de vista empírico, na vivência com o SUS e na evolução do CAPS para RAPS, revelou que realmente um trabalho em rede organizado gera um atendimento mais humanizado e o seguimento dos casos de urgência à reabilitação psicossocial.

Em 2013 estamos propondo para Ubatuba uma RAPS ampliada, envolvendo atores além do SUS, como o Sistema Único de Assistência

Social (SUAS), o Sistema Judiciário, a Secretaria de Educação, entre outros.

Por fim, concluo que a experiência de um modelo substitutivo ao hospitalar demonstrou-se exitosa, ampliando a gama de tratamento e de reabilitação psicossocial.

Contudo existe a necessidade de uma melhor integração dos Pontos de Atenção, sendo o uso de tecnologia da informação e comunicação uma ferramenta tecnológica de Telessaúde, auxiliando as equipes e gerando melhor atenção para pacientes e usuários.

## Referências

BRASIL. Ministério da Saúde. Portaria GM/MS n. 336, de 19 de fevereiro de 2002. Brasília, 19 fev. 2002.

BRASIL. Ministério da Saúde. Portaria n. 3.088, de 23 de dezembro de 2011. Institui a Rede de Atenção Psicossocial para pessoas com sofrimento ou transtorno mental e com necessidades decorrentes do uso de crack, álcool e outras drogas, no âmbito do Sistema Único de Saúde (SUS). Brasília, 23 dez. 2011.

# Desafios e perspectivas do cooperativismo social brasileiro

Leonardo Penafiel Pinho

Kátia Liane Rodrigues Pinho

## Introdução

O Brasil assistiu na última década a um desenvolvimento que combinou crescimento econômico e justiça social. A ampliação e o fortalecimento do Sistema Único de Saúde (SUS) e do Sistema Único de Assistência Social (SUAS) foram fundamentais para estruturar uma rede de atenção e de garantia dos direitos fundamentais. Uma conquista importante que vem sendo construída após a Constituição de 1988.

A criação do Programa Bolsa Família foi um passo decisivo no combate à pobreza. Atualmente, com cerca de 14 milhões de famílias atendidas, foi o responsável por 28% da queda da extrema pobreza e também tem impacto no PIB: cada R$ 1,00 investido vira R$ 1,78 em atividade econômica.

Entre 2002 e 2012, o Bolsa Família respondeu, de forma relativa, por 12,2% da queda na concentração de renda medida pelo Índice de Gini.[1] Nesse período, a renda real média entre os 10% mais pobres no país avançou 120%, contra 26% entre os 10% mais ricos.

[1] O Índice de Gini, criado pelo matemático italiano Conrado Gini, é um instrumento para medir o grau de concentração de renda em determinado grupo. Ele aponta a diferença entre os rendimentos dos mais pobres e dos mais ricos. Numericamente, varia de zero a um (alguns apresentam de zero a cem). O valor zero representa a situação de igualdade, ou seja, todos têm a mesma renda. O valor um (ou cem) está no extremo oposto, isto é, uma só pessoa detém toda a riqueza.

O país tem um grande desafio pela frente, que é o de consolidar um conjunto de estratégias para construir políticas públicas de inclusão social pelo trabalho e promover a autonomia econômica dos beneficiários das políticas sociais, dando um passo decisivo para consolidação de um novo modelo de desenvolvimento justo, solidário e inclusivo.

Nessa perspectiva, apresenta-se o cooperativismo social, que busca, através do trabalho, promover a cidadania e a inclusão de segmentos em vulnerabilidade social e econômica.

## Cooperativismo social: autogestão, autonomia e inclusão social

O cooperativismo social no Brasil está sendo construído a partir de iniciativas de inclusão social pela cultura e pelo trabalho em projetos de reabilitação psicossocial, de ressocialização de egressos e reeducandos do sistema prisional, em processos de inclusão produtiva de populações em situação de vulnerabilidade social e econômica (como os projetos de inclusão de catadores e de população em situação de rua) e em processos de formação e qualificação profissional.

Os projetos, as oficinas e os empreendimentos que constituem a base social e econômica do cooperativismo social são uma invenção democrática, surgida no processo de redemocratização brasileira e de experiências de consolidação do SUS e SUAS.

Assim, a organização do cooperativismo social brasileiro nasce inter-relacionada com a construção de políticas públicas sociais, pautadas na ideia da universalidade dos direitos sociais e econômicos presentes em nossa Constituição.

Desde a Declaração Universal dos Direitos Humanos, de 1948, o direito à saúde aparece como condição de vida. A partir de sua publicação uma série de convenções e pactos nacionais e internacionais trazem a temática à discussão pública. Com base nos avanços conseguidos ao longo da história, o direito à saúde deve ser garantido pelo Estado a todos os cidadãos, por meio de políticas públicas que garantam o bem-estar e a qualidade de vida, superando a visão reducionista de tratar saúde como tratar a doença.

O Brasil tem sido referência para outros países no processo de reforma psiquiátrica, pois vem construindo uma rede de atenção psicossocial pública e territorializada, promovendo inclusão social, em vez de isolamento e desrespeito aos direitos humanos, marca da história dos espaços asilares como os hospitais psiquiátricos, chamados popularmente de manicômios.

A articulação do movimento dos trabalhadores de saúde mental e o desenvolvimento de novas práticas levou o então deputado federal Paulo Delgado, em 1989, a apresentar o Projeto de Lei n. 3.657 com base nos princípios da *Lei Italiana 180*, mais conhecida como *Lei Franco Basaglia*.

A aprovação de uma lei para a implementação plena da Reforma Psiquiátrica só ocorreu depois de muitos anos de tramitação e debates legislativos. Apenas em 2001 ocorreu a promulgação da Lei n. 10.216, intitulada *Lei da Reforma Psiquiátrica*, que dispõe sobre a proteção e os direitos das pessoas portadoras de transtornos mentais, direcionando o modelo assistencial brasileiro.

A inspiração no processo de reforma psiquiátrica italiana também trouxe no bojo a visão estratégica de promoção de direitos e cidadania plena aos usuários de saúde mental, garantindo não só um atendimento/cuidado em liberdade e humanizado, mas também a promoção de projetos/oficinas de inclusão social pelo trabalho. A experiência italiana criticou não só o manicômio como instituição, mas também as práticas terapêuticas ali inseridas. "O processo de reabilitação seria, então, um processo de reconstrução, um exercício pleno da cidadania, e, também, de plena contratualidade nos três grandes cenários: hábitat, rede social e trabalho como valor social" (Saraceno, 2001, p. 16).

A crítica à ergoterapia e à laborterapia como dispositivos de uma clínica forjada no julgamento moral e na ocupação do tempo ocioso foi substituída pelo fomento e apoio à formação de cooperativas sociais, que pudessem ser lugares onde, de forma coletiva, através da troca criativa entre profissionais de saúde e de outras áreas, usuários e familiares da rede de saúde promovessem o direito ao trabalho: "não se dá um trabalho a um paciente psiquiátrico como um resultado e um reconhecimento do fato de que ele esteja melhor (um prêmio), nem como terapia, mas como uma condição preliminar para que possa estar melhor (um direito); e o ajudamos também a fazer e a viver o trabalho" (Rotelli, 1990, p. 33).

O Brasil não apenas construiu a Lei n. 10.216, como também colocou em debate uma legislação de cooperativismo social, que foi aprovada no Congresso Nacional, em 1999. Desde a aprovação dessa lei já se passaram 14 anos, e muitas experiências de projetos, oficinas e empreendimentos solidários foram realizadas no âmbito das políticas públicas e na sociedade civil.

Nos últimos anos, diferentes áreas do Governo Federal vêm desenvolvendo ações de apoio e fomento à formação de coletivos de geração de trabalho e renda com pessoas em desvantagem – por condição física, psíquica ou por situações sociais específicas –, buscando, em parceria com a sociedade civil organizada, elaborar políticas públicas intersetoriais que atendam às demandas dessa população por acesso a trabalho e renda.

## Avanços

O cooperativismo social, apesar de ainda não possuir um marco legal adequado e de não ter uma política nacional de apoio e fomento, vem acumulando nos últimos anos, graças à pressão social e aos avanços das políticas sociais e de inclusão cidadã, diversos avanços.

Entre a IV Conferência Nacional de Saúde Mental – Intersetorial e a II Conferência Nacional de Economia Solidária, ambas realizadas no fim de 2010, ocorreu a Conferência Temática de Cooperativismo Social, que tinha como objetivo:

- subsidiar a elaboração de políticas públicas intersetoriais de apoio e fomento aos empreendimentos que se organizem nos moldes cooperativistas, formais ou informais, e que tenham como objetivo principal a inserção social e econômica de pessoas em situação de desvantagem, por meio do trabalho;
- promover a intersetorialidade nos debates acerca do cooperativismo social para uma maior integração entre os diferentes segmentos sociais incluídos na Lei n. 9867/1999, com a finalidade de criar um projeto comum, permitindo o desenvolvimento de uma rede de apoio mútuo entre os diversos grupos envolvidos;
- subsidiar as Conferências Nacionais de Economia Solidária e de Saúde Mental para contribuir com a formulação e a consolidação de políticas intersetoriais de apoio ao cooperativismo social.

A Conferência Temática de Cooperativismo Social também pactuou conceitualmente o que é o cooperativismo social e reafirmou sua composição, asseverando a importância de ampliar sua intersetorialidade.

> As iniciativas de cooperativismo social são empreendimentos formados por pessoas em situação de desvantagem por condições físicas, mentais e situações sociais específicas e têm por objetivo promover a inclusão social e econômica dessas pessoas. São consideradas pessoas em situação de desvantagem: pessoas com transtorno mental; pessoas

> que fazem uso prejudicial de álcool e outras drogas; pessoas presas ou egressas do Sistema Penitenciário; pessoas com deficiência física, mental e/ou sensorial; adolescentes e jovens, em idade adequada ao trabalho, que estejam em situação de risco ou vulnerabilidade sociais, em especial aqueles que estão cumprindo medidas socioeducativas e aqueles egressos do Sistema Socioeducativo (BRASIL, 2010b).

O Relatório Final da IV Conferência Nacional contemplou o conjunto dessas propostas, bem como foi enriquecido com propostas de projetos e empreendimentos de todo o país, tendo sido aprovado no ponto 3.2: Trabalho, Geração de Renda e Economia Solidária, páginas 111 a 116, com seus eixos: educação e capacitação para o trabalho; direitos relacionados ao trabalho; estímulo ao cooperativismo e à economia solidária; inserção no mercado formal de trabalho; estratégias para geração de renda; financiamento e incentivos para o trabalho.

A II Conferência Nacional de Economia Solidária, que teve como centro das discussões a mobilização para a garantia como política de estado o direito ao trabalho associado e autogerido, também manteve em suas resoluções o apoio e o fomento ao cooperativismo social e a regulamentação da *Lei de Cooperativismo Social.*

Outro avanço importante foi o reconhecimento por parte de uma das principais centrais de cooperativas brasileiras, a Central de Cooperativas e Empreendimentos Solidários (Unisol Brasil), alinhada ao processo de organização e fortalecimento da economia solidária, do cooperativismo social. A Unisol Brasil constituiu um setorial específico para o fortalecimento, a mobilização, a pressão social e o apoio ao cooperativismo social.

A Unisol Brasil, durante seu Congresso Nacional, no ano de 2012, articulou, junto à Reunião Especializada de Cooperativas do Mercosul (RECM), o I Seminário de Cooperativismo Social do Mercosul. Um passo decisivo para dar visibilidade e colocar na agenda da RECM o tema do cooperativismo social.

No que tange à relação do cooperativismo social e da economia solidária com a pauta dos direitos humanos também tivemos importantes avanços.

O Programa Nacional de Direitos Humanos-3 (PNDH-3), de 2009, concretiza um plano nacional de fortalecimento da democracia, principalmente no que diz respeito à igualdade econômica e social. Constituído por seis eixos orientadores, interessa-nos neste artigo fazer alguns destaques do Eixo II – Desenvolvimento e Direitos Humanos, que trata de estratégias e políticas públicas de redução das desigualdades sociais e do incentivo à economia solidária e ao cooperativismo, do Eixo III – Universalizar Direitos em um Contexto de Desigualdades, e do Eixo IV – Segurança Pública, Acesso à Justiça e Combate à Violência.

Subdivididos em diretrizes, objetivos estratégicos e ações programáticas, encontram-se nesses eixos as orientações diretamente relacionadas ao cotidiano dos movimentos sociais que pautam a inclusão social, o direito ao trabalho e à cidade, a não discriminação e a garantia de políticas públicas. Assim, apresentamos a seguir um pequeno resumo dessas principais orientações.

<table>
<tr><td colspan="2">Eixo II</td></tr>
<tr><td colspan="2">Diretriz 4 – Efetivação de um modelo de desenvolvimento sustentável, com inclusão social e econômica, participativo e não discriminatório.</td></tr>
<tr><td colspan="2">Objetivo estratégico I – Implementação de políticas públicas de desenvolvimento com inclusão social.</td></tr>
<tr><td rowspan="2">Ações programáticas</td><td>Incentivar as políticas de economia solidária, de cooperativismo e associativismo e de fomento a pequenas e microempresas.</td></tr>
<tr><td>Integrar políticas sociais e de geração de emprego e renda para o combate à pobreza urbana, em especial de catadores de materiais recicláveis e da população em situação de rua.</td></tr>
<tr><td colspan="2">Objetivo estratégico III – Fomento à pesquisa e à implementação de pesquisas para o desenvolvimento de tecnologias socialmente inclusivas, emancipatórias e ambientalmente sustentáveis.</td></tr>
<tr><td>Ações programáticas</td><td>Adotar tecnologias sociais de baixo custo e fácil aplicabilidade nas políticas e ações públicas para a geração de renda e para a solução de problemas socioambientais e de saúde pública.</td></tr>
<tr><td colspan="2">Objetivo estratégico IV – Garantia do direito a cidades inclusivas e sustentáveis.</td></tr>
<tr><td>Ações programáticas</td><td>Apoiar ações que tenham como princípio o direito a cidades inclusivas e acessíveis como elemento fundamental da implementação de políticas urbanas.</td></tr>
</table>

<table>
<tr><th colspan="2">Eixo III</th></tr>
<tr><td colspan="2">Diretriz 7 – Garantia de direitos humanos de forma universal, indivisível e interdependente, assegurando a cidadania plena.</td></tr>
<tr><td colspan="2">Objetivo estratégico VI – Garantia do trabalho decente, adequadamente remunerado, exercido em condições de equidade e segurança.</td></tr>
<tr><td rowspan="3">Ações programáticas</td><td>Ampliar programas de economia solidária, mediante políticas integradas, como alternativa de geração de trabalho e renda, e de inclusão social, priorizando os jovens das famílias beneficiárias do Programa Bolsa Família.</td></tr>
<tr><td>Criar programas de formação, qualificação e inserção profissional e de geração de emprego e renda para jovens, população em situação de rua e população de baixa renda.</td></tr>
<tr><td>Promover incentivos a empresas para que empreguem os egressos do sistema penitenciário.</td></tr>
</table>

<table>
<tr><th colspan="2">Eixo IV</th></tr>
<tr><td colspan="2">Diretriz 16 – Modernização da política de execução penal, priorizando a aplicação de penas e medidas alternativas à privação de liberdade e melhoria do sistema penitenciário.</td></tr>
<tr><td colspan="2">Objetivo estratégico I – Tratamento adequado de pessoas com transtornos mentais.</td></tr>
<tr><td>Ações programáticas</td><td>Estabelecer mecanismos para a reintegração social dos internados em medida de segurança quando da extinção desta, mediante aplicação dos benefícios sociais correspondentes.</td></tr>
</table>

Desde 2004 uma aproximação entre o Ministério da Saúde (MS) e o Ministério do Trabalho e Emprego (MTE), via Secretaria Nacional de Economia Solidária (SENAES), vem traçando políticas públicas que garantem o protagonismo dos projetos de inclusão social pelo trabalho no âmbito do direito ao trabalho cooperativista e autogerido.

Os dois ministérios publicam em 2005 a *Cartilha saúde mental e economia solidária – inclusão social pelo trabalho*, resultado de um encontro entre diversos atores públicos, da sociedade civil e de universidades, que apontam a necessidade de construir uma política pública nacional de apoio e fomento a projetos, oficinas e empreendimentos solidários que constroem o segmento do cooperativismo social brasileiro.

A partir dessa publicação o MS lança um edital/chamada voltado ao apoio e financiamento dessas oficinas, projetos e empreendimentos solidários, e o MTE, através da SENAES, passa a incluir em seus editais de financiamento a economia solidária, o público da saúde mental e o cooperativismo social. Avanços importantes para o reconhecimento social e produtivo dessas iniciativas de Inclusão social pelo trabalho.

Essas articulações intersetoriais impulsionadas principalmente pela Coordenação Nacional de Saúde Mental Álcool e outras Drogas e a SENAES – MTE, também foi responsável junto a diversos ministérios e consultas, discussões e seminários com a sociedade civil organizada formulando o Programa Nacional de Apoio ao Cooperativismo Social (PRONACOOP Social).

O PRONACOOP Social é um decreto, que está em negociação no Governo Federal, que busca criar uma série de mecanismos e políticas de incentivo e financiamento ao cooperativismo social e também cria um Grupo de Trabalho com composição mista entre ministérios e representações de movimentos, organizações e redes de empreendimentos, oficinas e projetos de inclusão social pelo trabalho, buscando garantir na formulação e implementação das políticas a participação da sociedade civil organizada.

## Perspectivas

> As cooperativas sociais são constituídas com o objetivo, não mais "terapêutico", isto é, rompendo com a tradição da terapia ocupacional, mas de construção efetiva de autonomias e possibilidades sociais e subjetivas. Por um lado, o trabalho nas Cooperativas surge como construção real de oferta de trabalho para pessoas em desvantagem social para as quais o mercado não facilita oportunidades. Por outro, surge como espaço de construção de possibilidades subjetivas e objetivas, de validação e reprodução social dos sujeitos envolvidos em seus projetos (Amarante, 1997, p. 176).

Apesar dos avanços já conseguidos, ainda é necessário consolidar uma política pública intersetorial que integre diferentes ministérios, em parceria com a sociedade civil, com vistas a fomentar e apoiar o cooperativismo social no Brasil, como compromisso social, político e ético.

O Brasil precisa, para consolidar um desenvolvimento que se paute na justiça social, reconhecer e fortalecer o trabalho associado e autogerido e as iniciativas que promovem a inclusão social pelo trabalho. Para isso é necessário um conjunto de medidas e ações que firmem esforços para fortalecer o cooperativismo social.

No âmbito da saúde mental, algumas ações estruturantes para a consolidação de uma política pública voltada à inclusão social pelo trabalho podem ser indicadas:

1. Codificação no Cadastro Nacional de Estabelecimentos de Saúde (CNES) dos equipamentos de saúde voltados à inclusão social pela arte, cultura e trabalho. Aqui sugerimos os Centros de Inclusão Social (CIS), como referência para a rede de atenção de saúde mental no território, na promoção de projetos de trabalho, no desenvolvimento de atividades de formação e capacitação profissional, de incubação de Empreendimentos de Economia Solidária (EES) e de encaminhamento de usuários para o mercado de trabalho. Ressaltamos como exemplo de experiências que vivenciam dificuldades junto ao CNES o Núcleo de Oficinas e Trabalho e a Casa das Oficinas, em Campinas/SP, e o Projeto Tear, em Guarulhos/SP, que são equipamentos de saúde que promovem exclusivamente a inclusão social pelo trabalho e que necessitam criar adaptações de seus registros aos serviços listados pelo Cadastro, o que não corresponde às práticas institucionais desempenhadas.
2. Na regulamentação da *Lei de Cooperativismo Social*, garantir definições mais claras nos conceitos, classificações, tipos de sócio. O modelo italiano classifica dois tipos de cooperativa social:

    a- cooperativas de prestação de serviços (educativo, assistencial, reabilitativo, terapêutico, social) às pessoas – os usuários dos serviços são portadores de necessidades especiais.

    b- cooperativas que produzem bens e serviços em geral necessitam de um mínimo de 30% de trabalhadores portadores de necessidades especiais. Se o número for inferior, existem duas saídas: admite novos trabalhadores (sócios ou não) ou perde a condição de cooperativa social.

3. Aprovar o PRONACOOP Social, garantindo uma política pública de apoio, fomento e financiamento aos projetos e às oficinas de trabalho.
4. Em relação à Previdência Social e aos benefícios sociais, garantir que os usuários que participem de projetos de inclusão social pelo trabalho não tenham os benefícios cessados.
5. Criar o Bolsa Trabalho como instrumento de incentivo e de mediação no processo de organização, fomento e incubação dos projetos, oficinas e empreendimentos solidários que tenham em sua composição a maioria do público do cooperativismo social.

Ações complementares:

6. Criação de uma linha federal de incentivos diretos para oficinas, projetos e EES.
7. Isenção tributária integral.
8. Integração e cooperação internacionais, em especial no Mercosul.
9. Garantia, na regulamentação da *Lei de Cooperativas Sociais*, da existência de travas contra abusos e precarização do trabalho.
10. Garantia de condições mais favoráveis para a participação nas compras públicas, fazendo adequações à lei de licitação.
11. Garantia de que as cooperativas sociais sejam atendidas e contempladas nas capacitações e formações profissionais promovidas pelo Sistema S (Senai, Senac e Sebrae).
12. Garantia da participação das cooperativas sociais (projetos e oficinas de trabalho) nas políticas públicas voltadas ao apoio e à promoção do comércio justo e solidário e da representação na Comissão Nacional do Sistema Nacional de Comércio Justo e Solidário.
13. Inclusão na *Lei de Cotas* dos usuários de saúde mental, garantindo a possibilidade de serem inseridos no mercado formal de trabalho, considerando a possibilidade de contar nas cotas das cooperativas sociais mais de 50% de usuários de saúde mental.

## Referências

AMARANTE, Paulo. Loucura, cultura e subjetividade: conceitos e estratégias, percursos e atores da reforma psiquiátrica brasileira. In: FLEURY, S. (Org.). *Saúde e democracia: a luta do CEBES*. São Paulo: Lemos Editorial, 1997, p. 163-185.

BASAGLIA, Franco. As instituições da violência. In: BASAGLIA, Franco (Org.). *A instituição negada.* Rio de Janeiro: Graal, 1985. p. 99-133.

BASAGLIA, Franco; ONGARO, Franca Basaglia. Los crímenes de la paz. In: BASAGLIA, Franco; ONGARO, Franca Basaglia (Org.). *Los crímenes de la paz: investigación sobre los intelectuales y los técnicos como servidores de la opresión.* Madrid: Siglo Veintiuno de España, 1977. p. 13-102.

BRASIL. Ministério da Saúde. Secretaria de Atenção a Saúde. Departamento de Ações Programáticas Estratégicas. *Saúde mental e economia solidária: inclusão social pelo trabalho.* Brasília: MS, 2005. 134 p.

BRASIL. Secretaria Especial dos Direitos Humanos da Presidência da República. *Programa Nacional de Direitos Humanos (PNDH-3).* Brasília: Secretaria Especial dos Direitos Humanos da Presidência da República, 2010a. 308 p.

BRASIL. Relatório da Conferência Temática do Cooperativismo Social. 2010b. Disponível em: <http://goo.gl/YJtkBn>. Acesso em: 10 jul. 2013.

FREIRE, Paulo. *Pedagogia da autonomia: saberes necessários a prática educativa.* São Paulo: Paz e Terra, 1996.

NICÁCIO, Fernanda (Org.). *Desinstitucionalização.* 2. ed. São Paulo: Hucitec, 2001.

NICÁCIO, Maria Fernanda de Silvio. *Utopia da realidade: contribuições da desinstitucionalização para a invenção de serviços de saúde mental.* 2003. 205 f. Tese (Doutorado) – Faculdade de Ciências Médicas, Universidade Estadual de Campinas, Campinas, 2003.

PITTA, Ana (Org.). *Reabilitação psicossocial no Brasil.* 2. ed. São Paulo: Hucitec, 2001.

REDE DE SAÚDE MENTAL E ECONOMIA SOLIDÁRIA. *Lei n. 180,* de 13 de maio de 1978. Controles e tratamentos sanitários voluntários e obrigatórios. Disponível em: <http://www.ifb.org.br/legislacao/Lei%20180%20-%20Italia.pdf>. Acesso em: 10 jun. 2013.

RESENDE, Heitor. Política de saúde mental no Brasil: uma visão histórica. In: TUNDIS, Silvério; COSTA, Nilson do Rosário (Org.). *Cidadania e loucura: política de saúde mental no Brasil.* 6. ed. Petrópolis: Vozes, 2000. p. 15-74.

RODRIGUES, Kátia Liane; PINHO, Leonardo Penafiel. Oficinas de trabalho: limites e desafios para a inclusão social pelo trabalho na saúde mental. In: CAYRES, Cleusa Ogera; RIMOLI, Josely (Org.). *Saúde mental e economia solidária – Armazém das Oficinas: um olhar para além da produção.* Campinas: Medita, 2012. p. 196-204.

ROTELLI, Franco. A instituição inventada. 1990. Tradução de Maria Fernanda de Silvio Nicácio. Disponível em: <http://www.oriundi.net/files/istituz.invent_po.pdf>. Acesso em: 21 mar. 2015.

SARACENO, Benedetto. *Libertando identidades: da reabilitação psicossocial à cidadania possível.* Rio de Janeiro: Instituto Franco Basaglia; Te Corá; 1999.

SARACENO, Benedetto. Reabilitação psicossocial: uma estratégia para a passagem do milênio. In: PITTA, Ana (Org.). *Reabilitação psicossocial no Brasil.* 2. ed. São Paulo: Hucitec, 2001. p. 13-18.

# Poetizar a vida, democratizar a arte, promover saúde

Rasia Friedler
Tradução de David Calderoni

## Criar futuro

Primeiramente, quero agradecer aos organizadores do II Colóquio Internacional NUPSI-USP e XI Colóquio do Curso de Psicopatologia e Saúde Pública NUPSI-USP – Invenções Democráticas: Construções da Felicidade pela oportunidade de expor, escutar e trocar ideias sobre um tema tão relevante.

Quando penso no mal-estar na cultura atual, em vez de afirmações, surgem-me perguntas. Até que ponto a sociedade pós-industrial promove a felicidade? Quão felizes nos percebemos? Quais são as formas de institucionalidade democrática mais efetivas para promover o acesso de todos/as à produção material e simbólica coletiva? Como fortalecer capacidades, gerar poderes e proporcionar sustentabilidade para a criatividade de milhões de pessoas excluídas do mercado formal de trabalho? Como construir alternativas vitais que tenham como centro o bem-estar coletivo? Em suma, como construir um novo paradigma ético mediante processos democráticos participativos?

Nesta era do conhecimento, a transformação das sociedades industriais nas tecnologicamente avançadas, o processo de globalização e o modelo capitalista neoliberal vêm produzindo um forte impacto na saúde da população, especialmente nos países em desenvolvimento.

Desproteção social crescente, aumento das desigualdades, incremento da pobreza e da exclusão social, transformações na família, mudanças no mundo do trabalho, risco ecológico associado ao consumo não sustentável, condições de amontoamento e promiscuidade em amplos setores sociais, incremento do abuso de drogas e substâncias tóxicas, tensões psicológicas e sociais vinculadas ao crescimento urbano, acidentes industriais e nucleares, limitações para a captação de água potável, falta de higiene ambiental, encarecimento dos serviços de saúde, inseguridade social e outras problemáticas relacionam-se com uma elevação de morbidade e mortalidade, epidemias, depressão, suicídio, anorexia, vício em drogas e outras enfermidades. Sentimentos de incerteza, insegurança e desesperança moldam os imaginários sociais.

Em nossas sociedades, o poder se dispersou e se camuflou num labirinto de redes transnacionais. Os indivíduos tornam-se vulneráveis à manipulação publicitária e entregues ilusoriamente à promessa de consumo. Trata-se de uma subjetividade funcional para o modelo econômico vigente, orientado ao consumo ilimitado de produtos e serviços. "O problema não é a posse de bens, mas a insaciedade" – afirma Roberta Paltrinieri (2013, [s.p.]) –, "uma promessa constante de algo que se deve desejar e que, uma vez obtido, não dá satisfação e por isso reencaminha à necessidade constante de continuar este circuito. Assim nascem os processos de consumo compulsivo". Baudrillard (2009) referiu-se ao mito da abundância e ao consumo como uma nova moral de uma sociedade em que uma grande parte da população é incapaz de exercer sua condição de sujeito de direito.

Por outro lado, essa mesma era do conhecimento permite compartir saberes, habilidades e práticas de hábitos geradores de saúde numa escala inimaginável anteriormente. Estamos diante de uma grande oportunidade para uma maior participação dos cidadãos e da comunidade na prevenção, na proteção e na promoção da saúde positiva por meio de novas ferramentas virtuais e presenciais. Por saúde positiva entendemos um estado de bem-estar relativo que todas as pessoas podem alcançar se suas necessidades básicas estão atendidas e se desenvolvem capacidades de enfrentamento.

Não quero aqui fazer alusão à suposta felicidade alcançada mediante estados alterados de consciência ou por via de um frenesi consumista, mas sim a um bem-estar subjetivo que nasce de certa relação com o desejo, a verdade, a justiça, a dignidade individual e coletiva, o exercício e a proteção dos direitos humanos, o desenvolvimento humano integral e a participação ativa na vida coletiva. Refiro-me à potência de existir, conhecer, agir, amar e desfrutar no presente a partir do desejo como força interior. A uma felicidade que surge de uma vida saudável e sustentável.

Vários pensadores têm chamado a atenção para a necessidade de melhorar o bem-estar humano, destacando a importância do exercício das funções compensatórias do Estado, da transparência democrática e do fortalecimento de valores sustentáveis neste mundo governado pelo capitalismo pós-industrial.

O que acontece com o laço social na sociedade contemporânea frente à erosão dos dispositivos que o sustentavam? Diante de um crescente individualismo de massas posto em risco pela falta de proteção dos direitos humanos e pelos fortes processos de exclusão social, o laço social é gravemente ameaçado. Como passar de uma cultura da indiferença, do medo e da desconfiança para uma cultura de direitos e responsabilidades, integração e diversidade?

Proponho pensar essas problemáticas a partir de uma perspectiva artetransformadora, psicosalubrista e ecossistêmica, com uma visão prospectiva. Meu objetivo é contribuir para a construção de novas práticas e políticas de saúde – que ultrapassem a dicotomia saúde-doença – e transmitir a experiência que desenvolvemos há 14 anos nos marcos da Fundación SaludArte.

Para adequar nossas ferramentas a uma realidade complexa, precisamos encontrar visões conjuntas e integradas que transcendam o modelo biomédico em saúde e nos permitam enfrentar os desafios que se apresentam, de acordo com as prioridades expressas pelas diferentes regiões e populações.

Na promoção da saúde, na prevenção de enfermidades, na qualidade e no prolongamento da vida intervêm fatores diretamente relacionados ao entorno psicoafetivo, com as crenças, os hábitos e os modos de agir dos indivíduos na comunidade. As disciplinas científicas servem para aprimorar e dignificar a vida, mas é o mundo dos afetos que nos mobiliza no dia a dia.

Segundo Corbinos (2013, [s.p.]), "um dos desafios da democracia nestes tempos é fazer uma leitura correta do poder revitalizante dos círculos íntimos de pertença afetiva como motor de um desenvolvimento que não apenas incorpore em seus indicadores esses aspectos de progresso material, mas também seja capaz de estimular uma convivência social ancorada num 'bem-estar subjetivo' mais coerente e integrativo para com a atual era de globalização e pós-modernidade". A promoção, a prevenção e a proteção da saúde são aspectos essenciais desse bem-estar subjetivo.

Hoje, como nunca antes na história, temos os meios para promover a felicidade humana e alcançar uma vida digna para todos os seres humanos. Para isso, precisamos construir pontes de solidariedade global e desenvolver um pensamento que vá além das visões pessimistas ou apocalípticas, adotando um olhar prospectivo e antecipatório.

## A felicidade possível, entre a idealização e o descrédito

Se já é por si só complexo explicar o que entendemos por felicidade, muito mais complexo é circunscrevê-la no contexto das mudanças que estamos atravessando nestas primeiras décadas do século XXI.

Quem pode resistir ao sonho de alcançar a felicidade? A busca da felicidade, um conceito polissêmico e, muitas vezes, com razão, visto com desconfiança pelos intelectuais, tem sido uma constante na história da humanidade. Se nós, seguindo Freud, pensamos que o desconforto é intrínseco à cultura, contrapondo as exigências pulsionais às restrições impostas pela civilização, a ideia de alcançar a felicidade como um estado permanente parece utópica. Por outro lado, cabe também recordar a doutrina grega que postulava que o fim último do homem é a *eudaimonia*, ou felicidade. Muitos, entre os quais me incluo, preferimos ver a felicidade como uma atitude positiva perante a vida.

Contudo, nessa sociedade de mercado orientada ao estado de bem-estar, ser feliz tornou-se um imperativo social. Predominam as ideologias individualistas e hedonistas.

A felicidade é algo que almejamos, esforçamos-nos para alcançar e sentimo-nos culpados por não aceder a ela. Nossa cultura mantém uma relação paradoxal com a dor: por um lado, esconde-a, nega-a, banaliza-a; por outro lado, exibe-a como um espetáculo. No entanto, não há felicidade sem tristeza, e vice-versa. Além da banalização de que tem sido objeto, a felicidade é também um ideal, utópico talvez, que inspira as pessoas a se desenvolverem plenamente e a narrarem para si mesmas de maneira mais alegre a história de suas próprias vidas.

Em nossa cultura, sofrer é mal visto. "Antes", afirma Merklen (2013), "a sociedade protegia as pessoas contra os riscos e se erigia como responsável pelo destino de cada um, enquanto hoje cada qual deve assegurar-se por si mesmo". Mediante discursos e políticas de individuação, apela-se à vontade individual para dar resposta a fenômenos sociais, naturalizando-se novas formas de dominação.

A palavra "felicidade" se banalizou. Confunde-se com entretenimento enquanto permanecemos em nossas casas assistindo à televisão, com o controle na mão. A comodidade, a ausência de dor e de esforço físico tornaram-se os valores-alvo, em detrimento do contato humano face a face. Habitamos um mundo cada vez mais artificial. As pessoas tendem a se definir como felizes, o que pode indicar uma atitude positiva perante a vida, mas também uma necessidade de obedecer ao imperativo social de estar "feliz" e ser bem-sucedido.

Diferentemente da alegria, a felicidade implica uma estabilidade emocional mais duradoura que está associada com certa congruência entre o que se deseja e o que se obtém, consistindo assim numa conformidade para com a própria vida.

## Desencanto com o desencanto

Nas últimas décadas, o estudo e a promoção de emoções positivas têm se tornado cada vez mais importantes, reconhecendo-se a sua relevância para a sobrevivência, a saúde e a qualidade de vida. Vários estudos têm demonstrado que essas emoções estão relacionadas com uma organização cognitiva aberta, flexível e complexa.

Em *Elogio de la razón sensible* razão sensível", Michel Maffesoli (1997) situa a intuição, o afeto e a sensibilidade como aspectos essenciais da sua proposta teórico-metodológica, que busca superar as limitações da razão instrumental da modernidade, funcional para o produtivismo. Esse sociólogo recupera a justificação estética da vida. De acordo com ele, o nosso tempo já não gira em torno de trabalho, mas da criação: fazer da própria vida uma obra de arte, para enfatizar a existência qualitativa. A teoria da sensibilidade se nutre das carências do racionalismo.

Muita água correu debaixo da ponte desde que Christensen criou o programa Clown Care Unit no Big Apple Circus e o filme sobre Patch Adams correu mundo promovendo o riso e o humor como partes integrantes da saúde. Muito temos nos inspirado por essas e outras experiências afins para desenvolver iniciativas similares em diversas partes do planeta. Durante estas três décadas, diversos ativistas sociais vêm apostando num maior protagonismo da arte e do humor em centros assistenciais para contribuir com o processo de cura dos pacientes e melhorar o clima hospitalar. Também construímos saberes que vêm colaborando para o desenvolvimento da capacidade reflexiva. Nessa jornada coletiva, revalorizamos o onírico, o lúdico e o emocional para desterrar o desencanto, sem nos deixarmos seduzir por ideologias radicais que fomentam a discriminação e o sofrimento. O fortalecimento da criatividade humana é fundamental para a inovação e a sobrevivência.

A partir da SaludArte, uma organização sem fins lucrativos que promove a saúde por meio da arte e do humor, vimos impulsionando e dinamizando novas formas de educar, trabalhar, curar e conviver com o objetivo de contribuir para que todas as pessoas alcancem a mais alta qualidade possível de saúde e bem-estar. Em nossas diversas atividades e programas buscamos construir ambientes de confiança, onde a expressividade, a criatividade, a comunicação e a espontaneidade possam emergir.

Ao longo de 14 anos temos incorporado de forma crescente a arte e o humor em áreas como a saúde, a educação e a comunidade a partir de uma abordagem positiva, de resiliência. Oferecemos e fomentamos a escuta ativa e empática em dispositivos grupais para promover a saúde da população. Estamos fortemente comprometidos em impulsionar e agregar valor a uma cultura do cuidado humano a partir da ternura, da imaginação criativa, da sensibilidade, do jogo, do prazer e da promoção da saúde. Partimos da ideia de que a experiência estética e expressiva permite ampliar os limites do que é possível e transformar a realidade. E nessa jornada encontramos muitas expressões, formas e rostos solidários que continuam a se multiplicar.

## Práticas da alegria

Imaginem uma sala de aula em um hospital público, cheia de estudantes pré-universitários. Ali há quatro atores, um músico e uma diretora, em uma relação muito direta e estreita com o público. As cenas nascem improvisadamente a partir do que conta um espectador naquele momento. Não há telão nem roteiro predeterminado. Os artistas seguem os impulsos criadores que sentem de momento a momento na interação grupal. O objetivo do trabalho é sensibilizar e promover uma reflexão crítica sobre a desumanização na relação médico-paciente, contribuindo para dignificar o ato médico. As perguntas começam a fluir: "Eu atendo aos pacientes como eu gostaria de ser atendido?"; "Por que escolhi estudar Medicina?; "Como nos desumanizamos?". Alunos e professores partilham sensações, sentimentos, histórias pessoais que os atores transportam ao palco. "O desafio" – conclui um aluno – "é fazer com que o paciente se sinta digno, cuidado e valorizado mesmo nas piores circunstâncias; a luta contra a enfermidade começa com a empatia". Da espontaneidade dos atores brota o humor que permite a todos os participantes rir de si mesmos, tornando mais leves as mais dramáticas situações. A arte permite abordar assuntos difíceis como a morte, acedendo às emoções e aos sentimentos. Os estereótipos afloram através da comédia: um estudante de Medicina impossibilitado de compartir a vida cotidiana com sua parceira e sua família devido à sobrecarga de estudo; um médico indiferente viciado, no celular, e um paciente desesperado; uma paciente repetidamente submetida ao exame ginecológico por cada aluno; etc. "Nós, os doutores, também somos pessoas" – destaca um dos que assistem.

Essa atividade faz parte do programa "Cuidado dos Cuidadores" que desenvolvemos com estudantes, profissionais e equipes de saúde.

Tais práticas são atividades participativas em ambientes ligados a serviços de saúde e a outros espaços não tradicionais para a arte, com base em uma forma de entender a arte como possibilidade e direito de todos/as.

Tais atividades são práticas artísticas destinadas a estimular e desenvolver senso de humor e criatividade em benefício da saúde individual e coletiva. Recuperam a cultura do riso da Idade Média, que se manifestava nos carnavais populares e nas praças, para além da cultura oficial.

Trata-se de experiências bem-sucedidas na promoção da saúde, na prevenção, na atenção primária e na reabilitação, a partir da perspectiva de bem-estar integral que inclui o reforço das capacidades para o pleno exercício dos direitos humanos. Essas experiências socioculturais afirmam a alegria, a criatividade, a espontaneidade e o humor como valores que humanizam, aproximam e engendram esperança, trazendo condições mais saudáveis e favoráveis para a mudança. Também se voltam à proteção e à promoção da diversidade das expressões culturais, da educação, da gestão de aptidões sociais, do desenvolvimento sustentável e da inclusão social. São atividades alternativas e instituintes do desenvolvimento humano, da saúde e da qualidade de vida. Recuperam a criatividade social e comunitária. A arte como processo favorece a inclusão social, e com a arte trabalhamos para lidar com as diversas formas de exclusão e discriminação social.

Tais experiências são desenvolvidas por uma equipe interdisciplinar de estudantes universitários, profissionais e artistas que fomentam a alegria no aqui e agora.

Nós as chamamos de "práticas da alegria" porque promovem a felicidade, a emoção positiva e fatores de resiliência que facilitam a interação social e a expressão dos afetos, previnem o adoecimento, reduzem a intensidade e a duração das enfermidades e permitem alcançar estados de bem-estar subjetivo. Uma ação investida emocionalmente de forma positiva é mais eloquente e eficaz, porque cada emoção está sempre associada a uma tendência de pensamento e ação, ou seja, uma expansão das possibilidades de atenção, cognição e ação da pessoa. Outro foco da nossa abordagem é o humor, que consideramos uma efetiva habilidade de enfrentamento, já que permite experimentar as dificuldades de uma forma menos ameaçadora e desdramatizar os problemas de modo criativo. O humor é uma fonte de resiliência, uma ferramenta para enfrentar as adversidades, sobrepor-se a elas e projetar-se ao futuro, trazendo alegria, doçura e leveza. É também uma maneira antidogmática de pensar e de valorar a diversidade humana. Nesse sentido, possui grande poder de transformação social, uma vez que não se trata de se adaptar ao paradigma imperante, mas de construir novas formas de pensar e de ver a realidade. Nisso, as estratégias artísticas e participativas são grandes aliadas, mas o que realmente transforma é a relação, o vínculo humano. Em suma, considero que nossa melhor chance de felicidade reside no fortalecimento dos laços sociais e da convivência pacífica.

## Referências

BAUDRILLARD, Jean. *La sociedad de consumo: sus mitos, sus estructuras*. México: Siglo XXI, 2009.

BECK, Ullrich. *Un nuevo mundo feliz: la precarización del trabajo en la era de la globalización*. Barcelona: Paidós Ibérica, 2003.

CORBINOS, Lorenzo Agar. La rebelión de la calle: reflexiones desde la posmodernidad. 2013. Disponível em: <http://www.igualdad.cl/2013/08/la-rebelion-de-la-calle-reflexiones-desde-la-posmodernidad/>. Acesso em: 21 mar. 2015.

DELGADO, Manuel. *El animal público: hacia una antropologia de los espacios urbanos*. Barcelona: Anagram, 1999.

FRIEDLER, Rasia. Hacia una nueva corporalidad. In: AROCENA, Rodrigo; CAETANO, Gerardo (Coord.). *Uruguay: agenda 2020*. Barcelona: Taurus, 2007. p. 2753-303

MAFFESOLI, Michel. *Elogio de la razón sensible: una visión intuitiva del mundo contemporáneo*. Buenos Aires: Polity Press, 1997.

MERKLEN, Denis. Las dinámicas contemporáneas de la individuación. In: CASTEL, Robert *et al*. *Individuación, precariedad, inseguridad: ¿desinstitucionalización del presente?* Buenos Aires: Paidós, 2013. p. 45-86.

PALTRINIERI, Roberta. La gente feliz genera vínculos; la infeliz compra compulsivamente. *Clarín*, 11 ago. 2013. Entrevista concedida a Marina Artusa. Disponível em: <http://goo.gl/NbgTly>. Acesso em: 20 mar. 2015.

PÉREZ TORNERO, José Manuel *et al*. *La sociedad de la opulencia: publicidad, moda y consumo*. Barcelona: Paidós, 1992.

SAFORCADA, Enrique; DE LELLIS, Martin; Mozobancyk, Schelica. *Psicología y salud pública: nuevos aportes desde la perspectiva del factor humano*. Buenos Aires: Polity Press, 2010.

SARTRE, Jean-Paul. *El ser y la nada*. Granada: Losada Editorial, 2005.

SORDINI, María Victoria. RIS, VOL.72. Nº 3, SEPTIEMBRE-DICIEMBRE, Pág. 718, 685-726, 2014. ISSN: 0034-9712. Reseña del libro de CASTEL, Robert; KESSLER, Gabriel; MERKLEN, Denis; MURARD, Numa. *Individuación, precariedad, inseguridad ¿Desinstitucionalización del presente?* Buenos Aires: Paidós, 2013.

# Rede de Colaboração Solidária: a felicidade construindo uma comunidade democrática[1]

Nicolau Priante Filho

Participar do II Colóquio Internacional Nupsi-USP me deixa muito feliz e honrado pela possibilidade de, juntamente a personalidades reconhecidas mundialmente, contribuir para a construção de uma rede internacional de invenções democráticas que promova a felicidade no mundo.

Confesso que tive certa dificuldade para iniciar este meu relato e atender as expectativas dos organizadores deste colóquio, em especial as de David Calderoni, a quem agradeço imensamente pela oportunidade que me é dada de sistematizar nossa prática familiar e na Universidade Federal de Mato Grosso (UFMT) e de poder compartilhá-la com os membros do Nupsi-USP. Essa minha dificuldade estava ligada ao fato de eu ter pensado que um episódio ocorrido em minha vida, o qual relatei a David Calderoni há alguns anos, era o principal motivo de minha participação nesta mesa, "A felicidade construindo comunidades democráticas". Esse episódio foi quase uma "revelação" que tive em um evento realizado em 1994, na UFMT, ao ser indagado sobre os princípios éticos que regiam minhas ações.

Confesso também que relatei inicialmente essas minhas reflexões em forma de uma tempestade de ideias. Como geralmente faço, após

[1] Apoio recebido do Conselho Nacional de Desenvolvimento Científico e Tecnológico - CNPq – Brasil – Projeto "Incubadora Tecnológica de Cooperativas Populares da UFMT" – ITCP/UFMT

ter mostrado essas reflexões para minha esposa, Josita Correto da Rocha Priante, parceira e companheira de construção das práticas aqui apresentadas, ela me fez uma série de questionamentos sobre o que escrevi, e, ao tentar respondê-los, juntos conseguimos sistematizar e fundamentar as bases filosóficas de nossa prática. O texto de Laurent Bove "Da dominação política e de seus remédios: a lição de Espinosa", que já havia encaminhado ao II Colóquio Internacional, ajudou-me a contextualizar essa "revelação", articulá-la com outras práticas de nossa vida familiar e profissional e ampliar a sua abrangência, para que, junto com outros inventores democráticos, possamos promover a felicidade no mundo.

Inicio este texto com um relato sobre minha vida familiar e profissional a fim de contextualizar informações sobre a nossa prática e como ela tem interferido na promoção de nossa felicidade e daqueles que nos rodeiam. Neste relato, cito algumas pessoas que em alguns momentos de nossa vida nos ajudaram e ainda hoje ajudam a construir *invenções democráticas do bem comum adequadas ao caráter de uma nação*, conforme sugerido por Laurent Bove (2013).

A seguir, detalho o episódio citado, que me causou um desconforto intelectual a partir do questionamento sobre os princípios éticos que regiam as minhas ações e que me propiciou refletir sobre uma solução a partir de minha realidade, e não de *modelos políticos utópicos*.

Continuo o texto com relatos de invenções democráticas de nossa prática na economia solidária, influenciados pelo princípio ético que rege minhas ações, o qual, pelos resultados obtidos, indica ser uma *causalidade adequada do comum*, apontada por Laurent Bove (2013). Procurei juntar algumas contribuições dos textos enviados pelos palestrantes deste II Colóquio para fundamentar ou discutir a prática do pesquisador cooperado.

## Construção de novos caminhos acadêmicos

Em 1976, formei-me em Licenciatura em Física na USP, e minha esposa, Josita, formou-se em Filosofia na mesma universidade. Em 1977 nos mudamos com nossas duas filhas para Cuiabá, onde iniciei minha docência como auxiliar de ensino do Departamento de Física da UFMT.

A partir de 1978, e durante muitos anos, participei da coordenação e da execução de projetos de pesquisa junto a outros pesquisadores do Departamento de Agronomia da UFMT, com o objetivo de obter novas alternativas de secagem e armazenagem de produtos agrícolas para pequenos produtores.

Diversos protótipos de secadores e sistemas de secagem e armazenagem de grãos eram montados na Fazenda Experimental da UFMT. Minha dissertação de mestrado (concluída em 1990) e também minha tese de doutorado (concluída em 1995) foram em Engenharia Mecânica, com foco na secagem e na armazenagem de grãos. Embora tenha conseguido algumas publicações científicas desde 1978, considerando testes de protótipos construídos na Fazenda Experimental da UFMT, essas publicações não resultaram em aplicações práticas desses protótipos na solução dos problemas dos pequenos agricultores da região.

A partir de 1996, coordenei o projeto de pesquisa *Parâmetros de dimensionamento de sistemas de secagem para pequenas propriedades rurais de Mato Grosso*, CNPq 520094/97-2 (Priante Filho *et al.*, 1997). Como execução desse projeto, foi construído um secador de frutas na Fazenda da UFMT que utilizava lenha e energia solar. Esse secador de frutas consumia grande quantidade de lenha, o que inviabilizava sua difusão.

Isso me incomodava, e eu vivia pensando em uma alternativa, até que, nesse mesmo ano, após um sonho, inventei um secador de frutas com chaminé em ziguezague que reduziu o consumo de lenha em aproximadamente 20 vezes em relação a outros modelos existentes na época. Tentando agilizar as pesquisas com esse novo secador, decidi, junto a minha esposa, com nossos próprios recursos, montar um protótipo desse secador no quintal de nossa residência, a fim de testá-lo para a desidratação de manga e ter uma alternativa a ser difundida para pequenos produtores rurais. Outros secadores foram construídos em nossa residência, para o desenvolvimento de pesquisas realizadas por alunos do Mestrado em Agricultura Tropical da UFMT. Entre 1996 e 1998 foram concluídas duas dissertações de mestrado que demonstraram um excelente desempenho desse secador, não somente devido ao baixo consumo de energia, como também pela boa qualidade das frutas passas produzidas (Bertucini Jr, 2003; Dida, 2005; Grabert *et al.*, 2001; Lima, 2003; Pereira, 2004; Pereira; Priante Filho; Musis, 2001).

Naquela época as pesquisas foram acompanhadas pela família de nossa empregada doméstica (ela estava concluindo o ensino médio), que aprendeu a operar o secador de frutas, obtendo produtos que seriam competitivos com aqueles fornecidos no mercado local.

## Uma reflexão sobre os princípios éticos que regem as minhas ações

Descrevo, a seguir, aquele episódio de "revelação" que me causou um incômodo ao ser indagado sobre os princípios éticos que regiam minhas ações. Acredito que minha reflexão daquela época foi muito significativa e tem exercido forte influência em minha postura e na decisão de criar a tecnologia social "pesquisador cooperado".

Josita e eu fizemos mestrado na UFRGS e residimos em Porto Alegre entre 1986 e 1990. Após nosso retorno a Cuiabá, em abril de 1994 houve um seminário organizado com o objetivo de divulgar para os docentes as diretrizes da "Declaração de Presidentes e Reitores de Universidades para o Desenvolvimento Sustentável", de outubro de 1989, elaborada em reunião com dirigentes de universidades de todos os continentes, em Talloires, França. O foco central da declaração foi a abordagem do tema meio ambiente e sustentabilidade em toda e qualquer disciplina acadêmica e a conscientização de que a sustentabilidade é construída em cada ação do ser humano. Esse seminário foi organizado por Clovis Nobre de Miranda, professor da UFMT que concluía seu doutorado nos Estados Unidos, juntamente a pesquisadores da Tufts Universidade e da Universidade Harvard. Para esse seminário foram convidados professores e outros *stakeholders* de diferentes setores públicos e privados de Mato Grosso. Josita e eu fomos convidados e participamos desse seminário. Participaram desse seminário dois pesquisadores daquelas universidades.

No primeiro dia do seminário cada participante recebeu uma lista de 10 perguntas que, após respondidas, seriam apresentadas individualmente, na sala, no encerramento do curso. Nessa lista de perguntas, constava a seguinte: "Quais são os princípios éticos que regem as suas ações?".

Foi interessante minha reação a essa pergunta. Ela me intrigou, pois pensei: "Se até hoje eu agi e tomei decisões sem pensar explicitamente nos princípios éticos que regem as minhas ações, qual(is) seria(m) então esse(s) princípio(s)?". Fiquei incomodado e pensando nessa questão por três dias, sem conseguir refletir sobre as outras nove perguntas.

No encerramento do curso, após todos os participantes terem apresentado as suas respostas às 10 perguntas, sendo eu o último a falar, estava ainda intrigado e com bloqueio para responder a primeira pergunta sobre os princípios éticos. Foi então que, subitamente, veio-me uma ideia, como uma "revelação", que passei a relatar para todos os presentes: "O princípio ético que rege minhas ações é: *Eu sou a pessoa mais importante do mundo! Eu só penso em mim!*". A seguir, expliquei minha fala para os ouvintes, que estavam perplexos.

Perguntei: "Se você pudesse escolher, gostaria de estar rodeado por pessoas que estejam bem ou que estejam mal? Eu prefiro estar rodeado de pessoas que estejam bem. Por isso procuro fazer de tudo para que as pessoas ao meu redor estejam bem. Eu não faço para elas, e sim para mim".

Continuei. "Como só penso em mim, caso eu tenha um conhecimento, eu, sinceramente, faço de tudo para repassar esse conhecimento para os outros. Não faço isso para eles, mas faço para mim. Dessa forma eu ganho duplamente: 1º) se eu conseguir repassar esse conhecimento é porque consegui organizar melhor os meus conceitos e, assim, melhoro os meus conhecimentos; 2º) como essa minha atitude não é muito comum, caso as outras pessoas tenham algum conhecimento, elas espontaneamente procurarão repassá-los para mim, não porque me devem algo, mas sim porque sabem que, se eu tiver um conhecimento, espontaneamente repassarei para elas. Para ilustrar essa minha reflexão utilizei a figura de plantar uma árvore e dar a ela tudo o que ela precisa para crescer: água, luz, adubo, etc. Se ela crescer frondosa, mas isolada, sozinha, corre o risco de cair sob o efeito do vento, pois está desprotegida. Por outro lado, se eu der condições para que outras árvores cresçam ao lado daquela, colocando água e adubo, elas vão dar proteção contra tempestades. Eu sou como aquela árvore que precisa de proteção, por isso rego as pessoas que estão ao meu lado, com quem convivo, assim crescemos juntos, e sou protegido por elas".

Continuando a minha reflexão, falei que não é fácil para todas as pessoas assumir essa minha posição. Somente pessoas ricas têm essa facilidade. Falo de pessoas ricas de dinheiro e de bens materiais. Expliquei que, naquela época, eu morava em um grande terreno, tinha três automóveis, micro-ondas, geladeira, chuveiro elétrico e outros eletrodomésticos que, se todos os brasileiros tivessem, não haveria energia suficiente para mantê-los e que a poluição causada por esse tipo de vida seria um problema ambiental praticamente insolúvel. Dessa forma, se pensássemos em sustentabilidade, eu teria de me desfazer de muitos dos meus bens materiais e mudar meu estilo de vida para contribuir com um mundo sustentável.

Como curiosidade, ressalto que, ao ouvido de cada um dos pesquisadores norte-americanos, chegava a tradução simultânea de minha fala. Enquanto eu falava, eles discutiam com os tradutores, achando que estes estavam traduzindo erroneamente minha fala, considerando-a incabível; era difícil para eles também entender o que eu dizia: *eu sou rico de dinheiro*; os tradutores me falaram isso depois, no intervalo, quando os pesquisadores norte-americanos vieram conversar comigo para entender melhor o que eu dizia.

Fiquei sabendo, posteriormente, que esse meu depoimento acarretou mais de um mês de debates nas universidades de Harvard e de Tufts, com o retorno dos pesquisadores para os Estados Unidos, e que quando conseguiram compreender minha resposta, então ela passou a fazer sentido para eles.

## A prática do pesquisador cooperado

Em 1998, Josita e eu ficamos em licença sabática nos Estados Unidos e deixamos nossa casa sob a responsabilidade de nossa empregada e de sua filha. Nós as autorizamos a montarem, de forma legal, uma empresa de desidratação de frutas que pudesse gerar uma renda extra para elas e com a intenção de difundir futuramente essa experiência, caso tivesse sucesso. Seis meses depois, retornamos e constatamos que elas não deram continuidade à montagem da empresa, pois inicialmente não haviam encontrado o comprovante de pagamento do Imposto Predial Territorial e Urbano da nossa casa e, para não fazerem nada ilegal, desistiram da ideia de montar a empresa. Constatamos, a partir dessa experiência, que os maiores entraves para que as tecnologias geradas na academia sejam apropriadas pelas pessoas de baixa renda não são técnicos. Na realidade, há uma infinidade de problemas considerados insignificantes com os quais pouca gente se preocupa, e, inclusive eu, enquanto me limitava às pesquisas dentro do campus universitário, não os percebia. Como resolver isso, já que as pessoas não têm status social, status econômico, status acadêmico, não têm acesso à informação, não têm mobilidade? A única fórmula que vimos naquele momento foi imaginar uma organização coletiva à qual um pesquisador fosse formalmente ligado.

No início de 1999, coordenei uma pesquisa na região de Sinop-MT (Experimento em Larga Escala na Biosfera Atmosfera da Amazonia – LBA) sobre o efeito do desmatamento e do tipo de uso da terra da Amazônia sobre o clima do planeta. Uma pergunta porém nos intrigava: *Quem poderia apresentar uma alternativa sustentável para os habitantes da região amazônica que exerciam atividades produtivas ambiental ou socialmente insustentáveis?* A resposta é que seria necessário articular as ações de diferentes atores das comunidades, do poder público, do empresariado e da academia, em uma região sem tradição para que essa articulação pudesse ser viabilizada e sem ter exemplos de sucesso a serem seguidos. Outras perguntas que motivaram o surgimento do projeto foram: *a) Quem poderia promover essa articulação em nosso estado? b) Como criar e consolidar relações de confiança entre pessoas e entidades tão diferentes?*

Já que havíamos inventado um secador de frutas que potencialmente poderia ser uma alternativa econômica para nossa região, minha esposa e eu decidimos iniciar um tipo de empreendimento para vivenciar uma experiência de atuação articulada com diferentes pessoas e entidades, de modo a promover mudanças de comportamento em nós como pesquisadores e nos demais atores dessas entidades para encontrar as respostas para aquelas perguntas.

Iniciamos então a elaboração do estatuto de uma cooperativa e tínhamos a grande dificuldade de elaborá-lo de modo a inserir a pesquisa cientifica como um dos objetivos. A solução para isso surgiu da incorporação dos objetivos de uma fundação que existia no Acre e que coordenava os projetos ambientais do LBA aos objetivos que tínhamos elaborado para a cooperativa que iríamos criar.

Foi então que tivemos conhecimento da existência da Cooperativa dos Pescadores e Artesãos de Pai André e Bonsucesso (Coorimbatá), que tinha sido criada em 1997, mas estava desativada. Nas comunidades de pescadores de Bonsucesso e de Pai André – Várzea Grande-MT há diversos pés de manga no quintal das residências. No final de 1999, era época da piracema, durante a qual a pesca é proibida.

Surgiu assim a ideia de fazer a secagem de manga como uma das atividades da Coorimbatá para o período de proibição da pesca.

Em vez de criar uma nova cooperativa, e após efetuarmos testes de secagem de manga, decidimos, com os cooperados da Coorimbatá, incorporar as inovações do estatuto daquela cooperativa que seria criada aos da Coorimbatá. Destacamos, entre elas, a inclusão da pesquisa científica como um dos objetivos dessa cooperativa de pescadores e artesãos, criando, assim, a prática do pesquisador cooperado.

Para poder comercializar as frutas desidratadas foi necessário construirmos uma unidade-piloto de processamento de frutas, atendendo às exigências mínimas da Vigilância Sanitária. Como pesquisadores cooperados, Josita e eu utilizamos os nossos próprios recursos financeiros, mais uma vez, para fazer essas adequações, considerando que tínhamos condições mais favoráveis que os demais cooperados, que são pescadores e ribeirinhos. Além disso, o terreno era nosso, e, assim, não haveria sentido em utilizar recursos dos demais cooperados para benefícios em nossa propriedade. Essa forma de atuação foi reconhecida, após alguns anos, como projeto de extensão da UFMT (Priante Filho *et al.*, 2000).

Para coordenar esse projeto, convidei professores de outros departamentos, com mais afinidade na área do projeto, sem sucesso. Esses professores tinham dúvidas sobre a possibilidade de um projeto com essa complexidade ter continuidade e receavam que isso prejudicasse os seus executores na produção científica exigida pela academia. Como eu estava vinculado ao Departamento de Física, tive o apoio desse departamento para a realização desse e de outros projetos e, atuando conjuntamente com pesquisadores de outros departamentos da UFMT, consegui orientar várias dissertações de mestrado sobre temas de interesse do setor produtivo da Coorimbatá, como citado anteriormente.

O projeto do pesquisador cooperado interferiu de forma intensa em minha vida pessoal e familiar. Tudo o que temos conquistado desde a sua concepção, em 1999, a elaboração e execução de diversos projetos tem uma intensa e fundamental participação de minha esposa, Josita.

Foi também fundamental a participação dos cooperados da Coorimbatá, que com muito sacrifício se mantiveram firmes para garantir a consolidação desse projeto. Entre os cooperados destacamos a atuação de Benedito Gonçalves da Silva (Bacurau), pescador que era presidente da Coorimbatá em 2000 e que teve a coragem e a ousadia de acreditar em uma proposta tão inovadora, dos cooperados pescadores, Benedito Ferreira de França (Ditinho), Sebastião de Magalhães (Batu) e Elenine Ferreira da Silva, das empregadas domésticas (naquela época) Cristina Acosta dos Santos e Ramona Paturise Acosta dos Santos, do engenheiro de alimentos Oscar Zalla Sampaio Neto e de outros, pela dedicação, postura ética e persistência para a construção dessa nova forma de atuação conjunta entre comunidade e academia e no estabelecimento de mecanismos de controle administrativos e financeiros que propiciaram o bom desenvolvimento dos projetos executados.

Assim que obtivemos o primeiro produto da Coorimbatá, em 2000, a manga desidratada, recebemos o apoio imediato da rede de supermercados Modelo para a sua comercialização. Para isso destacamos a atuação fundamental que temos tido do Sr. Valter Yoshimobu Yamagushi e do Sr. Altevir Pierozam Magalhães, respectivamente responsável pela compra de produtos perecíveis e diretor-presidente da referida rede de supermercados, considerada na época a maior do estado de Mato Grosso.

Naquela época as entidades financiadoras de pesquisas, como CNPq e Finep, não tinham nenhuma modalidade de financiamento de pesquisas com perfil semelhante ao proposto pelos pesquisadores cooperados. A partir do Programa Fome Zero, de 2000, entretanto, houve no Brasil uma nova postura em relação ao financiamento de pesquisas com foco na solução de problemas locais, que passaram a ser priorizadas. É importante destacar que o sucesso dos projetos executados até o momento contou com a ativa participação de Oscar Zalla, com larga experiência em cooperativismo, que em 2003 foi bolsista da Fundação de Amparo à Pesquisa do Estado de Mato Grosso (Fapemat) para apoiar as atividades produtivas da Coorimbatá e que se filiou à cooperativa em 2004.

Quando iniciamos a prática do pesquisador cooperado, em 1999, Josita e eu não tínhamos esperança de ver os seus resultados reconhecidos pela sociedade; sentíamos, no entanto, que alguma coisa interessante estava por acontecer.

Uma cooperativa demanda soluções imediatas de problemas que normalmente, no momento em que surgem, pessoas de baixa renda não dispõem de recursos financeiros, materiais, logísticos ou conceituais para resolver. Nós, pesquisadores cooperados, não tínhamos também experiência em cooperativa.

De acordo com a abordagem ergológica, é em sua atividade de trabalho que as pessoas constituem para si universos de pensamento e universos de discurso coletivamente estruturados, coletivamente elaborados e transformados. No mundo do trabalho nós nos fazemos reconhecer não mais pelo que somos, mas pelo que fazemos. A perspectiva ergológica nos obriga, para compreender e para agir em novo universo (o meio de trabalho jamais se repete de um dia para o outro), a colocar permanentemente em debate e em confronto: a) experiências de vida e de trabalho; b) conceitos, sempre imperfeitos, sempre provisórios, com relação a essas experiências, mas indispensáveis para tentar construir algo coletivamente a partir desses debates (Schartz; Durrive, 2007).

Ainda hoje, após 15 anos, ainda há dificuldades em manter o setor produtivo e de comercialização da Coorimbatá, porém, graças à experiência adquirida nesses anos de produção, há hoje uma Rede de Colaboração Solidária implantada no estado de Mato Grosso com grande envolvimento institucional das diversas entidades parceiras, inclusive com convênios e contratos assinados com a Coorimbatá. Essas dificuldades criaram, entretanto, condições para que a comunidade e a academia estabelecessem relações de confiança muito fortes. Com essa experiência e a postura do pesquisador cooperado, fomos conquistando espaços e parcerias e cada vez mais vamos encontrando parceiros e pessoas interessadas em colaborar e se integrar à Rede de Colaboração Solidária implantada pela Coorimbatá na UFMT e que se expande para o estado. A repercussão atual dessa forma de atuar mostra que esse processo de atuação articulada é irreversível e propiciará grandes avanços nas ações de desenvolvimento local em Mato Grosso que servirão de exemplo para outras regiões do Brasil e do mundo.

Embora tivéssemos formalmente uma cooperativa com o apoio da universidade em pesquisa e desenvolvimento de processos e também o apoio da maior rede de supermercados do estado, tivemos, ao final de vários anos, prejuízos financeiros na cooperativa, que foram assumidos por nós, minha esposa e eu.

Nesse quadro, a proposta inovadora do pesquisador cooperado exigiu dos seus idealizadores (Nicolau e Josita) uma decisão de se entregar totalmente à construção dessa nova modalidade de ação. Principalmente nos primeiros anos dos pesquisadores cooperados (a partir de 1999), a forma de atuação do casal era considerada excêntrica, e havia muita desconfiança não somente por parte dos cooperados da Coorimbatá, ribeirinhos de uma comunidade tradicional, como também por parte de colegas na UFMT. A pergunta convencional se fez e ainda se faz presente: qual o interesse desses dois?

Assim, a Coorimbatá, a rede de supermercados Modelo, uma grande empresa de comercialização, a UFMT, setores governamentais e comunidades organizadas passaram a ter vínculos institucionais que foram sendo construídos coletivamente com base numa nova lógica de sustentabilidade econômico-social e ambiental.

## Interação das invenções democráticas para a construção da felicidade

Analisarei agora as informações descritas aqui a partir das contribuições dos palestrantes do II Colóquio Internacional Nupsi-USP.

Inicio pelo quarto filosofema de Espinosa, descrito por Laurent Bove, que sugere que devemos pensar politicamente a partir de nossa experiência, nossa prática, com a ligação da política com a verdade. Considerando o relato anterior de nossa vida familiar e profissional, alguma coisa, não refletida politicamente naquela época, já indicava um movimento de emancipação. A pergunta feita sobre os princípios éticos que regiam minhas ações me incomodaram, pois, independentemente de modelos políticos utópicos, eu devia estar pensando em qual estratégia eu estava adotando e se essa estratégia era *adequada* para promover a felicidade.

Eu quis ser sincero comigo mesmo e com os outros e imagino que percebi o que agora me parece óbvio: *Eu sou a pessoa mais importante do mundo e prefiro estar rodeado por pessoas que estejam felizes.* Em outras palavras, estou feliz quando convivo com pessoas felizes, por isso faço, para mim, tudo o que estiver ao meu alcance para que elas estejam felizes.

Seguem alguns comentários dessa prática:

1) Como atuo sempre pensando em mim (dentro do princípio descrito anteriormente), caso eu beneficie outras pessoas elas não me devem favores. Considerando a afirmação de Marina e Francisco G. Nóbrega, no texto enviado ao colóquio, de que "a ansiedade é grande inimiga da felicidade, sendo promovida pela incerteza", minha forma de agir não me deixa ansioso e, assim, contribui para a minha felicidade.
2) Posso indicar no relato da criação da tecnologia social "pesquisador cooperado" nosso esforço individual de perseverar na procura sincera de contribuir para que, estruturalmente, o nosso meio social seja organizado para promover a felicidade (primeiro filosofema de Espinosa, citado por Laurent Bove).
3) A ideia do pesquisador cooperado surgiu em um contexto que contou com a participação e a colaboração de pessoas de diferentes entidades e diferentes classes e categorias sociais. Várias perguntas podem ser feitas sobre essa participação: a) Como uma família de professores universitários consegue formalizar a

pesquisa científica como um dos objetivos de uma cooperativa de pescadores e artesãos no ano 2000? b) Como o Departamento de Física de uma universidade federal aprova projetos e a participação de um de seus professores em atividades tidas como excêntricas e estranhas às linhas de pesquisa da Física? c) O que levaria um casal de professores universitários a enfrentar tamanho desafio de compartilhar sua vida com pessoas de comunidades tradicionais sem ter clareza ou o mínimo de segurança de retorno ou sucesso nessa empreitada? d) Como uma grande rede de supermercados, empresa capitalista, aceita imediatamente a proposta de comercializar os produtos de uma pequena cooperativa com base em princípios da economia solidária? e) Seriam as *paixões* e os *desejos* a medida necessária para a vida em comum que leva as pessoas a perseverarem por tanto tempo, mesmo enfrentando grandes dificuldades, na construção de uma prática que promova a felicidade coletiva?

## Rede de colaboração solidária: uma comunidade democrática

A partir do início de 2005, a Coorimbatá foi patrocinada pela Petrobras através do Projeto Rede de Colaboração Solidária, contemplado no Edital Petrobras Fome Zero em 2004, competindo com 5.884 projetos. Ressaltamos também outros apoios que impulsionaram o projeto, obtidos da Fundação Banco do Brasil, através do Programa Desenvolvimento Regional Sustentável (DRS), e também o apoio na forma de recursos obtidos do Banco da Amazônia, por meio do Prêmio Amazônia Samuel Benchimol 2005.

Um dos importantes resultados do Projeto Rede de Colaboração Solidária foi a criação, em 2006, da Arca Multincubadora, que funciona no Campus da UFMT. Em janeiro de 2010 a estrutura de incubação da Arca Multincubadora foi incorporada pelo Escritório de Inovação Tecnológica (EIT), criado na UFMT em atendimento à Lei de Inovação Tecnológica n. 10.973/2004. A Arca Multincubadora, junto com o EIT, mantém um escritório de gestão compartilhada para apoio aos projetos da universidade e também para apoiar diretamente a gestão contábil dos empreendimentos incubados. Essa incubadora atendeu a demanda das entidades parceiras da Rede de Colaboração Solidária, por ter uma estrutura em condições de coordenar a ampliação, o fortalecimento e a manutenção das parcerias articuladas pela incubadora.

A atuação articulada da Arca Multincubadora e do EIT resultou na execução, pela UFMT, do Programa Sistema Integrado e Inovação Tecnológica Social – SITECS (ProExt 2011), que contribuiu para o início da institucionalização da Incubadora de Tecnologia Social e Economia Solidária (INTECSOL) no EIT-UFMT. Atuando na INTECSOL, pesquisadores e bolsistas da UFMT, pesquisadores cooperados da Coorimbatá e gestores de tecnologia social da Arca Multincubadora integram projetos/programas de pesquisa e de extensão da UFMT. Articuladas, essas entidades elaboram novos projetos para instituições financiadoras de ações de inclusão social e de geração de renda. Os recursos desses projetos são utilizados para reaplicar não somente o pesquisador cooperado, como também outras tecnologias sociais que potencializem os seus resultados. Em 2014 iniciou a execução do projeto de pesquisa "Incubadora Tecnológica de Cooperativas Populares da UFMT" (ITCP-UFMT), com o apoio do CNPq para concluir o processo de institucionalização da incubadora de empreendimentos econômicos solidários na UFMT. Em outubro de 2014, foi formalizado um termo de parceria entre a UFMT e a ARCA Multincubadora, representando um grande avanço no citado processo de institucionalização.

Com a integração de professores e pessoas de comunidades tradicionais em um mesmo negócio, indivíduos de diferentes categorias se impuseram a necessidade de enquadrar as suas atividades de trabalho de modo a contribuir, cada uma com sua experiência, para a superação das dificuldades. Essa forma de atuação sistêmica promove a integração entre as ações de várias entidades, já que as possibilidades de articulações são disponibilizadas de forma ágil nos projetos.

A inovadora forma de organização do SITECS, aplicada no projeto desenvolvido na UFMT (2010-2013), criou espaços comuns de trabalho nos quais professores e estudantes da universidade, pessoas de comunidades tradicionais, pescadores e artesãos da zona urbana se integraram no mesmo negócio, tornando as situações de trabalho ainda mais complexas e promovendo um desconforto intelectual que favoreceu um processo de "autoincubação" de todos os envolvidos.

Desse modo, as ações desenvolvidas na prática do SITECS vêm integrando as ações e os projetos nas áreas ambiental, de segurança alimentar e nutricional, de economia solidária, priorizando a inovação tecnológica com foco na inclusão social e no desenvolvimento regional sustentável. A prática do SITECS foi uma das 6 melhores práticas na categoria Instituições de Ensino, Pesquisa e Universidades do Prêmio Fundação Banco do Brasil de Tecnologia Social 2013.[2]

Destacamos a seguir alguns programas ou projetos que ilustram resultados significativos da integração da prática do SITECS com projetos governamentais ou não governamentais desenvolvidos.

Os proponentes da prática do SITECS tiveram participação ativa nas Conferências de Ciência, Tecnologia e Inovação Estadual e Regional do Centro-Oeste e na IV Conferência Nacional de Ciência, Tecnologia e Inovação (IV CNCT&I), realizadas em 2010. Ressaltamos algumas recomendações da IV CNCT&I que tiveram a contribuição desses proponentes. A IV CNCT&I reconhece que a economia solidária vem se apresentando como uma alternativa inovadora de geração de trabalho e renda e uma resposta a favor da inclusão social e do desenvolvimento sustentável. Entre as recomendações dessa conferência, destacam-se: a) "Formular e implantar um Programa Nacional de Inovação e Tecnologia Social, com apoio a pesquisas e projetos, promovendo o envolvimento da sociedade civil organizada na sua elaboração, execução, monitoramento e avaliação"; b) "Estabelecer políticas e programas específicos para a difusão, apropriação e uso da C,T&I para o desenvolvimento local e regional e para estimular empreendimentos solidários" (LIVRO..., 2010).

A prática do SITECS possibilitou a articulação do EIT-UFMT com o Núcleo de Psicopatologia, Políticas Públicas de Saúde Mental e Ações Comunicativas em Saúde Pública (Nupsi), vinculado à Pró-Reitoria de Cultura e Extensão Universitária da Universidade de São Paulo (USP). Motivados pela troca de informações entre os participantes da Rede de Colaboração Solidária e do Nupsi, foi realizado, em julho de 2010, o Encontro de Picinguaba, expressão da convergência entre projetos executados pela UFMT e pela USP, para avaliação e reaplicação da tecnologia social pesquisador cooperado. Nesse encontro, ocorrido no bojo do Projeto Quilombo Livre, do Nupsi, foram realizadas reuniões nos dias 24 e 25 de julho de 2010 no Quilombo da Fazenda

[2] Ver <http://www.fbb.org.br/tecnologiasocial/banco-de-tecnologias-sociais/pesquisar-tecnologias/detalhar-tecnologia-58.htm> e <http://www.ufmt.br/ufmt/site/noticia/visualizar/13877/Cuiaba>.

Picinguaba – Ubatuba-SP, com a participação do pesquisador do Nupsi David Calderoni, dos pesquisadores cooperados Nicolau e Josita e um número expressivo de integrantes da Associação da Comunidade de Remanescentes do Quilombo da Fazenda Picinguaba, para troca de experiências e para reflexão e debate sobre a possibilidade de reaplicação da prática do pesquisador cooperado, entendida como "um modo de agir inter-humano em que o agente se reconhece no processo e nos resultados de sua ação e em que o outro é visto como agente essencial de sua própria autonomia", conforme estabelece textualmente a Carta de Princípios do Nupsi (Calderoni, 2010, p. 16). Foi unânime a decisão de buscar reaplicar os objetivos sociais e específicos da Coorimbatá para a criação de uma nova cooperativa no Quilombo da Fazenda, a Cooperativa do Azul, como forma de viabilizá-la dentro dos princípios da economia solidária e da necessidade da criação de condições de fomento para a formalização do pesquisador cooperado junto àquela comunidade. A Cooperativa do Azul foi criada em setembro de 2013 na região de Ubatuba-SP e a partir da atuação do Nupsi-USP representa uma fonte de novas invenções democráticas.

Tal horizonte de atuação articulada de pesquisadores cooperados da Coorimbatá com pesquisadores do Nupsi resultou na participação de representantes da Coorimbatá e da UFMT como palestrantes do VII Colóquio de Psicopatologia e Saúde Pública e I Colóquio Internacional Nupsi: Invenções Democráticas em Interação, ocorridos simultaneamente em junho de 2011 na Faculdade de Saúde Pública da Universidade de São Paulo. Uma das recomendações da plenária final desse colóquio foi a criação e a consolidação de uma Rede Internacional de Fomento e Interação do Pesquisador Cooperado, a ser viabilizada a partir da articulação entre a Rede de Colaboração Solidária e parceiros da INTECSOL em interação com instituições acadêmicas, institutos de pesquisa e organismos nacionais e internacionais alinhados à Carta de Princípios do Nupsi. Considerando a articulação já existente entre pesquisadores do Nupsi-USP e a INTECSOL/EIT/UFMT, foi elaborada uma Carta de Intenção de Parceria entre essas entidades para a consolidação e a potencialização de ações de inclusão e coesão social, em conformidade às diretrizes do Fundo de Cultura e Extensão da Universidade de São Paulo. Em 2013 o coordenador da INTECSOL, Oscar Zalla, foi eleito membro do Conselho Deliberativo do Nupsi, reafirmando a parceria.

Desde 2011 a equipe da INTECSOL tem aprovado programas de extensão da UFMT no âmbito dos editais do Programa de Extensão Universitária (ProExt), da Secretaria de Educação Superior do Ministério da Educação (MEC/SESu), os quais viabilizam os recursos financeiros para a consolidação das ações aqui apresentadas e para a institucionalização da Incubadora de Empreendimento de Economia Solidária na UFMT, em articulação com diversas entidades.

A Associação Nacional de Entidades Promotoras de Empreendimentos Inovadores (ANPROTEC), em parceria com o Serviço Brasileiro de Apoio às Micro e Pequenas Empresas (SEBRAE), através da plataforma de qualificação Centro de Referência para Apoio a Novos Empreendimentos (CERNE), aporta recursos na incubadora da UFMT para ampliar sua capacidade de gerar, sistematicamente, empreendimentos inovadores bem-sucedidos. A primeira etapa está foi realizada de 2012 a 2014. Em março de 2015, após auditoria preliminar realizada pela ANPROTEC para avaliar o processo de certificação CERNE, a ARCA Multincubadora foi muito elogiada pelos auditores, que sinalizaram a possibilidade desta Incubadora ser um dos destaques nacionais no referido processo de certificação.

As entidades que participam da incubadora da UFMT têm representantes nos seguintes conselhos e fóruns: Conselho Estadual de Segurança Alimentar e Nutricional do Estado de Mato Grosso, Conselho Municipal de Segurança Alimentar de Várzea Grande, do Conselho Estadual de Economia Solidária, Conselho Estadual de Meio Ambiente e Fóruns Estaduais de Mudanças Climáticas, de Economia Solidária e de Segurança Alimentar e Nutricional.

A INTECSOL propiciou a elaboração e a execução, a partir de 2012, do projeto "Rede de Colaboração Solidária – Região do APM Manso" (recursos da ordem de R$ 442 mil, financiados pela Furnas Centrais Elétricas), para atender comunidades atingidas pela barragem do Rio Manso, organizadas em dois empreendimentos da região de Chapada dos Guimarães-MT que são incubados pela INTECSOL.

A prática da INTECSOL viabilizou a elaboração e a aprovação de recursos para três empreendimentos econômicos solidários incubados em 2012: a) Associação dos Catadores de Materiais Recicláveis de Várzea Grande (ASCAVAG) – Projeto "Adequação da Coleta Seletiva de Várzea Grande"; b) Cooperativa Agropecuária Varzeagrandense (COOPERGRANDE) – Projeto "Rede Leiteira da Baixada Cuiabana";

c) Cooperativa dos Pescadores e Artesãos de Pai André e Bonsucesso (Coorimbatá) – Projeto "Conexão Peixe na Alimentação Escolar". Os recursos financeiros obtidos para esses três projetos foi da ordem de R$ 2,5 milhões. Pela sua relevância, os resultados desses projetos têm sido veiculados amplamente pela mídia espontânea[3].

## Conclusão

Usei como critério na montagem deste texto citar nominalmente algumas pessoas que foram importantes na construção da Rede de Colaboração Solidária, sobretudo para exemplificar a diversidade de categorias e de classes sociais que participam dessa construção. Outras pessoas não citadas tiveram e continuam tendo grande importância nas conquistas aqui apresentadas. Espero que não se sintam excluídas e que compreendam o critério utilizado.

Destaquei também aqui alguns projetos, indicando, em alguns casos, os órgãos financiadores e os valores financiados para exemplificar a diversidade de oportunidades surgidas, que resultaram em benefícios para as pessoas e entidades da comunidade da Rede de Colaboração Solidária. É comum encontrarmos professores universitários, empresários ou pessoas do poder público se lamentando e atribuindo aos outros as impossibilidades de acesso aos recursos existentes. Dessa forma, procurei mostrar que, fazendo diferente, mesmo nos dias de hoje, com todas as dificuldades que há numa sociedade capitalista, *pessoas felizes* podem ajudar na construção de comunidades democráticas. Essa é uma pista para que os "precariados", como denominados por Guy Standing (2011), encontrem sentido em suas vidas e direcionem suas ações para a construção de uma sociedade sustentável.

Li este texto para o Ditinho, meu amigo pescador e cooperado da Coorimbatá, e senti a sua felicidade ao se reconhecer no processo de construção da Rede de Colaboração Solidária e também ao propor algumas correções no texto. Disse ele: "Tá muito legal, Bigode".

Schwartz e Durrive (2007) discutem diferentes aspectos relativos à motivação, ao compartilhamento de atividades de trabalho no interior

[3] Ver <http://globotv.globo.com/tv-centro-america/mt-rural/v/cooperativa-de-pescadores-conseguem-sif-para-iniciar-atividades-em-frigorifico-de-peixes/4068545/>.

de empresas e de comunidades. Discutem também os efeitos da introdução de mudanças tecnológicas sobre as qualificações e sobre uma série de coisas que não são no início necessariamente pensadas, nem mesmo discutidas, e que, por isso, deparam com dificuldades de efetivação. Nessas discussões é ressaltada a democracia como uma condição de possibilidade para pensar uma boa utilização da tecnologia aceita coletivamente em uma dada sociedade. Ressaltam também que é em sua atividade de trabalho que as pessoas constituem para si universos de pensamento e universos de discurso coletivamente estruturados, elaborados e transformados. Quando trabalhamos, encontramos momentos de fracasso e sucesso ou de inventividade bem-sucedida. "A maneira como eu trabalho diz qualquer coisa da sociedade na qual eu quero viver" (Schwartz e Durrive, 2007, p. 194). Conforme recomendam Schwartz e Durrive (2007, p. 102), é preciso criar locais para debater o que está em jogo no trabalho, no momento em que se projetam novas maneiras de trabalhar. Nessa direção, procuramos mostrar neste texto que a experiência do pesquisador cooperado criou espaços internos e externos de compartilhamento e debates de atividades de trabalho, promovendo processos recíprocos de aprendizagem. Isso possibilitou o estabelecimento de novas regras de distribuição de bens sociais e políticos essenciais com garantia de dignidade e autonomia aos envolvidos. Como as atividades de trabalho são compartilhadas, relações de confiança vêm sendo estabelecidas, garantindo manter, e até ampliar, a área de atuação e abrangência da Coorimbatá e da UFMT, com o pesquisador cooperado.

Ao preparar este texto para o II Colóquio Internacional do Nupsi: quis sentir a reação de diferentes pessoas e mostrei para elas o princípio ético que rege minhas ações – *Eu sou a pessoa mais importante do mundo! Eu só penso em mim! Eu estou feliz quando convivo com pessoas felizes e por isso faço, para mim, tudo o que estiver ao meu alcance para que elas estejam felizes*. Essas pessoas são meus familiares, amigos e também pessoas com as quais tive meu primeiro contato. Dentre elas havia crianças, jovens, idosos de diferentes categorias e crenças religiosas (indígenas, pescadores, estudantes e professores universitários, empresários, empregadas domésticas, etc.). Ao apresentar esse princípio, isso causou alguns minutos de perplexidade para todas essas pessoas. Entretanto, depois de explicar a forma como cheguei a essa conclusão e como esse princípio pode interferir em nosso dia a dia, caso ele seja sinceramente assumido, essas pessoas foram unânimes sobre a pertinência dessa maneira de pensar como promotora da felicidade.

*Eu sou feliz* e me sinto assim a partir do princípio explicitado aqui. Sinto também que as pessoas que se integram à Rede de Colaboração Solidária sentem-se felizes por estar consolidando e ampliando essa comunidade democrática. Estamos preparados para nos unir aos outros inventores democráticos para a construção e/ou o fortalecimento de outras comunidades democráticas. Em nossos projetos atuais, buscamos alternativas para divulgar e estabelecer as bases para a viabilização de uma Renda Básica de Cidadania, a partir de ações da economia solidária.

Espero ter conseguido transmitir para você, que lê este texto, essas experiências, e que você possa se reconhecer nelas. Se contribuí para que você esteja mais feliz, ressalto novamente, *fiz isso para mim.*

## Referências

BERTUCINI JR., Jair Jacomo. *Formulação de cereais em barra: aspectos sensoriais*. 2003. 70 f. Dissertação (Mestrado em Agricultura Tropical) – Faculdade de Agronomia e Medicina Veterinária, Universidade Federal de Mato Grosso, Cuiabá, 2003.

BOVE, Laurent. Da dominação política e seus remédios: a lição de Espinosa. In: COLÓQUIO INTERNACIONAL NUPSI-USP INVENÇÕES DEMOCRÁTICAS: CONSTRUÇÕES DA FELICIDADE, 2., 2013, São Paulo. Disponível em: <http://nupsi.org/coloquios/coloquio-internacional-nupsi-usp-invencoes democraticas-construcoes-da-felicidade/>. Acesso em: 27 mar. 2015.

CALDERONI, David. Carta de princípios do Nupsi-USP. In: JUSTO, Marcelo Gomes (Org.). *Invenções democráticas: a dimensão social da saúde*. Belo Horizonte: Autêntica; São Paulo: Nupsi-USP, 2010. p. 13-20. (Invenções Democráticas, v. II).

DIDA, Valmon Lucas. *Desenvolvimento de manga na forma de chips*. 2005. Dissertação (Mestrado em Agricultura Tropical) – Faculdade de Agronomia e Medicina Veterinária, Universidade Federal de Mato Grosso, Cuiabá, 2005.

GRABERT, Mônica *et al.* Avaliação da qualidade sensorial de banana passa obtida em secador de frutos por convecção natural. *Revista Brasileira de Armazenamento*, Viçosa, v. 26, n. 1, p. 10-15, 2001.

LIMA, Márcio Gonçalo de. *Determinação dos perigos e pontos críticos de controle no processamento de bananas desidratadas em uma unidade experimental organizada no sistema cooperativista em Cuiabá-MT*. 2003. Dissertação (Mestrado em Agricultura Tropical) – Faculdade de Agronomia e Medicina Veterinária, Universidade Federal de Mato Grosso, Cuiabá, 2003.

LIVRO Azul: 4ª Conferência Nacional de Ciência e Tecnologia e Inovação para o Desenvolvimento Sustentável. Brasília: Ministério da Ciência e Tecnologia; Centro de Gestão e Estudos Estratégicos, 2010.

NÓBREGA, Marina Pazeto; NÓBREGA, Francisco G. Renda básica de cidadania e felicidade. In: COLÓQUIO INTERNACIONAL NUPSI-USP INVENÇÕES DEMOCRÁTICAS: CONSTRUÇÕES DA FELICIDADE, 2., 2013, São Paulo. Disponível em: <http://nupsi.org/coloquios/coloquio-internacional-nupsi-usp--invencoes-democraticas-construcoes-da-felicidade/>. Acesso em: 27 mar. 2015.

PEREIRA, Luciana de Souza. *Avaliação sensorial de abacaxi (Ananas comosus (L.) Merril) Perola e Smoth Cayenne submetidos a secagem.* 2004. Dissertação (Mestrado em Agricultura Tropical) – Faculdade de Agronomia e Medicina Veterinária, Universidade Federal de Mato Grosso, Cuiabá, 2004.

PEREIRA, Luiz Carlos; PRIANTE FILHO, Nicolau; MUSIS, Carlo Ralph de. Eficiência térmica de um secador de frutas por convecção natural com trocador de calor em ziguezague. *Revista Brasileira de Armazenamento*, Viçosa, v. 26, n. 2, p. 3-11, 2001.

PRIANTE FILHO, Nicolau *et al. Parâmetros de dimensionamento de sistemas de secagem para pequenas propriedades rurais de Mato Grosso.* Cuiabá: Universidade Federal de Mato Grosso, 1997. Projeto de pesquisa.

PRIANTE FILHO, Nicolau *et al. Projeto Coorimbatá:* ação integrada para produção, processamento e comercialização de frutas regionais em sistema artesanal cooperativo sustentável. Cuiabá: Universidade Federal de Mato Grosso, 2000. Projeto de extensão.

STANDING, Gay. The Precariat: The New Dangerous Class. 2011. Disponível em: <http://goo.gl/g3D8ZX>. Acesso em: 27 mar. 2015.

SCHARTZ, Yves; DURRIVE, Louis. *Trabalho e ergologia: conversas sobre a atividade humana.* Organização de Yves Schartz e Louis Durrive. Tradução de Jussara Brito e Milton Athayde [*et al.*]. Niterói: Editora da UFF, 2007. 308 p.

# Saint-Exupéry e o valor dos laços vinculantes: apontamentos sobre a economia solidária e a felicidade

Luiz Inácio Gaiger

*Aqueles que passam por nós não vão sós, não nos deixam sós.*
*Deixam um pouco de si, levam um pouco de nós.*
Antoine de Saint-Exupéry

## Preâmbulo

Talvez a ideia principal que tenciono apresentar nestas páginas não passe de um truísmo. Quanto mais leio sobre a Felicidade, com a simples intenção de me converter em um novato no tema, mais me convenço de que há uma linha de convergência quase natural nas apreciações críticas a seu respeito, em particular quanto a qual seria a chave da Felicidade, ou uma delas. Eis alguns *flashes* da vida comum, de leituras ou fatos diversos.

Anos atrás, uma publicidade muito veiculada dizia: "Há coisas que o dinheiro não compra. Para as outras, use Mastercard". Por certo, a premissa era de que pouquíssimas coisas não seriam compráveis com dinheiro, e que mesmo para aquelas aludidas nas imagens (amizade, coleguismo, família, serenidade pessoal) o dinheiro seria de grande valia, senão indispensável. Mudo a cena, em contraponto, para o Fórum Social Mundial de 2003, em Porto Alegre. Uma trabalhadora solidária peruana, com um porte inesquecível, mas provavelmente estigmatizada como *chola* pela cultura branca das elites do seu país, comenta-me com um largo sorriso: "*mira Usted, yo no me hago ilusiones: a lo mejor seguiremos pobres con nuestra economía solidaria. Pero la pasamos bien*".

Vamos agora à França, aos autores hipercríticos da modernidade, como Jean Baudrillard, que nos alertava em 1970, categoricamente: "a riqueza não está fundada nos bens, mas na troca concreta entre as pessoas [...] é portanto ilimitada" (Baudrillard *apud* Latouche, 2006, p. 11).[1] O fato fora adiantado por Adam Smith, ninguém menos, ao insistir na grande diferença entre a *riqueza* das nações e a *felicidade* das nações e no equívoco que seria fazer depender a segunda da primeira (Giannetti, 2002, p. 88). Ele provavelmente não estaria de acordo com a conversão posterior (a ele) da economia em uma técnica voltada tão somente aos meios – como nos esclarece Amartya Sen[2] –, tampouco com a redução da Felicidade a uma questão quantitativa, à métrica do PIB em nossos dias (Latouche, 2012).

Podemos recensear pesquisas empíricas, como a de Robert Lane, sobre as tentativas malsucedidas de encaixar a Felicidade em alguma regra de cálculo contábil. Lane concluiu que a progressão do nível material de vida nos Estados Unidos se fez acompanhar de uma "baixa indiscutível da felicidade real da maioria dos americanos" (Lane *apud* Latouche, 2012, p. 7). Faltou-lhes evitar a degradação das relações humanas fundamentais (*companionship*, para Lane).[3] Resultados semelhantes sobre os Estados Unidos – uma fonte inesgotável de exemplos sobre o que *não* fazer – são enumerados por Eduardo Giannetti (2002), em livro muito bem recebido pelo público, que voltarei a citar.

Para virmos a constatações mais recentes, pesquisas são igualmente evocadas pela revista *Carta Capital*, de 24 de junho de 2012:

1 Fonte original: BAUDRILLARD, 1970, p. 2.

2 De tal sorte, a economia perdeu a sua vocação ao estudo da ética e da política e passou a se ocupar de questões de logística. Como diz Amartya Sen (1999), ela se reduziu a uma "economia engenheira", a um cálculo de proveito, firmado em uma definição formal relacionada à assignação de meios escassos, a questões primordialmente logísticas. A economia aparta-se de uma definição substantiva de seu objeto, tal como propugnava Karl Polanyi (2012), e perde suas ligações originais com as questões da ética e da política – os sentimentos morais tratados por Adam Smith –, berço em que nasceu. Daí o empobrecimento da economia moderna e o parentesco bem-sucedido da economia neoclássica com o utilitarismo.

3 Fonte original: LANE, 2000.

> Se você pensa que o dinheiro compra felicidade, está enganado. O que mais faz alguém feliz é o respeito e a admiração pelos outros que estão a sua volta, e não o quanto se acumula de dinheiro durante a vida. Não, não foi nenhum pobre que concluiu isso, e sim um pesquisador [Cameron Anderson][4] da Haas School of Business da Universidade da Califórnia (EUA), com base em uma série de quatro estudos (TUMA, 2012, [s.p.]).

Na quarta pesquisa realizada, "pode-se comprovar que em humanos a posição social pode ser alterada de acordo com conquistas intelectuais e participações positivas dentro do grupo, pois esses modificadores de relacionamento exercem uma influência maior do indivíduo em seu grupo, muito mais duradoura do que a mudança na posição socioeconômica" (TUMA, 2012, [s.p.]).

Outro ponto da matéria revela ainda que a participação nos lucros para motivar assalariados de organizações empresariais funciona muito melhor que penalidades por metas descumpridas ou medidas equivalentes. Participação nos lucros? Ora, não é disto que se gabava a nossa empreendedora solidária peruana: participar por inteiro, na gestão, na labuta diária, nos infortúnios e também nos dividendos materiais e imateriais conquistados por seu negócio associativo e autogestionário? Enquanto isso, o médico José Camargo esclarecia em sua coluna no caderno Vida, do Jornal *Zero Hora*, de 21 de setembro de 2013: "Provavelmente a mais inevitável das solidões é a dos poderosos. Toda tomada de decisão que resulte em algum impacto na vida dos outros implica um exercício de poder, e este é tenso, muitas vezes doloroso, e sempre solitário" (CAMARGO, 2013, [s.p.]). A autogestão parece então nos livrar de um grande problema, sendo ademais de grande valia, conforme pondera o mesmo especialista: "Mas de qualquer forma a grande massa é formada por seres gregários que, desde sempre, buscam a interação com seus semelhantes [...] a busca do outro para a complementação de objetivos e realização de anseios de felicidade sempre marcou o comportamento da raça humana" (CAMARGO, 2013, [s.p.]).

Diante de tantas evidências, comecei a me resignar a chover no molhado, com o agravante de não conseguir desviar-me de uma via romântica, embora imagine que o tema aqui tratado me autorize a

[4] Fonte: <http://goo.gl/cLQmFD>.

fazê-lo. É que fui seduzido a persistir nesse fio de ideias pelo autor da fábula *O pequeno príncipe*, Antoine de Saint-Exupéry, nascido em 1900 e tendo iniciado sua carreira de aviador aos 21 anos, para levar o correio postal da Europa para o Saara e depois para os Andes. No livro *Terra dos homens* (2006), escrito em 1939, quatro anos antes de ser vitimado pela artilharia antiaérea alemã na Segunda Guerra, ele nos encanta com o relato de seus "desassombros e devaneios", provocados pela experiência de voar em pequenos aviões a hélice, sem pressurização, com precários mapas e pouquíssimos contatos em terra. Mais do que isso, ele nos fala de seus companheiros intrépidos, mestres na arte de voar, enaltecendo a camaradagem mútua: mesmo quando sozinhos, alcançavam distâncias intransponíveis e apenas em sentimento sabiam uns onde os outros estavam. Referindo-se a um dos seus companheiros, "cuja sombra já se lhes havia retirado", assevera:

> Esta é a moral que Mermoz e tantos outros me ensinaram. A grandeza de uma profissão é talvez, antes de tudo, de unir os homens; só há um luxo verdadeiro, o das relações humanas. [...] Se procuro entre minhas lembranças as que me deixaram um gosto durável, se faço um balanço das horas que valeram a pena, certamente só encontro aquelas que nenhuma fortuna do mundo ter-me-ia presenteado. Não se compra a amizade de um Mermoz, de um companheiro a que estamos ligados para sempre pelas provas sofridas juntas (SAINT-EXUPÉRY, 2006, p. 32).

E continua, logo adiante: "Esta noite de voo e suas cem mil estrelas, esta serenidade, esta soberania de algumas horas, o dinheiro não compra. [...] Esta face nova do mundo depois de uma etapa difícil, estas árvores, estas flores, estas mulheres, estes sorrisos docemente coloridos pela vida a que regressamos de madrugada, este mundo de pequenas coisas que nos recompensam, o dinheiro não compra" (SAINT-EXUPÉRY, 2006, p. 32).

Passemos ao pós-guerra. Quase as mesmas palavras intitulam um filme, hoje clássico, dirigido em 1946 por Frank Capra: *A felicidade não se compra* (*It's a Wonderful Life*). Voltando à França, ao examinar a nova sociedade que se erigia nas décadas seguintes, o grande pensador do socialismo democrático e da autogestão Cornelius Castoriadis deixou frases marcantes (CASTORIADIS *apud* LATOUCHE, 2012, p. 11):[5] "Digamos

[5] Fonte original: CASTORIADIS, 2010.

as coisas com maior clareza: o preço a pagar pela liberdade é a destruição do econômico como valor central e, na verdade, único. Será um preço tão elevado? Para mim, certamente não: prefiro infinitamente ter um novo amigo do que um novo automóvel".[6]

Quanto vale um novo amigo? Qual é o valor do mestre aviador, amigo de Saint-Exupéry? Ele mesmo responde, referindo-se já a outro camarada, que nomearei ao final:

> Sua grandeza é a de sentir-se responsável. Responsável por si, pelo seu avião, pelos companheiros que esperam. Ele tem nas mãos a alegria ou a tristeza desses companheiros. [...] Responsável um pouco pelo destino dos homens, na medida do seu trabalho. [...]. Ser homem é precisamente ser responsável. É experimentar vergonha em face de uma miséria que não parece depender de si. [...] É sentir, colocando a sua pedra, que contribui para construir o mundo (Saint-Exupéry, 2006, p. 41).

Responsabilidade, amizade, compaixão (Karen Armstrong), honra (Kwame Anthony Appiah), dádiva (Marcel Mauss), reciprocidade (Marshall Sahlins, Karl Polanyi, Dominique Temple), tantos vocábulos a evocarem obras seminais e intelectuais altamente prestigiados,[7] mas que não fariam sentido senão sob a premissa de sermos seres de relações, como tais ofertantes e demandantes de vínculos, de laços sociais. Essa é a vantagem do mundo *sem* Mastercard e suas promessas ilusórias, seja devido à falta de credenciais pecuniárias para nele ingressarmos, seja por estarmos já prevenidos contra as armadilhas dissimuladas em tais promessas, seja porque afinal de contas vivemos e então cultivamos algum sentido intuitivo – ao mesmo tempo, uma sabedoria – de que o essencial passa por nossos semelhantes, pelos laços sociais. Experiência em tecê-los, necessidade e vontade são os fundamentos de que se valem os protagonistas da economia solidária para, juntos, terem direito à Felicidade – e por que não dizer, a momentos de epifania em que

6 Talvez a isso se aplique um dos aforismas de Saint-Exupéry: "Os homens compram tudo pronto nas lojas... Mas como não há lojas de amigos, os homens não têm amigos" (disponível em: <http://goo.gl/LOA6nJ>).

7 Dos autores não citados na bibliografia, ver: APPIAH, Kwame. *O código de honra: como ocorrem as revoluções morais*. São Paulo: Companhia das Letras, 2010; ARMSTRONG, Karen. *Em defesa de Deus*. São Paulo: Companhia das Letras, 2011; TEMPLE, Dominique. *Teoría de la reciprocidad*. La Paz: PADEP/GTZ, 2003. 2 t.

vencem a finitude, para adquirirem a tenacidade de resistir ao canto ludibriante das sereias, tão bem ou melhor que Ulisses atado ao mastro da sua embarcação.[8]

## Alguns pontos de partida

Nunca esqueci a enigmática raposa, que começava a esperar o príncipe horas antes de ele chegar. Por quais razões especiais a economia solidária favoreceria que laços sociais se constituam e se perenizem, trazendo consigo o que importa para a Felicidade? Tenciono delinear alguns caminhos de compreensão do que se passa. Em especial, sobre o que explicaria por que adjetivos como "receptivos", "afáveis", "amáveis", "gentis", "acolhedores", "divertidos", "disponíveis", "altaneiros", "prestativos", "pacientes", "humorados", "risonhos" e "alegres" tenham sido pronunciados pelos 60 entrevistadores que participaram de uma pesquisa nacional em 2013, cuja tarefa consistiu em visitar e entrevistar sócias e sócios de empreendimentos de economia solidária nas mais distantes paragens do Brasil. São principalmente os seus relatos textuais e visuais que me inspiraram e empolgaram para ingressar nesse tema. Como neste depoimento:

> A Associação Comunitária dos Produtores de Buracão, no Sítio Bonito, em São Miguel, RN, é outro exemplo. Mesmo sendo uma associação que teoricamente divide apenas os bens de forma coletiva, tem algo que os diferencia: união, respeito e solidariedade com os demais. A reciprocidade daquele povo é fervorosa. Tive que subir, pela primeira vez, muitas serras, enfrentar estradas de barro (ou carroça, como eles chamam), passar 10 horas em um ônibus, caminhar mais de 30 minutos até chegar à sede da associação e realizar a pesquisa. Mas valeu a pena, o povo e o lugar são lindos (Miriam Vital, entrevistadora).

Viu-se em geral um povo bem-disposto, alegre, como eu mesmo encontrei tantas vezes em visitas de campo e como sugerem vídeos e

[8] Episódio da *Odisseia*, de Homero, o fato transcorreu na viagem de retorno de Ulisses a Ítaca, após a conquista de Troia, quando atravessavam o Mar das Sereias, cujo canto inebriante levava os marinheiros invariavelmente a se lançarem no mar. Para ouvir as sereias sem cometer tal desatino, Ulisses pede que o amarrem e que em nenhuma hipótese o desamarrem durante a travessia, por maiores que fossem suas súplicas. Assim, teria vencido a natureza frágil do ser humano, perante provocações, ameaças e apelos sedutores de prazer e poder.

outros registros sobre comunidades e organizações solidárias.[9] Mas se alegria e Felicidade não são a mesma coisa, como lembra Giannetti (2002, p. 124-125), o poeta Oswald de Andrade já sentenciara: "a alegria é a prova dos nove". Um povo tristonho, como poderia ser feliz? Garanti a meus entrevistadores que a maior recompensa deles não seria o pagamento do trabalho ou nosso diligente amparo em caso de incidentes ou imprevistos, mas um café quentinho e uma generosa fatia de bolo na casa dos entrevistados, sabedores de que não se pode conversar muito tempo de barriga vazia. Não fui desmentido.

Este texto possui essa motivação do momento, que volta a alimentar impressões sedimentadas ao longo de duas décadas de pesquisas sobre *invenções* econômicas democráticas do povo brasileiro, há 15 anos designadas economia solidária. Se fosse preciso classificar este trabalho, diria que se trata de um ensaio em que se conjugam aquisições da literatura sobre a economia solidária, resultados de pesquisas empíricas, um ou outro conceito forjado no curso dessas atividades, constante interlocução com os atores sociais, alguns *insights* de um cineclube sobre o tema Felicidade e, em meio a tudo, algumas intuições. Suas bases teóricas e empíricas estão registradas no blog do nosso Grupo de Pesquisa e no *site* do Projeto SIES.[10] Um artigo publicado na revista *Otra Economía* (Gaiger; Corrêa, 2010) resume boa parte das pesquisas realizadas até então.

Muito e pouco se sabe sobre a Felicidade. Na falta de unanimidade conceitual, prefiro reservar ao termo um sentido nobre (grafando-o com inicial maiúscula), para não o confundir com estados emocionais positivos, mas superficiais e efêmeros. Concordo com Giannetti (2002) em usar o vocábulo para designar um estado de paz e bem-estar consistente, ancorado no que julgamos primordial à vida, à trajetória de nossas realizações, a uma avaliação global com a vida que temos e levamos. Trata-se de uma percepção ajuizada, mas igualmente de um processo que envolve nosso agir e nosso pensar, nossa atividade como seres dotados de razão e de emoção, de inteligência e de sensibilidade. Para ser bem entendido adiante, quando me referir às virtudes da economia solidária, parece-me útil frisar esses três componentes da

9 Ver, por exemplo, os vídeos do Nupsi-USP sobre o Quilombo da Fazenda: <http://vimeo.com/24629934>.

10 Ver, respectivamente, <http://blogecosol.wordpress.com/> e <http://sies.ecosol.org.br/>, além de um correlato desse último nas redes sociais: <http://goo.gl/ZoSswL>.

Felicidade: ela é e resulta de uma *atividade*, de um envolvimento ativo do agente, do que ele faz, cultiva, do seu empenho e mesmo de sua persistência, do que colhe então de uma vida bem-conduzida (como a flor do pequeno príncipe); o matuto[11] matuta: a *reflexividade* é inerente a ser ou considerar-se feliz, dela provém a sensação de estarmos fazendo de modo consciente e bem-sucedido o melhor do que somos capazes em nossas vidas (GIANNETTI, 2002, p. 37); por fim, a Felicidade envolve os *sentimentos*, intrínsecos à nossa atividade cerebral, fundamentais na forma como guiam nosso pensamento e comportamento, atendendo à nossa necessidade primordial de homeostase, que, como ensina António Damásio, não é unicamente biológica, mas também sociocultural e reflexiva.[12]

Sabemos que a Felicidade depende de condições objetivas e de fatores subjetivos, não constituindo um fenômeno inteiramente singular a cada um, refratário a qualquer exame ou comparação, mas tampouco se sujeitando a qualquer norma exterior, alheia ao "coração que vê", como diria Saint-Exupéry, ou ao "vínculo de almas", na expressão do grande antropólogo Marcel Mauss. Mas o segredo da Felicidade permanece insolúvel. Ela não decorre simplesmente da satisfação de um número maior de desejos ou preferências, tampouco sabemos ao certo o que desejamos e se por ventura assim seremos felizes. Ao mesmo tempo, ignoramos que condições objetivas são as mais propícias, a cada um e a todos (portanto, universalmente eficazes), para promover a Felicidade, tanto quanto se patina ainda em descobrir que maquinações ocorrem em nossas mentes para que nossas reações sejam por vezes tão díspares diante de condições objetivas similares. Sabe-se, isso sim, que o sentimento de satisfação, cuja permanência e elevação gradativa conduziriam à Felicidade, depende de um jogo de contrastes entre o que desejamos,

[11] Vocábulo providencialmente ambíguo, já que significa rústico, ignorante, ingênuo ou acanhado, mas também, no uso popular, astucioso, matreiro, experiente, escaldado.

[12] Para António Damásio, prestigiado neurocientista, o que chamamos *sentimento* é a maneira como as emoções experimentadas no corpo são vividas no pensamento, na mente. O valor das emoções e os sentimentos é muito grande, porque "funcionam como uma espécie de guia, de bússola do nosso comportamento. Elas [as emoções] marcam momentos para que possamos recuperá-los [os sentimentos] como uma espécie de norte" (DAMÁSIO, 2013. [s.p.] ). O papel fundamental das emoções, no lugar da exclusividade da razão, é o tema do seu livro mais conhecido: *O erro de Descartes* (DAMÁSIO, 1996).

o que julgamos merecer e o que acreditamos poder conquistar. Há nela um relativismo intrínseco, que responde a necessidades e suscita aspirações, em que avaliações e pulsões criam expectativas mobilizadoras até que novas racionalizações sosseguem nosso espírito, retirando-nos da inconformidade frustrante e devolvendo-nos ao conforto ao menos passageiro da resignação.

Adotei um esquema analítico nesses termos para entender a eclosão das lutas pela terra no Brasil, nos anos 1980, principalmente a insuspeita conversão da aparente apatia dos sem-terra em uma tenaz e aguerrida atitude de protesto (Gaiger, 1987; 1991). Empreendi-o com o arcabouço da Teoria da Dissonância Cognitiva, com algumas emendas. Mas, seja como for, tenho a impressão de que permanece insuficientemente elucidado o esquema elementar que move nossos sentimentos, nossas ações e reações, necessidades básicas e idealizações, nossa adrenalina e dopamina. Uma das lições daquele estudo é de que, mais do que a grandeza das conquistas, do grau de satisfação alcançado, importa a convicção quanto ao valor do que se está buscando e quanto à adequação da estratégia escolhida, mesmo se vagarosa, mesmo se prudente, mesmo quando impõe concessões e renúncias, sinas da desdita do povo. Essas convicções cumprem o papel do mastro em que se amarrou Ulisses: importa perseguir o fim justo, indo na direção certa.

Um dos problemas da lógica instaurada em nossas sociedades é de que seus apelos são contraditórios e suas receitas, incompatíveis, além de ineficientes e ineficazes, pois demandam esforços incessantes e realizam um fim de cada vez, à custa de outros. Um resultado do que Karl Polanyi (2000) qualificou de desarticulação social, promovida tragicamente pelo império do intercâmbio e pela mercantilização progressiva da vida. Os nossos universos de vida foram desencaixados, a seguir seccionados e por fim reorganizados sobre o chão escorregadio e traiçoeiro do mercado. Mas, para quem vive do próprio trabalho, da terra e de relações de troca ainda não despojadas de sentido humano, sua conversão fictícia em mercadorias perturba, não soa cabível, não convence. No caso da economia solidária, sua referência é bem outra, advém *a priori* da *reciprocidade* ou da *domesticidade*, na semântica de Karl Polanyi (2000; 2012). Embora tentativas nem sempre malogradas não faltem para encorajar destemidos e inopinados, enveredar pelo utilitarismo, pela lógica do interesse próprio e do sucesso individual, pondo em risco os ativos sociais, renunciando aos laços vinculantes, é brincar com fogo.

Digo isso já entrando no meu argumento principal, para um esclarecimento preliminar: estando vincada na reciprocidade, a lógica da economia solidária não propende a separar as esferas da vida, mas a integrá-las, a tratá-las como parte de um mesmo circuito. Por certo, supõe-se que os empreendimentos econômicos solidários tenham finalidade e atividades econômicas próprias e efetivas. Mas apenas colocadas momentaneamente entre parênteses a atividade econômica e as relações de trabalho podem ter um tratamento à parte; quando são apartadas da vida social, da *comunidade de trabalho* (Gaiger, 2006) que as abriga, retornam sob a forma de dilemas, de tensões dialéticas que demandam soluções transcendentes, sob a pena de implosão dos empreendimentos e da vida comunitária. Assim, o trabalho está inserido em tais arranjos sociais, mais amplos e multidimensionais, algo já bem identificado em estudos de caso, mas igualmente em análises quantitativas sobre os dados do Mapeamento da Economia Solidária (Gaiger, 2011).[13] Fosse o que lhes estou a dizer um estudo com foco preciso, dotado dos necessários instrumentos cirúrgicos, poderia tratar da construção democrática do trabalho e do saber, tema desta mesa do II Colóquio do Nupsi-USP, como um tópico específico. Não o farei, desculpando-me por isso, pelas características antes referidas desta comunicação e porque, de todas as formas, precisaria iniciar pelo geral – a vida associativa e solidária –, e não pelo particular – o trabalho ou outra atividade específica. Os empreendimentos solidários, podemos dizer, afinam-se melhor a um tratamento como fatos sociais totais (Mauss, 1974).

## Uma hipótese geral

Não há tempo e necessidade de abordar longamente o modelo de Felicidade que domina o pensamento moderno e predomina em nossas práticas, em nossas insistentes e vãs tentativas de alcançar o bem-estar e

[13] Em outros termos, a economia solidária insere-se em um padrão de experiências em que o trabalho é inseparável das pessoas e da reprodução da vida. Ora, onde o trabalho não existe como uma atividade independente, diferenciada das outras capacidades sociais do trabalhador, a troca não existe mediada apenas pelo cálculo, neutra às relações sociais e, como assinalava Marshall Sahlins (1970), separada das considerações não econômicas. Por isso, a economia solidária inclina-se a práticas econômicas que se constituam como atos coletivos vinculantes, mostra-se partidária do seu encaixe social e avessa à sua despersonalização.

afastar-nos definitivamente do mal-estar. Giannetti (2002) nos auxilia a lidar com essa história, mormente quanto às concepções reinantes na esteira do Iluminismo do século XVIII, bem como a compreender as razões do seu insucesso, ou mesmo falência. Desde aquele momento fundacional da "era da razão" em que ainda nos encontramos – razão convertida em motor decisivo do progresso e esteio da nova ordem social, razão cujo exercício conduziria o ser humano à virtude e à Felicidade – desde então, temos problemas.

O Iluminismo sem dúvida foi um movimento de ideias libertário, emancipador em sua época e em suas consequências futuras, basta ver as transformações ideológicas e políticas ocorridas desde então, em particular o estabelecimento dos direitos individuais e do estado democrático. As palavras de ordem da Revolução Francesa o resumem magistralmente: "liberdade, igualdade e fraternidade". Para que uma nova sociedade se erigisse sobre esses pilares, era necessário aprimorar a natureza humana, através da educação e do pensamento racional, além de revolucionar e aperfeiçoar as instituições e os governos. Mas a principal via civilizatória, em que a ciência e a técnica se uniriam em nome do progresso, deveria ser a paulatina subjugação da natureza e sua acelerada transformação em todos os campos, a partir do conhecimento racional e científico. Ora, esse foi o pilar que indiscutivelmente mais se desenvolveu: já estamos agora na terceira Revolução Industrial! Mais do que isso, o domínio técnico e científico ganhou um aliado que o tornaria irreversível e o colocaria em pouco tempo a seu serviço: o sistema industrial e as novas classes produtoras, cuja sede de avanço abalou profundamente as estruturas sociais, os modos de vida e os valores, introduzindo em seu lugar uma lógica econômica autotélica, orientada pelo ciclo de acumulação do capital, pela concorrência e pelo interesse individual.

As condições teóricas e práticas estavam dadas para que o *éthos* empresarial nascente se desprendesse de seu envoltório religioso puritano e abraçasse uma nova filosofia, sem tardar convertida em teoria econômica e em senso comum: o utilitarismo. Com sua máxima da maior felicidade do maior número e com "a tese de somente a utilidade ser a soberana das ações humanas" (Biervert; Wieland, 1997, p. 645), pode-se considerar o utilitarismo, quando do seu surgimento, em meados do século XVIII, também como uma concepção antifeudal revolucionária, moderna, altruísta e humanista. De fato, ele libera o indivíduo e a noção do bem e da justiça de qualquer bem supremo superior, de toda metafísica englobante e também do direito natural.[14] O conceito hedonista original de utilidade, referido a cálculos de felicidade em vista de uma *soma de proveitos* para o maior número possível de indivíduos, perdeu gradativamente suas implicações éticas e assumiu um caráter eudemonista, "consoante o qual o agir é eticamente bom quando promove a felicidade própria" (Graf, 1997, p. 234). Colocada a questão das possibilidades de mensurar o bem-estar e a prosperidade, autores da literatura anglo-saxônica (além de Pareto, também Lerner, Karldor e Hicks) responderam a partir do que entendiam serem premissas axiológicas aceitas universalmente:

> a) o bem-estar de uma sociedade dependeria exclusivamente do bem-estar dos seus membros (individualismo); b) caberia a cada indivíduo determinar que mudanças de condições deveriam ser consideradas como promotoras da melhoria do bem-estar e quais as que contribuiriam para decréscimo do bem-estar (critério da autodeterminação); c) um aumento da quantidade de bens disponíveis sempre implicaria melhoria de bem-estar ou, em caso-limite, deixá-lo-ia intacto. Geralmente, não se admite que a multiplicação de bens materiais também pode provocar um decréscimo de bem-estar (Külp, 1997, p. 39).

Há claras afinidades eletivas entre as premissas utilitaristas – com suas considerações individualistas sobre a ética – e os interesses de classe da sociedade burguesa em formação nos século XVIII e XIX, marcada pela concorrência, a exploração e as lutas sociais. Trata-se de uma doutrina individualista, racionalista e universalista, que penetrou na política, na economia e na ciência por força de sua intuição constitutiva: é difícil opor-se à ideia de que "os indivíduos não podem buscar nada

[14] Como filosofia prática, o termo "designa um conceito normativo de fundamentação racional, que julga a ação humana quanto às suas consequências úteis" (ULRICH, 1997, p. 646). Se uma sociedade justa é uma sociedade feliz, importa o que produz a maior quantidade de bem-estar dos indivíduos afetados (ARNSPERGER; VAN PARIJS, 2000, p. 16). A partir daí, tem-se um individualismo benfazejo: "provê a tua felicidade, que isto assegurará o maior grau de felicidade para todos os outros, se fizerem o mesmo". Livres de interposições, os indivíduos se comportam espontaneamente, buscando maximizar seu bem-estar (seu interesse ou sua utilidade) racionalmente. Algo ainda melhor que o homem rousseauniano, pois desta feita o próprio contrato social torna-se supletivo: devemos estar inteiramente livres, porque assim faremos o que é naturalmente bom – sermos racionais e razoáveis.

mais do que a satisfação do seu próprio interesse e que não há outro objetivo legítimo para o Estado ou para as sociedades senão assegurar a maior felicidade ao maior número" (Caillé, 2009, p. 19). Deve-se reconhecer o utilitarismo como uma das mais atraentes visões do ser humano. Se lhe faltavam bases antropológicas consistentes, sobravam-lhe razões, intelectuais e práticas, para triunfar.

O fracasso do programa desenvolvido com tais premissas, para efeitos de Felicidade, pode ser atribuído a suas falhas e contradições. A ênfase inexoravelmente dada ao pilar da ciência aplicada, da técnica e da produção econômica, com sua indissociável normatividade utilitarista, deformou mais ainda o modelo, engendrando diretivas inconciliáveis na cultura e na vida prática: devemos ser utilitaristas, oportunistas, empreendedores, mas também altruístas e responsáveis e ainda saber aproveitar as benesses do progresso, dando vazão a nosso hedonismo. Isolando as pessoas ("amigos, amigos, negócios à parte") e promovendo sociabilidades pobres, esse estado de coisas traiu as promessas civilizatórias de bem-estar e de um futuro melhor.

Ademais, os hipotéticos benefícios desse modelo se mostram cada vez menos generalizáveis em escala global. Além de ser a cada dia menos sustentável ambientalmente, os países periféricos e os pobres chegaram irremediavelmente atrasados à festa. Na divisão mundial e nacional do trabalho, toca a eles cumprirem uma funcionalidade estrutural subserviente, como sublinhava Bertrand Russell já em 1932, concluindo acerca dos engodos impingidos aos trabalhadores: "A concepção do dever, historicamente falando, tem sido um meio usado pelos detentores do poder para induzir os outros a viverem mais para os interesses dos seus patrões que para os seus próprios". Assevera ainda: "A moralidade do trabalho é a moralidade dos escravos e o mundo moderno não tem necessidade de escravidão humana. [...] Somente um ascetismo insensato nos faz continuar e insistir em que se deva trabalhar, excessivamente, agora que esta necessidade não existe" (Russel *apud* Oliveira, 2001, p. 40-43).[15]

Falha nos seus próprios termos, a proposta não cumpre o que promete. Ela cria miragens no deserto, oásis de Felicidade inalcançáveis, até mesmo para os afortunados ganhadores de loteria, que após a euforia inicial regressam ao padrão médio de satisfação dos comuns mortais

[15] Fonte original: RUSSELL, 1957.

(GIANNETTI, 2002, p. 92). Ora, quem precisa esforçar-se muito mais, mesmo que apenas por migalhas, tem motivos para relutar, para não jogar todas as suas fichas no pôquer da mobilidade individual, para suspeitar de armadilhas. Renunciar aos laços sociais é um alto preço, impõe manobras na contramão da experiência e da intuição, sobretudo quando se assiste à desabalada do "carro de Jagrená" (GIDDENS, 1991, p. 140),[16] quando se vê e se vive um estado de angústia psicológica provocada pela "doença de futuro" (MORIN; KERN, 1995, p. 82), na busca da felicidade instantânea, na "corrida armamentista do consumo" e no livre curso dado à "onipotência e tirania dos desejos" (GIANNETTI, 2002, p. 39 *et passim*).

Pois bem, minha hipótese geral diante desse quadro consiste em dizer que a economia solidária afasta-se diametralmente desses caminhos ou ao menos evita algumas pedras em falso, algumas armadilhas. Ela é capaz disso por três razões: a) é obra de indivíduos com um lastro pronunciado de experiências associativas, com um espírito coletivo de raízes comunitárias ou classistas. Seus protagonistas preferem compartilhar um estilo de sociabilidade mais densa, são portadores de um *éthos vinculante*; b) esses indivíduos assim predispostos, bem como outros que acorrem por variadas razões à economia solidária, experimentam na própria carne a nossa condição humana de interdependência. As contingências que pesam sobre os pobres são certeiras, não dão margem a tergiversar; c) uma vez continuada e vivida, a práxis da economia solidária propicia novos exercícios, aprimoramentos, criações e, em meio a tudo, uma tomada de consciência dessa condição humana e do valor daquelas predisposições, revitalizando o círculo em que se cultivam os laços sociais.

Podemos mirar isso ao revés: quanto mais tais requisitos forem atendidos, em termos das disposições iniciais e da experiência coletiva em que os indivíduos se engajam, mais a economia solidária vai longe. Ela se vale dos laços sociais, neles aposta e a partir deles descortina outros horizontes de vida e outros entendimentos sobre a Felicidade. Não é um milagre altruísta, mas nada tem de trivial (GAIGER, 2004).

O lastro cultural que estimula providencialmente certo distanciamento das vias ordinárias da Felicidade não é algo novo. Ao contrário, os modos de vida correspondentes são antigos e disseminados, calando

[16] Giddens propõe essa imagem – de uma máquina em movimento de enorme potência, que conseguimos guiar apenas até certo ponto, podendo então descontrolar-se, espatifar-se – como metáfora da experiência da modernidade.

mais fundo na história dos povos do que o império do interesse individual. Veja-se a reiteração da lógica de reciprocidade ao longo dos tempos, trazida à luz especialmente por Mauss (1974) e Polanyi (2012), entre muitos outros. Ao contrário do que se possa imaginar, a expressão "trabalho associado" antecede tudo o que se diz hoje sobre a economia popular e a solidariedade. Ela já fora empregada em 1975 no clássico estudo de Antonio Candido, ao examinar as refinadas estratégias do caipira paulista para lograr sua estabilidade social e ecológica diante de uma sociedade em mudança, na qual os atos de se integrar e se sujeitar eram equivalentes. Ponderando os seus espaços de ação, preservando equilíbrios mínimos, recusando a lógica dos fazendeiros, rejeitando as formas mais produtivas e exaustivas de trabalho, o caipira se beneficiou da "desnecessidade de trabalhar" e manteve seu apreço pelo tempo livre, dedicado ao lazer, às festas e celebrações, e ao cultivo de relações. Preferindo até a indigência à dependência servil, essa personagem preservou sua identidade cultural e prolongou seu modo de vida (Oliveira, 2001, p. 209-17).[17] As vertentes socioculturais de segmentos expressivos da economia solidária, como produtores familiares, operários, moradores de bairros, populações tradicionais, não destoariam disso, mas tampouco faltam exemplos de união na própria luta de resistência, mesmo em setores sem referências comuns ou em ambientes de individualismo aparentemente exacerbado. Um caso emblematicamente simbólico, no coração da metrópole e contra seus poderes, culminou na criação de uma cooperativa de vendedores autônomos no Parque Ibirapuera, em São Paulo, fato registrado em livro lançado no próprio Colóquio do Nuspi em que apresentamos este trabalho (Dallari, 2012).

O que fazem os trabalhadores protagonistas da economia solidária? Eles aderem com cautela ao projeto moderno de bem-estar e Felicidade, mas ficam em posição recuada, sem colocar os dois pés. Com isso, adotam um *estoicismo salutar*, enquanto evitam o beco sem saída do *primitivismo*, da mera recusa a tudo o que é moderno. Ao mesmo tempo, preservam outros valores e outros sistemas de vida, recusando-se a permutá-los pelas benesses de um grau de civilização superior, ilusório e, como parece dizer sua intuição, inalcançável.

[17] Fonte original: CANDIDO, 1975.

## Trocando em miúdos

Por que meios, sendo possível precisá-los, a opção pelos laços sociais traz benefícios à Felicidade, no caso que estamos a examinar? Como não dispomos de uma teoria já constituída sobre as relações entre laços sociais e Felicidade, que bastaria aplicar à realidade que nos interessa, a solução é satisfazermo-nos com alguns desdobramentos da hipótese geral, essencialmente por meio de contrapontos com o que se diz sobre quem procura se sair bem com o modelo "faustiano" de Felicidade (Giannetti, 2002). Façamos essa análise por contraste, em cinco pontos.

*Primeiro*: a opção pelos laços sociais, pela busca de uma vida significativa e gratificante por meio do cultivo de vínculos, escapa à lei do "retorno marginal decrescente" intrínseca à busca da Felicidade por meio da aquisição de bens. O que indicam as inúmeras pesquisas sobre renda, nível de consumo e Felicidade é que o crescimento dos recursos econômicos, nos moldes em que ocorre, resulta em soma nula ou decrescente em termos de "renda psíquica", ou grau de satisfação subjetivo. No plano individual, o prazer propiciado por novos consumos rapidamente se exaure, satura, perde o seu efeito sobre a sensação de bem-estar, impondo esforços e investimentos incessantes, que voltam a alimentar a indústria do consumo. Tentativas de subir na vida empatam ou perdem para o esforço sucessivamente despendido, aliado ao fato de que, se muitos sobem, as recompensas encolhem, já que o meio para adquirir bens é o salário, e este se deprime cada vez que não apenas alguns, mas muitos que o disputam exibem novas credenciais. O desgaste emocional causado por tudo isso deteriora a mesma "renda psíquica" que se buscou elevar. Seus incrementos se tornam efêmeros (Giannetti, 2002, p. 117).

Quando a Felicidade depende de interações sociais, tem a vantagem muito familiar a quem desfruta de relacionamentos afetivos positivos, seja com um par, um filho ou mesmo um animal de estimação: seres vivos, ao interagirem, demonstram a propriedade de renovar e enriquecer continuamente as relações, mantê-las abertas, desafiantes, surpreendentes, capazes de propiciar satisfações novas. Elas produzem uma mais-valia de renda psíquica sem que o seu preço se eleve com isso e agem bilateralmente, nos dois sentidos. Proporcionam momentos de fortuna que não dependem da riqueza material, mas da arte das relações; não se desgastam com o tempo, mas, ao contrário, fortalecem-se. A cada aniversário de um empreendimento solidário, mais há a comemorar, mais os olhos brilham.

*Segundo*: a economia solidária protege as pessoas do conto da "renda psíquica relativa", isto é, de um grau suplementar que alcançariam não pela satisfação de suas necessidades ou aspirações básicas, mas por se destacarem dos demais, por seu status superior (Giannetti, 2002, p. 78-80). Afora o fato de que os investimentos são tendencialmente maiores e que tal estratégia é abertamente competitiva, reclamando as devidas competências e predisposições, a disputa por status tem o grave inconveniente de apenas resultar em vantagens para os primeiros, ainda assim por pouco tempo. Quando muitos adquirem os signos do status cobiçado, o efeito comparativo se anula. Ao contrário da renda absoluta, decorrente da satisfação de necessidades básicas, "a renda relativa jamais poderá melhorar *para todos ao mesmo tempo*. [...] Na competição por status, [...] o sucesso de alguns é, por definição, o fracasso da maioria" (Giannetti, 2002, p. 79-80).

Pode-se sustentar que os empreendimentos solidários sejam via de regra um instrumento de inserção laboral, geração de renda e proteção contra a insegurança e o desalento. Modestamente, oferecem amparo e ganhos de renda psíquica absoluta, fato especialmente significativo para as faixas de menores rendimentos econômicos, cujo bem-estar subjetivo depende da garantia dessas condições mínimas. Ao mesmo tempo, sua estrutura coletiva tende a afastar motivações ligadas à diferenciação e à promoção individual, por razões morais e igualmente por ser esse comportamento pragmaticamente consistente com os fatos: salvo em casos de mobilidade ascendente fora do ordinário, portanto fora de cabimento, ganhos econômicos suplementares já não causam efeitos psíquicos significativos. Não se deve e não vale a pena brigar para se destacar do grupo, sobretudo quando as conquistas dependem dele.

*Terceiro*: a cultura popular, em suas feições solidárias, possui antídotos contra a "tentação faustiana" da Felicidade moderna. Uma das conclusões dos estudos é que "uma vez resolvidas certas carências básicas ligadas a bens de primeira necessidade, o desafio da Felicidade se torna muito mais uma questão de psicologia e de ética do que propriamente de economia" (Giannetti, 2002, p. 94). Questões dessa natureza se resolvem a partir da experiência social vivida e das referências culturais que ela proporcionou. Ora, o sentimento comum aos trabalhadores é de pertencerem a um grupo constituído por indivíduos semelhantes, pouco sujeito a diferenciações. A constatação de estar no mesmo barco (ou nos mesmos *aviões*) nutre o calor humano e o ambiente de camaradagem. "A solidariedade é reforçada pelo fato de que muito poucos terão a ocasião de abandonar a classe" (Hoggart *apud* Oliveira, 2001, p. 180).[18] Mais do que apelos morais propriamente, é o senso prático que leva a repelir expectativas individualistas, pois tentativas bem-sucedidas dessa monta constituem a exceção, ao passo que seu malogro não é infrequente. Assim, diante de tentações, é mais racional certa resignação, pois evita riscos e perdas prováveis, além de compensar as renúncias com um maior domínio sobre as condições de vida e sobre o que importa, como o tempo mínimo a ser dedicado ao convívio humano. A economia solidária, a rigor, apenas instila ou reforça nos indivíduos preferências consistentes com esse lastro cultural, quer espontâneo, quer forjado em envolvimentos comunitários ou associativos.

*Quarto*: a economia solidária introduz freios inibitórios à corrida individualista pelo bem-estar, somados a estímulos e gratificações de ordem inversa, de tal forma que seus protagonistas correm menos riscos de sucumbir nas engrenagens do "moinho satânico" (Polanyi, 2000, p. 94-95) que converte impiedosamente a atividade humana (bem como a natureza e o próprio dinheiro) em mercadorias. Veladamente ou não, a moral reinante na economia solidária desencoraja o consumo conspícuo e o exibicionismo, bem como quaisquer outras manifestações materialistas e individualistas. Ideais de igualdade, fraternidade e responsabilidade são contrapostos, como diretivas e chaves hermenêuticas dos eventos que se sucedem na odisseia cotidiana de "nadar contra a corrente", revestindo-a de simbolismos e sentidos transcendentes.

Todos já estiveram ou conhecem o outro lado, sabem que seu lugar no cruzeiro da Felicidade é a casa das máquinas. Tais convicções, mesmo intuitivas, são esclarecidas e reforçadas por uma nova práxis de relações, de comunhão, cujas recompensas, à medida que se materializam, tornam ainda mais sem propósito abraçar um modelo civilizatório que onera o ser humano, sua alma, e sintomaticamente "provoca certa perda de vigor dos afetos e da alegria espontânea de viver" (Giannetti, 2002, p. 103). É indiscutível que os empreendimentos solidários se deparam

[18] Fonte original: HOGGART, 1975.

com inúmeras carências e exigem por vezes um esforço sobre-humano. Mas que vantagens haveria do outro lado? Recordando apenas um aspecto essencial: na sociedade movida pelo capital, o excesso de trabalho imposto aos pobres é constantemente absorvido por quem os emprega, mantendo-os sempre produtivos e, ao mesmo tempo, descartáveis. Russell (2005) já advertia em 1918: quanto mais trabalham, mais os trabalhadores selam sua infelicidade.[19]

*Quinto*: o ambiente da economia solidária, sendo grupal e fundado na livre adesão, favorece uma nova orientação de valores e preferências. Os indivíduos sabem que sua experiência pessoal é limitada; por isso, é importante confiarem no grupo para formularem ou validarem o seu julgamento. Um grupo de confiança é vital para que haja aprendizado e reeducação, já que tais processos alteram as convicções anteriores por vezes arraigadas, além das próprias bases de julgamento. Como pontua Kurt Lewin (*apud* Oliveira, 2001, p. 200):[20] "Unicamente com ancorar sua própria conduta em algo grande, substancial e supraindividual, como a cultura de um grupo, é que o indivíduo pode estabilizar suas novas crenças o suficiente para mantê-las imunes de flutuações diárias de estados de ânimo e de influências a que ele está sujeito como indivíduo".

Para o mesmo autor, um fator da maior importância quanto a provocar uma mudança de sentimento é o grau com que o indivíduo se envolve ativamente nos problemas. É igualmente relevante que exista uma "atmosfera de informalidade e liberdade de escolha" (Lewin *apud* Oliveira, 2001, p. 205), e não de coerção, de modo que o indivíduo sinta o novo conjunto de valores como algo genuinamente seu. Tanto mais porque aceitar um novo sistema de valores e crenças não decorre de uma adesão gradual, ponto por ponto, mas de uma mudança mais profunda, de um sentimento de urgência que predispõe com ansiedade a uma atitude de espírito aberto, receptivo. Todos esses elementos são favorecidos quando existe o sentimento de pertencer a um grupo, cujos membros tenham a oportunidade de descobrir por si mesmos fatos antes rejeitados. "A aceitação do novo sistema liga-se à aceitação de um grupo específico, de um determi-

[19] É interessante consultar desse autor: *The Conquest of Happiness* (RUSSEL, 2006).

[20] Fonte original: LEWIN, 1978.

nado papel, de uma fonte definida de autoridade como novos pontos de referência" (Oliveira, 2001, p. 208).

Os ambientes propiciados pela economia solidária demandam dos indivíduos uma atividade contínua, em que engajam sua reflexividade e seus sentimentos. Promovem valores positivos, protagonizam experiências gratificantes, fundamentam a convicção de se buscar o bem, empregando os bons meios. "Nesta teia, forçosamente também dinâmica e contraditória, cada qual tende a interiorizar a ideia de que a liberdade de ação individual não pode ser ilimitada e irrestrita se, para além, existe um projeto mais generoso, visualizando a possibilidade de que todos possam crescer na solidariedade" (Oliveira, 2001, p. 16).

A propósito das finalidades de um "projeto mais generoso", Gianetti lembra oportunamente como John Keynes considerava que a era da abundância não devia nos fazer confundi-la com o verdadeiro fim a ser almejado: a "arte de viver", mais do que a "arte de acumular", significando que doravante a humanidade passaria a se ocupar com questões primordiais, afetas ao sentido da vida e às relações humanas, deixando para trás o "detestável amor ao dinheiro" (Giannetti, 2002, p. 132). E Keynes prenunciava: "Mas serão aqueles povos, que puderem manter viva e cultivar com maior perfeição a arte da vida em si, sem venderem a si próprios para os meios materiais de vida, que serão capazes de desfrutar da abundância quando ela chegar." (Keynes, 1963, p. 368, tradução minha).[21]

## Considerações finais

O *povo* da economia solidária nem sempre está sorridente. Por vezes se mostra sério, constrito, acabrunhado. Sobretudo, não são bobos alegres. Ora, a sabedoria humana sempre afirmou que o método infalível para não atingir a Felicidade consiste em buscá-la incessantemente. É isso que o paradoxo dos egoístas infelizes ilustra, lembram Jacques Godbout (1998, p. 42) e as tantas pesquisas que evidenciam o desencontro entre riqueza, bem-estar e Felicidade. Num galpão de

[21] But it will be those peoples, who can keep alive, and cultivate into a fuller perfection, the art of life itself and do not sell themselves for the means of life, who will be able to enjoy the abundance when it comes.

reciclagem, na cidade de Rio Grande, no sul do Sul do nosso país, registrado em vídeo pelo celular de uma entrevistadora, assim se expressou um dos sócios daquele empreendimento, negro, fios brancos, gestos largos: "Tô aqui, com o pessoal, temos muito para fazer e melhorar, mas a gente não é mais olhada como bicho. Meu avô, escravo; eu, com trabalho e os colegas; meus filhos, na faculdade: como não vou estar satisfeito?".[22]

O Iluminismo, em seus desdobramentos utilitaristas, com sua premissa de resguardo da autonomia individual, condizente com a aspiração moderna de "ter liberdade para se liberar", conduziu toda e qualquer relação social a cingir-se à realização dos interesses individuais, obstando a continuidade do laço que momentaneamente se estabelece ao restringi-lo aos termos previstos pelo contrato (formal ou implícito) firmado entre as partes que transacionam. Antecipou o equacionamento da dívida ao regrar contratualmente tais compromissos e abominou a contração de relações que reproduzam ou extrapolem os laços iniciais. A opção pela solidariedade reflete um estado de consciência que detectou essa armadilha e ajuda a desvelá-la. Contra o caráter estático e monológico do utilitarismo, na sua apreensão das relações sociais, contrapõe a cooperação:

> O indivíduo só em longo prazo conseguirá assegurar a realização da sua utilidade, participando da construção e fortalecimento interno de estruturas, dentro das quais também outros percebem os seus interesses e em que podem ser equacionados possíveis interesses concorrentes. [...] A utilidade própria e a orientação por estruturas supraindividuais sempre devem ser conciliadas em novas perspectivas (Graf, 1997, p. 236).

Ao se ter em vista mais amplamente o desenvolvimento contemporâneo, em especial as áreas menos afetadas pelo domínio da lógica mercantil, a conclusão não é diferente:

22 As emoções suscitadas pelos encontros com personagens como essa e a beleza das fotografias tiradas durante a pesquisa pelos entrevistadores conduziram à elaboração de um álbum de imagens, *As faces da economia solidária no Brasil*, acessível no portal do projeto: <http://sies.ecosol.org.br/album>.

> As atividades econômicas não são motivadas apenas pelo interesse material individual ou corporativista. Muitas delas incluem também a preocupação com a satisfação das necessidades dos outros, ou com a manutenção do *laço social*. Nas sociedades rurais, trata-se da permanência de diversas formas de ajuda mútua agrícola e de associativismo ou das formas de manejo compartilhado de recursos naturais (águas, pastagens, terras, florestas, reservas extrativistas ou biodiversidade) e de bens em propriedade comum (infraestruturas ou equipamentos coletivos). Nos dispositivos partilhados de acesso, produção ou manejo de recursos comuns, não é possível dissociar a satisfação de necessidades econômicas da prioridade dada ao *laço social*, à relação humana de solidariedade e de preocupação com a satisfação das necessidades do conjunto da comunidade (Sabourin, 2011, p. 34, grifos nossos).

Se a vida humana depende primordialmente de vínculos, com a Felicidade não seria diferente. Um dos episódios mais emocionantes contados por Saint-Exupéry é a história do seu camarada Guillaumet, a quem dedicou o livro. Acidentado em pleno inverno nos Andes, Guillaumet passou dias e noites vagando pelas montanhas geladas, resistindo ao frio, à sonolência e à enorme vontade de deitar, dormir e nunca mais acordar apenas porque não queria agir como um covarde, já que sua mulher e seus companheiros certamente acreditavam que ele "continuava andando". No momento em que, caído numa vala, venceu os remorsos e resolveu entregar-se, consolou-se ao lembrar que seu seguro de vida ampararia sua mulher por viuvez, mas a seguir sobressaltou-se ao perceber que estava num lugar destinado a ser soterrado pela neve e a lama na primavera, ficando oculto para sempre e obrigando sua mulher a esperar quatro anos para receber a indenização, conforme a regra para a decretação de morte legal em caso de desaparecimento do corpo. Lutando para fazer o cérebro funcionar, viu um rochedo mais adiante, no qual seu corpo poderia ser avistado, soergueu-se e para lá marchou. Seguiu marchando, trôpego, até ser resgatado três dias mais tarde. Já salvo, quando as dores, os pesadelos e a insônia amainaram, declarou: "O que eu fiz, palavra que nenhum bicho, só um homem, era capaz de fazer..." (Saint-Exupéry, 2006, p. 40).

Somos inelutavelmente interdependentes, mas podemos, nós, escolher entre desconfiar ou confiar. No primeiro caso, marchamos para a solidão e para a guerra. No segundo, precisaremos de cuidado, dedicação, arte. Ao confiarem, os seres humanos criaram laços, geraram compromissos, sobreviveram e se multiplicaram, como nos ensina o magistral *Ensaio sobre a dádiva*, de Marcel Mauss. Assim, pudemos conjurar o mal maior, lembrado por Eduardo Suplicy, citando Confúcio, em vídeo alusivo ao I Seminário Intersetorial do NUPSI, em 2012: "pior que a pobreza é a incerteza".[23] Ajustando as condições objetivas, passo a passo, às suas disposições subjetivas para confiar, aprumando-as e reafirmando-as, diante das piores adversidades os seres humanos já não se espantam, pois, como pontua Saint-Exupéry, ainda a propósito de Guillaumet, "uma vez no centro do perigo, os homens não se horrorizam mais. Só o desconhecido espanta os homens. Mas para quem o enfrenta, ele cessa de ser desconhecido" (Saint-Exupéry, 2006, p. 41).

## Referências

ARNSPERGER, Christian; VAN PARIJS, Philippe. *Éthique écnomique et sociale.* Paris: La Découverte, 2000.

BAUDRILLARD, Jean. *La Société de consommation.* Paris: Denoël, 1970.

BIERVERT, Bernd; WIELAND, Josef. Utilidade. In: ENDERLE, Georges *et al.* (Org.). *Dicionário de ética econômica.* São Leopoldo: Ed. da Unisinos, 1997. p. 645-646.

CAILLÉ, Alain. Antiutilitarismo. In: CATTANI, Antônio David *et al. Dicionário internacional da outra economia.* Coimbra: Almedina, 2009. p. 16-20.

CAMARGO, J. J. Outras caras da solidão. *Zero Hora*, 21 set. 2013. Vida. Disponível em: <http://goo.gl/SRFwf>. Acesso em: 28 mar. 2015.

CANDIDO, Antonio. *Os parceiros do Rio Bonito.* 3. ed. São Paulo: Duas Cidades, 1975.

CASTORIADIS, Cornelius. *Démocratie et relativisme: débat avec le MAUSS.* Paris: Mille et Une Nuits, 2010.

DALLARI, Mônica. *Cooperativa: o passo a passo de uma história de sucesso.* Rio de Janeiro: Elsevier, 2012.

DAMÁSIO, António. António Damásio palestra sobre a compreensão das emoções. *Zero Hora*, 17 maio 2013. Entrevista concedida à revista *Fronteiras do Pensamento.* Disponível em: <http://goo.gl/HVc9zs>. Acesso em: 28 mar. 2015.

DAMÁSIO, António. *O erro de Descartes: emoção, razão e o cérebro humano.* São Paulo: Companhia das Letras, 1996.

[23] Fonte: <http://vimeo.com/44841122>.

GAIGER, Luiz. A racionalidade dos formatos produtivos autogestionários. *Revista Sociedade & Estado*, Brasília, v. 21, n. 2, p. 513-44, 2006.

GAIGER, Luiz. *Agentes religiosos e camponeses sem terra no sul do Brasil: quadro de interpretação sociológica*. Petrópolis: Vozes, 1987.

GAIGER, Luiz. As condições socioculturais do engajamento no MST. *Revista Sociedade e Agricultura*, Rio de Janeiro, IV, p. 70-92, 1999.

GAIGER, Luiz. Culture, religion et praxis socio-politique: la pastorale de libération et le mouvement des sans-terre au Brésil. Tese de Doutorado em Sociologia. Université Catholique de Louvain (Bélgica). 1991.

GAIGER, Luiz. Relações entre equidade e viabilidade nos empreendimentos solidários. *Lua Nova*, n. 83, 79-109, 2011.

GAIGER, Luiz (Org.). *Sentidos e experiências da economia solidária no Brasil*. Porto Alegre: Ed. da UFRGS, 2004.

GAIGER, Luiz; CORRÊA, Andressa. A História e os sentidos do empreendedorismo associativo. *Otra Economía: Revista Latinoamericana de Economía Social y Solidaria*, v. 4, n. 7, p. 153-176, 2010.

GIANNETTI, Eduardo. *Felicidade: diálogos sobre o bem-estar na civilização*. São Paulo: Companhia das Letras, 2002.

GODBOUT, Jacques. Introdução à dádiva. *Revista Brasileira de Ciências Sociais*, v. 13, n. 38, p. 39-51, 1998.

GRAF, Friedrich. Egoísmo. In: ENDERLE, Georges *et al.* (Org.). *Dicionário de ética econômica*. São Leopoldo: Ed. da Unisinos, 1997. p. 233-236.

GIDDENS, Anthony. *As consequências da modernidade*. 2. ed. São Paulo: Unesp, 1991.

HOGGART, Richard. *As utilizações da cultura*. Lisboa: Presença, 1975.

KEYNES, John. *Essays in Persuasion*. New York: W. W. Norton & Co., 1963.

KÜLP, Bernhard. Bem-estar, prosperidade. In: ENDERLE, Georges *et al.* (Org.). *Dicionário de ética econômica*. São Leopoldo: Ed. da Unisinos, 1997. p. 38-40.

LANE, Robert. *The Loss of Happiness in Market Democracies*. New Haven; London: Yale University Press, 2000.

LATOUCHE, Serge. Convivialidade e decrescimento. *Cadernos IHU Ideias*, São Leopoldo, v. 10, n. 166, 2012.

LATOUCHE, Serge. O decrescimento como condição de uma sociedade convivial. *Cadernos IHU Ideias*, São Leopoldo, v. 4, n. 56, 2006.

LEWIN, Kurt. *Problemas de dinâmica de grupo*. 3. ed. São Paulo: Cultrix, 1978.

MAUSS, Marcel. *Sociologia e antropologia*. São Paulo: Editora Pedagógica e Universitária, 1974. 2 v.

MORIN, Edgar; KERN, Brigitte. *Terra-pátria*. Porto Alegre: Sulina, 1995.

OLIVEIRA, Paulo (Org.). *O lúdico na cultura solidária*. São Paulo: Hucitec, 2001.

POLANYI, Karl. *A grande transformação: as origens da nossa época.* 2. ed. Rio de Janeiro: Campus, 2000. 349 p.

POLANYI, Karl *et al. Textos escogidos.* Buenos Aires: Altamira, 2012. 350 p.

RUSSELL, Bertrand. *Caminhos para a liberdade: socialismo, anarquismo e sindicalismo.* São Paulo: Martins Fontes, 2005.

RUSSELL, Bertrand. *Elogio do lazer.* São Paulo: Companhia Editora Nacional, 1957.

RUSSELL, Bertrand. *The Conquest of Happiness.* London: Routledge, 2006.

SABOURIN, Eric. Teoria da reciprocidade e sócio-antropologia do desenvolvimento. *Sociologias*, v. 13, n. 27, p. 24-51, 2011.

SAHLINS, Marshall. *Sociedades tribais.* Rio de Janeiro: Zahar, 1970.

SAINT-EXUPÉRY, Antoine de. *Terra dos homens.* Rio de Janeiro: Nova Fronteira, 2006.

SEN, Amartya. *Sobre ética e economia.* São Paulo: Companhia das Letras, 1999.

TUMA, Rogério. O que te faz feliz? *Carta Capital*, 24 jun. 2012. Saúde. Disponível em: <http:goo.gl/cNCMvs>. Acesso em: 28 mar. 2015.

ULRICH, Hans. Utilitarismo. In: ENDERLE, Georges *et al.* (Org.). *Dicionário de ética econômica.* São Leopoldo: Ed. da Unisinos, 1997. p. 646-647.

# A invenção e a herança: notas preliminares para uma universidade aberta

Diego Tatián
Tradução de Cristina Antunes

## I

Pensar a relação entre o conhecimento e a política remete a um dos nós centrais que se alojam em toda a sociedade humana e que assumem especial dramaticidade nos momentos em que uma coletividade se acha afetada por um processo de transformações profundas. No século XX, tanto o nazismo quanto o estalinismo desencadearam experiências de politização da ciência, subvenções do saber ao poder que deram lugar a expressões como "ciência ariana" ou "ciência proletária", para levar adiante uma batalha contra as formas "judia" ou "burguesa" de conceber o mundo. Correlativamente, a universidade ali permanecia subordinada ao Estado como instrumento ideológico na tarefa de produzir uma nova sociedade.

A tradição ilustrada, por sua vez, cunhou a noção de "autonomia" e, com base nela, uma maneira de entender a universidade que tem seu texto canônico em *O conflito das faculdades*, de 1798, onde o velho Kant postulava a liberdade irrestrita na indagação filosófica, subtraída por sua própria natureza a toda forma de censura exercida a partir do poder político (da qual ela própria havia sido objeto poucos anos antes), e concebia a Faculdade de Filosofia – que na sua época era muito mais extensa do que a disciplina filosofia e abarcava mais ou menos o que hoje chamamos de ciências sociais –, em analogia com a Assembleia Nacional de 1789, como "a ala esquerda no Parlamento da ciência" (Kant, 1992, p. 17).

Com referência à liberdade para pensar e produzir conhecimento, a noção de autonomia teve um grande desvio de curso na história até chegar à revolta estudantil de 1918 e se converter no próprio coração da universidade reformista latino-americana. Que estatuto reveste esse conceito na atualidade? O que pode querer dizer, por outro lado, que as universidades são "nacionais"? Este último ponto não poderia somente significar que os recursos que a sustentam provêm dos cofres públicos, nem o conceito de autonomia poderia equivaler a uma imunização a respeito dos dramas sociais nos quais a universidade se acha necessariamente inscrita.

No mais, a expressão "universidade nacional" encerra uma fecunda contradição entre os termos, pois significa o mesmo que dizer *universalidade nacional*. Interessa muito preservar essa tensão, em que um dos conceitos potencia o outro. Interessa muito, então, não liquidar a complexidade oculta nessa expressão e estar disposto a um pensamento que inclua todas as mediações que sejam necessárias, assim como a sua composição em um internacionalismo afirmativo e alternativo à atual lógica supranacional do capitalismo, que procura inscrever a educação no circuito do consumo à distância, como qualquer mercadoria.

Igualmente, a ânsia por uma universidade popular, além de pública, incorpora-se à eclosão de outros direitos civis, sociais, econômicos ou sexuais que se verificam na Argentina e em outros países da América Latina como nunca antes em sua história, o que Eduardo Rinesi chama de "direito à universidade" (Rinesi, 2012, p. 10 e ss.), para cuja implementação deverão ser criadas as condições materiais – não apenas as garantias formais – que permitam o gozo do conhecimento e a apropriação das universidades por setores populares até agora dela excluídos.

Se bem que a democratização do ingresso e a permanência resultem cruciais para uma universidade autoconcebida como bem público, capaz de detectar e enfrentar formas elementares de discriminação em direção ao interior, tanto como de desmontar pelo pensamento formas mais sofisticadas que se amparam na ideologia do mérito – palavra que, no geral, só traveste o ingresso econômico –, e se bem que a implementação de políticas de retenção que minimizem as desigualdades transmitam uma grande importância institucional, qualquer passagem pelas aulas de cidadãos que, por razões diversas, não podem permanecer nelas até concluir seus estudos redunda em uma maior qualidade da sociedade civil. As linguagens e os saberes ali obtidos – por mais fragmentários que possam ser – impactam de modo diverso na opinião pública, nos circuitos laborais, nas inumeráveis decisões políticas que são tomadas no interior de um coletivo social. E, sobretudo, voltam mais livres as pessoas que, embora fugazmente, puderam ascender aos estudos universitários.

Tudo isso, por sua vez, suporia uma cultura de autoavaliação complexa, em ruptura com a requerida pelo mercado transnacional dos saberes, que estabelece como critério decisivo de sobrevivência acadêmica, tanto de docentes como de universidades, a quantidade de publicações em revistas destacadas pelo index. Requer, com efeito, uma liberdade – mais que um complexo de inferioridade – a respeito dos indicadores em virtude dos quais se costuma estabelecer o *ranking* de universidades – em geral os mesmos que as universidades periféricas introjetaram em seu interior para a avaliação de seus docentes.

O desinteresse pela democracia social implícito no modelo de universidade que busca impor o mercado educativo global – segundo o qual é o próprio mercado a única dimensão pública legítima que concerne à universidade – se articula, desse modo, a um desmantelamento da universidade democraticamente organizada; da universidade como invenção democrática na qual docência, pesquisa e extensão não se acham alienadas do próprio governo e das decisões acerca da orientação que deve seguir tudo o que a universidade pensa e produz.

A imposição do paradigma neoliberal aprofunda a cisão entre as atividades consideradas específicas do conhecimento e sua transmissão, por um lado, e sua gestão institucional, por outro; uma desresponsabilização política da comunidade universitária, que deverá, de agora em diante, encomendar sua "administração" a gestores de recursos, humanos e financeiros, conforme um modelo de organização empresarial em que as funções se acham profissionalizadas: "separação estrita" – diz Boaventura de Sousa Santos – entre administração, de um lado, e investigação, de outro (Santos, 2005, p. 73).

Em ruptura com a captura do conhecimento pela mercadoria e com as relações sociais que comporta, a universidade e o direito a ela não renunciam a nenhum dos termos mencionados anteriormente: pública, universal, nacional, internacional, autônoma, popular..., ao contrário, conjuga-os sem cair em tentações sacrificadoras. Não entrega a ideia de autonomia, preserva-a e a reinventa como capacidade de afetar e ser afetado, como exercício coletivo de uma liberdade positiva, como república de razões e reino da crítica, nunca como mero resguardo de interferências sociais nem como assepsia que mantém uma nobreza acadêmica a salvo das borrascas da história. Autonomia não é autismo. Autonomia não é tocar a lira enquanto Roma arde, sem saber que Roma arde e sem saber – o que é ainda pior – que se toca a lira. Autonomia não equivale a soberania nem converte a universidade pública em um império dentro de outro império.

Recuperar o conceito de autonomia e disputá-lo com o liberalismo (o "liberalismo" preferivelmente) acadêmico – que o malversou, convertendo-o em uma pura heteronomia do mercado e em um sistema autorreprodutivo de privilégios – reassegura à universidade a *Politisierung*, ao mesmo tempo que lhe permite assumir de maneira lúcida e explícita o conteúdo político que contém sempre a enunciação de novos significados, a produção de saberes e de intervenções públicas.

A universidade como atenção à vida não universitária e a experiências que têm lugar na margem de seu âmbito dota a autonomia de uma "heterogeneidade" irredutível a heteronomias (profissionalizantes, empresariais ou estatais) que pudessem vulnerar sua liberdade de intervir, de transformar e de pensar. O adjetivo "heterogênea" busca designar aqui uma universidade sensível a uma pluralidade intelectual, estética e social de que tira seus objetos e pela qual se deixa afetar.

Assim compreendida, a heterogeneidade universitária reconhece uma responsabilidade que se exerce como resistência à imposição de uma língua única, ou melhor ainda: ato de invenção na língua e no saber (imaginação de saberes "improdutivos" no sentido marxiano do termo, produção científica que não pode ser objeto de apropriação pelo capital...) que permite subtrair o estudo, o produto do estudo, a forma de vida dedicada ao estudo, da "ciência politizada" que impulsionam os grandes centros de financiamento e os organismos internacionais de crédito como se se tratasse de uma pura neutralidade.

Porém, além disso, admite em sua própria reflexão a tarefa paradoxal acerca de "como falar não universitariamente da universidade" – segundo a expressão do filósofo chileno William Thayer – que acompanha, necessariamente, a interrogação acerca do modo e da possibilidade de um pensamento e um poder instituidores orientados a uma reinvenção (Thayer, 2001. p. 50). O que não equivale, em absoluto, a constituir a universidade como objeto de uma disciplina específica de estudos universitários, segundo se desenvolve atualmente com particular intensidade. A pesquisa universitária sobre a universidade (que se expressa hoje em um crescente número de colóquios e publicações) corre o risco de um cancelamento de todo conflito das faculdades em favor de uma homologação disciplinar puramente instrumental, que nada tem a ver com um anseio de universidade e que prescinde da interrogação do saber e seus sentidos, pelas condições de um saber do saber.

Conforme essa acepção que põe em prática uma contiguidade do conhecimento e da vida, "autonomia heterogênea" equivale a dizer que a universidade não é instrumento nem objeto de poderes que são exteriores a ela (entre os quais os do mercado são os que mais ameaçam reduzi-la a uma simples estrutura prestadora de serviços e de insumos), mas sim sujeito cuja vitalidade crítica conjuga conhecimento e investigação pela justiça, e cuja indagação do livro do mundo a partir de uma encruzilhada universal e local, sensível à irrupção de direitos desconhecidos, mantém aberta a questão democrática – que não é preciso dizer pela simples vigência de um estado de direito e que requer a autoinstituição ininterrupta de uma vontade coletiva e de uma inteligência comum.

## II

Há muitas décadas, "universidade pública" é a palavra de ordem que organiza a militância em torno da necessidade de sua "defesa", ao mesmo tempo que compete por seu conteúdo. Particularmente, durante os anos 1990, o espaço público universitário foi objeto de conflitos internos e externos para sua conversão em uma pura entidade prestadora de serviços e sua submissão ao paradigma da empresa.

No entanto, a herança do trabalho intelectual e político de muitas gerações soube se "defender" de sua má administração e conseguiu – ao menos em boa parte – se preservar de ser capturada pelo reino da mercadoria, que estabelece a avaliação das vidas e das trajetórias acadêmicas, das ideias e dos conhecimentos, como o faz com qualquer outro objeto. A "defesa" que procura manter a universidade à distância da rentabilidade privada está destinada a ser contínua e sustentar renovadamente sua condição pública, sempre passível de perda.

Noção organizadora da universidade reformista latino-americana, a "autonomia" designa, ao mesmo tempo, a condição institucional que se define não só como autogoverno, mas também como potência produtiva de saberes deslocados do império da mercadoria e como reino da crítica frente ao "desmonte" de linguagens, saberes e experiências que não querem ser reduzidos a uma simples equação custo/benefício. Por isso, defender a universidade pública de sua redução ao mercado único dos saberes equivale a afirmar sua autonomia.

Sem deixar de resguardar a universidade frente a um progresso reacionário que não só esvazia o conhecimento de sua orientação social, mas também aniquila memórias, histórias, vacilações próprias da forma de vida dedicada ao estudo, "improdutividades", o gosto pela especulação e pelas aventuras incertas do conhecimento que é o espírito do que chamamos "investigação", é necessário somar à sua "defesa" uma apropriação plural que a converta, efetivamente, em um *bem comum*. A conquista do comum se assenta, necessariamente, na defesa do público, mas inscreve ali a construção da universidade como "incubadora" de novas relações sociais. E dá novo significado à noção de autonomia, sem renunciar a ela.

Segundo a significação que lhe conferimos antes, a autonomia não é indiferença nem autorreferencialidade, e sim, mais propriamente, articulação, intervenção, abertura à não universidade, construção heterogênea, convergência política e cognitiva com movimentos sociais, hospitalidade em relação aos saberes populares, formação comum de redes contra-hegemônicas. Não clausura solitária, mas heterogeneidade solidária; *extensão em sentido contrário* – segundo a expressão de Boaventura de Sousa Santos – que incorpora saberes concebidos em outra parte e ideias cunhadas fora (para efeito de designar essa atenção rumo a saberes estranhos às rotinas acadêmicas, poder-se-ia criar aqui o conceito de "*intenção* universitária") para compor uma interpretação do mundo e uma conversação sobre todas as coisas à maior distância possível da heteronomia do capital e do mercado.

A "universidade comum" que resulta dessa "autonomia heterogênea", por sua vez, não repudia a implementação de políticas públicas que têm sua origem no Estado, naqueles casos e iniciativas institucionais que podem ser considerados formas de contrapoder e criação de igualdade; ao contrário ativa sua potência crítica – que é outro modo de não se desentender com o Estado e não abandoná-lo em suas fragilidades às investidas de poderes que o excedem – quando a igualdade e o contrapoder não são o que orienta a disputa pela lei e as decisões de políticas públicas, e sim, de preferência, a tolerância – ou a promoção direta de formas de acumulação que acarretam depredações ambientais ou sociais (agronegócios, megamineração, radicação de plantas de sementes transgênicas...) conforme um desenvolvimentismo unilateral e imediatista despojado de uma sabedoria das consequências.

Extensa e intensa, a universidade se abre, assim, a uma composição com heterogeneidades múltiplas à procura do comum – abre-se a uma comunidade dos diferentes. Como pensar o comum entre a universidade e os movimentos sociais? E também: o que é o comum entre as diferentes ciências e os diferentes movimentos sociais? Essa pergunta não propõe a descoberta do que as coisas distintas têm em comum, e sim uma exploração de algo que os diferentes *podem* em comum. Assim, o comum não é o que já foi dado do que se dispõe, mas sim o efeito de uma vontade de encontro – ou de uma abertura à aleatoriedade dos encontros – de um trabalho e uma conquista conjunta de ações e noções que precipitam uma convergência política; em outros termos: o comum é a conquista de uma autotransformação que engloba as identidades envolvidas pela elaboração conjunta de uma diferença e a criação de uma novidade.

A universidade comum e os movimentos sociais (que com uma pequena forçação na expressão poderíamos chamar também de "movimentos comuns") se propõem como laboratórios de novas liberdades e novas igualdades; como experimentação de relações sociais alternativas que desarticulem a separação usual do saber e o sentido do saber em favor de uma geração de comunidades contra-hegemônicas capazes de unir a busca do conhecimento e o anseio de transformação; capazes de constituir uma rede de intercâmbios de ideias e circulação de significados e uma convergência de potencialização conjunta que não ocorre sem um trabalho e sem a criação de novas instituições orientadas a abrigar uma conversação entre diferentes maneiras de falar e de interpretar o livro do mundo.

Quando se produz, essa novidade não é efeito de uma somatória de entidades incólumes, mas sim uma interpretação: uma hospitalidade dos movimentos sociais em direção à ciência e ao conhecimento produzido na universidade e, ao contrário, a *inclusão* – no sentido forte da palavra – de saberes não universitários no interior da universidade conforme uma cultura institucional que considere e promova a extensão em sentido contrário.

A conquista do comum requer uma tarefa de *tradução* – no sentido estrito de *trans-dução*: levar de um lado para outro – na qual sempre (como quando se leva de uma língua à outra) algo se perde para se ganhar muito. Nesse sentido, tradução não equivale a uma aplicação imediata de saberes provenientes de outro lado nem a uma recepção passiva de experiências, mas antes a uma *atividade* de compreensão e (auto)transformação. Essa atividade, política no sentido estrito, está destinada a ser interminável devido a uma característica opacidade do comum – que não é algo anterior ao que se refere nem um lastro com o qual se carrega, mas sim uma dimensão emancipatória por vir que não sucumbe às ilusões da transparência.

## III

Em diversos colóquios e encontros acadêmicos nos quais a universidade busca pensar a si mesma em suas rotinas de transmissão do saber e produção do conhecimento, pode-se corroborar um retorno da pergunta pela crítica, termo que designa a herança maior do projeto histórico, social e político que leva o nome de Ilustração.

Quando um conhecimento é crítico? Quando o trabalho com as palavras, os materiais e as ideias que chamamos investigação não prescinde de um conjunto de perguntas (cuja pertinência não tem por que ser considerada privativa das ciências sociais) que acompanham – e às vezes incomodam – a produção e a transmissão de conhecimentos: *Para quê? Para quem? Com quem? Quem o decide e por quê? A quem serve? Que interesse satisfaz? Contra quem pode ser usado?*

Quando se fala de crítica não se alude apenas a alguma incumbência exclusiva da filosofia, das humanidades ou das ciências sociais, mas também a novas linguagens e ideias que são capazes de conceber as engenharias; aos múltiplos saberes acerca da saúde e da enfermidade que a medicina encerra; a uma reflexão do mundo econômico capaz de desnaturalizar modelos que se apresentam como inevitáveis e necessários, e assim sucessivamente com as ciências naturais, o direito, a arquitetura...

Concebida desse modo, a crítica seria o acompanhamento do trabalho acadêmico e intelectual por uma reflexão acerca de seu sentido que, precisamente, resguarda o conhecimento de sua captura pelo mercado ou por poderes reais de qualquer índole – ou seja, resguarda-o das heteronomias que o politizam de fato, em favor de um compromisso social explícito e lúcido que, portanto, não diminui sua liberdade, e sim, ao contrário, expressa-a.

Diante do progressismo reacionário que hoje disputa o sentido do estatuto universitário, acusando de "conservadores" quem, de uma maneira ou outra, resiste à conversão da universidade em uma empresa de serviços, a interlocução com a história, a anamnese e a anacronia podem esconder um inesperado conteúdo crítico.

Nesse aspecto, uma universidade democrática mantém uma importante dimensão *conservacionista*, capaz de invocar conteúdos antigos em aliança com outros novos, contra o paradigma de uma eficiência definida em termos do mercado, que se busca fazer prosperar e naturalizar como pura preparação de serviços determinada pela demanda estrita – de consumidores, de empresas, de grandes capitais. Nisso, na encruzilhada crítica da memória e invenção, localiza-se talvez a maior contribuição democrática da universidade pública.

Uma tarefa de crucial importância sob essa mesma inspiração crítica é a recuperação do espanhol como língua do saber. O que equivale a promover não um provincianismo autoenclausurado e estéril, e sim *um universalismo em espanhol* que se acompanha com a aprendizagem de muitas outras línguas pra aceder a todas as culturas e entrar em interlocução com elas contra a imposição de uma língua única. O desenvolvimento do espanhol como língua do saber, do pensamento e do conhecimento acadêmico postularia um internacionalismo de outra ordem, confuso e não monolíngue, e requereria uma mudança radical em nossa cultura de autoavaliação universitária e científica.

Essa mudança pressuporia a decisão de não reduzir o propósito da atividade científica a uma comunicação de resultados em inglês para especialistas através de revistas – paradoxalmente chamadas de "alto impacto" – que, efetivamente, muitas vezes garantem a qualidade das publicações, mas também – sem sacrificar o contexto anterior, além disso – promover o espanhol como língua capaz de forjar conhecimentos e interpretar o mundo de maneira singular.

A tarefa de voltar ao espanhol, uma língua hospitaleira da ciência e uma ferramenta para sua transmissão, requer uma decisão política – da universidade, dos organismos públicos de pesquisa, mas também dos próprios pesquisadores cujo trabalho, de maneira explícita ou tácita, acha-se confrontado com questões políticas pela relação à língua. Tal opção não é permutável com um chauvinismo ressentido e autorreferencial, mas exatamente o contrário. Propor algo assim para a produção de conhecimento exige – certamente de maneira não diretamente traduzível – a experiência literária borgeana e a transformação na maneira de perceber o mundo dos argentinos depois dela.

Com efeito, a tarefa de explorar o espanhol em suas possibilidades ocultas e de tê-lo levado à sua expressão máxima não renuncia à sua colocação em interlocução com todas as línguas, mas, antes, a pressupõe. Entre o inglês da infância e o árabe que havia começado a estudar em Genebra pouco antes de morrer, Borges conjugou a língua dos argentinos com muitas outras, vivas e mortas, sem, não obstante, desconhecer que "um idioma é uma tradição, um modo de sentir a realidade, não um arbitrário repertório de símbolos".

O estatuto da literatura, das ciências, da arte e da filosofia não é uma questão menor na atual experiência latino-americana, que emerge finalmente como laboratório democrático cujo litígio central é a conquista da igualdade (não da chamada "igualdade de oportunidades", e sim da igualdade sem mais – cujo antônimo não é a diferença, mas a indiferença e o privilégio) e que constata uma irrupção de movimentos populares orientados a desativar o que Marilena Chaui chamou de "discurso competente", a ideologia da competência explicitada na chamada "sociedade do conhecimento", conforme a qual o conhecimento, convertido em uma mercadoria entre outras, determina-se como uma força produtiva de capital e o principal ativo das empresas.

Na "sociedade do conhecimento" as ideias "improdutivas" e o pensamento insubordinado da pura eficácia se acham "fora de lugar"; a ideologia que a sustenta é um progressismo tecnocrático conforme o qual nada – nada novo – poderia ou deveria suceder; um progressismo imune aos riscos e às implicações emancipatórias de um saber instituidor que pudesse "desalojar" o conhecimento instituído.

O discurso competente – a delegação das decisões políticas a "especialistas" e, em termos gerais, a subordinação da política à economia – pressupõe um saber alienado da vida coletiva, sua captura como propriedade privada e instrumento de dominação. A ideologia da competência (no duplo sentido do termo) pressupõe, pois, a própria destruição do princípio que afirma a comunidade do pensamento – o pensamento como lugar comum, a língua compartilhada como tesouro acumulado por muitas gerações de escreventes e de falantes, na qual encontrar palavras que nos permitam abrir a história, realizar descobrimentos, dizer coisas novas – e opera sua substituição pelo princípio oposto, que afirma a incompetência dos muitos e a competência especializada de uns poucos. Esse é um dos núcleos da despolitização neoliberal.

Contra o discurso competente, manter aberta a questão democrática na aventura latino-americana pressupõe uma reflexão sobre o saber – um saber das condições do saber – que reconhece a igualdade radical dos seres humanos como sujeitos capazes de ações e pensamentos.

A comunidade do pensamento (e se nos fosse permitido criar esse termo, o "comunismo do conhecimento") nada tem a ver, no entanto, com uma transparência dos significados nem com a impugnação ressentida de tudo o que não pode ser entendido por todos da mesma maneira. Tal ilusão de transparência não só é impossível, mas é, além disso, indício de uma pulsão anti-intelectual reacionária que censura a experimentação com a língua, com as formas e com as práticas. O comum não equivale ao sentido comum nem à opinião pública – que não obstante o adjetivo costuma ser privada, estar privada. O comum não aspira a um mundo da comunicação total.

Diríamos, de preferência, que se desenvolve paradoxalmente como a geração de muitas "línguas menores" abrigadas pelo espanhol, e também como resguardo de linguagens estanhas, não comunicativas nem argumentativas na conversação pública latino-americana dos seres humanos a respeito de si mesmos. O comum não é uniforme nem algo já dado, mas sim sempre uma conquista do saber, do pensamento, da arte e da política; um trabalho, uma aspiração, uma não transparência; o objeto de uma interrogação e de um desejo. O que já está sempre dado é, mais propriamente, a "opinião pública" – que Marx chamava de ideologia e que, antes, Espinosa chamou de superstição: ou seja, uma elaboração do medo que perpetua o que existe e perpetua o estado de coisas que o gera para assim bloquear qualquer transformação. O comum, pelo contrário, é o mais difícil e é o mais raro.

## IV

Universidade aberta, quer dizer: pública, universal, nacional, internacional, autônoma, popular, intensa, extensa, hospitaleira, comum, crítica, plural, transformadora, conservacionista...

Assim concebida, como autoinstituição democrática sempre por realizar, aberta a qualquer, para qualquer, de qualquer, evita, contudo, a tentação de totalidade que nada deixa em seu exterior. Universidade aberta não equivale a universidade obrigatória nem a universidade total, mas sim a: promessa de felicidade pela sabedoria em comum, reino da liberdade contíguo às necessidades da vida coletiva, ao alcance de quem quer que seja.

## Referências

CHAUI, Marilena. O discurso competente. In: *Cultura e democracia: o discurso competente e outras falas*. São Paulo: Cortez, 2006. p. 15-25

KANT, Immanuel. *La contienda entre las facultades de Filosofía y Teología*. Madrid: Debate, 1992.

RINESI, Eduardo. ¿Cuáles son las posibilidades reales de producir una interacción transformadora entre Universidad y Sociedad?. Buenos Aires: IEC; Conadu, 2012.

SANTOS, Boaventura de Sousa. *La universidad en el siglo XXI: para una reforma democrática y emancipadora de la Universidad*. Buenos Aires: Miño y Dávila, 2005.

THAYER, Willy. Universidad: saber crítico, producción, actualidad. In: NAISTHAT, Francisco; GARCÍA RAGGIO, Ana María; VILLAVICENCIO, Susana (Comp.). *Filosofías de la Universidad y conflicto de racionalidades*. Buenos Aires: Colihue, 2001. p. 49-55.

# Liberdade, felicidade e democracia em Espinosa

André Rocha

*E enquanto o pensamento delineia*
*Uma filosofia, o pão diário*
*A tua mão a labutar granjeia*
*E achas na independência teu salário.*
Machado de Assis, "Espinosa"[1]

O meu propósito aqui é contribuir para o debate sobre a relação entre felicidade e democracia, investigando significados éticos e políticos dos conceitos de felicidade e liberdade na filosofia espinosana. Liberdade e felicidade são indissociáveis na Ética, de Espinosa (2007): a felicidade não se realiza sem a liberdade, nem a liberdade sem a felicidade. Mas não só: liberdade e felicidade para um indivíduo só se realizam em sociedade, isto é, pela relação inter-humana com outros indivíduos e pela mediação das instituições sociais e políticas. Por essa razão, como veremos, a liberdade política propriamente dita, que para Espinosa só se realiza absolutamente na democracia, será pensada por sua imanência nas instituições, nos indivíduos e na forma como se realizam as relações sociais, isto é, na forma mesma da sociedade.

[1] O poema para Espinosa encontra-se em *Ocidentais*, o último livro de poesia de Machado (1994).

## A felicidade na ética antiga e na filosofia moral medieval

Na história da filosofia, a questão da *felicidade humana* é posta pela ética ao menos desde a Ética a *Nicômaco*, de Aristóteles. A ética é uma ciência prática[2] que trabalha sobre as ações humanas para realizar a felicidade. Para Aristóteles, a *felicidade* (*eudaiomonia*) é uma finalidade que se atualizaria a partir da atualização prévia das virtudes.[3] A atualização prévia das virtudes ocorreria através dos hábitos e da *vontade*. Não cabe aqui entrar nos meandros da concepção grega de vontade. Basta notar que na Ética a *Nicômaco* Aristóteles estabelece dois princípios internos pelos quais os seres humanos podem autodeterminar a sua práxis para realizar sua felicidade: a deliberação que se origina da vontade e os hábitos que são adquiridos na contingência do mundo sublunar.

Com o advento do cristianismo, o culto do sofrimento ganha primazia nas invectivas morais, e a felicidade passa a ser projetada para depois da vida, como algo puramente espiritual que seria dado não a todos, mas aos poucos que conseguissem a graça de peregrinar até o Paraíso. Com o advento da teologia inventada pelos primeiros padres da Igreja de Roma pela fusão da filosofia grega e romana com os ensinamentos do Novo e do Velho Testamento, a felicidade deixa de ser uma questão de ciência prática, como era na Ética de Aristóteles, e passa a ser uma questão de teologia. Ora, a partir da obra de Santo Agostinho nasce um novo conceito de vontade no interior de outra teoria da liberdade: o livre-arbítrio como faculdade de escolher entre o Bem e o Mal. A teoria do livre-arbítrio foi construída pela pressuposição de dogmas teológicos como a *predestinação*, o *pecado original* e o *Juízo Final*. O ser humano pecou por livre-arbítrio, pois Adão escolheu deliberadamente o Mal, portanto, aquele merece ser julgado por Deus. Como é dotado de vontade livre, o ser humano é *sujeito* imputável, isto é, pode ser julgado por suas escolhas no grande tribunal que terá lugar quando se consumar o Fim da História, ou seja, todos os indivíduos da "espécie" humana serão julgados no Juízo Final.

[2] Ela é ciência da práxis que se origina do *éthos* (palavra grega que significa a natureza do *caráter*).

[3] Encontra-se no primeiro livro Ética a *Nicômaco*, de Aristóteles a definição da ética como *ciência prática* que estuda a natureza humana e desenvolve técnicas (em sentido grego) para a realização prática das virtudes e da felicidade (*eudaimonia*), considerada como finalidade interna da vida humana.

A teoria do livre-arbítrio, contudo, encontra-se minada por uma contradição que surge dos seus próprios pressupostos teológicos: dadas a onisciência e a onipotência de Deus, cuja vontade absoluta quer sempre o Bem, como sustentar que Ele tenha criado o livre-arbítrio do ser humano e deixado que este escolhesse o Mal para ser julgado e, possivelmente, punido com as danações no inferno? Agostinho tinha respostas para os interlocutores que lhe mostravam a contradição.

> Se alguém me dissesse: *Entretanto, não seria difícil nem laborioso para a onipotência de Deus proporcionar a cada uma de suas obras o que lhe convém dentro de sua ordem, de maneira que nenhuma viesse a ser infeliz. Pois sua onipotência não poderia ser incapaz disso nem sua bondade haveria de ser avara desse dom.*
> Eu responderia a essa objeção: *A ordem hierárquica das criaturas desde a mais elevada até a mais ínfima decorre em graus tão bem proporcionados que só a inveja poderia levar a dizer: "Esta realidade não deveria existir assim". Ou ainda: "Aquela deveria ser de outro modo"* (AGOSTINHO, 1995, p. 176-177).

A resposta de Agostinho não passa pela solução teórica ou prática da contradição, mas ora por um apelo à ordem entendida como mando ou imposição hierárquica, ora por um apelo à fé na esperança de obter a graça e distanciar-se dos pecadores fadados à danação.[4] A contradição, entretanto, dividiu os teólogos dos séculos posteriores que procuraram resolver diferentemente a questão. Com relação à posição de Agostinho, podia-se sempre questionar: a bondade de Deus não lhe teria antes recomendado criar o ser humano com o livre-arbítrio e conceder a graça a Adão antes da queda para que

[4] Na *Cidade de Deus*, obra máxima do pensamento político de Agostinho, a mesma questão é colocada no Livro V. Leiamos um trecho da argumentação que apela à fé e reduz argumentos contrários a sacrilégios. "Portanto, lá porque Deus previu o que viria a acontecer na nossa vontade, não se segue que nenhum poder tenha havido nela. Porque quem isso previu alguma coisa previu. Ora, se, prevendo o que se passaria na nossa vontade, ele previu não com certeza um puro nada mas algo de real, sem dúvida conforme a sua própria previdência, alguma coisa depende da nossa vontade. Consequentemente, de modo nenhum somos obrigados nem a suprimir o livre arbítrio, mantendo a presciência de Deus, nem a negar a presciência de Deus (o que é sacrílego), mantendo o livre arbítrio. Pelo contrário: abraçamos uma e outra verdade, uma e outra confessamos fiel e sinceramente – uma para bem querer, a outra para bem viver. Porque vive-se mal se não se acreditar rectamente em Deus" (AGOSTINHO, 1996, Livro V, cap. X, p. 494-495).

ele escolhesse o Bem e salvasse a espécie humana como um todo? Por que Deus não concedeu a graça antes da queda, já que esse ato simples significaria a felicidade de todos os indivíduos da espécie humana, sem nenhuma exceção?

Nessa grade conceitual teológica, como se nota, as interrogações éticas clássicas perderam sentido. Depois da queda de Adão, todo ser humano nasce com uma vontade absoluta, e cabe a cada indivíduo escolher entre o Bem e o Mal, cujos sentidos estão predeterminados pela presciência de Deus. Se o ser humano peca, peca por sua livre vontade, portanto, nesta vida deve sofrer para expiar o pecado original e esperar o Juízo Final: elaborar uma ética para ser feliz nesta vida, *hic et nunc*, consiste em nova desobediência e agravamento do pecado original. Se só no Paraíso poderão bem viver os seres humanos beatos, como determina o dogma e toda a historiografia teológica, cá nesta vida ninguém pode ser feliz, ninguém pode, como sugeria Aristóteles, realizar a felicidade (*eudaimonia*) através de sua práxis. Essa tradição de pessimismo teológico-político deitou raízes na história do pensamento ocidental.[5]

*Mutatis mutandis*, para nosso infortúnio, certas vertentes totalitárias de extrema-direita e extrema-esquerda reproduzem esse *pessimismo moralista* sob a máscara de ideologias laicas. Na teoria do livre-arbítrio, a *vontade* aparece como uma faculdade espiritual com que podemos comandar nossos hábitos: se erramos é porque nos falta comando, e se temos a carne fraca é porque precisamos de uma vontade política forte. Mas, conquanto essa tradição tenha se tornado hegemônica na história da ética ocidental, surgiram concepções contra-hegemônicas a partir do restabelecimento de posições clássicas e do estabelecimento de novas posições modernas: na história da filosofia moral, a teoria do livre-arbítrio é apenas uma hipótese, alicerçada em pressupostos teológicos, para explicar a origem das determinações internas da natureza humana. Entre tantas outras concepções éticas modernas alternativas, aqui analisaremos apenas a de Espinosa.

[5] Para uma apreensão panorâmica dessa tradição que foi hegemônica por séculos e que começou a ser combatida apenas no início da modernidade, ver Bobbio, (1980). Para uma apreensão mais específica da tradição do agostinismo político, ver Arquillière, (1955).

## Liberdade e felicidade na Ética de Espinosa

Muitos intérpretes apresentaram a filosofia espinosana como se fosse um *fatalismo*. Um *determinismo*, julgaram outros, como se ele negasse qualquer realidade à liberdade da vontade. Quando nos aproximamos do texto de Espinosa, contudo, percebemos que tais leitores ocultam seu sentido. O filósofo nega que haja uma *faculdade* da vontade, tal como foi construída pelos teólogos em seus escritos metafísicos sobre a psicologia racional,[6] mas o faz para afirmar que só existem *volições singulares* em nossa mente, e que essas volições são imanentes às nossas ideias.

Separar as volições das ideias na ontologia de Espinosa seria o mesmo que separar as energias dos corpos na física de Einstein[7]: afirmar que exista uma *faculdade* da vontade separada da *faculdade* de conhecer seria um disparate semelhante a afirmar que exista uma *faculdade* da energia separada da *faculdade* da matéria. Em outras palavras, para Espinosa a mente *não tem* uma faculdade da vontade, porquanto a mente é ideia-volição. Assim como os corpos não estão no espaço, porquanto *são* o espaço estendido, as ideias-volições *não estão* no Pensamento de Deus, porquanto elas *são* o Pensamento de Deus em ação: a ideia de Deus

[6] Nos tratados teológicos da escolástica, a metafísica clássica estava dividida em *metafísica geral* e *metafísica especial*. A metafísica geral tratava da lógica e da essência do *ser como ser*, a metafísica especial tinha três ciências: a teologia, que tratava da essência de Deus; a cosmologia, que tratava da essência da Natureza; a psicologia racional, que tratava da essência do ser humano. Kant analisou detidamente essas teorias metafísicas antes de condenar a pretensão teológica de impô-las como se fossem mais verdadeiras que a física na *Crítica da razão pura*. A partir de Kant, as ideias da metafísica tradicional (Deus na teologia, o mundo na cosmologia e o *ego* na psicologia racional) são apreendidas como as ideias da razão pura que, embora não possam ser provadas pelos fenômenos, como a física de Newton, passam a ser usadas como ideias reguladoras da razão prática da moral e na política.

[7] Como se sabe, Einstein declarou em diversas cartas que sua ideia de universo autorregulado por leis necessárias, leis que ele próprio procurou conhecer e formular sob a forma de equações matemáticas, punha-lhe de acordo com Espinosa e lhe fazia pensar no Deus de Espinosa. A história da física moderna, no entanto, não coincide com a história da filosofia moderna. A superação da cosmologia medieval está tão consolidada que mesmo a física mecanicista de Newton pôde ser refutada e transformada em apenas um caso da teoria da relatividade especial. A teologia medieval, no entanto, apesar da posição pró-Espinosa de um cientista importante e influente como Einstein, pareceu resistir em novas mil cabeças filosofantes. Como a Hidra de Lerna, após Espinosa e Hegel, renasceu com mais faces do que dantes.

(Spinoza, 2007, EI, P21),[8] por exemplo, que é infinita e eterna, não é uma ideia morta que receberia volições provindas de fora, mas uma ideia viva que é idêntica a uma volição singular infinita e eterna. Numa palavra, a ideia de Deus é uma potência infinita e eterna de pensar, e precisamente por ser ideia-volição singular envolve um amor infinito e eterno (EV, P36) que se exprime em suas afecções imanentes, ou seja, nas ideias finitas que a ideia de Deus produz para si. Segundo a mesma lógica da imanência, a mente humana *não tem* desejos, porquanto é feixe de desejos, é desejar.

Os metafísicos e os teólogos imaginavam que a vontade fosse uma faculdade separada da faculdade da razão e que os nossos juízos consistiriam em juntar essas volições afirmativas ou negativas às ideias da razão. Naturalmente extrínsecas, como *partes extra partes*, volições e ideias só apareceriam juntas, para os metafísicos escolásticos, por artifícios de nossa subjetividade.[9] Espinosa, ao afirmar que volições e ideias são naturalmente singulares e necessariamente unidas, lançou as bases para uma nova ética: somente leitores apegados aos prejuízos metafísicos se tornaram cegos para o verdadeiro alcance e propósito da nova teoria da vontade.

O principal resultado ético da identificação entre volições e ideias pode ser resumido no seguinte: todas as ideias têm intensidades afetivas variáveis. Quando Espinosa afirma que a "mente é ideia do corpo", não entende por ideia uma formalização ressequida, uma *subjetividade formal*, como aquela que nos apresentam os arrazoados analisadores de abstrações: a mente não é uma abstração, mas uma potência viva no Pensamento e, precisamente por si, suas ações e paixões envolvem ideias e afetos. A mente é uma ideia viva por ser uma volição singularmente produzida pelo intelecto de Deus, e a vida da ideia é se afirmar como ser pensante e negar o que a nega (EIII, P19), mas a mente pode se afirmar seja em estado de servidão, seja em estado de liberdade.

[8] A partir de agora, indicaremos com números romanos o livro da Ética a que nos referimos (EIII, por exemplo, significa Livro III da *Ética*) e com números arábicos a proposição a que nos referimos (P16, por exemplo, significa Proposição 16).

[9] Essa construção metafísica clássica aparece reformulada na teoria do erro das *Meditações*, de Descartes. Na "Quarta meditação", com efeito, Descartes diz que erramos quando, a partir da faculdade da vontade, juntamos uma volição ou afirmação a uma ideia que não é clara e distinta em nosso intelecto.

A identidade entre volição e ideia, fundamentada ontologicamente no próprio atributo Pensamento, permite uma revolução na ética ocidental: como toda ideia é volição e toda mente humana é ideia, toda mente humana é desejo (EIII, P9). Espinosa funda uma concepção dinâmica[10] e aberta da vida mental: nada preestabelece o que devemos ou deveríamos ser em geral, pois somos aquilo que desejamos,[11] cada um se modifica de acordo com a intensidade proporcional dos desejos que definem sua vida na relação com as outras vidas. Como ilustrou Espinosa em um trecho da abertura do *Tratado da reforma da inteligência* que não é sem inspiração poética: "toda felicidade ou infelicidade reside na natureza do ser a que aderimos por amor" (Espinosa, 2004), ou seja, nossa felicidade como atividade imanente se realiza pela nossa atividade no desejar.

Pensemos com alguns exemplos literários. Os avaros se transformam pelo dinheiro, tornam-se frios calculistas que vivem em função do lucro, como os personagens construídos pelos escritos de Dickens[12] ou

[10] Na medida em que a mente é um feixe complexo de volições-ideias singulares que se transforma ao longo da vida singular, a complexão interna da mente envolve conflitos e contrariedades entre desejos e afetos. Mesmo no estado de felicidade da vida racional e intelectual, a unidade mente-corpo que define cada indivíduo humano permanece lidando com seus conflitos internos: a diferença é que o aumento da potência dos afetos ativos lhe permite trabalhar os conflitos de maneira que, longe de sucumbir à tristeza, ao ódio ou à melancolia, permaneça em estado de felicidade e generosidade. Na filosofia política, de maneira análoga, a posição da democracia não extirpa os conflitos sociais e políticos, mas permite que sejam trabalhados para o bem comum. Dizemos que a concepção espinosana da vida psíquica é dinâmica no sentido que a palavra tem para Freud. Ver, por exemplo, Freud (1996). Poder-se-á perceber que a abordagem dos afetos na ética de Espinosa, além de dinâmica, também é econômica, no sentido que o termo tem para Freud.

[11] Por vias diversas, oriundas da tradição fenomenológica, o existencialismo de Sartre e Merleau-Ponty também recusam que a vida ou existência humana seja predeterminada por algo exterior às próprias ações humanas. Nos romances de Sartre, por exemplo, nenhum personagem aparece como determinado por algum destino, conquanto determinado por suas relações sociais e pelo seu contexto histórico. A determinação pelas relações sociais e pelo contexto histórico aparece como o ponto de partida para a questão central posta pelo existencialismo: de que maneira este ou aquele indivíduo, situado numa certa conjuntura histórica, pode criar livremente a sua própria existência, ser o autor de sua própria existência: numa palavra, ser livre na *sua* existência singular situada numa conjuntura.

[12] Em especial, o personagem do velho contador de dinheiro, Ebenezer Scrooge, protagonista de *A Christmas Carol*.

o personagem Palha, o marido de Sofia, no romance *Quincas Borba*. Os ambiciosos se moldam pela opinião dos outros, mudam seus hábitos de acordo com a direção que lhes é apontada pelos olhares alheios, como podemos perceber lendo a história do leviano personagem das *Memórias póstumas* de Brás Cubas; ou então moldam suas práticas e afecções pela ânsia de poder e dominação de outros seres humanos, como o personagem Vautrin da *Comédia humana*, de Balzac. Os concupiscentes levam sua vida apegados aos seus parcos prazeres, e seu corpo é transformado pelas suas fantasias e realizações lúbricas, como podemos contemplar na irônica imagem de Rubião, que, tendo recebido do Quincas Borba uma vultuosa herança e a exigência de cultivar a sabedoria, apaixona-se pela mulher do sócio, Sofia, passa a gastar o seu dinheiro na construção de uma imagem falsa de si[13] e enlouquece por querer saciar sua lubricidade com ela.

Contudo, também aqueles com preocupações éticas são conduzidos, pelo seu próprio desejo, a regrar sua existência pela busca da liberdade e da felicidade, e suas afecções, assim, modificam-se de acordo com a qualidade ética do desejo que as anima. A Ética de Espinosa é a construção desse caminho para o desejo de conhecer, amar e agir, caminho difícil que passa pela imersão nos tumultos da vida passional para elaborar afetos ativos, caminho difícil que, no entanto, pode ser encontrado: "Mas é mesmo difícil aquilo que raramente se encontra. Que seria a felicidade se ela estivesse à mão, pudesse ser conquistada sem um grande trabalho e fosse negligenciada por todos? Todas as coisas excelentes são tão difíceis como raras" (EV, P42 e seu escólio).

As proposições dedicadas à vontade são as duas últimas do Livro II (P48-49) da Ética: elas fundamentam a ciência dos afetos que é demonstrada no Livro III. Com efeito, sendo a mente ideia do corpo, suas volições exprimem os desejos e apetites do corpo, como demonstra Espinosa em EIII, P11. Assim, as relações dos seres humanos entre si só podem ser pensadas como relações dinâmicas entre as mais diversas intensidades afetivas. A ciência dos afetos que é elaborada nas pro-

[13] Quando passa do desejo de parecer bondoso e sábio, pelo patrocínio que oferecia para um jornaleco de sensacionalismo político onde assinava artigos pomposos e inflamados, ao desejo de parecer um político poderoso, Rubião perde as estribeiras: passa a se vestir e se barbear como Luís Bonaparte, o Napoleão III. Tudo isso para impressionar os "amigos" e a Sofia.

posições do Livro III e que permite inteligir as intensidades afetivas das mentes e suas relações dinâmicas opera com a demonstração do enraizamento das mentes humanas no atributo Pensamento pela imanência do intelecto infinito. No prefácio de EIII, Espinosa afirma que a tradição jamais elaborou uma ciência dos afetos por pressupor que os seres humanos fossem seres sobrenaturais, dotados de uma faculdade da vontade com poder absoluto de controle sobre a Natureza, como se fossem um *imperium in imperio*. Ora, fundar uma ciência dos afetos é precisamente inteligir a atividade imanente do atributo Pensamento, ou seja, justamente inteligir as relações inter-humanas como relações de afetos e desejos.

Pela crítica da teoria do livre-arbítrio e da metafísica escolástica Espinosa pôde repor a ética antiga a partir de bases modernas, isto é, a partir daquela que segundo Hegel é a base genética de toda filosofia moderna: o *ser absolutamente infinito*.[14] Ora, pensar a partir do ser absolutamente infinito significa, para Espinosa,[15] deslocar o fundamento cartesiano do saber, deslocar a consciência humana do centro do Pensamento e pensá-la como uma ideia produzida pelo intelecto infinito como ideia-volição relativa a outras: significa, portanto, pensar a realização individual da liberdade e da felicidade como realização das volições imanentes no interior das relações sociais que o indivíduo estabelece com os outros.

## Liberdade, política e democracia

Para pensar a liberdade política com Espinosa, iniciemos com a abertura do último capítulo do *Tratado teológico-político*, em que ele deduz as propriedades da República livre que garante por lei a liberdade de pensamento dos cidadãos.

[14] Segundo Hegel, nas *Lições sobre a história da filosofia*, a descoberta do ser absoluto marca uma ruptura em relação às filosofias medieval e antiga, que eram todas filosofias da finitude. O filósofo moderno que funda uma filosofia no pensamento do infinito é Espinosa. Além de Hegel, ver também Macherey (1990).

[15] O próprio Hegel, conquanto elogiasse Espinosa, consagrou uma linha de interpretação que rotula a filosofia espinosana como eleatista e acosmista, isto é, capaz de pensar os seres finitos e os processos históricos. Para uma refutação da leitura de Hegel, ver Chaui (1999).

> Se fosse tão fácil mandar nos ânimos como é mandar nas línguas, não haveria nenhum governo que não estivesse em segurança ou que recorresse à violência, uma vez que todos os súditos viveriam de acordo com o desígnio dos governantes e só em função de suas prescrições é que ajuizariam do que era bom ou mau, verdadeiro ou falso, justo ou iníquo. Mas isso, como já observamos no princípio do capítulo XVII, não é possível (Espinosa, 2008, TT, P20, p. 300).

O governo violento é precisamente aquele que utiliza o poder político para controlar os cidadãos. Numa terminologia contemporânea, de maneira anacrônica, poderíamos chamar de totalitarismo esse terror de Estado ou violência estatal que Espinosa, ao se referir ao absolutismo monárquico no seu *Tratado teológico-político*, designa como teocracia. Entretanto, a violência contra a liberdade de pensar e sentir não se origina apenas do Estado, encontra-se também nas relações sociais entre os indivíduos, isto é, encontra-se antes na estrutura de poder que define a potência social.

Ora, a liberdade de pensamento dos cidadãos tampouco é entendida apenas como liberdade de opinião concedida pelo Estado. Decerto que Espinosa defende também essa liberdade a que se restringiram os teóricos da tolerância de seu tempo e que aos poucos foi se resumindo à defesa da liberdade de imprensa. Entretanto, a liberdade visada por Espinosa, como lemos no trecho anteriormente citado, não é apenas a liberdade do campo das línguas, liberdade de produção e circulação das falas e dos discursos, pois é também a liberdade de autodeterminação dos pensamentos e afetos que definem a nossa vida singular, isto é, a liberdade ética ou moral propriamente dita.

Liberdade de pensamento, portanto, não significa apenas liberdade de participação nas línguas, liberdade de produção e circulação de falas e escritos. Significa também liberdade do ânimo individual de cada um, liberdade de conceber suas próprias ideias e seus afetos e, numa palavra, liberdade ética de autorregulação do desejo. Nesse sentido, a ética de Espinosa encontra-se com a psicanálise, que entende a autonomia do sujeito por seu poder de assumir e realizar os seus desejos, no mundo do trabalho e da cultura, sem descurar do cuidado afetivo em suas relações com os outros.

Não é difícil entender os fundamentos das teses políticas de Espinosa se nos lembramos de algumas consequências de sua ontologia do necessário para a ética: a mente humana é desejo, e mesmo em suas ações, ou seja, ao raciocinar e intuir, a vida do pensamento na mente humana é processo de modificação das intensidades afetivas. Liberdade de pensamento, portanto, significa liberdade de autorregulação das ideias, dos desejos e dos afetos de cada ânimo ou mente singular.

A teocracia é o governo violento que tolhe essa liberdade ética dos cidadãos. Entretanto, seus governantes justificam a violência estatal com um projeto moral de governo. A política de Estado é orientada por uma ortodoxia religiosa que almeja efetuar uma educação moral dos homens, vergando sua natureza passional e pecadora[16] para a obediência. O poder teocrático utiliza o Estado para impor aos cidadãos uma ortodoxia que é controle nos campos que assinalamos ao ler abertura do capítulo XX do *Tratado teológico-político*:

(a) controle dos discursos;

(b) controle das ideias, dos afetos e dos desejos;

(c) controle da práxis e das formas de estabelecer relações sociais e políticas.

Trata-se de violência brutal contra a liberdade ética dos cidadãos, porquanto a política de Estado se torna imposição de uma moral única, estabelecida pela ortodoxia dos teólogos, que bloqueia toda autonomia do desejo e toda liberdade ética de autorregulação da vida individual. Contudo, a liberdade ética de cada indivíduo, mesmo na República Livre, não pode ser absoluta, pois os indivíduos devem necessariamente efetuá-la tendo como referência as leis civis do Estado, leis válidas para todos os concidadãos. Trata-se, antes, de separar as leis civis das ortodoxias religiosas através da submissão jurídica de todas as igrejas ao poder político do Estado: trata-se, portanto, de afastar a política moralista das ortodoxias teológicas e erguer um Estado político que seja amoral, não para propagar a imoralidade, como bradavam os teólogos contra as teorias políticas de Hobbes[17] e Espinosa, mas para, sobretudo

[16] Segundo Norberto Bobbio (1980), a teologia medieval funda-se numa concepção moralista e pessimista da natureza humana que limita *ab ovo* qualquer possibilidade de uma política que realize transformações para promover a liberdade e a felicidade *hic et nunc*. O pensamento político ocidental só saiu dessa aporia a partir de Maquiavel.

[17] No caso do *Leviatã*, de Hobbes, o Estado deve submeter juridicamente todas as igrejas para que as leis civis promulgadas pelo Estado sejam obedecidas por todos os teólogos

no caso de Espinosa, garantir aos indivíduos a mais radical liberdade ética de autorregulação de ideias, afetos e desejos.

Voltemos à abertura do capítulo XX que citamos anteriormente e notemos que a tese da impossibilidade do controle dos ânimos, ou seja, a tese da necessidade da liberdade de pensamento, está assentada em um momento do capítulo XVII que citaremos agora, pois nos conduzirá aos fundamentos ontológicos da concepção democrática de Espinosa.

> Ninguém, com efeito, pode alguma vez transferir para outrem o seu poder e, consequentemente, o seu direito, a ponto de renunciar a ser homem. Tampouco haverá soberano algum que possa fazer tudo à sua vontade: debalde ele ordenaria a um súdito que odiasse o seu benfeitor ou que amasse quem lhe tivesse feito mal, que não se ofendesse com injúrias, que não desejasse libertar-se do medo, e muitas outras coisas semelhantes que decorrem necessariamente das leis da natureza humana. [...] É evidente que, se os homens pudessem ser privados do seu direito natural a ponto de não poderem depois fazer senão o que aqueles que detêm o direito supremo deixassem, então seria lícito reinar impunemente praticando as maiores violências para com os súditos, coisa que eu julgo não passar pela cabeça de ninguém. Há, por conseguinte, que reconhecer que o indivíduo reserva para si uma boa parte do seu direito, a qual, desse modo, não fica dependente das decisões de ninguém a não ser ele próprio (Espinosa, 2008, TT, P20, p. 250-251).

ou administradores de igrejas particulares. Entretanto, Hobbes defende ainda que o Estado tenha o poder de controlar as paixões dos súditos para lhes impor uma racionalização forçada, uma espécie de catequese da razão. Em vez de controlar os ânimos dos súditos para lhes impor a opinião ortodoxa de uma moral teológica, o Estado de Hobbes pretende controlar os ânimos dos súditos para lhes impor uma racionalidade forçada: o Estado deveria operar com uma tese sobre a razão, aquilo que Hobbes entendia por razão, para impô-las aos súditos em lugar da moralidade teológica. Tal Estado seria o patrono da revolução científica que se operava, o mecenas das ciências modernas. Também o Estado, na *Filosofia do direito*, de Hegel, deveria operar com uma teoria determinada, a saber, a filosofia do próprio Hegel, para forçar a sociedade civil à razão. Os políticos hegelianos deveriam, assim, governar com um planejamento de racionalização da sociedade civil, não um planejamento de industrialização, como de fato ocorreu no século XX, mas um planejamento a partir do projeto da *Aufklärung*: o Estado deveria controlar a sociedade civil para que o seu desenvolvimento histórico fosse a posição (em sentido dialético) do Espírito Absoluto por cada um dos concidadãos e por toda a sociedade civil.

Para entender essa impossibilidade do controle absoluto dos ânimos, que é também a necessidade radical da liberdade de pensamento, necessidade que na democracia é de tal maneira reconhecida que esta é tida como o governo absoluto (não o governo do controle absoluto dos cidadãos, mas o governo da liberdade absoluta da *multitudo*), precisamos compreender que para Espinosa todo Estado é relativo ao poder social ou *multitudo* que lhe engendra e sustenta. Tratemos aqui de resumir algumas teses da geometria política definida no capítulo XVI.

A *multitudo* é causa eficiente imanente do Estado, mas este, embora efeito, gera as leis civis que operam nos indivíduos da *multitudo*: por esse circuito é que os direitos naturais são transferidos para o Estado e convertidos em direitos civis. Ora, os direitos naturais dos indivíduos não são definidos senão por seus desejos, mas estes só podem ser conservados pelo acordo com as leis civis: os desejos que contrariam as leis tornam o indivíduo contrário ao Estado e, por conseguinte, à maioria dos concidadãos que consentem com as leis do Estado. A *multitudo* engendra o Estado, mas o Estado engendra as leis civis que determinam a cidadania dos indivíduos. O poder de mudar as leis, portanto, não pertence aos indivíduos ou a facções, mas à própria potência social, e somente na medida em que uma nova lei se torna consensual ela se sustenta pela potência da multidão.

A produção de novas leis e instituições que se explica pelo circuito de conversão dos desejos individuais em direitos civis, se apoiados pelas leis civis, ou em crimes, se contrários às leis civis, não cessa jamais, ela se reproduz nos ciclos históricos de cada formação social singular. A política democrática é a única que não bloqueia periodicamente o processo e permite a criação contínua de novos direitos civis: ela permite, no plano institucional, a liberdade de autorregulação dos desejos individuais, mas como cada indivíduo só pode fruir dessa liberdade *através* de suas relações sociais e se respeitar as leis civis que são comuns a todos, ela permite a resolução institucional dos conflitos que surgem das contrariedades passionais entre os indivíduos e as classes sociais em que eles se enraízam.

Notemos que esse circuito de conversão dos desejos em direitos políticos, circuito definido pela geometria política, determina-nos a pensar as relações intrínsecas entre três essências definidas:

(a) a potência social ou multidão (*multitudo*);

(b) as instituições (por exemplo, o Estado), que são propriedades necessárias da *multitudo*;

(c) os indivíduos como potências *singulares* que perseveram determinados por suas relações sociais e pelas instituições da *multitudo*.

Pela mediação das instituições, assim, os indivíduos defendem os seus direitos civis pela potência do Estado, e a força dos seus direitos civis deve ser medida pela sua relação com a potência do Estado. No *Tratado político*, Espinosa investiga como esse circuito de conversão de desejos ou direitos naturais em direitos civis produz não apenas novas instituições no interior de uma forma estável de *imperium* ou Estado, mas também transformações radicais que permitem transformar monarquias em aristocracias e, também, aristocracias em democracias. O propósito de toda a sua filosofia política é contribuir para a construção de democracias modernas, pois, segundo Espinosa, apenas nas democracias a liberdade pode ser absoluta, isto é, apenas nelas as formações sociais singulares podem ser absolutamente livres para deliberar sobre o futuro de sua própria história. Essa liberdade é absoluta não porque se corporifique numa forma de Estado inalterável, tampouco porque se corporifique em igualdades meramente abstratas, mas porque se realiza na costura das relações sociais que constituem a potência social, isto é, realiza-se pelas práticas de indivíduos livres que estabelecem entre si, com muita liberdade, as relações sociais que se formam para consolidar e fortalecer a liberdade absoluta que define o processo histórico de reprodução da própria formação social.

Cumpre observar que a filosofia de Espinosa foi, quando não censurada, solenemente ignorada por séculos. Como disse um grande leitor de Espinosa, no evento em comemoração aos 300 anos da filosofia espinosana que ocorreu em Nova York, na década de 1930, poucos anos depois do *crash* de 1929:Para Espinosa o espiritual e o material são meramente manifestações diferentes de uma só universal e determinada realidade. Esse conceito tornou-se a herança intelectual de todos os homens que lutam pelos valores espirituais. Contudo, mesmo a nossa época está muito longe de compreender, como Espinosa, todas as implicações desse conceito quando aplicado à vida humana (Einstein, 1933, p. 28-29, tradução minha).

Cumpre dizer que as receitas da filosofia política de Espinosa para a construção de potentes democracias modernas, assim como as receitas de sua Ética para a realização da liberdade e da felicidade individual e social, continuam sendo solenemente ignoradas pelas lideranças "competentes" que conduzem o capitalismo em nome da "liberdade" e da "felicidade".

## Referências

AGOSTINHO, Santo (Bispo de Hipona). *A cidade de Deus*. Tradução, prefácio e nota biográfica de João Dias. Lisboa: Fundação Calouste Gulbenkian, 1996. v. I, Livros I-VIII.

AGOSTINHO, Santo (Bispo de Hipona). *O livre-arbítrio*. 2. ed. Tradução, organização, introdução e notas de Nair de Assis Oliveira. São Paulo: Paulus, 1995. Livro III.

ARQUILLIÈRE, Henri-Xavier. *L'Agostinisme politique: essai sur la formation des théories politiques du Moyen-Age*. 2ème ed. Paris: J. Vrin, 1955.

ASSIS, Joaquim Maria Machado de. *Obra completa*. Rio de Janeiro: Nova Aguilar, 1994. v. III.

BOBBIO, Norberto. *Teoria das formas de governo*. Tradução de Sérgio Bath. Brasília: Ed. da UnB, 1980.

CHAUI, Marilena de Souza. *Nervura do real: imanência e liberdade em Espinosa*. São Paulo: Companhia das Letras, 1999.

EINSTEIN, Albert. Spinoza. In: SPINOZA, Baruch. *Addresses and Messages Delivered and Read at the College of the City of New York on the Occasion of the Tercentenary of Spinoza*. New York: Spinoza Institute of America, 1933.

ESPINOSA, Bento. *Tratado da reforma da inteligência*. Tradução e notas de Lívio Teixeira. São Paulo: Martins Fontes, 2004.

FREUD, Sigmund. *Conferências introdutórias à psicanálise (1916-1917)*. Rio de Janeiro: Imago, 1996. (Edição Standard Brasileira das Obras completas de Sigmund Freud, v. 15-16).

MACHEREY, Pierre. *Hegel ou Spinoza*. Paris: La Découverte, 1990.

SPINOZA, Benedictus de. *Ética*. Tradução de Tomaz Tadeu. Belo Horizonte: Autêntica, 2007.

ESPINOSA, Bento. *Tratado Teológico-Político*. Tradução, introdução e notas Diogo Pires Aurélio. São Paulo: Martins Fontes, 2003.

ESPINOSA, Bento. *Tratado Político*. Tradução de Diogo Pires Aurélio. Revisão técnica e notas de Homero Santiago. Martins Fontes, São Paulo, 2009.

# Da dominação política e de seus remédios: a lição de Espinosa

Laurent Bove

Tradução de André Rocha

Os organizadores do colóquio, meus amigos David Calderoni e André Rocha, aos quais agradeço vivamente pelo convite, propuseram-me participar da mesa "Comissão Nacional da Verdade: memória e bem comum". Estou extremamente honrado, por dois motivos: o primeiro é a importância particular de meus interlocutores brasileiros nesta mesa, que estão diretamente envolvidos no processo de reflexão da comissão; e o segundo é a importância universal da questão aqui proposta. Pois essa questão nos conduz a interrogar os fundamentos daquilo que tornou e que ainda pode tornar possível – para além dos tempos e dos lugares – uma aventura ditatorial. Fundamentos ou condições de possibilidade que são, portanto, não apenas de natureza histórica e política, mas também de natureza antropológica (a saber, as leis universais da natureza humana, suas necessidades e seus desejos). Tendo em vista essa realidade do jogo das instituições e das paixões, David Calderoni me pediu para intervir com base em meu trabalho de historiador da filosofia moderna e, em particular, da filosofia política de Espinosa.

Assim, a minha contribuição incidirá sobre a análise espinosana das condições de possibilidade da dominação política e sobre os "remédios" que Espinosa propõe para deter e impedir a própria possibilidade de tal aventura.

Espinosa nos deixou não apenas uma teoria dos afetos muito prospectiva para os fenômenos da violência e da dominação, mas também uma série de remédios institucionais, que ele expõe em seu *Tratado político*, aplicáveis a essa violência dominadora, remédios inseparáveis das *invenções democráticas* necessárias para resistir às lógicas da dominação.

Minha reflexão repousa sobre quatro filosofemas de Espinosa.

1) *Primeiro*. A violência da dominação não é irracional nem extraordinária. Ela se manifesta seguindo leis fixas. Essas leis são aquelas das paixões, mas também aquelas – sob essa base passional – da lógica da guerra, explícita ou implícita, a que está sujeita a realidade política e que seguem, portanto, os políticos hábeis ou prudentes. Essas leis, diz Espinosa, foram particularmente bem estudadas por Maquiavel, que mostrou "para um príncipe animado só pela paixão de dominar" (*Tratado político*, V, 7) quais são as maneiras de conquistar, preservar e fortalecer seu poder. Se "os homens são maus", como escreveu Maquiavel (*O príncipe*, cap. XVII, XVIII, XXIII) – e particularmente nos domínios da política e da história –, esta é, portanto, a ordem natural das coisas. No entanto, diz Espinosa, é também "certo que sedições, guerras, desrespeito ou violação das leis devem ser atribuídos menos à maldade dos sujeitos do que à má organização do Estado. Os homens não nascem aptos e inaptos à condição social, eles se tornam" (*Tratado político*, V, 2). A realidade da violência, portanto, remete-nos também, de fato e acima de tudo, à questão da organização do Corpo político.

2) Para pensar no segundo filosofema, recordemos, muito brevemente, as leis essenciais das paixões que devem, necessariamente, ser tidas em conta em toda reflexão política.

Não me ocuparei senão com a lei que desempenha um papel matricial: a lei da imitação dos afetos (formulada por Espinosa na Proposição 27 da Parte III da *Ética*). Por imitação, de fato, abstração feita de qualquer outro parâmetro, os homens se conformam de início com os desejos de seus semelhantes. E é assim que se constitui, Espinosa escreve, isso que "normalmente chamamos Humanidade" (*Ética*, III, 29, escólio). Espinosa, no entanto, também pôs um princípio de prazer (*Ética*, III, 28; *Tratado político*, II, 6),[1] a partir do qual destacou a resistência espontânea que todo singular opõe ao desejo de um igual que desejaria tornar-se seu mestre. Os efeitos osmóticos das leis de imitação parecem assim, à

[1] Pois cada um tem o seu prazer principal que lhe move" (trata-se de uma citação de Virgílio, *Bucólicas*, II, 65, *Trahit sua quemque voluptas*).

primeira vista, contraditórios com essa resistência da singularidade. Na verdade, para remover a contradição, basta observar que, no contexto de imitação afetiva, a resistência ao outro-semelhante deslocou-se em um afeto que Espinosa considera, juntamente ao princípio do prazer, como "o móvel primordial da vida humana",[2] qual seja, a ambição de glória. Pois a humanidade, diz ele, é inseparável da "Ambição" (*Ética*, III, 29, escólio). Essa ambição de glória se manifesta no "zelo" com que se empenha o ambicioso para se conformar com a multidão. Mas, no próprio ato pelo qual o sujeito tenta satisfazer o desejo do outro, ele experimenta o *poder* que pode ter sobre os afetos e as condutas de seus semelhantes e experimenta também o prazer que isso lhe dá! Daí a inevitável passagem do desejo de satisfazer o desejo do outro ao desejo de dirigir... E por isso, correlativamente, a recusa de sua dominação: "em seguida, vemos que cada um, por natureza, aspira para que os outros vivam de acordo com seu próprio temperamento, e como todos aspiram por isso juntos, todos se entravam; e, querendo ser louvados ou amados, todos se odeiam" (*Ética*, III, 31, escólio).

3) Nesse horizonte da guerra, o terceiro filosofema deriva-se de uma lição aprendida por Espinosa. Não há, diz ele, solução política *durável* que possa se sustentar apenas sobre a decisão da razão ou sobre uma decisão que seria exclusivamente de tipo jurídico. As instituições têm realidade efetiva (isto é, potência e efeitos sobre a realidade histórico-social) se e somente se concordam inteiramente com as forças reais do real, isto é, com as paixões humanas. O "direito", em sua definição espinosana – que Espinosa identifica com uma potência efetiva de fazer e/ou agir –, "não governa", de fato, senão na medida em que é apoiado realmente "pelas paixões da humanidade. Sem isso, [...] se ele não tem o apoio senão sobre a razão, ele será impotente e facilmente violado" (*Tratado político*, X, 9). Em face da violência do real, da sua lógica de guerra, da habilidade dos ambiciosos que buscam a dominação, a medida da lei apenas (em sentido jurídico) é totalmente ineficaz. A *medida* necessária para a vida em comum, portanto, não vem apenas do direito, mas primeiro das paixões e dos desejos.

[2] *Tratado político*, VII, 6; ver também, *Ética*, III, a partir da Proposição 29, depois 53 corolário (e segs.); definições dos afetos em 30, 44; *Ética*, IV, 52 escólio, 58 escólio. Espinosa, no *Tratado político*, retoma a questão da glória em VII, 10 X, 6.

4) *Quarto filosofema*. Em seguida, para *pensar politicamente* é preciso se apoiar, diz Espinosa, sobre estas verdades efetivas: a lógica de guerra do real, a dinâmica da lógica dos afetos e a experiência dos homens. Devemos inicialmente abandonar os modelos políticos utópicos criados pela razão filosófica abstrata para estudar o caso de soluções (e/ou "remédios") que nos são dados pela própria realidade (*Tratado político*, I). Com efeito, na duração específica de cada esforço individual para perseverar em seu ser (o que Espinosa chama, em latim, "*conatus*" e que considera como o princípio ou a essência de todas as coisas [*Ética*, III, 6 e segs.]), "toda a gente", diz ele, "tem experiência dos remédios para os afetos" (*Ética*, fim do prefácio da Parte V). E essa experiência dos remédios constitui sempre já uma memória e uma certa inteligência do real que constituem a prática mesma desse esforço, enquanto ele é necessariamente uma "prudência". Foi o que eu também chamei, em meu comentário de Espinosa, de "a estratégia do *conatus*" (Bove, 2012b).[3]

Mas Espinosa precisa os limites dessa prudência espontânea que se desenvolve, ele diz, confusamente, "sem observar esses remédios com cuidado ou sem lhes ter claramente visto só pelo conhecimento da mente" (*Ética*, fim de prefácio de Parte V). Isso significa que essa prudência ou estratégia é, antes de tudo, muito pouco ajustada ou, nas palavras de Espinosa, muito pouco "adequada [...]". É mesmo, por vezes, paradoxal e catastrófica quando leva os homens a trabalharem para a sua própria servidão como se fosse sua salvação. Como quando uma parte da multidão oprimida adere à solução ditatorial de um homem providencial para quem ela confia sua salvação.

Apesar de tudo, no *Tratado político*, Espinosa escreve que "a experiência" dos homens já mostrou "há muito tempo" todos os "meios" pelos quais, a fim de se proteger da opressão, pode-se tentar "evitar a maldade humana" (*Tratado político*, I, 2) e que, assim, "a experiência já indicou" todas as formas de instituições "capazes de fazer os homens viverem em bom acordo" (*Tratado político*, I, 3). Mas acrescenta logo em seguida (sublinhando os limites dessa instrução por experiência) que essas indicações salutares mantiveram-se extremamente parciais e foram, além disso, apenas parcialmente recolhidas pela memória dos homens e pelo trabalho dos historiadores; e que não foram senão muito desigualmente implementadas...

[3] A tradução portuguesa será lançada no Brasil em 2015.Ver também nossa entrevista: "Uma filosofia de resistência à dominação" (BOVE, 2012c).

Esses remédios para os afetos, Espinosa elabora o projeto de reconsiderá-los do ponto de vista do conhecimento adequado do real sócio-histórico e dos afetos que o atravessam e o constituem para que esses remédios possam produzir plenamente os seus efeitos terapêuticos e políticos. Em outras palavras, o projeto de Espinoza é elevar a estratégia espontânea do real da prática comum dos homens (ou da "potência da multidão", que Espinosa pensa como princípio de toda a soberania [*Tratado político*, II, 17]) a uma estratégia adequada ou racional. Para elevar ao regime de atividade otimizado de sua potência de agir – isto é, sua "adequação" – o esforço comum de perseverança.

Com base nessas teses prévias, em seguida, reiniciemos com a lógica dos afetos e, no plano da política dos remédios, com a primeira lição que ela oferece: a saber, que a ambição de glória torna insuportável a obediência a um igual-semelhante. De fato, "nada é mais insuportável para os homens do que ficar submetido a igual e ser dirigido por ele" (*Tratado teológico-político*, V, [8]).

E desse princípio podemos deduzir duas séries de consequências de natureza política:

> O resultado é este: ou a sociedade como um todo, se for possível, deve exercer o poder colegialmente, de modo que, dessa maneira, todos sejam obrigados a obedecer a si mesmos sem que ninguém tenha de obedecer a seu igual [e obtemos assim uma democracia]; ou, se um número pequeno ou um único homem tem o poder, deve ter algo que está além da natureza humana comum ou, pelo menos, deve tentar assim persuadir o vulgar com todas as suas forças (*Tratado teológico-político*, V, [8-9]).

[e com isso entramos nas mistificações que acompanham necessariamente a dominação].[4]

Vamos considerar o primeiro caso. Abstração feita de todas as outras considerações, a recusa por *uma parte* de ser dominada por um semelhante e a impossibilidade para a *outra parte* de se tornar senhor (dada a resistência de cada um à dominação do igual-semelhante) é pela medida consensual comum da igualdade de direitos (que satisfaz o desejo de não ser governado de cada um) que são resolvidas as contradições afetivas e efetivas da multidão. *A democracia é inicialmente esta resolução:*

[4] Esta precisão foi redigida pelo autor.

é o resultado de uma prudência comum. E é assim que Espinosa pode pensar que as primeiras formas de vida em comum tiveram de ser logicamente sociedades democráticas (*Tratado político*, VIII, 12).

A dinâmica afetiva resulta, portanto, de maneira imanente, na produção de um remédio para os afetos destrutivos, ou seja, na invenção de uma medida comum universalizável que seja satisfatória para todos, porque "todo mundo acha justo ter em relação ao seu vizinho o mesmo direito que o seu vizinho tem em relação a si" (*Tratado político*, VIII, 12). Essa "igualdade" como *medida comum* define assim uma justiça aprovada e desejada antes mesmo que o novo Estado tome suas próprias medidas específicas sobre o justo e o injusto. É, portanto, a "igualdade" que dá a medida essencial do conviver. Sem igualdade, "que é um dos primeiros requisitos da comunidade política" (*Tratado político*, VII, 20), "a liberdade comum cai em ruínas" (*Tratado político*, X, 8).

Chegamos assim ao princípio mesmo da política da multidão como prática coletiva de resistência à dominação: uma multidão cujo poder de agir vem de sua própria multiplicidade e cuja política articula a afirmação das singularidades, a defesa da liberdade comum e a reivindicação por igualdade para todos, dentro e através da produção imanente de uma *medida comum*.

A ambição de dominação é realmente um desejo *excessivo* que não produz nenhuma medida, mas que, ao contrário, desequilibra todo o corpo coletivo até sua destruição. Em sua *Ética*, Espinosa chama *titillatio* o prazer de um corpo totalmente desequilibrado, quando uma de suas partes experimenta um violento afeto de prazer à custa de todos os outros (*Ética*, III, 11, escólio; IV, 43, demonstração). E podemos pensar que, para o corpo político, dá-se exatamente o mesmo.

Em regime de dominação política, de fato, um prazer obsessivo de um só (ou de alguns) oprime violentamente todas as outras partes do corpo e, portanto, "impede que o corpo seja capaz de ser afetado por um grande número de outras maneiras" (*Ética*, IV, 43, demonstração) (a grande maioria das partes do corpo fica determinada pela dor e pela tristeza de terror e da solidão). Sobre isso, Espinosa escreve que a paz da servidão é a de um deserto de relações humanas, é a paz, diz ele, da "escravidão" e da "barbárie" (*Tratado político*, VI, 4). O delírio de dominação divide, de fato, os indivíduos como átomos isolados, constrangendo cada um a viver dobrado na sua solidão. Até mesmo a dinâmica de identificação imitativa que leva naturalmente – por "comiseração", "benevolência" e "indignação" – a resgatar seus companheiros da miséria e a se vingar daqueles que são causa de seu mal (*Ética*, III, 27, demonstração do corolário 3; Bove, 2012a, p. 291-295) é interrompida pela dominação. Cada um padece terror em sua solidão e torna-se incapaz de pensar em algo além de sua própria miséria e de sua própria sobrevivência... E é o processo mesmo da *antropogênese* que fica assim bloqueado, ou seja, a constituição da humanidade do homem desde o desenvolvimento múltiplo e diverso de suas formas de afetar e ser afetado.[5] Tendencialmente, portanto, a dominação é a destruição lógica do Corpo comum.

O desejo de não ser governado por um igual-semelhante produz, ao contrário, a *medida* do comum e do bem comum: aquela da "igualdade". Ele também produz uma política ativa de resistência à dominação, a democrática construção do comum. Podemos, então, no plano dos afetos, opor a *titillatio* da dominação à *hilaritas* do comum e do bem comum da multidão. A *hilaritas* – isto é, a hilaridade – consiste, de acordo com Espinosa, em que todas as partes do corpo são afetadas de alegria *igualmente*, isto é, o poder de agir desse corpo é aumentado ou favorecido de tal maneira que todas as partes mantêm entre elas a mesma medida ou a mesma relação de desenvolvimento dinâmico; assim, a *hilaritas* é um afeto "sempre bom e não pode ter excesso" (*Ética*, III, 42 demonstração; ver Bove, 2006). No domínio dos afetos políticos, a medida da *hilaritas* nos oferece a paixão democrática por excelência. Na *hilaritas* se exprime, com efeito, a expansão de uma confiança comum (o que elimina qualquer desejo de abandonar a sua salvação em um homem providencial...), o prazer de fazer o Corpo juntos, o amor de viver em comum na igualdade.[6]

No entanto, a *medida comum* tem um duplo significado. Ela é entendida inicialmente, já vimos, como solução política da *multitudinis potentia*: é a invenção imanente de um princípio dinâmico do

[5] Desenvolvemos esse tema em nosso estudo "'Bêtes ou automates': la différence anthropologique dans la politique spinoziste" ("'Bestas ou autômatos': a diferença antropológica na política espinosista") (BOVE, 2012a, p. 157-177). Ver também *Espinosa e a psicologia social: ensaios de ontologia política e antropogênese* (BOVE, 2010).

[6] A propósito do uso operatório da *hilaritas* (afeto que *transferimos* das reflexões éticas ao domínio da política e da história), pedimos a permissão para reenviar o leitor à introdução de nossa edição do *Tratado político* (SPINOZA, 2002), particularmente às páginas 58 a 87.

comum, de uma unidade de base ou de uma unidade de medida. Mas é preciso entender também por medida comum o meio que será implementado a fim de manter a igualdade para evitar tentativas de dominação. E é nesse segundo sentido da medida, a criação de instituições (na forma de medidas e/ou decretos tomados conjuntamente pela assembleia soberana dos iguais), que o remédio deliberado pode ser muito parcial ou muito inadequado, por causa das leis dos afetos que continuam necessariamente a determinar o comportamento e as decisões da multidão reunida. Com efeito, as mesmas leis que levaram à democracia, diz Espinosa, também explicam por que as democracias não puderam ser mantidas por muito tempo. Quando a democracia é estabelecida, na verdade, ela está constantemente sob a ameaça das paixões destrutivas de seus próprios cidadãos, se eles não foram capazes de inventar instituições democráticas de contrapoderes capazes de manter o corpo político no seu princípio dinâmico fundador, a saber, a igualdade de todos.

Desde os primórdios da democracia, Espinosa observa, "uma grande dificuldade surge". Essa dificuldade é "a inveja [*invidia*]" (*Tratado político*, VIII, 12) e/ou o ciúme despertado, no seio do jovem Estado democrático, pelos recém-chegados, que podem desfrutar dos mesmos direitos que os cidadãos de origem. Na verdade, a consciência de uma unidade e de uma identidade *nacionais* têm se constituído, historicamente, em detrimento da própria democracia. O ciúme e a inveja dos nacionais impedem a recepção dos recém-chegados, cujo acesso à igualdade de direitos é tido como injusto por aqueles que se consideram proprietários legítimos do Estado. Pois, Espinosa escreve:

> Apesar de todos pensarem ser justo ter em relação ao seu vizinho os mesmos direitos que o seu vizinho tem em relação a si, eles pensam não ser justo que os estrangeiros que vieram em grande número para residir no país tenham os direitos iguais a si, no seio de um Estado que eles construíram para si mesmos com grande esforço e sobre um território que adquiriam com seu sangue (*Tratado político*, VIII, 12).

Assim, a decisão política conservadora de excluir a cidadania dos estrangeiros – que faz do Estado democrático uma nova instância de dominação sobre uma grande parte da população – é o que, portanto, põe em perigo a conservação mesma democracia. E, de fato, como mostra a história de Veneza,[7] o primeiro Estado democrático vai necessariamente mudar a sua natureza ao fechar sua assembleia soberana aos estrangeiros para se tornar uma assembleia de "nobres" que vão eles mesmos se conduzir ao reino de um só, um "doge", que é eleito para toda a vida; uma situação, nota Espinosa, muito próxima da dominação monárquica (*Tratado político*, VIII, 18).

Volto-me agora para o último ponto de minha comunicação, a saber, para os "remédios".

A inteligibilidade das lógicas de dominação política e de seus processos é certamente fundamental, mas ela não tem, por si só, nenhuma virtude preventiva sobre os delírios de dominação se essa inteligibilidade não encontra seus prolongamentos práticos em contrapoderes. Em seu *Tratado político*, Espinosa deduz as medidas institucionais concretas que podem realmente prevenir o advento da dominação política.[8] Medidas, portanto, provindas da experiência da história e do conhecimento da lógica dos afetos. Não posso aqui entrar nos detalhes de todas as exigências da democracia comum formuladas por Espinosa. Vou mencionar apenas o espírito geral e algumas medidas fundamentais.

Em primeiro lugar, tratemos do exército. Ele não deverá ser constituído senão por cidadãos (*Tratado político*, VI, 10; VII, 22). Um exército de mercenários impõe ao Estado que ele deve proteger um verdadeiro "estado de guerra, onde apenas o exército é livre e todos são escravos" (*Tratado político*, VII, 22). Além disso, o general-chefe de todo o exército será nomeado apenas em tempos de guerra, e o seu tempo de comando será estritamente limitado "por no máximo um ano e não poderá ser prorrogado, tampouco o mesmo ser posteriormente renomeado" (*Tratado político*, VIII, 9). Espinosa desconfia, como se fosse a peste, da construção de heróis. A igualdade não pode subsistir, ele escreve, "quando o direito público do Estado estabelece que honras extraordinárias são atribuídas a um homem ilustre por sua virtude" (*Tratado político*, X, 8).

[7] Maquiavel, *Discursos sobre a primeira década de Tito Lívio*, I, 6.

[8] O *Tratado político* ficou inacabado, e Espinosa não escreveu seu capítulo sobre a democracia. Os capítulos VI a X da obra tratam, no entanto, de medidas necessárias à reforma democrática dos regimes monárquico e aristocrático. O que evocamos aqui são algumas dessas medidas essenciais, pois podemos pensar logicamente que Espinosa os teria retomado para o regime democrático.

Acontece com frequência, com efeito, que em situações de crise um homem famoso se torna o tirano de seu próprio povo em favor de suas vitórias presentes ou passadas

> [...] em crises extremas do Estado, quando todos são capturados por uma espécie de terror pânico, vemo-los todos se arranjarem segundo o conselho que lhes inspira o terror do momento e, sem se preocupar nem com o futuro nem com as leis, voltarem sua atenção para um homem conhecido por suas vitórias, liberá-lo de todas as leis, reforçar seu comando (que é exemplo dos mais perigosos) e, finalmente, confiar à sua única lealdade toda a república. Essa foi certamente a causa da ruína do Estado romano" (*Tratado político*, X, 10).

No entanto, essa entrega da soberania para um homem que se imagina ter uma força, uma razão ou uma virtude excepcionais é, como já vimos, uma das formas mais ordinárias para encontrar, de maneira cega, uma solução simples e imediata para os problemas que atravessam a multidão. Solução das mais ilusórias e das mais perigosas, quando deveria ser questão, para os cidadãos, não de buscar a virtude salvadora em um homem providencial, mas, sim, de construir o equilíbrio, a força e a prudência racional do próprio Estado democrático. Um Estado que, em tempos de crise, poderia encontrar em suas instituições, em si e por si, soluções adequadas, sem se deixar levar pelos medos e pelas esperanças do momento.[9]

Portanto, o que Espinosa visa é uma *despersonalização* radical das funções públicas, com *administratores* da República diametralmente opostos aos seus *dictatores* (*Tratado teológico-político*, XVII, [4]). *Dictatores* de que a democracia deve se proteger: *em primeiro lugar*, eliminando a

[9] "[...] imaginar que se pode conduzir a multidão ou aqueles que estão engajados nas lutas da vida pública a regrar sua conduta apenas pelas prescrições da razão é sonhar com a idade do ouro e render-se a quimeras. O Estado será, portanto, pouco estável quando sua salvação depender da honestidade de um indivíduo e os negócios não possam ser bem conduzidos senão à condição de o serem por mãos honestas. Para que o Estado possa durar é preciso que os negócios públicos sejam ordenados de tal maneira que aqueles que lhe conduzem, agindo pela razão ou pela paixão, não possam ter má-fé e agir mal. Pois pouco importa, para a segurança do Estado, que por este ou aquele motivo, desde que os negócios sejam bem administrados. A liberdade ou força do ânimo, com efeito, é a virtude dos particulares; mas a virtude do Estado é a segurança" (*Tratado político*, I, 5-6).

prática de "segredos de Estado", que mantém a multidão em estado de desamparo e irresponsabilidade política (*Tratado político*, VII, 27-29). Esse "segredo", escreve Espinosa, é incompatível com a liberdade comum; e *em segundo lugar*, instaurando um sistema de assembleias muito vasto, em cada cidade, de preferência, assembleias sustentadas por sistemas de contrapoderes. Assim, a um sistema de representação política Espinosa prefere um dispositivo de participação efetiva do maior número de cidadãos em funções de decisão comum; funções que são estritamente limitadas no tempo, em uma assembleia soberana cujos membros são substituídos, em parte, a cada ano. Uma assembleia ela mesma acompanhada de perto por uma pequena congregação de cidadãos cuja função é principalmente garantir a manutenção inviolável dos fundamentos da lei "no que se refere ao corpo legislativo e aos funcionários públicos" (*Tratado político*, VIII, 20) (essa assembleia de vigilância é uma combinação prática de duas instituições da República romana que Espinosa julga positivas, mas cujos defeitos ele também pensa em evitar: a saber, tribunos da plebe e ditadura curativa, cuja função por tempo limitado era reconduzir o Estado ao seu princípio).[10]

O dispositivo, com os sistemas de contrapoder, visa transformar o conjunto da sociedade num imenso Conselho que deve ser capaz de produzir as decisões[11] mais úteis por e para aqueles que estão envolvidos, ou seja, todos os membros do Estado. Espinosa rejeita críticas quanto ao peso e à lentidão de tal dispositivo com base na defesa dos princípios da vida comum e evocando, mais uma vez, a história romana: "Se Sagunto sucumbe enquanto os romanos deliberam, também é verdade

[10] A ambição de dominação é tão ameaçadora e tão perigosa, aos olhos de Espinosa – mesmo num Estado democrático bem-organizado –, que seu *Tratado político* preconiza responder por um terror preventivo: aquele da pena de morte e do opróbrio eterno. Quem quer que, com efeito, propusesse repor em questão os fundamentos "democráticos" do Estado ("por exemplo, prorrogar o comando de um general do exército") deveria ser punido com a morte e ter seus bens confiscados; e deveria permanecer, pela memória eterna de seu crime, algum signo público de seu suplício (*Tratado político*, VIII, 25). Estamos no século XVII, e se Espinosa condena (o que é raro nessa época) o uso da tortura nos procedimentos de justiça, mantém, no entanto, a crença na utilidade exemplar da pena de morte (ao menos nos casos considerados como atentados aos fundamentos do Estado). Podemos nos dias de hoje, com argumentos tirados da própria filosofia de Espinosa, que ensina o "cultivo da vida e não da morte", discutir e recusar racionalmente essa solução pelo terror.

[11] Sobre o processo de decisão política, ver Bove (2011).

que a liberdade e o bem comum morrem quando um pequeno número de homens decide tudo por sua mera paixão" (*Tratado político*, IX, 14). A exigência de princípios políticos não poderia, portanto, ceder aos imperativos técnicos, mesmo em caso de emergência.

Não há nenhum idealismo ou dogmatismo na defesa dos princípios. O que há é a exigência de prudência e de verdade que se recusa a cumprir a pragmática do poder que, sob o pretexto de eficiência, destrói o exercício da política do comum em favor da dominação. Pois, se Espinosa nos adverte contra utopias e ensina, para pensar politicamente, um retorno à experiência, ou seja, à prática, isso não significa que ele tenha abandonado a ligação estrutural da política com a verdade.

Encontramos essa ligação, de fato, na própria ideia de virtude ou prudência intrínseca a ser construída nas e pelas instituições da democracia e por sua defesa. Porque não se trata de amalgamar simples meios técnicos, mas de construir uma verdadeira *causalidade adequada*[12] do Corpo comum, ou seja, o movimento de emancipação real pelo qual o poder da multidão advém ao seu regime de adequação. Mas esse movimento real do real, de acordo com o qual, na conquista da autonomia, uma coisa qualquer produz e se produz em e através de seus próprios efeitos, isso é o que Espinosa *concebe*,[13] em sua filosofia, como o procedimento mesmo de produção de verdade.

Se esse modelo de verdade, prudência e adequação é universalizável, deve-se notar, porém, que não existem no campo da política e da história senão construções singulares de verdade, válidas para cada sociedade em sua singularidade. E assim somos mais uma vez reenviados para a diversidade de histórias, exemplos, experiências e práticas e, por

12 "Chamo causa adequada aquela cujo efeito se pode perceber claramente apenas por ela. E chamo inadequada ou parcial aquela cujo efeito não se pode compreender somente por ela"; "Digo que agimos quando se faz em nós ou fora de nós algo de que somos a causa adequada, isto é, (pela definição precedente), quando de nossa natureza segue, em nós ou fora de nós, alguma coisa que se pode compreender clara e distintamente somente por ela. E digo, ao contrário, que padecemos, quando se faz em nós algo ou quando de nossa natureza segue algo de que não somos a causa senão parcial" (*Ética*, III, definições 1 e 2).

13 E desde o *Tratado da reforma do intelecto* (B 71) "a forma do pensamento verdadeiro deve estar situada nesse pensamento mesmo sem relação com outros; e ela não reconhece um objeto como causa, mas deve depender da potência mesma da natureza do intelecto [...] É por isso que o que constitui a forma do pensamento verdadeiro, deve-se buscá-lo nesse pensamento mesmo e deduzi-lo da natureza do intelecto".

isso mesmo, à ideia, elaborada por Espinosa, segundo a qual as invenções democráticas na construção do comum devem necessariamente sempre ser "bem adequadas ao caráter de uma nação" (seguindo a expressão utilizada quando, no *Tratado político*, VII, 30, ele dá um exemplo digno de memória, o Estado dos aragoneses). Porque, assim como a natureza que não produz senão singulares, a verdade universal e a liberdade comum são construídas, elas mesmas, sempre de maneiras múltiplas e diversificadas, diz Espinosa, em relação com "a natureza dos lugares e com a complexidade particular" da multidão reunida em e para a produção indefinida do comum (*Tratado político*, X, 7).

## Referências

BOVE, Laurent. "Bêtes ou automates": la différence anthropologique dans la politique spinoziste. In: MOREAU, Pierre-François; COHEN-BOULAKIA, Claude; DELBRACCIO, Mireille (Dir.). *Lectures contemporaines de Spinoza.* Paris: PUPS, 2012a. p. 157-177.

BOVE, Laurent. *Espinosa e a psicologia social: ensaios de ontologia política e antropogênese.* Belo Horizonte: Autêntica; São Paulo: Nupsi-USP, 2010. (Invenções Democráticas)

BOVE, Laurent. Hilaridade e contentamento íntimo. In: CALDERONI, David (Org.). *Psicopatologia: clínicas de hoje.* São Paulo: Via Lettera, 2006.

BOVE, Laurent. *La Stratégie du conatus: affirmation et résistance chez Spinoza.* Paris: Vrin, 2012b.

BOVE, Laurent. O direito à decisão em Spinoza e a questão do sujeito político. In: MARTINS, André; SANTIAGO, Homero, OLIVA, Luís César (Org.). *As ilusões do eu: Spinoza e Nietzsche.* Rio de Janeiro: Civilização Brasileira, 2011. p. 137-161.

BOVE, Laurent. Uma filosofia de resistência à dominação. *Revista IHU On-Line*, São Leopoldo, v. 12, n. 397, p. 61-66, 6 ago. 2012c. Entrevista concedida a Márcia Junges.

SPINOZA. *Traité politique.* Paris: Livre de Poche, 2002. (Classiques de la Philosophie)

# Comissão Nacional da Verdade: memória e bem comum

Maria Luci Buff Migliori

> *Hoje cada vez nos damos conta de que o ideal da paz perpétua só pode ser alcançado por meio de uma democratização progressiva do sistema internacional e que tal democratização não pode separar-se de uma crescente e cada vez mais eficaz proteção aos direitos humanos acima dos Estados. Direitos humanos, democracia e paz são três momentos necessários dentro do mesmo movimento histórico: sem o reconhecimento e a proteção efetiva dos direitos humanos não há democracia; sem esta não existem as condições mínimas para solucionar pacificamente os conflitos entre os indivíduos, entre grupos e entre essas grandes comunidades tradicionalmente rebeldes e tendencialmente autocráticas que são os Estados, mesmo quando são democráticas em relação aos seus próprios cidadãos.*
>
> Norberto Bobbio

O tema que foi proposto para esta mesa parte da instituição, por lei nacional, da Comissão Nacional da Verdade e do mandato que lhe foi conferido, para examinar a sua configuração, nas perspectivas da memória e do bem comum.

De início, precisamos conhecer, através de breve indicação, como a comissão foi estruturada, quais os objetivos terá de cumprir no seu exíguo prazo de duração de dois anos (Brasil, 2011b, art. 11), quais são os marcos normativos fundamentais com os quais atua, para uma melhor compreensão das questões que o tema sugere e que tocam o cerne dos seus objetivos e da sua própria razão de existir. Nesse mapa, podemos pontuar as relações entre os objetivos da comissão e o direito à memória e seu significado para o bem comum e como se engendram uns aos outros, o direito à verdade, à memória e à justiça; analisar a relação entre a impunidade proporcionada pela Lei da Anistia no Brasil e o impedimento ao direito à verdade e à memória, ao acesso à justiça das vítimas e familiares.

Através da pesquisa e da investigação dos fatos constitutivos das graves violações aos direitos humanos, a comissão tem o encargo de dar efetividade ao direito à memória e à verdade histórica, criando as condições para que se exerçam tais direitos.

A comissão foi criada pela Lei n. 12.528, de 18 de novembro de 2011, com a finalidade de examinar e esclarecer as graves violações de direitos humanos praticadas, em especial no período autoritário e repressivo da ditadura militar (1964-1985), a fim de efetivar o direito à memória e à verdade histórica e promover a reconciliação nacional (Brasil, 2011b, art.1º). Isso significa que os direitos à verdade e à memória têm força de lei no Direito brasileiro, por expressa previsão legal, para todos os efeitos, entre os quais a possibilidade de serem exigidos do Estado, que tem o dever jurídico de investigar e esclarecer esses crimes do chamado legado autoritário da ditadura militar, foco privilegiado pela comissão nos seus trabalhos.

Essa comissão de Estado, por força de lei, cumpre o dever do Estado brasileiro de esclarecer os fatos e as circunstâncias dos casos de graves violações de direitos humanos e promover o esclarecimento circunstanciado dos casos de tortura, morte, desaparecimento forçado, ocultação de cadáver e sua autoria, ainda que ocorridos no exterior (Brasil, 2011b, art. 3º, I e II). Ela deverá tornar públicos as estruturas, os locais, as instituições e as circunstâncias relacionados às práticas de violação de direitos humanos mencionadas e suas eventuais ramificações nos diversos aparelhos estatais e na sociedade (Brasil, 2011b, art. 3º, III). A ela incumbe, por ocasião do encerramento de seus trabalhos, em relatório final, recomendar a adoção de medidas e políticas públicas para prevenir a violação de direitos humanos, assegurar sua não repetição e promover a efetiva reconciliação nacional (Brasil, 2011b, art. 3º VI).

A sua investigação quanto aos autores das graves violações referidas é bem circunscrita. Refere-se aos agentes públicos violadores.

Mas, como bem explicita a comissão, na Resolução n. 2, de 20 de agosto de 2012, cabe-lhe "examinar e esclarecer as graves violações de direitos humanos praticadas no período fixado no artigo 8º das Disposições Constitucionais Transitórias, por agentes públicos, pessoas a seu serviço, com apoio ou no interesse do Estado". A resolução não descuida de incluir particulares, agrupados ou não, quando agem apoiados pelo Estado, ou no seu interesse, abrangendo também a omissão do Estado quanto aos seus deveres de apuração, persecução e punição dos violadores.

A ditadura militar organizou estratégias repressivas, em nível nacional e também internacional, de cruenta perseguição política, através de cadeias de comando de órgãos de informação das três armas, Exército, Aeronáutica e Marinha, para, praticamente, eliminar os denominados subversivos, terroristas, militantes ou ainda meros opositores ou dissidentes do regime. Para tanto, valeu-se da prática dos crimes de homicídio, tortura, desaparecimento forçado, prisão ilegal, ocultação de cadáver, todos constituindo graves violações de direitos humanos. Essa prática, ao que tudo indica, foi sistemática, generalizada, não se tratando de atos isolados de abuso de agentes públicos.

Para viabilizar o trabalho extremamente complexo e multifacetado exercido pela comissão, segundo os princípios da oficialidade e da publicidade, com a devida independência e imparcialidade (Brasil, 2011b, art. 2º, § 1º, I e II ), a lei lhe confere poderes (Brasil, 2011b, art. 4º, I a VIII), entre os quais se destacam o de receber testemunhos, informações, dados e documentos que lhe forem encaminhados (inciso I); requisitar informações, dados e documentos, não havendo limitação de acesso a documentos (inciso II); convocar para entrevistas ou testemunho pessoas que possam guardar qualquer relação com os fatos (inciso IV).

A sanção da Lei do Acesso à Informação (Lei n. 12.527/2011), no mesmo dia da lei de criação da comissão, é um marco relevante, pois o acesso à informação é uma das condições para se chegar à verdade e dar efetividade ao direito à memória. Logo no início do seu Capítulo IV, essa lei dispõe que "as informações ou documentos que versem sobre condutas que impliquem violação dos direitos humanos praticadas por agentes públicos ou a mando de autoridades públicas não poderão ser objeto de restrição de acesso" (Brasil, 2011aª, art. 21). A preservação dos documentos e o acesso à informação é dever do Estado e condição para o esclarecimento da verdade, viabilizando o exercício pleno da cidadania e a consolidação da democracia.

A comissão tem o desafio de pesquisar e analisar acervos volumosos, como o do Arquivo Nacional, que vem recebendo do Executivo quantidades enormes de documentos provenientes de diversos órgãos extintos, como aquele do Serviço Nacional de Informações (SNI). Os arquivos, em especial o do estado de São Paulo e o do Rio de Janeiro, foram estimulados a modernizar seus processos e o acesso a seus documentos, a exemplo dos projetos do Arquivo do Estado de São Paulo e do *Brasil: nunca mais*[1] digitalizado, *on-line*. Nesse sentido, a comissão é desencadeadora de um movimento de memória de grande impacto sobre todo o país, que já está ocorrendo. Ela espera a imprescindível cooperação das Forças Armadas com as suas investigações, abrindo seus arquivos e remetendo as informações solicitadas.

De outra parte, o seu objeto de investigação foi ampliado, porque foram incorporadas novas perspectivas de violações de direitos humanos, como as relativas a índios, trabalhadores, camponeses, igrejas, gênero, a que estão dedicados os grupos de estudo que constam do *site* da comissão. Mesmo violações de direitos humanos que não sejam graves poderão ser apreciadas por ela.

As comissões da verdade parceiras que surgiram espontaneamente nos diversos estados do país, nos poderes Executivo e Legislativo, nas universidades e em vários segmentos de profissionais, uma peculiaridade importante da comissão brasileira, vêm incrementar o esclarecimento da verdade, notadamente num país de dimensões continentais como o Brasil. Elas podem, através de cooperações que estão sendo firmadas, potencializar as investigações da comissão, reunindo, com qualidade, elementos de prova, documentos e testemunhos, propiciados pela maior proximidade com os fatos violadores de direitos humanos.

A comissão brasileira constitui uma experiência específica, instalada mais de 30 anos após a Lei da Anistia n. 6.683/1979, e de 23 anos da promulgação da Constituição democrática de 1988. Basta lembrar que em 2014 "se comemoram" os 50 anos da ditadura militar. Esses

[1] Relato *Brasil: nunca mais* (São Paulo; Arquidiocese de São Paulo; Petrópolis: Vozes, 1985), trabalho de especialistas que analisaram, durante cinco anos, documentos de processos da Justiça Militar do período entre 1964 e 1979, elaborando extenso relatório sobre torturas, desaparecimentos forçados e execuções extrajudiciais ocorridas no país.

blocos de tempo nos fazem refletir, inclusive, sobre por que foi tão difícil e distante a sua criação em relação aos fatos violadores ocorridos.

A comissão atua no quadro da denominada Justiça de Transição, a exemplo de outras comissões criadas no âmbito internacional e que a antecederam (cerca de 30), instaladas após graves conflitos como guerras civis ou em fases de ruptura com regimes autoritários, como se assistiu, por exemplo, na Argentina e no Chile, no processo gradual de passagem à democracia. Vale-se das experiências precedentes para criar sua própria metodologia, apta a enfrentar seus particulares desafios.

Na Justiça de Transição, em síntese, como diz a lei da comissão brasileira, o Estado tem os deveres de: dar a conhecer a verdade à sociedade sobre as violações; dar voz às vítimas e testemunhas dos fatos; promover a reparação das vítimas e familiares quanto aos danos morais e materiais, incluindo as reparações simbólicas; preservar a memória para que seja assegurado também às futuras gerações o direito à verdade; conhecer e principalmente compreender os graves fatos violadores dos direitos ocorridos, suas repercussões e malefícios no presente, para que se tente evitar a sua repetição. A Justiça de Transição, em outra fase, abrange a investigação e a promoção do devido processo legal para responsabilização penal e cível dos violadores pelos crimes cometidos.

A comissão não inicia do zero esse processo de busca da verdade, bem como não vai exauri-lo. Ao contrário, abre, através de suas prerrogativas e seus trabalhos, várias frentes de investigação e outras possibilidades de responsabilização pelos crimes cometidos pela ditadura militar.

A verdade é sempre fragmentária, por natureza, não se pode ter a expectativa de uma verdade totalizante. Ela é um debate, um conjunto de provas, sua interpretação e valoração. É uma utopia pensar que a comissão dará todas as respostas, fará um relatório total, em que nada fique de fora.

Durante todos esses anos, as vítimas e seus familiares nunca deixaram de lutar pelo esclarecimento da verdade, organizaram-se e mobilizaram-se, fizeram campanhas e, apoiados por vários segmentos da sociedade civil, organizações de direitos humanos nacionais e internacionais, pesquisaram, trocaram informações, subsidiaram trabalhos de antropologia forense para identificação de ossadas, intentaram ações civis.

Enfim, nunca desistiram de sua causa, procurando resistir ao silêncio e à indiferença, na convicção de seus pleitos por verdade, memória e justiça, na luta pela dignidade. A publicação do *Dossiê: mortos e desaparecidos políticos a partir de 1964* é resultado do trabalho dos familiares das vítimas, em conjunto com organizações de direitos humanos (revisto em 2009).

Os sentimentos de injustiça, de indignação, são fortes e constituem importante componente do conceito de justiça. A ocorrência reiterada de execuções sumárias, detenções arbitrárias, torturas, desaparecimentos forçados, ocultação de cadáveres, de maneira generalizada, mostra que havia no regime ditatorial no Brasil uma "injustiça organizada", como política de Estado, caracterizada por um *excesso* de crueldades injustificáveis, sob qualquer ponto de vista, um excesso próprio das ditaduras, que não têm limites, a que se opõe a sociedade através da Comissão Nacional da Verdade. Há sempre risco de que ações criminosas não julgadas acarretem que a injustiça seja consagrada pelo tempo. A comissão aspira a uma inversão moral do tempo decorrido.

Existe uma enorme expectativa sobre os resultados do trabalho da Comissão Nacional da Verdade, em especial das vítimas e seus familiares e de forma crescente da sociedade brasileira, na medida em que ela representa uma promessa da democracia a ser cumprida, de acabar com o poder invisível, e uma aposta da sociedade. Há também aqueles que subestimam a potência do Estado de Direito e das instituições democráticas e duvidam de suas possibilidades de atuação através da comissão. Alguns são descrentes ou céticos, porque o tecido da confiança nas instituições vem sendo esgarçado, notadamente pelo tempo decorrido. A outros, a descrença interessa para perpetuar o segredo, encobrir as violações e os abusos praticados pelo Estado no período repressivo e que estão sujeitos ao desmascaramento pela comissão.

A comissão representa uma oportunidade única, depois de tanta espera, um *kairos* no tempo. Ela faz a ligação entre o passado, o presente e o futuro, os três afetados em suas relações pelos efeitos das graves violações de direitos humanos. Não se sabe ao certo ainda, diante da Lei da Anistia e da decisão do Supremo Tribunal Federal, de 2010 (Arguição de Descumprimento de Preceito Fundamental – ADPF 153), que considerou constitucional a anistia concedida pela Lei n. 6.683/79, se haverá lugar para outra narrativa tão ampla das violações graves ocorridas no país, como aquela que certamente fará a comissão.

No primeiro encontro público dos familiares com os membros da Comissão Nacional da Verdade, em junho de 2012, percebia-se a dignidade dessas pessoas na sua indignação e, por que não dizer, no seu desespero. Além de parentes das vítimas, estavam presentes muitos jovens, netos dos perseguidos políticos, com o mesmo rosto juvenil daquelas fotografias congeladas nos cartazes de "procurados" dos jovens "terroristas", que falaram em seus nomes, relatando sofrimentos dos perseguidos, das famílias, mostrando a dor viva das feridas que passaram por duas gerações. Ainda existem vazios, buracos, aquilo que não se sabe, falta de explicações, enfim, uma fratura que foi agravada pelo silêncio. Depois de tão longa espera, dos imensos blocos de tempo decorridos, esses familiares pediam as mais diversas providências, com atestados de óbito na mão, vagos, com dados falsos, sem a verdadeira causa da morte. Pediam justiça, desconfiados de que fossem logrados pelo Estado, mas ao mesmo tempo ansiando por uma suspensão da desconfiança. O filho de Carlos Marighella, logo no início dos trabalhos da comissão em São Paulo, narrou, o quanto o estigma de criminoso terrorista do pai afetou a sua família, a sua vida, na escola, na sociedade, falando na necessidade de uma reabilitação moral, de reconstrução histórica da verdade sobre seu pai, da importância da narração da verdade do ponto de vista do outro, da versão não oficial. Pediu um reconhecimento positivo das ações de seu pai, assim como os outros familiares pediram o mesmo reconhecimento de outros perseguidos políticos. Todas essas pessoas foram penalizadas, muitas nunca souberam do destino dos seus, não puderam fazer o seu luto. Houve providências estatais, mas foram poucas, tardias e começaram pela reparação econômica apenas.

Assim, no plano institucional do Estado brasileiro, a criação da Comissão Especial dos Mortos e Desaparecidos Políticos (CEMDP) pela Lei n. 9.140/1995 (modificada pelas Leis n. 10.536/2002 e n. 10.875/2004) surge como marco fundamental do reconhecimento das graves violações de direitos humanos cometidas durante a ditadura militar. Da mesma forma, o relatório das atividades do órgão, com o lançamento em 2007 do livro *Direito à Memória e à Verdade da Comissão Especial sobre Mortos e Desaparecidos Políticos*, pela Secretaria Especial de Direitos Humanos, representa valiosa base de sustentação para as investigações da comissão.

O trabalho da Comissão da Anistia, instituída pela Lei n. 10.559/2002, incumbida de conceder a reparação econômica àqueles que tenham a condição de anistiado político, é outro marco institucional importante, sede de verificações de perseguição política, por meio de prisões ilegais, torturas, demissões, expurgos estudantis, clandestinidade, exílios forçados, etc., para os efeitos de critérios reparatórios de seu mandato.

A própria lei instituidora da comissão prevê a colaboração das duas aludidas comissões e a atuação de forma articulada e integrada num trabalho conjunto, inclusive na utilização de seus dados e arquivos (art. 6º da Lei n. 12.528/2011), o que vem ocorrendo de maneira sistemática. Esses órgãos, impulsionados pelas necessidades investigatórias da Comissão Nacional, vêm adotando a modernização de seus arquivos e a organização administrativa, promovendo a digitalização de seus acervos e o afinamento de seus registros, estudando novas providências periciais de sua competência, no caso da CEMDP. Todas essas providências são desencadeadas pela existência da comissão, que irradia a necessidade de esclarecer os fatos violadores e preservar a memória histórica.

Mas o Estado brasileiro não cumpriu integralmente seu dever de forma espontânea, ou de ofício, como lhe competia, no tempo certo. A comissão vem, após tanto tempo decorrido de inércia estatal, para lidar com o legado repressivo de violações, atender ao pleito resistente dos familiares e à decisão da Corte Interamericana de Direitos Humanos, de novembro de 2010, no caso Gomes Lund, em que são interessados os familiares dos militantes mortos e desaparecidos na denominada Guerrilha do Araguaia, como se verá mais adiante.

A comissão brasileira não tem caráter jurisdicional ou persecutório, como expressamente declarado em sua regulamentação (Brasil, 2011a, art. 6º, § 4º), isto é, não incumbe a ela promover inquéritos policiais, fazer a acusação como faz o Ministério Público, titular da ação penal, muito menos julgar e impor penas, o que é de competência do Poder Judiciário, segundo o princípio e a garantia de direito penal, *nulla poena sine judicio.*[2] Conforme preceito constitucional, "ninguém será processado nem sentenciado senão pela autoridade competente" (Brasil, 1988, art. 5º, LIII) e "ninguém será privado da liberdade ou de seus bens sem o devido processo legal" (art. 5º, LIV).

2 Não se pode impor uma pena criminal sem o devido processo legal, perante a autoridade competente do Poder Judiciário.

Ela privilegia a investigação da verdade. O esclarecimento dos fatos aparece como interesse superior à sanção dos culpados, no momento. A pena como que se eclipsa temporariamente diante da necessidade de qualificar e de tornar públicos os crimes. A comissão se emancipa do quadro rígido do processo penal, o que não significa que não observe o direito de defesa dos interessados, quando é o caso. O reconhecimento de um crime é sempre, mesmo na ausência da pena, uma atestação da lei, é um antídoto ao totalitarismo. A simples narração pública do horror realiza um trabalho de justiça sem necessariamente passar pela organização de um processo (Garapon, 2002, p. 220).

Dizer a realidade dos fatos, independentemente de toda sanção, desde logo já é uma obra de justiça, uma reparação e uma prevenção. Ela confere aos fatos oficialidade, impedindo o negacionismo. A comissão tem aspecto simbólico importante, como transparece nas palavras de Amélia Teles, perseguida política, torturada diante de seus filhos menores: "o reconhecimento como vítima da violência pelo Estado, os pequenos gestos, nos trazem conforto da alma que também é justiça" (Seminário Direito à Verdade. Primeira Semana da Ciência, Tecnologia, Inovação e Desenvolvimento de Guarulhos [SEMCITEC], 19 out. 2012).

Segundo o mandato recebido pela comissão, não só não incumbe a ela punir, como, de acordo com a decisão do Supremo Tribunal Federal, a anistia outorgada pela lei foi considerada constitucional, conforme já foi apontado. Todavia, isso não impede que a comissão examine fatos extremamente censuráveis que constituem graves violações de direitos humanos, cuja punibilidade esteja extinta pela Lei da Anistia (Brasil, 1940, art. 107, IV), pois ela se detém apenas nos dois primeiros elementos do crime: fato antijurídico e culpável, que são suficientes, pois assassinatos, prisões ilegais, torturas, desaparecimentos forçados e ocultação de cadáveres são, inequivocamente, ilícitos penais, mesmo que sua punibilidade seja considerada extinta pela anistia, segundo a decisão judicial aludida.

Nem mesmo a prescrição, outra causa de extinção da punibilidade, dos crimes que a comissão tenta esclarecer (Brasil, 1940, art. 107, IV) afasta o ditame da lei de que tais fatos graves, violadores dos direitos humanos, sejam esclarecidos e indicados seus autores, quando possível.

O regime jurídico que caracteriza as graves violações de direitos humanos, que ela a todo tempo deve considerar para a identificação dos fatos e da qualificação, valendo-se de normas aplicáveis, no caso específico, é de forma preponderante a normativa do Direito Internacional.

Não há um código especial em que estejam reunidas todas as graves violações dos direitos humanos e os instrumentos de sua proteção. Como assinala Norberto Bobbio (1992, p. 5), "os direitos humanos são históricos, nascidos em certas circunstâncias, de modo gradual. Os direitos humanos não nascem todos de uma vez e nem de uma vez por todas" e, consequentemente, sua normativa e seus mecanismos de proteção também não.

Os inúmeros desaparecimentos forçados na América Latina, por exemplo, em decorrência da repressão realizada por regimes ditatoriais exigiram novos mecanismos de proteção do Sistema Interamericano de Direitos Humanos, inclusive a obrigação dos países que dele participam, como é o caso do Brasil, de tipificar o crime em seu direito interno.

O movimento internacional de promoção e proteção aos direitos humanos sofreu nas últimas três décadas um processo acentuado de expansão e especialização. Devido ao processo crescente de internacionalização dos direitos humanos, a identificação de tais violações deve ser buscada nos tratados internacionais ratificados pelo Brasil e que integram sua ordem jurídica interna, como obrigações assumidas pelo Estado brasileiro (Brasil, 1988, art. 5º, § 2º); nos princípios e costumes internacionais; naquelas normas internacionais imperativas que constituem *jus cogens* (direito cogente) na comunidade internacional e na interpretação de todas essas regras que lhe deram os tribunais internacionais de direitos humanos em suas decisões, bem como nas observações dos órgãos de monitoramento dos dois sistemas de direitos humanos da Organização das Nações Unidas (ONU) e da Organização dos Estados Americanos (OEA), dos quais o Brasil é partícipe.

Os bens jurídicos tutelados por esses instrumentos, em especial a vida, a integridade pessoal e a liberdade, são reconhecidamente bem comum, de interesse de todos, não apenas da sociedade brasileira, mas aceitos por toda a comunidade internacional, tendo, portanto, forte viés universal.

Os graves conflitos e massacres do século passado, a começar pelas duas grandes guerras e os genocídios perpetrados, exigiram respostas da comunidade internacional, com a criação de novos parâmetros e mecanismos de proteção aos direitos humanos e critérios de responsabilidade, voltados para a preservação da dignidade humana, em especial no que se refere à concepção jurídica dos crimes contra a humanidade e seus efeitos, ocorrendo extraordinária evolução do Direito Internacional dos Direitos Humanos e do Direito Internacional Penal dos Direitos Humanos, notadamente a partir da década de 1990.

Emerge a concepção jurídica de que os crimes contra a humanidade – compreendendo práticas de tortura, desaparecimentos forçados e homicídios – violam o *jus cogens* internacional, o direito cogente, inderrogável e peremptório, amparado pelo costume internacional.

A proibição da tortura, dos desaparecimentos forçados e das execuções sumárias é absoluta. Na qualidade de *jus cogens* não pode sofrer qualquer exceção, suspensão ou derrogação: nenhuma circunstância excepcional – seja estado de guerra ou ameaça de guerra, instabilidade política interna ou qualquer outra emergência pública – poderá ser invocada como justificativa para a prática de tortura, desaparecimento forçado ou homicídio. Prevalece o dever jurídico do Estado de prevenir, processar, punir e reparar os crimes contra a humanidade, o que vem a assegurar o direito à justiça e à prestação jurisdicional efetiva.

A Declaração Universal de Direitos Humanos (1948), na sua introdução, já aponta que "o desprezo e o desrespeito pelos direitos humanos resultam em atos bárbaros que ultrajaram a consciência da humanidade e que o advento de um mundo em que os homens gozem de liberdade de palavra, de crença, e da liberdade de viverem a salvo do temor e da necessidade foi proclamado como a mais alta aspiração do homem comum".

A Carta das Nações Unidas (1945), no seu preâmbulo, afirma:

> Nós os povos das Nações Unidas, resolvidos a preservar as gerações vindouras do flagelo da guerra, que por duas vezes, no espaço da nossa vida, trouxe sofrimentos indizíveis à humanidade, e a reafirmar a fé nos direitos fundamentais do homem, na dignidade e no valor do ser humano, na igualdade de direito dos homens e das mulheres, assim como das nações grandes e pequenas, e a estabelecer condições sob as quais a justiça e o respeito às obrigações decorrentes de tratados e de outras fontes do direito internacional possam ser mantidos, e a promover o progresso social e melhores condições de vida dentro de uma liberdade ampla.

A caracterização ou qualificação das graves violações de direitos humanos, o direito à verdade, o direito à memória e a responsabilidade dos perpetradores são peças que se articulam no Direito Internacional dos Direitos Humanos, estando conectadas entre si, como instrumentos de atuação das comissões da verdade e da comissão brasileira. A própria criação de comissões de verdade no mundo, como instrumento da Justiça de Transição, encontra no Direito Internacional dos Direitos Humanos seus fundamentos e sua configuração.

O direito à verdade, contrapartida do dever do Estado, de cuja efetivação a comissão é encarregada, sofreu progressiva evolução e hoje é reconhecido internacionalmente pela ONU e pela OEA, tendo sua origem no Direito Internacional Humanitário representado pela Convenção de Genebra.

A comissão, segundo o seu mandato legal, deverá promover o esclarecimento das graves violações de direitos humanos ocorridas durante a ditadura militar, dando a conhecer os crimes praticados, suas circunstâncias e sua autoria. Ela assim age no interesse não só das vítimas e seus familiares, mas também no da sociedade como um todo, no sentido de que o respeito a esse direito contribui para a preservação histórica e a memória coletiva e, portanto, para o bem comum, considerando que a sua história é patrimônio moral de um povo.

Da mesma forma, esse interesse coletivo é preservado quando a comissão cumpre o objetivo de identificar e tornar públicos as estruturas, os locais, as instituições e as circunstâncias relacionadas à prática de violações de direitos humanos e suas eventuais ramificações nos diversos aparelhos estatais e na sociedade (Brasil, 2011b, art. 3º, III). O direito à verdade, em face da articulação individual e social, tem o papel fundamental social de evitar a repetição das violações generalizadas, como ocorreu na repressão da ditadura militar brasileira. Ele tem, pois, uma dimensão individual, das vítimas e seus familiares, e outra coletiva, naquilo que afeta e interessa a todos, sendo essas dimensões comunicantes.

Essas conexões do direito à verdade, base de todo o edifício do dever do Estado, são, também, um mecanismo relevante para a responsabilização dos culpados e sua punição, pois sem conhecer os fatos ilícitos praticados é inviável a persecução penal, ou seja, o combate à impunidade. A comissão é um dos meios de investigação dessa verdade.

O Sistema Interamericano de Proteção dos Direitos Humanos tem considerado as leis da anistia um óbice à verdade, à memória e à justiça, posicionando-se pela sua nulidade ou pela ausência de efeitos jurídicos, pois produzem uma "injustiça continuada", impedindo o acesso à justiça das vítimas e seus familiares, afrontando o dever do Estado de investigar, processar, julgar e reparar as graves violações.

Assim, deve o Estado brasileiro reconhecer a nulidade da Lei n. 6.683/1979, por sua absoluta incompatibilidade com a ordem jurídica internacional no que se refere a práticas de tortura, desaparecimentos forçados e execuções sumárias, que constituem crimes contra a humanidade, imprescritíveis e não passíveis de anistia.

Tal foi o entendimento da Corte Interamericana de Direitos Humanos (IDH), quando da análise da Lei da Anistia brasileira de 1979, no julgamento do caso Gomes Lund e de outros sobre a denominada Guerrilha do Araguaia. A demanda se refere à responsabilidade do Estado pela detenção arbitrária, pela tortura e pelo desaparecimento forçado de 70 pessoas entre membros do Partido Comunista do Brasil e camponeses da região, além da execução extrajudicial de Maria Lucia Petit da Silva, resultado de operações do Exército brasileiro empreendidas entre 1972 e 1975 com o objetivo de erradicar a Guerrilha do Araguaia.

Por sentença de 24 de novembro de 2010, a Corte concluiu, fundamentalmente, que:

> 3. As disposições da Lei de Anistia brasileira que impedem a investigação e sanção de graves violações de direitos humanos são incompatíveis com a Convenção Americana carecem de efeitos jurídicos e não podem seguir representando um obstáculo para a investigação dos fatos do presente caso, nem para a identificação e punição dos responsáveis, e tampouco podem ter igual ou semelhante impacto a respeito de outros casos de graves violações de direitos humanos consagrados na Convenção Americana ocorridos no Brasil.
>
> 4. O Estado é responsável pelo desaparecimento forçado e, portanto, pela violação dos direitos ao reconhecimento da personalidade jurídica, à vida, à integridade pessoal e à liberdade pessoal, estabelecidos nos artigos 3, 4, 5 e 7 da Convenção Americana sobre Direitos Humanos, em relação com o artigo 1.1 desse instrumento, em prejuízo das pessoas indicadas no parágrafo 125 da presente Sentença, em conformidade com o exposto nos parágrafos 101 a 125 da mesma.
>
> 5. O Estado descumpriu a obrigação de adequar seu direito interno à Convenção Americana sobre Direitos Humanos, contida em seu artigo 2, em relação aos artigos 8.1, 25 e 1.1 do mesmo instrumento,

> como consequência da interpretação e aplicação que foi dada à Lei de Anistia a respeito de graves violações de direitos humanos. Da mesma maneira, o Estado é responsável pela violação dos direitos às garantias judiciais e à proteção judicial previstos nos artigos 8.1 e 25.1 da Convenção Americana sobre Direitos Humanos, em relação aos artigos 1.1 e 2 desse instrumento, pela falta de investigação dos fatos do presente caso, bem como pela falta de julgamento e sanção dos responsáveis, em prejuízo dos familiares das pessoas desaparecidas e da pessoa executada, indicados nos parágrafos 180 e 181 da presente Sentença, nos termos dos parágrafos 137 a 182 da mesma.
>
> 6. O Estado é responsável pela violação do direito à liberdade de pensamento e de expressão consagrado no artigo 13 da Convenção Americana sobre Direitos Humanos, em relação com os artigos 1; 1, 8; 1 e 25 desse instrumento, pela afetação do direito a buscar e a receber informação, bem como do direito de conhecer a verdade sobre o ocorrido. Da mesma maneira, o Estado é responsável pela violação dos direitos às garantias estabelecidas no artigo 8.1 da Convenção Americana, em relação com os artigos 1.1 e 13.1 do mesmo instrumento, por exceder o prazo razoável da Ação Ordinária, todo o anterior em prejuízo dos familiares indicados nos parágrafos 212, 213 e 225 da presente Sentença, em conformidade com o exposto nos parágrafos 196 e 225 desta mesma decisão. (CEV, s.d., p. 114-115)

Gostaria de finalizar dizendo apenas que a memória não pode ser impedida pela anistia brasileira (Lei n. 6.683/1979), ou seja, a anistia tem uma semelhança até fonética com amnésia, com esquecimento, mas esse esquecimento comandado não funciona. Porque a lembrança tem uma independência, como todos sabem, muito grande, ela se apresenta como um cheiro, sem ser convocada, e você não pode deixar de sentir quando ele vem. “A lembrança vinda não se sabe de onde, não permite ser deslocada, pelo contrário, obriga sempre uma perseguição, nunca está completa. A lembrança insiste porque de certo modo é soberana e incontrolável (em todos os sentidos). Não há como impedi-la ou eliminá-la” (Sarlo, 2007, p. 10). Poderíamos dizer que o passado se faz presente porque o tempo próprio da lembrança é o presente. Então, a importância desse trabalho de memória, a que se propõe a comissão como força propulsora, deve afastar aquele esquecimento de fuga, uma estratégia de evitamento, um procedimento muitas vezes de má-fé, que faz do esquecimento uma empreitada perversa.

Paul Ricœur, autor da obra *A história, a memória, o esquecimento*, chama a atenção para o não saber como obstinação, "aquela atitude de quem não se informa, não pergunta sobre o mal cometido, finge que não vê, que não existe" (Ricœur, 1995, p. 80), como nós assistimos a muitos países e povos fazerem. Destaca também a importância de uma política de *justa memória*, ou seja, nem o excesso de memórias, de comemorações, excesso de lembrança das humilhações sofridas (memórias nacionais guerreiras), que nos faça não viver o presente nem uma falta de memória. Deve haver um equilíbrio na justa memória, o que ele chama *justiça da memória* e do *trabalho de lembrança*.

Nas suas recomendações, a comissão brasileira certamente, em cumprimento ao seu mandato, fará constar as bases de uma política de memória do período, propondo medidas institucionais para a preservação dos locais relacionados à repressão e à resistência à ditadura, a construção de memoriais, a exemplo de memoriais que hoje já existem, como o Memorial da Resistência do Estado de São Paulo, instalado no antigo prédio em que funcionava o Departamento Estadual de Ordem Política e Social (DEOPS); proteção e implantação de marcas de memória.

Por fim, com relação à importância do testemunho, gostaria de lembrar um pequeno trecho do livro de Primo Levi sobre o campo de Auschwitz no qual o autor menciona ter descoberto que um sonho recorrente que o acometia era também muitas vezes sonhado pelos seus companheiros de campo (Levi, 1988, p. 60). No sonho, ele voltava para casa, tendo escapado de todo aquele horror, e tentava contar às pessoas sua terrível experiência e elas se levantavam, iam embora, e não o escutavam. Primo Levi, então, indaga em seu livro: "Por que o sofrimento de cada dia se traduz, constantemente, em nossos sonhos, na cena sempre repetida da narração que os outros não escutam?". A comissão brasileira foi criada para escutar e acolher o relato das vítimas, quando possível, e daqueles que testemunham.

Como explica a professora Jeanne Marie Gagnebin, num alargamento da figura da testemunha, que não seria apenas aquele que viu diretamente, com seus próprios olhos, mas também "aquele que não vai embora, que consegue ouvir a narração insuportável do outro e que aceita que suas palavras levem adiante, como num revezamento, a história do outro: não por culpabilidade ou por compaixão, mas porque somente a transmissão simbólica, assumida apesar e por causa do sofrimento indizível, somente essa retomada reflexiva do passado pode nos ajudar a não repeti-lo indefinidamente, mas a ousar esboçar outra história, a inventar o presente" (Gagnebin, 2006, p. 57).

## Referências

BRASIL. Casa Civil. Decreto-Lei n. 2.848, de 7 de dezembro de 1940. Código Penal. Brasília, 7 dez. 1940.

BOBBIO, Norberto. *A era dos direitos*. Tradução de Carlos Nelson Coutinho. Ed. ampl. Rio de Janeiro: Campus, 1992.

BOBBIO, Norberto. *Norberto Bobbio: o filósofo e a política. Antologia*. Organização e apresentação de José Fernández Santillán. Tradução de César Benjamin. Rio de Janeiro: Contraponto, 2003.

BRASIL. Constituição (1988). *Constituição da República Federativa do Brasil*. 1988. Brasília: Senado Federal, Centro Gráfico, 1988.

BRASIL. Casa Civil. *Lei n. 6.683*, de 28 de agosto de 1979. Concede anistia e dá outras providências. Brasília, 28 ago. 1979.

BRASIL. Casa Civil. *Lei n. 9.140*, de 4 de dezembro de 1995. Reconhece como mortas pessoas desaparecidas em razão de participação, ou acusação de participação, em atividades políticas, no período de 2 de setembro de 1961 a 15 de agosto de 1979, e dá outras providências. Brasília, 4 dez. 1995.

BRASIL. Casa Civil. *Lei n. 10.559*, de 13 de novembro de 2002. Regulamenta o art. 8o do Ato das Disposições Constitucionais Transitórias e dá outras providências. Brasília, 13 nov. 2002.

BRASIL. Casa Civil. *Lei n. 12.527*, de 18 de novembro de 2011. Regula o acesso a informações previsto no inciso XXXIII do art. 5°, no inciso II do § 3° do art. 37 e no § 2° do art. 216 da Constituição Federal; altera a Lei n. 8.112, de 11 de dezembro de 1990; revoga a *Lei n. 11.111*, de 5 de maio de 2005, e dispositivos da *Lei n. 8.159*, de 8 de janeiro de 1991; e dá outras providências. Brasília, 18 nov. 2011a.

BRASIL. Casa Civil. *Lei n. 12.528*, de 18 de novembro de 2011. Cria a Comissão Nacional da Verdade no âmbito da Casa Civil da Presidência da República. Brasília, 18 nov. 2011b.

BRASIL. Secretaria Especial dos Direitos Humanos. Comissão Especial sobre Mortos e Desaparecidos Políticos. *Direito à verdade e à memória: Comissão Especial sobre Mortos e Desaparecidos Políticos*. Brasília: Secretaria Especial dos Direitos Humanos, 2007.

CEV - Comissão da Verdade do Estado de São Paulo Rubens Paiva. *Sentença da Corte Interamericana de Direitos Humanos*. São Paulo: Assembleia Legislativa do Estado de São Paulo, [s.d.].

COMISSÃO NACIONAL DA VERDADE. Resolução n. 2, de 20 de agosto de 2012. Dispõe sobre a atuação da Comissão Nacional da Verdade. Brasília: *Diário Oficial da União*, 17 set. 2012.

DOSSIÊ dos mortos e desaparecidos políticos a partir de 1964. Comissão responsável: Maria do Amparo Almeida Araújo *et al.* Prefácio de Dom Paulo Evaristo Arns. Apresentação de Miguel Arraes de Alencar. Recife: Companhia Editora de Pernambuco, 1995.

GAGNEBIN, Jeanne Marie. *Lembrar escrever esquecer. São Paulo: Editora 34, 2006.*

GARAPON, *Antoine. Des crimes qu'on de peut ni punir ni pardonner: por une justice internationale.* Paris: Éditions Odile Jacob, 2002.

LEVI, Primo. *É isto um homem?*. Tradução de Luigi Del Re. Rio de Janeiro: Rocco, 1988.

ORGANIZAÇÃO DAS NAÇÕES UNIDAS. Carta das Nações Unidas. São Francisco, 1945.

ORGANIZAÇÃO DAS NAÇÕES UNIDAS. Declaração Universal dos Direitos Humanos. Paris, 1948.

RICŒUR, Paul. *A memória, a história, o esquecimento.* Tradução de Alain François. Campinas: Ed. da Unicamp, 2007

RICŒUR, Paul. Le pardon peut-il guérir? Esprit, Revue Internationale. Paris: n.3-4, mar./abr. 1995, p. 80.

SARLO, Beatriz. *Tempo passado: cultura da memória e guinada subjetiva.* Tradução de Rosa Freire d'Aguiar. São Paulo: Companhia das Letras; Belo Horizonte: Ed. da UFMG, 2007.

# Espinosa e algumas mazelas da vida brasileira

Renato Mezan

Boa tarde a todos. Gostaria de iniciar esta comunicação agradecendo a David Calderoni e aos demais organizadores do II Colóquio Internacional do Nupsi-USP o honroso convite para participar desta mesa redonda, dedicada às atividades da Comissão Nacional da Verdade e ao tema "Memória e bem comum".

Partirei de algumas observações feitas por Laurent Bove no trabalho que nos apresentou há pouco.[1] Embora não fosse esse o seu intuito, elas me parecem muito adequadas para suscitar a reflexão sobre um aspecto da vida brasileira que, após anos de letargia, as manifestações do mês de junho de 2013 fizeram entrar – com a veemência que se sabe – na pauta dos debates públicos: a complacência com a perversão das instituições por aqueles encarregados de zelar por elas, e pela consecução das finalidades para as quais foram criadas.

Resumo então os comentários do filósofo a respeito de quatro tópicos:

a) Sendo constituído por humanos naturalmente submetidos às paixões que nos caracterizam, o Estado democrático necessita proteger seus fundamentos contra certas ações às quais eles poderiam ser movidos por suas inclinações, e que, se permitidas, colocariam em risco as liberdades públicas e o bem comum. Espinosa se refere em especial à

[1] "Da dominação política e de seus remédios: a lição de Espinosa".

ambição de dominar, forma que o desejo de glória pode assumir entre aqueles que dispõem de poder – no caso, do poder político, que ganham por terem sido escolhidos para determinados cargos. Ameaça das mais perigosas para a sobrevivência do regime democrático, ela deve ser contida por medidas como a limitação dos mandatos (por exemplo, dos comandantes militares), e pela exigência de impessoalidade no exercício das funções (a "despersonalização" dos *administradores*).

b) Regras jurídicas, porém, são insuficientes para garantir que os eleitos não se aproveitem das suas funções em benefício próprio. Além delas, devem ser estabelecidos "contrapoderes", ou seja, organismos encarregados de vigiar as assembleias eleitas e zelar para que elas não tomem decisões que, a pretexto de assegurar a "salvação" da cidade, ponham em risco a liberdade dos cidadãos. Tais organismos, que Espinosa concebe como "assembleias restritas" (como as Câmaras Altas de vários países), podem também tomar a forma de tribunais constitucionais, como o nosso Supremo Tribunal Federal. O essencial é que, como teorizará Montesquieu no *Espírito das leis*, e como fizeram os que redigiram a Constituição dos Estados Unidos, sejam instituídos *checks and balances* (obstáculos e contrapesos) capazes de, inibindo-as no nascedouro, impedir que ações desse tipo conduzam ao surgimento de tiranias.

c) Para que tais normas sejam eficazes, elas não podem ignorar a realidade da natureza humana, em particular o fato de que a simples razão é impotente para impedir que um afeto nos domine: somente um afeto mais forte e contrário pode inibir outro (*Ética*, IV, 37, escólio 2, p. 311). É assim utópico imaginar que indivíduos eleitos, ou funcionários do governo, cumpram sempre e de modo espontâneo suas missões com correção: para dissuadir aqueles que se sentirem inclinados a trair a confiança dos que os elegeram ou indicaram, propondo leis ou praticando atos cujo resultado seria a ruína das instituições, é necessário que neles tal inclinação seja coibida por um afeto mais forte. E, na continuação do escólio citado, Espinosa explicita qual é esse afeto: "cada qual se abstém de causar prejuízo a outrem por medo de um prejuízo maior".[2] É portanto o *medo*, que Bove chama de "terror preventivo", que bloqueia os impulsos que poderiam levar os agentes públicos a fazer aquilo que os contrapoderes visam a impedi-los de fazer. E, como é

[2] "*unusquisque ab inferendo damno abstinet timore majoris damni.*"

óbvio, estes precisam dispor de meios para punir aqueles que, mesmo assim, decidirem solapar as bases do Estado. Espinosa não hesita em sugerir penas como a de morte e de confisco dos bens, assim como a utilidade de erigir marcos que, recordando aos cidadãos o "suplício" dos infratores, os dissuadam de seguir o exemplo deles.[3]

d) Por fim, o filósofo holandês indica a necessidade de as leis e instituições se conformarem ao "caráter da nação" (*gentis ingenium*) para a qual foram criadas, e cujas liberdades, segurança e bem-estar devem garantir (*Tratado político*, X, 7, p. 260).[4] Em termos contemporâneos, isso significa levar em conta as peculiaridades da estrutura social, o momento histórico, os valores aceitos como legítimos pela população, e assim por diante, de modo que aquilo que na filosofia política é da ordem do universal se materialize em formas compatíveis com a singularidade de cada povo ou país.[5]

## "Patrimonialismo" e ausência de sanções

Assinalados esses pontos, passo ao cerne do que desejo lhes apresentar. Todos sabemos que entre as características da nossa formação social e política figura algo a que se denomina, eufemisticamente, "patrimonialismo" ou "familialismo": tratar a coisa pública como se fosse privada, usando o cargo para a consecução de fins particulares e contrários ao bem comum. A corrupção endêmica é a face mais vergonhosa dessa tradição, mas de forma alguma a única.

Outra é a prática secular de legislar em causa própria, criando privilégios e mordomias que se propagam em cascata para as instâncias inferiores; outra ainda é o desprezo pela norma segundo a qual se devem evitar conflitos de interesse, por exemplo, quando um juiz não se declara impedido de julgar um indivíduo de quem foi advogado, ou

[3] Numa nota de rodapé, Bove assinala que execuções eram comuns no século XVII e que, sendo homem do seu tempo, o filósofo não as considera desumanas, como é o caso hoje em dia. A meu ver, esse fato nada tira do essencial da proposta: é cabível interpretá-la como significando que o castigo dos sediciosos deve ser o mais severo possível segundo as leis do Estado em questão.

[4] Esta edição será citada como TP.

[5] Temos um exemplo de como Espinosa faz essa passagem – num caso que lhe parece "digno de ser lembrado", o do reino de Aragão – em TP, VII, 30, p. 199.

de relatar uma ação proposta pelo banco do qual aceitou empréstimos de mãe para filho (ambos casos protagonizados recentemente por uma Excelência do Supremo Tribunal Federal). Uma quarta é a tendência a considerar a indignação suscitada por práticas como essas como moralismo pequeno-burguês, ou como malévola intenção de conspurcar a imagem de tal ou qual instituição, confundindo-a com os indivíduos que provisoriamente ali ocupam cargos, e como se não fossem os atos deles a causa do desprestígio que vem afetá-la.

Uma quinta é o *esprit de corps* levado aos píncaros da desfaçatez, como quando nossos nobres deputados se recusaram, em votação secreta, a cassar o mandato de um colega condenado a 13 anos de cadeia por peculato, criando assim a figura (certamente única no planeta) do congressista-presidiário.

Poderíamos multiplicar os exemplos; estes bastam para confirmar quanta razão tem Espinosa quando afirma que "os homens se tornam terríveis quando deixam de ter medo" (TP, VII, 27, p. 197). Embora, como disse, ele tenha em mente a possibilidade de um ambicioso receber de mão beijada da multidão poderes que o podem transformar num tirano, sua observação me parece valer igualmente para a situação que examino, na qual, sem chegar a tais extremos, agentes públicos pervertem instituições e normas em princípio boas – por exemplo, a Lei Rouanet, recentemente utilizada pela "ministra da Costura" para promover um desfile comercial do seu modista em Paris.

O hábito faz o monge, diz-se: a ausência de sanções frente a atitudes como as que enumerei, não sem razão tida por certa em nosso ambiente político, foi sem dúvida o que levou um deputado gaúcho a proclamar que "se lixava para a opinião pública" – ou seja, a comprovar quantas léguas o separam do "terror preventivo", que poderia ao menos fazê-lo mais discreto quanto ao pensa dos seus eleitores.

Mas, dirão vocês, o medo não é para Espinosa uma paixão triste, que diminui nossa potência de ser e de agir? Como poderia ser, então, útil para a vida em sociedade? A objeção parece fundada, porém na verdade as coisas são menos simples. A proposição 56 da parte III da *Ética* afirma que "há tantas espécies de alegria, de tristeza [...] quantas são as espécies de objetos pelas quais somos afetados" (*Ética*, III, 56, p. 229 e segs.). Há portanto várias espécies de medo, e é o que lemos no escólio dessa proposição, quando o filósofo distingue o temor (*timor*) da vergonha (*pudor*), do pudor (*verecundia*) e do terror (*consternatio*), assim como, na demonstração da proposição anterior ("quando a mente imagina sua impotência, por isso mesmo se entristece"), indica que tal tristeza, se acompanhada da ideia da nossa própria debilidade, chama-se humildade (*humilitas*) (*Ética*, III, 55, p. 227).[6]

O estado de espírito que as medidas de autoproteção do Estado democrático visam a criar em todos os cidadãos é exatamente o "temor de um mal maior", porque é apenas este que os impedirá de dar livre curso à ambição, à inveja, ao ódio e a outros afetos semelhantes, que, se deixados sem tais peias, conduziriam à destruição desse mesmo Estado. Por certo, o filósofo considera que "aquilo a que se deve visar antes de tudo é que os cidadãos cumpram seu dever por si próprios, mais do que pela coerção das leis" (TP, X, 7, p. 260); mas, para isso, é necessário que tenham interiorizado o próprio conceito de "dever" e desenvolvido a capacidade de distinguir o certo do errado, o justo do injusto, o bom para todos e o contrário disso.

Em termos psicanalíticos, é preciso que disponham de um sólido superego, instância psíquica à qual incumbe (entre outras funções, que não vêm ao caso aqui) o juízo moral. É este que determina se uma ação desejada pelo sujeito é ou não conforme aos ideais e valores da sociedade a que pertence. Espinosa, é claro, não fala em superego, mas é evidente que ideias como as de pudor, vergonha e humildade são bastante próximas daquilo que Freud tem em mente ao vincular ao superego o que chama de "ideais culturais".

No que nos interessa no momento, também é certo que nem todos os agentes públicos são corruptos ou perversos: muitos procedem corretamente "por si mesmos". Não é desses que falo; o que afirmo é que nosso sistema político, e nossos costumes em geral, favorecem a atuação dos outros. Para estes, a "coerção das leis" é essencial.

Mas como a lei coage? Prevenindo as atitudes e os comportamentos contrários a ela. E isso só pode ocorrer se o desejo de fazer o errado for contrabalançado – e superado – por um afeto contrário.[7] Entre os candidatos a esse papel, o mais forte é o "medo de um mal maior". Contudo, não é preciso que se instaure o reinado do terror: o medo da

6 "Verecundia" é o termo latino do qual deriva nosso termo "vergonha".

7 Ver a continuação do texto citado anteriormente (*Ética*, IV, 37, escólio 2, p. 311): "que [a sociedade] tenha portanto o poder de [...] elaborar leis, fazendo-as cumprir não pela razão, que não pode refrear os afetos, mas por ameaças (*sed minis firmandi*)".

vergonha, ou da execração pública (a *verecundia*), pode ser tão dissuasivo quanto os de perder o cargo, incorrer em multas pecuniárias, ser preso, etc. Da mesma forma, a humildade – que nada tem de religioso, sendo somente, nesse caso, a consciência da desproporção entre a força do indivíduo e a da lei – pode ter o mesmo efeito.

Nada há de reacionário, ou de terrorista, em usar tal força como dissuasor de comportamentos antissociais: lembro aqui as placas que, em letras garrafais, advertem os frequentadores das lojas de departamento britânicas de que "*thieves will be prosecuted – and have been*",[8] ou, aos que pensassem em viajar nos transportes públicos sem pagar, das pesadas multas a que estão sujeitos. E a presença ostensiva de fiscais na saída do metrô, assim como a vigilância dos motoristas dos ônibus quanto à validade dos bilhetes, reforçam a sensação de que há "males bem maiores" do que o custo da passagem. Em resumo: tanto a natureza humana quanto a experiência, tão valorizada por Espinosa, levam a crer que o emprego localizado e moderado do medo é um forte incentivo para obedecer às leis, sempre e quando estas gozem de legitimidade aos olhos da população considerada.

A questão é: há alguma chance de que nossos políticos venham a se emendar "por si mesmos"? Isso não parece provável – e não só porque nos últimos 500 anos têm agido como todos sabemos. Há outros fatores na nossa formação social que favorecem o "patrimonialismo" e o "menefreguismo";[9] gostaria de refletir com vocês sobre alguns deles.

## Complacências, contestações: uma hipótese

Voltemos ao deputado gaúcho que "não se lixava para a opinião pública": 100 mil dos seus eleitores não parecem ter se incomodado com o insulto, pois na eleição seguinte o reconduziram a Brasília. Esse fato é muito mais grave do que a própria declaração do parlamentar, porque indica um grau extremo de complacência com costumes como os que enumerei atrás. E o resultado até aqui nulo das manifestações de junho – por muitos interpretadas como sinal de indignação com eles – parece dar razão aos que, apesar de uma ou outra concessão irrisória ao "clamor das ruas", nada fizeram no sentido de os erradicar.

[8] "Ladrões serão processados – e já foram".

[9] "*Io me ne frego*" é a forma italiana do "estou pouco me lixando".

Outra expressão de leniência para com aquilo que segundo Espinosa pode comprometer a essência de um Estado democrático ocorre numa esfera que à primeira vista pouco parece ter em comum com a dos *mores* políticos: a do processo penal. Assim como naquela, aqui também se verifica uma série de aberrações, cujo resultado é transformar o criminoso, muitas vezes confesso, em vítima. Isso é completamente diferente de exigir que não seja alvo da truculência da polícia ou de preservar seu direito a um processo justo (*fair trial*), conquista civilizatória que devemos à Magna Carta arrancada, no século XIII, pelos barões ingleses ao rei João Sem Terra. No caso penal, o que vemos é a tolerância dos tribunais – em virtude das leis existentes, é bom que se diga – a toda sorte de recursos protelatórios, que em outros países são considerados "desprezo pela Justiça" (*contempt for justice*) e coibidos com severidade (foi o que aconteceu, entre outros casos, no dos milhões de dólares desviados por um ex-governador de São Paulo para um paraíso fiscal britânico).[10]

Dois exemplos bastam aqui: a instituição da prescrição, em si mesma discutível e que no Brasil ocorre em prazos incompatíveis com a lerdeza queloniana dos procedimentos judiciais; e a progressão da pena de detenção do preso que demonstra "bom comportamento", o que na prática a reduz a um sexto – sim, *um sexto*: ou seja, alguém condenado a 30 anos de cadeia se vê autorizado a passar 24 deles em semiliberdade.

Por que toleramos esses absurdos, que confirmam a convicção generalizada de que entre nós o crime compensa, sim? A resposta talvez esteja, em parte, na arguta observação de Espinosa de que as leis devem se conformar ao "caráter da nação". Mas não devemos tirar disso a conclusão de que nosso DNA social é incompatível com a simples honestidade, ou com a capacidade de fazer sacrifícios – mesmo pesados – em nome do que em dado momento se afigura como o bem comum. O exemplo mais claro disso ocorreu no Plano Collor, quando a população, uma vez esclarecida sobre os motivos do confisco da poupança, aceitou-os como válidos e procedeu de acordo com as regras propostas pelo go-

[10] Somente a *certeza* de que, caso insistisse em ignorar a ordem do procurador federal encarregado do Caso Watergate para entregar as fitas gravadas secretamente no Oval Office, seria processado *com base nesse dispositivo*, decidiu o presidente Nixon a finalmente obedecê-la. Uma vez revelado, o conteúdo delas foi decisivo para o *impeachment* que encerrou seu mandato e sua carreira política.

verno.[11] No caso brasileiro, penso que – também em parte – a alergia à punição justa e rigorosa provém da experiência não ainda assimilada da ditadura militar, ou seja, de algo que diz diretamente respeito ao nosso tema de hoje, "memória e bem comum". Permitam-me trazer, então, alguns elementos para substanciar essa opinião.

Naquele momento, era imperativo proteger os cidadãos da violência das autoridades, principalmente no tocante ao exercício das liberdades fundamentais da cidadania, como a liberdade de opinião e de expressão, de associação em partidos políticos, e outras. Os trabalhos da Comissão da Verdade vêm trazendo à luz detalhes dos horrores praticados a partir de uma concepção fascista da "segurança nacional", e todos os que vivemos aqueles tempos sombrios nos lembramos do que foram. A preocupação de evitar que eles se repetissem está na raiz de diversas disposições da Constituição de 1988, e ninguém, em sã consciência, pode contestar a necessidade ou a utilidade delas para proteger as liberdades básicas no nosso país.

Contudo, a evolução da sociedade brasileira nas últimas décadas levou a uma consequência não prevista pelos constituintes: a tendência a considerar como abusiva e ilegítima *qualquer* norma, mesmo elaborada segundo as regras e promulgada por autoridades legitimamente eleitas, se ela contrariar algum interesse privado. É certo que, em parte, essa tendência tem a ver com a profunda descrença na probidade e na imparcialidade dos que fazem as leis, sendo portanto um reflexo de autodefesa fundado na convicção de que é justo e bom desobedecer, contestar e se possível fazer revogar aquelas com as quais, por alguma razão, a pessoa se encontra em desacordo – mesmo que a situação que visavam a corrigir prejudique muitos dos seus concidadãos.

Mas só em parte. Mais uma vez, não está em questão o direito de alguém defender o que julga ser seu interesse, o que seria absurdo e contrário ao que com Espinosa aprendemos sobre a natureza humana. Trata-se de algo diverso: a disseminação de um individualismo exacerbado, cujas causas fazem parte da maneira como a sociedade civil vem

[11] Não vem ao caso discutir se era ou não necessária tal medida; tampouco cabe pensar que a aceitação dela se deveu à falta de coragem do povo para se opor ao governo ou a algo semelhante. Apenas, as autoridades recém-eleitas (ainda) gozavam de credibilidade e a usaram para tentar resolver o que todos concordavam ser o mais grave problema do momento – a hiperinflação.

se organizando nestes tempos de mudança acelerada, de modernização de um país em larga medida arcaico até poucos anos atrás, e que não é possível examinar aqui. Para descrever o fenômeno, não encontrei nada mais exato que as palavras de José Garcez Ghirardi, professor da Faculdade de Direito Getúlio Vargas, de São Paulo. Diz ele:

> [são] leituras do mundo que erigem o indivíduo e suas razões como único elemento capaz de legitimar qualquer ação. [...] Elas veem como utopia antiquada os grandes projetos coletivos, que pressupõem, necessariamente, composição de interesses, e algum grau de limitação dos próprios desejos em favor do benefício geral. [...] No limite, elas tendem a constituir não uma liberdade cidadã, mas uma anomia individualista que iguala, perversamente, direito de agir e poder de agir; no processo, escamoteiam que a capacidade de agir exige meios que estão [...] muito desigualmente distribuídos. Creio ser por isso que Alain Touraine indica que uma sociedade de indivíduos pode destruir uma sociedade de cidadãos (GHIRARDI, 2013, p. E9).

## Lembranças dolorosas e seus destinos

Por que digo que essa atitude é, em parte, herança da ditadura militar? Porque a lembrança das violências dela não foi, ainda, processada de modo suficiente para que deixe de determinar nosso comportamento. Quero ser bem claro: jamais pretenderia que o melhor seria "esquecê-las", fazer de conta que não existiram, desistir de castigar os responsáveis pelas mais atrozes e de oferecer às vítimas delas, ou aos seus familiares, as reparações possíveis. Fazer isso seria incorrer num erro terrível e imoral. Trata-se de outra coisa: do fato de, como disse Jürgen Habermas num discurso em que evocava as consequências do silêncio feito na Alemanha em torno da barbárie nazista, "lembranças não elaboradas se tornam fantasmas insepultos a assombrar o presente".

Num artigo intitulado "Esquecer? Não: in-quecer", ao qual me permito remetê-los,[12] tive oportunidade de examinar esse texto de Habermas, e, ao relê-lo por sugestão de David Calderoni, dei-me conta de que poderia ser útil para compreender o ponto em discussão. Resumidamente, o esquecimento de uma experiência dolorosa não

[12] Escrito em fins da década de 1980, o artigo pode ser encontrado em Mezan (2005).

equivale à dissolução do efeito dela, nem à simples desaparição do cenário psíquico da lembrança correspondente. Ao contrário, ele resulta de um movimento defensivo, da ordem do recalque, da recusa ou da negação, cujo resultado – longe de a neutralizar – é mantê-la viva e atuante, porém no e a partir do inconsciente. Freud compara o processo ao soterramento de Pompeia sob a lava do Vesúvio, que preservou intactas – por 18 séculos! – porções inteiras da cidade, pessoas na posição em que morreram, e mesmo alimentos nos pratos.

Protegida da usura do tempo e sem estabelecer conexões de sentido com outros conteúdos psíquicos, a lembrança em questão determina comportamentos, sonhos, fantasias, sintomas – em uma palavra, manifesta-se por meio da repetição, muito embora o indivíduo ignore que repete e o que se repete.

Um exemplo disso no plano coletivo está nos jornais desta semana: os famosos "embargos infringentes", adotados pelo Supremo Tribunal Federal em 1980 e que visavam a evitar que maiorias apertadas, devidas a votos de juízes eventualmente favoráveis ao regime de exceção, determinassem sem possibilidade de revisão a sorte de perseguidos políticos. Não consta que isso tenha ocorrido, mas se tratava de uma medida prudente. Poucos, para não dizer ninguém, lembravam-se disso, e foi preciso que o decano da Corte evocasse a rejeição, em 1998, de uma proposta no sentido de revogar a disposição, afinal mantida pelo Congresso por razões similares às que levaram à inclusão de outras salvaguardas da liberdade na Constituição de 1988. Pode ser debatido se atualmente ela ainda se justifica, e cinco dos ministros julgaram que não – mas isso escapa ao nosso tema de hoje.

A outra forma de lidar com uma lembrança dolorosa é diametralmente oposta ao esquecimento: Freud a chamou *Aufnahme,* ou *Annahme*, que significa aceitação, admissão, assimilação em si. Ela implica resgatar a recordação do silêncio, falar dela, permitir que circule no espaço psíquico (ou público, como no caso dos trabalhos da Comissão Nacional da Verdade). Se esquecer é "cair para fora" (*ex-cadere*), bem poderíamos chamar ao movimento inverso "*in-quecer*" (*in-cadere*, cair para dentro) – para dentro da consciência, individual ou coletiva. Nesse novo âmbito, e num processo semelhante ao do trabalho do luto, ela pode ir perdendo sua força de repetição.

Essa diminuição em nada será alterada se os fatos a que se refere a lembrança forem recordados nos mais variados contextos, como cerimônias comemorativas, debates, depoimentos, textos de análise, e assim por diante. Pelo contrário, é justamente isso que a faz deixar de ser um "fantasma insepulto", e possibilita que, encontrando seu lugar como um momento da história, deixe de "assombrar o presente".

Penso que a repulsa a qualquer limitação do que se julga ser o direito próprio sugere que, no tocante à memória da ditadura, esse processo está longe de ter se completado. Tudo indica que continuamos a nos proteger do que nos parece uma ameaça intolerável, confundindo aquilo de que se nos pede abrir mão em benefício do coletivo com uma agressão impiedosa ao nosso *conatus*, à nossa própria existência. A consequência é a proliferação de contestações judiciais de quase tudo o que se propõe para remediar os muitos males da nossa vida em sociedade, como se pode ver abrindo qualquer jornal em qualquer dia do ano.

E se o preço a pagar por isso é a impunidade dos que delinquem, a complacência com costumes políticos aberrantes, com a morosidade no julgamento de criminosos dos mais variados tipos, com a certeza de que se condenados utilizarão todas as brechas que resultam da barafunda jurídica em que vivemos, onde frequentemente uma norma contradiz outras, ou impõe obrigações desnecessárias ao bem comum, porém úteis a setores específicos (pensem no cipoal tributário imperante no país, que exige das pessoas e das empresas uma quantidade absurda de tempo para estar em dia com tantas disposições, a contratação de contadores, advogados e por aí vai), então a sociedade brasileira vem se mostrando disposta a pagá-lo.

Se o preço a pagar é também o não cumprimento integral das penas dos que apesar de tudo foram condenados, ou a relutância dos magistrados em adotar avanços tecnológicos que poderiam acelerar o trâmite dos processos sob o pretexto de preservar direitos dos acusados (é o caso da proibição de o juiz ouvir presos em teleconferências, obrigando policiais a se deslocarem com eles às vezes por centenas de quilômetros, em vez de cumprirem suas funções específicas) – se o preço a pagar é a tolerância com a corrupção graúda e miúda, assim como com os abusos a que nossos políticos julgam ter direito pelo mero fato de terem sido eleitos –, a sociedade brasileira parece igualmente disposta a pagá-lo.

Mas – e as manifestações de junho? Elas pareceram, por um momento, iniciar um processo em sentido inverso: a revolta cívica tomou proporções vulcânicas, as autoridades não tinham (como não têm) ideia de como responder a ela, os políticos fizeram algum jogo de cena, a popularidade de certos governantes caiu bastante, depois voltou a subir – e, três meses depois, nada ou quase nada se fez de concreto.

Talvez esteja na hora de ouvirmos as advertências de Espinosa, adequando-as à nossa realidade, por certo muito diferente (e muito mais complexa) do que aquela na qual ele viveu. O movimento nas chamadas redes sociais, embora positivo, não parece suficiente para mover nossos representantes a abandonar comportamentos reprováveis, nem a abrir mão de privilégios indecentes – e mesmo ao contrário: fala-se no momento numa reforma política de fachada, que entre outras medidas impediria que crimes cometidos durante a campanha acarretassem a não expedição do diploma, caso o candidato seja eleito...

Há poucos dias, comemorando os 50 anos do discurso no monumento a Abraham Lincoln, um assessor muito próximo de Martin Luther King afirmou que só o movimento espontâneo não basta para promover mudanças sociais profundas: é preciso *liderança* para o canalizar e potencializar. A meu ver, isso em nada contradiz o que Espinosa afirma, e as Invenções Democráticas propugnam, sobre a potência transformadora dos cidadãos mobilizados (a *multidunis potentia*, ou o que Bove chama de "imaginação própria do corpo político" – Introdução ao TP, cap. III, p. 46 e segs.). Nem todo líder é um demagogo do tipo execrado por Espinosa: os exemplos do próprio King, de Churchill, de Roosevelt ou, aqui no Brasil, de estadistas como Juscelino Kubitschek e Ulysses Guimarães mostram que visão grandiosa, coragem e dedicação às causas em que se acredita podem se encontrar reunidos numa mesma pessoa.

A revolta com a venalidade, a incompetência e a desfaçatez de boa parte da classe política nacional levará a mudanças significativas? Ela será, ou não, encampada por organizações capazes de lhe dar corpo sob a forma de propostas exequíveis? Serão estas, por sua vez, debatidas a sério nos meios de comunicação? Haverá, ou não, pressão significativa por parte dos nossos concidadãos sobre aqueles que as devem adotar, e que só admitirão perder algo que os beneficia se tiverem medo de um "mal maior" (como a não reeleição, para só ficarmos no mais evidente)?

Não sabemos. Mas sabemos que é grande o risco de as impressionantes mobilizações de junho acabarem dando razão ao Príncipe de Salina, que a certa altura de *O leopardo* diz à esposa, preocupada com o possível fim dos privilégios senhoriais da nobreza siciliana: "é preciso que algo mude, para que tudo fique como está". Embora a esperança seja para Espinosa outra paixão triste, gostaria de concluir estas observações manifestando minha esperança de que, se pudermos canalizar de modo eficaz as imensas energias de que é capaz a "imaginação do nosso corpo político", bem mais que "algo" dos costumes vexaminosos e das leis iníquas que toleramos há tanto tempo acabe mudando em nosso país.

Muito obrigado.

## Referências

GHIRARDI, José Garcez. Baile sem máscaras. *O Estado de S. Paulo*, 15 set. 2013. Suplemento Aliás. p. 9.

MEZAN, Renato. *A sombra de Don Juan*. 2. ed. São Paulo: Casa do Psicólogo, 2005.

SPINOZA, Baruch. *Traité politique*. Paris: Le Livre de Poche, 2002.

SPINOZA, Benedictus. *Ética*. Tradução de Tomaz Tadeu. Belo Horizonte: Autêntica, 2007.

# Diálogos intergeracionais e o futuro das invenções democráticas[1]

Lilian L'Abbate Kelian

Sem a pretensão de uma síntese total, gostaria de mencionar algumas ideias que apareceram nesses quatro dias do colóquio e como elas afetaram a minha reflexão, considerando a minha prática, que é de educadora, de educadora de educadores de jovens e de gestores públicos da área da educação.

Sobre o presente e o futuro das invenções democráticas, tema da mesa 3, retomo a pergunta da Marilena [Chaui][2] a respeito dos recentes movimentos em torno da questão do transporte público, são esses movimentos Invenções Democráticas? Como hão de se sustentar? Sua recusa da política e das instituições políticas não poderia ameaçar a nossa democracia?

1 Texto originalmente elaborado para ser apresentado na plenária final do II Colóquio Internacional do Nupsi-USP Invenções Democráticas: Construções da Felicidade, em setembro de 2013. Tendo o colóquio sido uma experiência em si sobre a construção da felicidade e da amizade (ver, a respeito da amizade, a "Carta ao Grupo Educa", de David Calderoni, aqui publicada), o texto assume seu caráter de oralidade e tom informal e percorre algumas das discussões que mais interessaram à autora.

2 A mesa 3, intitulada "O presente e o futuro das invenções democráticas", aconteceu no dia 20 de setembro em torno da presença de Marilena Chaui, Clarita Müller-Plantenberg, Paul Singer, Paulo Fadigas e Augusto Neiva. Ver nota 1, p. 11, neste livro.

E, aproveitando, eu queria dialogar com a interpretação do Renato [Mezan][3] de que males da cultura brasileira seriam o individualismo exacerbado, a falta de compreensão das leis e a impunidade.

Não acho que os conceitos de massa e de indivíduo sejam os mais adequados para pensarmos as "jornadas de junho", na expressão que professor Paulo Arantes tem usado.

Como disse o Guy [Standing],[4] precisamos de uma reinvenção linguística que amplie nosso imaginário político. Não é à toa que na medida em que as Invenções Democráticas interagem, surge a necessidade de criar mediações comunicativas interculturais, interdisciplinares e interlinguísticas: as traduções ao pé do ouvido[5] da Iara [Haasz], do Marcos [Ferreira de Paula] e do André [Rocha]; a música do David [Calderoni];[6] a "filosofia a serviço" do Cristiano [Rezende].[7]E a minha primeira vontade é percorrer de novo um movimento de desalienação

[3] Essa leitura do Renato Mezan foi apresentada na mesa 6, "Comissão Nacional da Verdade: memória e bem comum", ocasião em que debateram também Maria Luci Buff Migliori, Glenda Mezarobba, Laurent Bove, André Rocha, David Calderoni e Paulo Fadigas.

[4] Mesa de lançamento do livro de Guy Standing, *O precariado: a nova classe perigosa* (São Paulo: Nupsi-USP; Belo Horizonte: Autêntica, 2013).

[5] Nas conversas da comissão organizadora do colóquio refletimos muito sobre o desafio em relação às traduções. De um lado, tínhamos palestrantes e debatedores estrangeiros falantes de quatro diferentes línguas em metade das oito mesas do nosso evento. De outro, uma maioria de participantes brasileiros. A questão se resolveu com a contratação de profissionais que traduziram as palestras para o público no esquema clássico da tradução simultânea e com a colaboração generosa de amigos que se propuseram a estar à disposição dos participantes estrangeiros para "traduções ao pé do ouvido" ao longo de todo o evento.

[6] Na mesa 8, "Democracia, políticas públicas e extensão universitária", com a participação de Helena Singer, David Calderoni, Maurício Moromizato, Seu Zé Pedro [José Vieira], Elie Ghanem, Oscar Sampaio Neto e Sônia Kruppa, David tocou e cantou uma canção sobre o Quilombo da Fazenda, contando com a companhia de Yaacov Hecht, que nos convidou a dançar. Considero essa uma das formas de se superar a distância entre o conhecimento acadêmico e a experiência, que, ampliando as possibilidades de comunicação, tem profunda coerência com o que deve ser a extensão universitária numa perspectiva democrática. Sem mencionar o prazer estético.

[7] Chamo de "filosofia a serviço" aquela que tem um alto poder de comunicação com especialistas e leigos, mas não perde por isso seu rigor. Chamo de "filosofia a serviço" o pensamento que não recusa o convite para se atualizar diante dos novos acontecimentos e arrisca-se a estender suas interpretações sem o lastro do consagrado na história da filosofia.

que o David [Calderoni] mencionou aqui.[8] Nós não somos massa, nós fomos massificados. Ao mesmo tempo que não somos indivíduos, fomos individualizados.

O que me pareceria muito interessante seria fazer um esforço para compreender os movimentos de junho pelos conceitos espinosanos aqui apresentados pelo Laurent [Bove][9]: multidão e singularidade. Sem esquecer o "egoísmo solidário" do Nicolau [Priante Filho].[10] Ao menos na cidade de São Paulo, os movimentos de junho estão ligados historicamente com o movimento antiglobalização dos anos 1990 (uma época em que em geral dizemos que "não aconteceu nada").

O movimento antiglobalização também não era um movimento integral, e sim uma coalizão internacional de movimentos diversos (movimento estudantil, coletivos libertários, ambientalistas, feministas, indígenas, etc.). E o principal objetivo dos dias de ação global era demonstrar que se o capitalismo pode se globalizar, também a resistência a ele é global.

O grande desafio que o movimento antiglobalização se propôs foi tentar uma ampla aliança entre classes, entre nações (indígenas), entre sindicatos, organizações não governamentais, governos com aspectos autogestionários. O movimento antiglobalização desemboca em vários pequenos coletivos que de alguma maneira seguem com suas causas, tendo muitos deles se transformado em pequenas organizações.

Sim, esses movimentos articularam-se por meio da internet. Muito antes de existirem as redes sociais tais como as conhecemos, os militantes criaram uma rede social militante por meio de listas de discussão, *chats*, *sites* de publicação aberta. Toda essa mídia inventada pelos militantes era bastante independente, e em muitos sentidos os militantes abraçariam a leitura da Marilena [Chaui] a respeito das redes

[8] Na mesa 5, "Centro de Atenção Psicossocial como dispositivo de atenção à crise: em defesa de uma certa (in)felicidade inventiva", com a participação de Catalino Lós Reis, Ana Maria Thomé, Luciano Elia, Luciana Chaui e Leonardo Pinto.

[9] Na mesa 6 (ver nota 3).

[10] Expressão que apareceu na mesa 1, "A felicidade construindo comunidades democráticas", com Yaacov Hecht, Susan Andrews, Sônia Kruppa e eu mesma. O "egoísmo solidário" talvez diga respeito ao equilíbrio das felicidades, ou seja, o reconhecimento de que não alcançamos a felicidade individual em meio à infelicidade dos que nos cercam, portanto, quando trabalhamos em direção à própria felicidade, buscamos também a felicidade de outrem.

e da internet, afinal tratava-se de movimentos de desobediência civil. Essa mídia independente pressupôs o desenvolvimento de *softwares* seguros, comunicações criptografadas, *sites* de publicação aberta que não possibilitavam identificar a origem das postagens, cruzamentos de servidores, etc. Enfim, ambientes tecnologicamente avançados, democráticos e seguros.

Os dias de ação global perderam sua força por alguns motivos: 1) não se realizou suficientemente a aliança de classe almejada pelos participantes com os movimentos por moradia, pela terra, dos trabalhadores e dos desempregados; 2) os imensos desgastes para a organização de manifestações gigantes e internacionais; 3) os dias de ação global foram encerrados por ação repressiva da polícia (com três mortos, um na Itália, outro em Gênova e outro na Suécia), perseguição e intimidação de lideranças, apreensão de computadores e inúmeros processos judiciais improcedentes.

Um parêntese: nesse colóquio falamos muito da necessidade de intersetorialidade das políticas sociais e da imensa dificuldade do Estado em articular seus diferentes setores para proteger e promover direitos sociais e humanos. Entretanto, é preciso ressaltar sua enorme facilidade em promover articulações intersetoriais quando se trata da repressão dos movimentos sociais. Nessa hora, a Polícia Civil, a Polícia Militar, o Judiciário, as agências de inteligência e as polícias internacionais são capazes de se articular com extrema competência. Fecha o parêntese.

Durante as jornadas de junho, boa parte dessa rede do movimento antiglobalização foi reativada, bem como muitos de seus princípios: autogestão, desobediência civil, anticapitalismo, multiplicidade de coletivos. A novidade talvez tenha sido que, ao contrário do que se diz, existiu, sim, uma aliança de classe, como disse a Helena [Singer].[11] O Movimento Passe Livre (MPL) tem um trabalho de base nas escolas públicas da periferia de São Paulo. Mas não somente o MPL, as periferias estão plenas de coletivos culturais (não estritamente juvenis). E desde que as grandes manifestações no Centro da cidade pararam, continuamente acontecem reuniões e manifestações descentralizadas nas periferias de São Paulo.

[11] Mesa 8 (ver nota 6).

E dessa perspectiva gostaria de identificar alguns movimentos que em parte culminaram nas manifestações de junho, em parte, somaram-se sem perder sua especificidade e independência e em parte articularam-se a partir delas. Vou falar de quatro a título de exemplo, pois não creio que seja possível reduzir as manifestações aos grupos que vou mencionar. 1) O MPL, que, embora exista há 10 anos, ficou muito conhecido desde junho, por defender a gratuidade do transporte público; 2) movimento pela democratização dos direitos à comunicação; 3) Movimento das Mães de Maio, inspirado no movimento argentino das Mães das Praça de Maio, formado por mães e familiares de vítimas da violência do Estado; 4) movimento Contra o Genocídio da Juventude Negra.

Certamente a multidão tem seus movimentos alienados e reacionários. Gente que foi às ruas como quem vai a uma balada (mas será que o direito às baladas não há de ser político em algum sentido?). Gente perdida, gente desesperada, gente com raiva...

Sim, gente de extrema-direita. E para quem ficou muito chocado com a presença dos fascistas propriamente ditos, a má notícia é que eles estão por aí pelo menos desde os anos 1920. São Paulo (e seus arredores) é plena desses "movimentos", gangues que compareciam sistematicamente aos Primeiros de Maio para espancar os manifestantes ou à Parada Gay para distribuir panfletos homofóbicos.

Mas, ao mesmo tempo, a grande manifestação de direita prometida para o 7 de setembro, com mais de 90 mil pessoas confirmadas pelo Facebook, reuniu 200 pessoas na Avenida Paulista.

Esta talvez seja a boa notícia: a recusa da política dificilmente é mais forte que a sua afirmação – aqui vou ser otimista como o Paul [Singer] e o Guy [Standing]. Mas não há como ser estratégico nesse caso, na medida em que movimentos alargam a democracia, fazem-no ampliando direitos universais e possibilitando que movimentos políticos contrários também ocupem seus espaços.

Os 200 nacionalistas na Paulista chamam a nossa atenção para percebermos que o Facebook não foi o principal espaço de articulação dos movimentos de junho. Foi um espaço apropriado pelos manifestantes (com limites muito conhecidos, afinal eles são os inventores de uma rede social militante) para a divulgação de informações alternativas àquelas circuladas na grande mídia, para mobilização de novos militantes, para denúncia da violência policial.

Mas as redes sociais atestaram também um desejo muito importante, que é o desejo geral pela participação. Esse desejo não é apenas dos coletivos e das pessoas de esquerda, mas também das pessoas antes pouco interessadas na política e das que se identificam com posições mais conservadoras. E a potência desse desejo de participação, a meu ver, é mais importante para o aprimoramento da democracia do que as bandeiras que esse desejo assume. Talvez a principal novidade aparecida com as jornadas de junho seja a opinião generalizada de que participar é um direito que não pode ser impedido.

Com tudo isso em mente, a pergunta que não cala em mim é: por que temos interpretações tão radicalmente diferentes desses eventos? A primeira coisa que me ocorre é que para nos mobilizar a todos a esse ponto de todos querermos entendê-lo é porque se trata sim de um momento histórico.

E a segunda coisa é que há uma fratura intergeracional.

Não chega a ser conflito. Conflito não é fratura, é o mecanismo próprio do diálogo. É perverso, é a inexistência completa de conversa, porque as nossas instituições não possibilitam o encontro intergeracional. Nesse sentido, eu gostaria de mencionar as falas do Yaacov [Hecht],[12] do Zé [José Pacheco],[13] do Diego [Tatián],[14] da Helena [Singer],[15] do Elie [Ghanem][16] e do Oscar [Sampaio Neto],[17] porque existem instituições com potencial para promover encontros geracionais: são as nossas escolas democráticas, a universidade democrática do Diego, a extensão universitária do Oscar.

Convido vocês a me ajudarem a compreender essa fratura. A Glenda [Mezarobba] e a Maria Luci [Buff Migliori][18] nos deram algu-

[12] Mesa 1 (ver nota 10).

[13] Mesa 2, "Práticas emancipatórias de educação e justiça", com a participação de José Pacheco, Petronella Maria Boonen, Eduardo Dias Ferreira, Marcelo Gomes Justo e Paulo Fadigas.

[14] Mesa 4, "A construção democrática do trabalho e do saber", com a participação de Diego Tatián, Oscar Sampaio Neto, Luiz Inácio Gaiger, Maria Luci Migliori e Clarita Müller-Plantenberg.

[15] Mesa 8 (ver nota 6).

[16] Mesa 8 (ver nota 6).

[17] Mesa 4 (ver nota 14).

[18] Mesa 6 (ver nota 3).

mas pistas no debate sobre a Comissão da Verdade. A ditadura militar promoveu e aprofundou essa fratura. Aqui a Sônia [Kruppa] poderia completar a explicação, contando o que aconteceu com as escolas públicas na época.

Mas também é preciso dizer que a própria forma de resistência praticada tinha limitações. Eu ia dizer resistência escolhida, mas acho que a ditadura não proporcionava opções. Essa utopia integral pela qual temos nostalgia e o paradigma da luta armada (uma militância somente possível como entrega da própria vida, como sacrifício) apequenaram as gerações posteriores. E, nesse sentido, os movimentos de junho diferenciam-se muito daquele projeto por desejarem uma mudança no presente e por disseminarem uma utopia mais plural e aberta à diversidade humana e política. O MPL, por exemplo, tem uma estratégia que é organizada no tempo (agora a redução da tarifa, depois o direito ao transporte). Obviamente, se os movimentos de junho podem se projetar no futuro é porque estão contando com um horizonte democrático (conquistado pelo sacrifício da geração *soixante-huitard*).

Mas boa parte da velha geração não pode "in-quecer" a experiência da ditadura, pela negação do seu direito à verdade. Como nos explicou o Renato [Mezan],[19] "in-quecer" uma lembrança sofrida é trazê-la e afirmá-la dentro de nós, fazendo com que o sofrimento perca a sua força de repetição.

E nessa mesma mesa alguém disse: "Vai levar uma geração" para superarmos. Por quê? Se demorar tanto perdemos todos. É interessante ver os movimentos juvenis dos esculachos (que com muita irreverência denunciam a nossa convivência com notórios torturadores da época da ditadura). É interessante vê-los se apoiarem nas Comissões da Verdade, ao mesmo tempo que cobram a sua atuação e ao fazê-lo as apoiam. E é interessante perceber a leitura que fazem da violência policial contra os jovens negros que vivem nas periferias, eles perguntam se não é política no mesmo sentido da violência do regime militar.

É assim que voltamos ao medo da Marilena [Chaui][20] em relação à crise institucional que eu não tenho certeza se os movimentos de junho aprofundaram, parece-me muito mais que eles constataram-na.

[19] Mesa 6 (ver nota 3).

[20] Mesa 3 (ver nota 2).

Como ela disse com muita razão, é ao Estado que esses movimentos se dirigem, reivindicando direitos. E nesse sentido, portanto, não recusam a institucionalidade democrática (e aqui haveria de fazer um esforço para compreender a noção dos movimentos de que a democracia está além dos partidos, mas esse é um diálogo a ser feito com os movimentos).

E olhando para o que disse a Clarita [Müller-Plantenberg],[21] parece que os movimentos estão aspirando a (e criando) um espaço entre a ação estatal – e para isso contam com verdadeiras redes solidárias existentes no interior da burocracia estatal, de que fazem parte o Paulo [Fadigas] e o Eduardo [Dias Ferreira] – e suas pequenas comunidades (coletivos autogestionários), utopias cotidianas. Esse espaço eu gostaria de chamar de público.

Por outro lado, estamos assistindo a outro fato novo, que é o apoio da mídia corporativa aos movimentos. É o velho "se não pode vencê-los, junte-se a eles" das empresas que se pautam pela opinião dos seus clientes acima dos ideais jornalísticos. Esse apoio teve por efeito enviar uma horda de perdidos para as ruas (dando-lhes talvez a oportunidade real de se encontrarem). Mas ao mesmo tempo que essa mídia valoriza as ações mais alinhadas aos seus interesses (o "Fora Dilma" e o nacionalismo anticorrupção, por exemplo), segue criminalizando os movimentos mais radicais (como aqueles que adotam a estratégia do Black Block). E aí não se trata de concordar ou discordar das estratégias, mas de combater um fato – que, aliás, não tem nada de novo – que é a criminalização dos movimentos sociais, a violência organizada e sistemática do Estado, que promove torturas, processos e prisões arbitrários e compromete a própria renovação dos movimentos por meio da ruptura geracional.

Enquanto discutimos a validade da estratégia dos Black Block, os poderes no Rio de Janeiro criam no interior do Estado uma série de ilegalidades que atentam contra os direitos humanos. A opinião generalizada de que esses manifestantes são violentos quando em geral assumem-se como pacíficos (pois as suas ações de destruição se orientam para o patrimônio das grandes empresas, e não para as pessoas) infelizmente dá sustentação a esses poderes. Em Pernambuco, dois supostos

[21] Mesa 3 (ver nota 2).

membros do Black Block foram sequestrados e torturados por agentes policiais.

À velha geração que em grande medida ocupa hoje posições de poder (ou de contrapoder) cabe a "desinvenção" de certas instituições herdadas da ditadura, como a Polícia Militar. Será possível convidar as novas gerações para que assumam a bandeira da reforma política se houver o reconhecimento nessa reforma de sua "despretensiosa utopia" que é a participação direta.

Por isso, gostaria de propor ao Nupsi que a gente promovesse mais espaços para o diálogo intergeracional. E que a forma desses diálogos pudesse ser modificada também à luz das novas estratégias comunicativas que vêm sendo inventadas.

# Renda básica de cidadania e felicidade

Marina Pasetto Nóbrega
Francisco G. Nóbrega

A felicidade é o tema unificador deste colóquio. Interessa-nos aumentar as condições que a promovem e reduzir circunstâncias que a ameaçam. A ansiedade é grande inimiga da felicidade, sendo promovida pela incerteza. A incerteza econômica se generalizou nas sociedades desde a invenção da agricultura e a emergência de grandes impérios, reinos e democracias. Antes do dinheiro, nas sociedades tribais, era comum a solidariedade, que garantia a divisão da riqueza existente de maneira que ninguém ficasse excluído. Isso foi perdido com o agigantamento das sociedades, o que propiciou concentração de poder e riqueza, gerando desprovidos em graus variados. Modernamente os vulneráveis, bem caraterizados por Guy Standing (*O precariado*), multiplicam-se mesmo nos países desenvolvidos. O fenômeno é inteligível, considerando a vida curta de muitas empresas nos dias de hoje, devido à rapidez das inovações tecnológicas, o que leva multidões a terem várias carreiras sucessivas, e muitos permanecerem sem trabalho. Erik Brynjolfsson e Andrew McAfee (2011) mostram como, apesar da produtividade crescente, nas últimas duas décadas está havendo uma diminuição das oportunidades de trabalho, que antes acompanhavam a curva da produtividade. Esse fenômeno parece ser o resultado da nova era das máquinas digitais, dominada pelo computador e pela robótica. Allan Sheahen (2012) detecta o mesmo problema. A solução sugerida por Brynjolfsson e McAfee, correr com a tecnologia e não contra a tecnologia, não nos parece suficiente para mitigar essa moderna exclusão do trabalho formal.

Isso posto, estamos convencidos de que a situação original dos tempos tribais reflete um direito fundamental da humanidade, como muitos pensadores têm defendido ao longo dos tempos. Ou seja, todos têm direito a uma parcela da riqueza geral de maneira incondicional e independente de qualquer trabalho. Todos, do recém-nascido ao idoso. Esse benefício tem sido denominado renda básica de cidadania, renda mínima, renda básica ou renda cidadã. Para tal devemos superar, como cidadãos comuns ou políticos, um dos últimos preconceitos importantes que ainda não enfrentamos: o direito a uma renda sem trabalho. Essa renda deverá ser mínima, não apenas por limitações orçamentárias, mas também por princípio. A ideia que defendemos busca eliminar a miséria, não a pobreza, e não deve induzir ao parasitismo. Portanto a renda básica de cidadania que lutamos por regulamentar no Brasil, segundo a Lei n. 10.835, de 2004, deve garantir o direito a uma sobrevivência digna. Um direito sem amarras, deixando seu beneficiário livre para viver, se desejar, na simplicidade, possivelmente recorrendo a cooperativas, repúblicas e arranjos de economia solidária. Nessa fase estará minimamente amparado para "dar um tempo", desenvolver habilidades artísticas ou literárias, estudar e se qualificar para um novo trabalho. Terá mais liberdade para recusar um trabalho que não lhe interesse ou que repugne até que apareça um emprego formal adequado a seus talentos e suas ambições. Estará também mais livre para se arriscar como empreendedor, sabendo que nunca perderá sua renda mínima. Sua dignidade e sua liberdade estarão mais respeitadas. O conceito de direito à pobreza, ao mesmo tempo que se deve eliminar a miséria, parece-nos importante. É comum o discurso contra o consumismo e o desperdício, geralmente na boca dos que consomem. No entanto o franciscano direito à frugalidade digna raramente é defendido e deve ser garantido incondicionalmente. O país que inaugurar esse direito, se regido por instituições democráticas que garantam não só a lei, mas também o direito individual de criar e empreender, verá um expressivo florescimento da economia e da inovação, com melhor aproveitamento de suas riquezas. Acreditamos na palavra do grande economista social Julian L. Simon, segundo quem o único e mais importante recurso natural dos países é a criatividade humana em ambiente democrático (Simon, 1996).

Em 2008, inspirados pelo senador Eduardo Suplicy, iniciamos um trabalho entre a população da pequena cidade turística de Santo

Antônio do Pinhal com a ideia de criar condições para um projeto-piloto de renda básica. O prefeito aderiu, como nós, à proposta. O modelo proposto pelo senador Suplicy foi a criação de um fundo para coletar recursos municipais, estaduais, federais e privados, no sentido de obter uma quantia que permitisse pagar uma renda básica de cidadania para os quase 7 mil habitantes a partir dos rendimentos desse fundo. A proposta é calcada no Fundo Permanente do Alasca, derivado de sua riqueza petrolífera, que paga um dividendo anual e variável em função do rendimento da aplicação. A Lei Municipal de Santo Antônio do Pinhal foi criada em 2009, assim como o Conselho Municipal da Renda Básica de Cidadania (CMRBC), com mandato para operacionalizar o processo. As dificuldades para obter recursos ficaram evidentes em pouco tempo, embora a ideia do projeto-piloto persista. Paralelamente o CMRBC dessa cidade passou a discutir propostas para regulamentar a Lei n. 10.835 a fim de atender o Brasil como um todo. A proposta, segundo a lei, deve definir etapas para a implementação do benefício incondicional. A sugestão inicial surgiu pela primeira vez em setembro de 2011, anunciada em reunião realizada em Santo Antônio do Pinhal e logo depois apresentada, em outubro de 2011, durante a solenidade de encerramento, em Campinas do projeto financiado pelo Confederação Andina de Fomento, que estudou a situação das transferências de renda em Santo Antônio do Pinhal. Essa proposta foi depois discutida e aprovada pelo CMRBC, em junho de 2012. Consiste em pagar a renda incondicional de R$ 70,00 mensais a um dos responsáveis por todo recém-nascido do país, a partir de uma data próxima futura. Sugeriu-se também que um valor igual seria depositado mensalmente em conta poupança em nome da criança. Ao atingir a maioridade o jovem poderia usar os recursos acumulados para sua educação ou para outra finalidade, como iniciar um negócio. Pouco depois o CMRBC aprovou, em maio de 2013, uma versão mais ampla da proposta, agora em três etapas. A primeira contempla os recém-nascidos, como sugerido inicialmente, a segunda etapa consiste na remoção das condicionalidades para todos os atuais beneficiários do Bolsa Família, sendo o benefício tornado permanente a partir dessa mudança. Paralelamente o valor do benefício seria aumentado de pronto para R$ 70,00 mensais por indivíduo, o que vai dobrar a despesa atual. Alternativamente o reajuste para o valor máximo pode ser feito, por exemplo, em incrementos anuais de 10%

a 20%. A terceira etapa nada mais é que orientar a máquina burocrática, que atualmente seleciona e fiscaliza os beneficiados pelo Bolsa Família, para que se concentre em atividades de formação e educação dos beneficiados, busca ativa dos possíveis candidatos à renda básica que estão ainda fora do Cadastro Único (CADÚNICO), nos rincões afastados do país, e no monitoramento de famílias ou indivíduos que caiam em situação de precariedade econômica. Esses, identificados, passam a receber o benefício integral, permanente e incondicional.

Acreditamos que esse esquema seja viável e coerente com o espírito original da Lei da Renda Básica de Cidadania, a ser instituída por etapas. O início com os recém-nascidos tem a virtude de igualar as crianças de todas as classes sociais, apontando para um futuro melhor ao inaugurar esse direito fundamental. Tem grande importância didática, ajudando a romper com o preconceito da renda sem trabalho, introduzida a partir do nascimento. A segunda fase melhora a situação de cerca de 1/4 da população menos favorecida brasileira e que já se beneficia em média com R$ 35,00 por pessoa. A remoção das condicionalidades liberta os participantes para adicionar à sua renda trabalho com carteira assinada ou se lançar como um pequeno empreendedor. A chamada "armadilha da pobreza" que incentiva negativamente os beneficiários condicionais à imobilidade econômica ou a fraudes é removida. Progressiva ou imediatamente o investimento atual com o Bolsa Família, de 0,5% do Produto Interno Bruto (PIB), deve atingir 1% ao fim dessa transição. O investimento com os recém-nascidos deve começar com cerca de 0,125% do PIB ao fim do primeiro ano e crescer progressivamente segundo a equação: n (ano) = 0,125 + 0,125 × n-1. É possível antecipar e planejar os gastos, que tendem a se reduzir com o tempo, à medida que nossa taxa de natalidade cai.

Experimentos de renda mínima estão em curso em localidades na Namíbia, em pequena escala em Quatinga Velho, próximo a Mogi das Cruzes, SP, e na Índia, com o acompanhamento de Guy Standing. Os resultados são positivos em todos os indicadores. Não acreditamos que haja necessidade de mais estudos acadêmicos para validar a ideia da renda mínima incondicional. Seria necessário um projeto-piloto para avaliar se a abolição da escravidão ou da tortura é coisa boa? Deveríamos obrigatoriamente preceder a aceitação de direitos civis iguais para mulheres e minorias raciais e sexuais por um estudo científico? Certamente será de grande valia acompanhar em detalhe o resultado ao longo da introdução de qualquer nova estratégia social a fim de colher dados para ajustes e melhorias futuras.

A superação de visões cristalizadas sobre renda e trabalho será um desafio que hoje nos parece quase impossível, como foi, em seu tempo, a aceitação da abolição da discriminação racial ou a introdução da vacinação universal. Acredita-se que esse será o direito fundamental a ser instituído neste século. Acreditamos, pelo que foi exposto, que uma renda mínima incondicional e universal será de grande valor no sentido de ampliar as condições que favorecem a felicidade individual e seu reflexo inevitável na coletividade.

## Referências

PAINE, Thomas. *Agrarian Justice*. Wildside Press, 1795.

BAERT, Anthony. Experiências de transferência de renda universal e recomendações para o projeto de Renda Básica de Cidadania em Santo Antonio do Pinhal. 2011. Disponível em: <http://goo.gl/8k1DYv>. Acesso em: 31 mar. 2015.

BRYNJOLFSSON, Erik; MCAFEE, Andrew. *Race Against the Machine: how the Digital Revolution Is Accelerating Innovation, Driving Productivity, and Irreversibly Transforming Employment and the Economy*. [s.l.]: Digital Frontier Press, 2011.

BRASIL, Casa Civil. *Lei n. 10.835*, de 8 de janeiro de 2004. Institui a renda básica de cidadania e dá outras providências. Brasília, 8 jan. 2004.

NÓBREGA, Marina P. A Three-Step Proposal to Get to a Basic Income for all Brazilians. 2013. Disponível em: <http://goo.gl/9P601d>. Acesso em: 31 mar. 2015.

SHEAHEN, Allan. *Basic Income Guarantee: your Right to Economic Security*. London: Palgrave Macmillan, 2012.

SIMON, Julian L. *The Ultimate Resource 2*. Princeton: Princeton University Press, 1996.

SUPLICY, Eduardo Matarazzo. *Renda de cidadania: a saída é pela porta*. 6. ed. São Paulo: Fundação Perseu Abramo; Cortez, 2010.

STANDING, Guy. *Cash Transfers: a Review of the Issues in India*. India: UNICEF, 2012. (Social Policy Working Series, 1).

STANDING, Guy. *The Precariat: the New Dangerous Class*. London; New York: Bloomsbury Academic, 2011.

TORRY, Malcolm. *Money for Everyone: Why We Need a Citizen's Income*. London: Policy Press, 2013.

TRANFERÊNCIA de renda no âmbito municipal no Brasil: Renda Básica de Cidadania em Santo Antônio do Pinhal. Campinas: NEPP/Unicamp, 2009. 196 p.

VAN PARIJS, Philippe. *Real Freedom for All: What (If Anything) Can Justify Capitalism?*. Oxford: Oxford University Press, 1995.

VAN PARIJS, Philippe. The Eurodividend: why the EU Should Introduce a Basic Income for All. 2013. Disponível em: <http://goo.gl/WA4bsi>. Acesso em: 31 mar. 2015.

ZWOLISNKI, Matt. Classical Liberalism and the Basic Income. 2011. Disponível em: <http://goo.gl/vvm3Nv>. Acesso em: 31 mar. 2015.

# Renda básica incondicional: dois projetos-piloto em Madhya Pradesh

Guy Standing
Tradução de Francisco G. Nóbrega
Revisão de Marina Pasetto Nóbrega

## Preâmbulo

Na Índia, o debate público sobre transferências de dinheiro tem sido politicamente tenso. Com o objetivo de gerar dados sobre o potencial dessa proposta, iniciamos, em 2010, através da SEWA [Self-Employed Women's Association of India], um estudo-piloto em parceria com a UNICEF [Fundo das Nações Unidas para a Infância] para fazer transferências incondicionais, ou doações de renda básica, a comunidades na área rural de Madhya Pradesh (estado da região central da Índia).

Por 18 meses cerca de 6 mil indivíduos receberam modestos pagamentos mensais incondicionais. Levantamentos estatísticos e estudos de caso foram efetuados antes, durante e após o término do projeto, comparando as mudanças com uma população-controle que não recebeu as doações. Os levantamentos envolveram, ao todo, mais de 12 mil pessoas.

Essa foi a primeira vez que transferências de dinheiro incondicionais e universais foram testadas na Índia. Os resultados serão úteis para informar aqueles que precisam decidir se essa medida é boa ou não e, se positiva, como tais transferências podem ser incorporadas nas políticas sociais e econômicas da Índia.[1]

[1] O estudo-piloto resumido acima será detalhado no livro: DAVALA, Sarath *et al. Basic Income: A Transformative Policy for India*. London: Bloomsbury, 2014.

Esse projeto-piloto não teve a intenção de verificar se esses aportes podem ou devem substituir outras políticas públicas, como PDS [Public Distribution Scheme], MGNREGA [Mahatma Gandhi National Rural Employment Garantee Act] ou sistemas públicos de saúde e educação embora os resultados sejam relevantes no debate sobre essas políticas.

Realizamos dois projetos-pilotos:

- o MPUCT (Madhya Pradesh Unconditional Cash Transfer), envolvendo oito aldeias onde todos receberam ajudas mensais; com 12 aldeias como controles, o TVUCT (Tribal Village Unconditional Cash Transfer), no qual todos de uma aldeia tribal receberam aportes, e outra aldeia tribal serviu de controle.

Esta nota descreve esses estudos-piloto e destaca os achados principais. Os tópicos selecionados são mais ilustrativos que exaustivos.[2]

## Planejamento do estudo

Os projetos-piloto foram planejados para identificar o efeito da renda básica nas atitudes e no comportamento individual e familiar, assim como no desenvolvimento da comunidade. Usamos uma modificação da Metodologia de Controle Randomizado (RTC, em inglês) no MPUCT. Em oito aldeias todos receberam aportes, e em 12 aldeias semelhantes ninguém recebeu. Metade das aldeias tinha a organização SEWA atuante. Acredita-se ser a primeira vez que um estudo-piloto avaliou independentemente o efeito da Voice (organização que dá voz coletiva aos mais necessitados).

No estudo TVUCT comparamos duas aldeias tribais, uma recebendo aportes e outra sem receber nada. Nas aldeias selecionadas cada homem, mulher e criança recebeu um modesto aporte financeiro mensal e incondicional. Os beneficiários são informados adiantadamente de que poderão usar o dinheiro como desejarem e que ninguém do projeto vai interferir em suas escolhas. Os recursos são direcionados para a conta de uma instituição financeira e daí para muitos indivíduos, para sua conta bancária e, para os membros da SEWA, em várias contas cooperativas.

[2] Esta nota foi preparada por Guy Standing e está ligada à conferência internacional que aconteceu em Déli, Índia, onde os resultados dos projetos-piloto foram apresentados.

Inicialmente, no estudo-piloto maior, cada adulto recebia 200 rúpias por mês, e cada criança, 100 rúpias. Após um ano os valores saltaram para 300 e 150, rúpias respectivamente. Na aldeia tribal os valores foram, por 12 meses, 300 e 150 rúpias. Portanto, a família média recebia o equivalente a 25 dólares ou 15 libras por mês (1 real = ~ 27 rúpias; 1 dólar americano = ~ 60 rúpias).

A quantidade doada foi calculada para fazer diferença nas necessidades básicas. Representa cerca de um quarto da receita de uma família de classe média e está ligeiramente acima da linha de pobreza oficial.

## *Por que incondicional*

A renda básica oferecida não está associada a restrições sobre seu uso. Quem recebe decide sobre como gastar. Assim fazemos por acreditarmos que as pessoas são geralmente capazes de tomar decisões e o farão segundo os seus interesses maiores, de seus filhos e familiares.

A maioria dos arranjos de transferência de renda pelo mundo afora incorporam um conjunto elaborado de condicionamentos que são impostos aos beneficiários. Geralmente são condicionamentos bem-intencionados como, exigir que as famílias mantenham as crianças na escola ou que as parturientes deem à luz em instituições adequadas. No entanto, os condicionantes nem sempre são aplicados sem pressões e envolvem altos custos administrativos.

As condições impostas geralmente exigem que os beneficiários "provem" que estão cumprindo as diretivas por meio de certificados ou declarações por escrito de um agente local, e isso pode ser uma fonte de corrupção e de constrangimentos. Ademais, condicionantes necessitam que os serviços associados estejam disponíveis e sejam economicamente acessíveis; frequentemente essas condições não existem. Portanto, geram custos elevados tanto para governos como para participantes e resultam em mau desempenho do programa.

## *Por que individual*

Um aspecto dos projetos-piloto é o pagamento dos benefícios a indivíduos, e não a famílias ou a alguma pessoa pré-selecionada. Os auxílios a jovens com menos de 18 anos são entregues à mãe ou, em sua ausência, a um guardião determinado.

Os auxílios individuais dão aos indivíduos mais autonomia e poder de negociação dentro da família, o que é – como os resultados confirmam – de importância especial para mulheres, idosos e portadores de deficiências. Também garante melhor inclusão financeira, já que cada um tem uma conta bancária individual.

### *Por que universal*

Programas de proteção social podem ter como alvo aqueles que são considerados pobres, o sistema usual na Índia, ou podem estar disponíveis a todos, independentemente da situação social ou do nível de renda. A explicação racional para focar nos pobres é a limitação de recursos, o que justifica gastá-los com os que mais necessitam. No entanto, muitos estudos demonstram que focar nos pobres na prática funciona mal: identificá-los é administrativamente difícil, caro e sujeito a omissões. Pode ser menos custoso universalizar, reconhecendo que os ricos podem escolher não receber o auxílio.

Nas aldeias selecionadas, os aportes foram entregues a toda pessoa registrada como um morador regular. A única exigência foi que abrissem uma conta dentro de três meses do lançamento do programa. Durante os primeiros três meses todos recebiam diretamente em dinheiro.

### *E o nome do programa?*

Nos projetos-piloto o programa foi denominado Transferência de Dinheiro Incondicional, simplesmente porque essa denominação estava próxima da que se tornou popular na Índia. Desde então o debate alterou as percepções do público, e termos como "transferência direta de benefício" são agora usados.

Em nível internacional usamos o termo "renda básica" para transferências incondicionais. Podem também ser chamados "auxílios em dinheiro" ou "auxílios de desenvolvimento", já que servem para desenvolvimento tanto pessoal como comunitário.

## Metodologia de avaliação

No projeto-piloto maior fizemos um censo prévio cobrindo toda a população das 20 aldeias antes de iniciarmos as transferências de dinheiro. O censo avaliou aspectos ligados a saúde, nutrição, escolaridade, trabalho e emprego, renda, poupança e demais aspectos dos arranjos familiares que poderiam ser afetados com a introdução das doações.

Em seguida conduzimos uma avaliação durante o projeto (IES – Interim Evaluation Survey) cobrindo os mesmos aspectos do censo prévio, assim como "inclusão financeira" e problemas emergentes dos recipientes.

Uma avaliação final (FES – Final Evaluation Survey) aconteceu logo após o término do projeto piloto e foi suplementada por uma enquete menor pós-final (PFES – Post-Final Evaluation Survey) apenas nas aldeias que receberam o auxílio, levantando as impressões das pessoas sobre o programa. Uma avaliação similar foi conduzida também nas aldeias tribais.

Os dados das enquetes foram suplementados por 89 estudos de caso, além de informação secundária gerada por duas enquetes comunitárias, assim como dados das escolas e creches.

## *Resultados primários ilustrativos*

O que se segue apresenta apenas alguns dos muitos achados das enquetes feitas. Estes serão elaborados durante esta conferência e em publicações técnicas que serão produzidas mais tarde acompanhadas de material dos estudos de caso.

### *Implementação e inclusão financeira*

- A efetivação da renda básica foi rápida, com 93% recebendo logo no primeiro mês.
- A abertura de contas bancárias foi um trabalho desafiador para o pessoal da SEWA. Mas em alguns meses praticamente todos tinham contas individuais ou cooperativas.
- No entanto, a maioria dos aldeões informaram, nos levantamentos iniciais e finais, que não tiveram maiores problemas na abertura das contas.
- As mulheres acharam mais fácil acessar e operar as contas cooperativas da SEWA do que contas bancárias individuais.
- O projeto levou à inclusão financeira: as poupanças cresceram, e as famílias começaram a usar suas contas para poupar em lugar de guardar dinheiro em casa.

*Habitação e saneamento básico*

- Os beneficiários melhoravam suas residências de maneira significativa frente aos controles.
- As melhorias geralmente eram feitas em paredes e telhados, embora melhorias nas privadas fossem também comuns.
- Os auxílios levaram a uma mudança para as modalidades preferidas de energia para cozinhar.
- Na aldeia tribal 10% dos auxílios foram usados para construir novas casas, fazer reparos em casas velhas, conseguir melhores fontes de água – por exemplo, construindo o próprio poço tubular (*tube well* ou *sand tube well*) – e melhorar a iluminação interna.

*Nutrição e dieta*

- O índice z da OMS [Organização Mundial da Saúde] indicou melhoria associada aos auxílios no peso por faixa de idade, com maior impacto em meninas jovens.
- Os beneficiários tinham nitidamente mais recursos para atender suas necessidades diárias de alimentação que os controles.
- Os auxílios levaram a dietas mais variadas, com um maior consumo de frutas e vegetais, em vez de se limitar aos alimentos subsidiados pelo governo.
- Nas aldeias tribais os recursos levaram a um forte aumento na adequação alimentar. As residências que informaram ter recursos suficientes para as necessidades de alimentação saltaram de 50% para 78% na avaliação intermediária e 82% na avaliação final. A incidência de falta de alimento caiu de maneira correspondente.
- No MPUCT a melhora na segurança alimentar foi mais evidente nas residências de castas (o governo indiano identifica assim grupos mais atrasados econômica e socialmente para implementar ações compensatórias).
- Aqueles que receberam os auxílios não gastaram mais que os controles em "más escolhas" como álcool e fumo. As razões para esse efeito serão apresentadas durante a conferência.

*Saúde e serviços de saúde*

- Durante os projetos-piloto os beneficiários tiveram menor incidência de doenças comuns.
- Os auxílios resultaram em tratamentos médicos mais regulares e mais constância no uso de medicamentos. Esse efeito foi mais pronunciado no estudo TVUCT.
- Os auxílios estão associados com maiores gastos com tratamentos médicos.
- A melhoria na saúde foi atribuída principalmente à maior facilidade para adquirir remédios, embora muitas famílias tenham destacado a importância de comida mais abundante e de melhor qualidade e a redução da ansiedade. As residências tribais envolvidas no estudo geralmente atribuíam a melhor saúde ao acesso a comida mais abundante e de melhor qualidade.
- O sistema público de saúde melhorou a vacinação de maneira impressionante.
- Os auxílios proporcionaram mais oportunidades de tratamento privado, com certa migração de hospitais públicos para hospitais particulares.
- Embora poucos tenham adquirido seguro-saúde, houve aumento significativo na compra desse seguro pelas residências beneficiadas.

*Impacto nos portadores de deficiências*

- Os auxílios beneficiaram particularmente os portadores de deficiência, ao permitirem melhor acesso a alimento e tratamento médico.
- Como os auxílios são individuais, permitiram aos portadores de deficiências maior controle sobre como os recursos seriam gastos.
- Estudos de caso revelaram que os auxílios permitiram a alguns portadores de deficiências se tornarem economicamente ativos, superando barreiras à sua plena cidadania na aldeia.

*Escolaridade*

- Os auxílios resultaram em melhoria na frequência dos alunos na escola. Inicialmente houve pouca alteração, mas na avaliação final (FES) a frequência escolar entre crianças na faixa de 4 a 18 anos foi 12% superior ao grupo-controle.

- As transferências resultaram em maiores gastos com material escolar, como papelaria, sapatos, uniformes e equipamento básico.
- Os auxílios resultaram em maior regularidade na frequência às aulas, com 29% dos beneficiários relatando essa melhora, contra 13% nas aldeias-controle.
- Os auxílios resultaram também em melhoria no desempenho dos alunos. Os alunos beneficiados exibiram notas melhores em comparação com alunos das aldeias- controle. A melhoria foi mais acentuada para os beneficiados das aldeias tribais.
- Ao término dos projetos-piloto as famílias das aldeias beneficiadas tinham mais crianças estudando em escolas particulares. Praticamente metade das crianças das aldeias beneficiadas estavam em escolas particulares, contra 30% das crianças de aldeias-controle.
- Os auxílios resultaram em maiores gastos das famílias com o transporte escolar. As famílias beneficiadas com mais frequência recorriam a escolas situadas a maior distância.
- No período em estudo as famílias beneficiadas recorreram mais a aulas particulares. A maioria das categorias sociais beneficiadas gastaram mais com aulas particulares, com exceção das famílias de castas.
- Os auxílios resultaram na adoção de trabalhos não escolares menos prejudiciais para as crianças que estudam. Esse efeito foi mais pronunciado nas aldeias tribais.

*Atividade econômica, trabalho e produção*

- Contrariamente à crítica usual, as transferências incondicionais resultaram em aumento no trabalho e no emprego.
- As famílias beneficiadas dobraram sua produtividade no trabalho em comparação com os controles.
- Os auxílios levaram ao aumento do trabalho individual, com uma migração do trabalho assalariado para pequenos negócios próprios e para a atividade agrícola familiar. Essa tendência foi

mais acentuada nas famílias beneficiadas de castas e nas trabalhadoras do sexo feminino.

- A migração do trabalho assalariado para o trabalho agrícola em sua própria terra foi mais marcada nas aldeias tribais beneficiadas.
- Muitas famílias usaram os recursos para adquirir equipamentos e insumos para melhorar sua produtividade, como máquinas de costura, sementes e fertilizantes.
- Os auxílios resultaram na compra de animais para o aumento da produção. As famílias das aldeias tribais beneficiadas aumentaram seus rebanhos em cerca de 70%.
- Os beneficiários também aumentaram sua renda derivada de trabalho próprio, apesar das condições locais meteorológicas não serem favoráveis.
- Os beneficiários iniciaram negócio próprio ou atividade produtiva três vezes mais frequentemente que os controles e creditaram essa melhora aos auxílios recebidos.
- Nas aldeias tribais beneficiadas os agricultores aumentaram o consumo de sementes de qualidade, fertilizantes e pesticidas.

*Dívidas e poupança*

- A inadimplência era disseminada e atingia cerca de três quartos das famílias.
- Os auxílios resultaram em redução significativa da inadimplência, tanto porque os beneficiários usaram os recursos para pagar dívidas como porque evitaram contrair novas dívidas. Os beneficiários reduziram seus débitos duas vezes mais que os controles.
- Os auxílios levaram a um aumento significativo na poupança, mesmo em famílias inadimplentes. As famílias frequentemente usam o dinheiro para manter a liquidez que lhes é vital.

*Implicações para as políticas públicas*

- Apenas uma minoria de famílias de baixa renda nas 20 aldeias possuía um cartão indicativo de estarem abaixo da linha da pobreza. Algumas das famílias mais pobres não possuíam esse cartão.

- Também uma minoria (14%) das famílias nas 20 aldeias jamais participou do MGNREGA, o programa governamental que supostamente deve garantir a toda família rural 100 dias de emprego.

Esses achados são relevantes para avaliar o mérito relativo dos aportes financeiros direcionados ou universais. Embora os agentes do projeto possam oferecer sugestões para políticas públicas, cabe ao poder público e suas agências analisarem os resultados desse projeto e de outros com objetivos semelhantes. Estimulamos os políticos a implementarem políticas baseadas em evidências. Acreditamos que os auxílios em dinheiro sejam considerados essencialmente "doações para o desenvolvimento" que possam desatar limitações pessoais e familiares que travam o desenvolvimento da comunidade.

Pessoas diferentes têm necessidades distintas. Uma renda básica incondicional lhes permite identificar suas necessidades e prioridades individuais. Os resultados de nossos projetos-piloto sugerem claramente que as famílias rurais da Índia são perfeitamente capazes de tomar decisões e que não precisamos lhes dizer o que devem fazer. Aqueles que estão contemplando subsídios ou esquemas focados e condicionais devem considerar esses resultados.

Finalmente, as doações de uma renda básica são potencialmente transformadoras para as famílias e comunidades indianas. Elas eliminam limitações e permitem às pessoas conseguirem um maior controle sobre suas vidas.

# Dez anos do Programa Bolsa Família e as perspectivas da Renda Básica de Cidadania incondicional no Brasil e no mundo

Eduardo Matarazzo Suplicy

Juntamente à expansão dos serviços públicos, tais como educação, saúde e saneamento, bem como dos programas de desenvolvimento para a reforma agrária e o microcrédito, mais um instrumento formidável para a erradicação da pobreza absoluta e a melhoria da desigualdade de renda no mundo é a Renda Básica de Cidadania (RBC). Tal solução sensata já está sendo instituída em diferentes graus em certas partes do mundo, como no Brasil. Este texto procura responder se e quando as transferências de renda serão concedidas no Brasil de forma universal, sem controles de elegibilidade ou limites. Existe alguma maneira em que todos possam se beneficiar?

## Do Bolsa Família para a Renda Básica de Cidadania

Em outubro de 2003, o presidente brasileiro Luiz Inácio Lula da Silva lançou o programa de transferência condicional de renda Bolsa Família, como forma de erradicar a pobreza absoluta. Houve alguns ajustes desde então. Em junho de 2014, todas as famílias com renda mensal de até R$ 154 *per capita* (o que implica uma situação de pobreza) e filhos dependentes menores de 15 anos e 11 meses de idade, bem como com adolescentes dos 16 aos 18 anos de idade, são elegíveis para o programa. Famílias com gestantes ou mães que estão amamentando são também elegíveis. Se a renda da família *per capita* não ultrapassar R$ 77 (indicando uma situação de extrema pobreza), ela recebe um pagamento básico de R$ 77 mais – e isso é para todas as famílias com renda mensal *per capita* abaixo de R$ 154 – R$ 35 por criança de até 15 anos e 11 meses, para até cinco ou mais filhos, além de R$ 42 para cada um ou dois adolescentes dos 16 aos 18 anos de idade. Para receber a transferência de renda, as famílias têm de demonstrar que os seus filhos de até 6 anos de idade estão vacinados, de acordo com as regras do Ministério da Saúde, e frequentando regularmente os postos de saúde para os exames médicos. Além disso, crianças com idade entre 7 e 15 anos e 11 meses devem frequentar a escola, em pelo menos 85% das aulas. Os adolescentes devem apresentar frequência em pelo menos 75% das aulas. Os pais, sempre que possível, devem participar de cursos de alfabetização ou profissionalizantes.

A criação do Bolsa Família unificou quatro programas de renda existentes: Bolsa Escola, Bolsa Alimentação, Auxílio Gás e Cartão Alimentação. Em dezembro de 2003, o programa Bolsa Família alcançou 3,5 milhões de famílias; em dezembro de 2005, o número havia atingido 8,7 milhões. Em junho de 2006, o programa chegou a 11,2 milhões de famílias. Em fevereiro de 2015, havia 13.978.783famílias beneficiárias do programa. Isso significa que, se levarmos em conta uma média de 3,5 membros por família, quase 50 milhões, ou ¼ da população atual do Brasil, de 204 milhões de habitantes, estão sendo beneficiados pelo Programa Bolsa Família.

Desde 2011, a presidenta Dilma Rousseff lança um esforço, apelando a todos os governos estaduais e municipais, bem como a todas as organizações e aos cidadãos na sociedade, para exercer a Busca Ativa. Ou seja, se soubermos de alguma família que recebe até R$ 154 *per capita* por mês, a partir de 1° de junho de 2014, e ainda não está inscrita no Programa Bolsa Família, devemos avisá-la de que ela pode ir à Secretária Municipal de Desenvolvimento Social para se matricular no programa. Segundo o site do Ministério de Desenvolvimento Social e Combate à Fome (MDS), em Dezembro de 2014, havia 19.420.635 famílias registradas com renda mensal *per capita* de até R$ 154. Falta completar o esforço da Busca Ativa. Em 2013, a presidenta Dilma Rousseff lançou o Brasil Carinhoso do Bolsa Família, por meio do qual, se a renda familiar mais o benefício do Programa Bolsa Família, dividida pelo número de membros da família, não chegar a pelo menos R$ 70, R$ 77 a partir de 1° de junho de 2014, o governo federal complementa o necessário para a família receber pelo menos R$ 77 *per capita* a partir de junho de 2014.

Junto a outros instrumentos de políticas econômicas e sociais, tais como o aumento de 72% acima da inflação no valor do salário mínimo nos últimos 10 anos, o esforço para aumentar as oportunidades de trabalho, 21,5 milhões de novos empregos criados em 10 anos, bem como a expansão das oportunidades de assistência à saúde e à educação pública, o Programa Bolsa Família contribuiu significativamente para a diminuição da pobreza absoluta e da desigualdade no Brasil. O coeficiente Gini de desigualdade, que havia alcançado 0,599, em 1995, e 0,601, em 1996, quando o Brasil estava entre os três países mais desiguais do mundo, diminuiu gradativamente a cada ano, de 0,594, em 2001, até chegar a 0,519, em 2012.

Devido aos resultados positivos do Programa Bolsa Família, o governo brasileiro, durante o Fórum Global da Segurança Social, em novembro de 2013, recebeu o Prêmio de Realização Extraordinária na Segurança Social. Nessa cerimônia, representando a presidenta Dilma Rousseff, a ministra Tereza Campello, do MDS, enfatizou que os objetivos do programa são aliviar a fome e a pobreza, incluir as crianças na educação e reduzir a evasão escolar e dar cobertura e acesso à saúde aos beneficiários, principalmente as crianças, as mulheres grávidas e as que estão amamentando.

De acordo com Campello, a engenharia social do Bolsa Família pode ser resumida em três itens:

1. Um cadastro de famílias feito de forma simples, com informações declaradas pelas famílias, organizadas por cada um dos 5.570 municípios do Brasil.
2. Cartão magnético e um sistema financeiro que permite a transferência de dinheiro diretamente aos beneficiários, sem intermediação, com controle e transparência.
3. Prioridade às mulheres para serem as responsáveis pelo cartão. Ela decide no que gastar, e a pesquisa do ministério indica que ela é responsável pelo destino mais eficiente dos recursos: os filhos e filhas. 83% dos titulares dos cartões são mulheres.

A estratégia do Brasil Sem Miséria, que tem o Programa Bolsa Família como o principal veículo, é complementada por outras ações: como cursos de qualificação profissional, o acesso à energia nas áreas rurais, os programas de habitação popular, como o Minha Casa, Minha Vida, que já construiu mais de três milhões de casas ou apartamentos financiados em parcelas de longo prazo, ao longo de 10 anos, com taxas de juros relativamente baixas para a população de baixa renda – de até R$ 5.000 por mês.

Apesar desses esforços e progressos, o Brasil ainda é o décimo sexto país mais desigual no mundo, de acordo com o Relatório do Banco Mundial, em 2012. De acordo com o Censo do IBGE de 2010, os 10% mais pobres viviam com 1,1% da renda nacional, enquanto os 10% mais ricos detinham 44,5% dela.

Hoje, para proporcionar o mínimo básico para brasileiros carentes, é requerido um processo de verificação meticulosa de elegibilidade ao programa. Muitas vezes é difícil verificar a renda de cada membro da família, especialmente daqueles que trabalham na economia informal. Como funciona o controle do governo para possíveis variações sobre a situação econômica e a renda? Seriam suficientes os dados fornecidos pelas observações dos vizinhos e da imprensa, que monitoram os benefícios tangíveis do Bolsa Família a cada família? Existe uma maneira de resolver esse problema e simplificar o processo de verificação? Sim, na forma da Lei n. 10.835/2004, aprovada pelo Congresso Nacional em 2003 e sancionada pelo presidente Lula no dia 8 de janeiro de 2004. Essa lei implementa a RBC gradualmente.

### *O que é a Lei n. 10.835/2004?*

A Lei da Renda Básica de Cidadania garante a todos os brasileiros, independentemente de sua condição socioeconômica, incluindo os estrangeiros que vivem no Brasil há cinco anos ou mais, o direito a receber uma transferência de renda anual. A incorporação desse programa será realizada em várias etapas, com prioridade para os segmentos mais vulneráveis da sociedade. As transferências, feitas em parcelas mensais, devem ser suficientes para atender às necessidades de cada pessoa dentro do contexto de desenvolvimento e das possibilidades do orçamento do país.

Quando o Poder Executivo definir o valor a ser concedido, terá de levar em consideração as limitações impostas pela responsabilidade fiscal. Leis orçamentárias futuras devem estar relacionadas com o plano plurianual e as diretrizes orçamentais e devem especificar os cancelamentos e as transferências de despesas, bem como quaisquer outras medidas necessárias para a implementação do Programa de Renda Básica de Cidadania.

Todos os brasileiros, incluindo aqueles que já têm mais do que o necessário para a sobrevivência, receberão a RBC. Por que incluir aqueles que já têm o suficiente e não precisam da RBC para a sua sobrevivência? Os que têm mais vão colaborar para que eles próprios e todos os demais venham a receber a RBC. Esse é o caminho para alcançar de forma eficaz todas as pessoas carentes. O Brasil vai ter os seguintes benefícios a partir da instituição da RBC:

- Eliminação de toda a burocracia envolvida na determinação de rendimentos individuais com a finalidade de receber a transferência de renda.
- O fim do estigma que desencoraja as pessoas a revelarem o seu nível de renda baixa a fim de poder receber um complemento.
- Facilidade em explicar a toda a população, através dos mesmos meios de comunicação, o direito de todos a receber uma renda básica igual e o processo simples para a sua obtenção.
- O fim do fenômeno de dependência que causa as armadilhas da pobreza e do desemprego em programas que definem o direito a um benefício por nível de renda, uma vez que esses programas desestimulam os indivíduos a procurarem uma atividade econômica, sabendo que o governo deixará de fornecer o benefício quando essa atividade aumentar a sua renda. Com a RBC, qualquer rendimento resultante do trabalho e da iniciativa pessoal significará progresso.
- Não haverá mais incentivo para o empregado não ser formalmente registrado, como acontece às vezes hoje no Brasil, quando uma pessoa recusa o registro para não perder o direito ao Programa Bolsa Família.
- O aumento do nível de emprego e a criação de um consequente aumento da demanda por bens e serviços de primeira necessidade, que funciona como um estímulo para o crescimento econômico.
- Remuneração para as atividades que não são tradicionalmente consideradas economicamente relevantes, tais como a criação dos filhos, o cuidado com os idosos e outras atividades que ajudam a melhorar a sociedade (participação nas artes, associações comunitárias, organizações religiosas, etc.).

- Extensão do direito à propriedade privada protegido na Constituição brasileira, dando a todos os indivíduos o direito a uma renda como meio de todos participarem pelo menos um pouco da riqueza comum de nossa nação. Atualmente, proprietários de terra, comerciantes, proprietários industriais, proprietários de instituições financeiras e proprietários imobiliários estão autorizados a ganhar uma renda na forma de lucros, juros e aluguéis, sem qualquer obrigação de mostrar que estão trabalhando ou que suas crianças e adolescentes estão frequentando a escola – e, claro, eles trabalham normalmente e colocam os seus filhos nas melhores escolas –, então por que não todos os cidadãos, pobres e ricos, terem assegurado o seu direito de ser parceiros do país e receber uma renda modesta, garantindo-lhes o direito de cidadania plena?
- A principal vantagem da RBC é do ponto de vista da liberdade e da dignidade do ser humano. Para aquela pessoa que por falta de alternativa para dar o sustento da sua família resolve vender o seu corpo ou se tornar um membro da quadrilha de narcotraficantes, quando houver a RBC, esta pessoa terá a possibilidade de dizer não para essa única alternativa que coloca a sua saúde e sua vida em risco e terá a oportunidade de fazer um curso, estudar e buscar qualificação enquanto aguarda outra oportunidade mais de acordo com sua vocação.

Ao longo dos últimos 24 anos, proferi palestras sobre as vantagens da RBC para universidades, sindicatos, associações empresariais e organizações da sociedade civil e em fóruns nacionais de todo o Brasil. A decisão do presidente Lula de sancionar a Lei n. 10.835/2004, aparentemente, prova que ele também aprova e acredita nessa ideia, mas a sua implementação bem-sucedida requer o apoio de grande número de brasileiros, para lhe fornecer sentido e transformá-la em realidade.

Ao examinar o projeto de lei no Senado sobre o Programa de Renda Básica de Cidadania, o senador Francelino Pereira (PFL-MG) – designado relator na Comissão de Assuntos Econômicos – apresentou parecer favorável, mas propôs uma introdução gradual, a fim de cumprir a Lei de Responsabilidade Fiscal. O Senado concordou com esse princípio, ajudando a chegar a um consenso no Senado, bem como na

Câmara dos Deputados. Todos os partidos votaram a favor da iniciativa, com apenas algumas objeções vindo de alguns deputados. A ideia de uma evolução gradual e a decisão de colocar prioridade inicial sobre a aplicação do programa aos cidadãos com maiores necessidades permitiram ao ministro da Fazenda, Antonio Palocci, convencer o presidente Lula sobre a sua viabilidade, levando-o a sancionar a nova lei.

No entanto, mesmo os governos com as melhores intenções e ideais só podem agir de acordo com a vontade da sociedade.[1] Este texto tem a intenção de explorar os fundamentos da proposta da RBC, o seu início e os resultados de experiências semelhantes em vários países ao redor do mundo. Também explorará como a proposta é coerente com as esperanças dos brasileiros e da humanidade para a justiça, a igualdade, a liberdade, a fraternidade, a solidariedade e a democracia. É uma ideia que está conquistando o apoio de economistas, filósofos e cientistas sociais de largo espectro de pensamento.

## A ideia básica

A ideia fundamental da RBC tem as suas raízes na antiga história. Escrevendo no século VI a.C, Confúcio (2001) observou que “a incerteza é ainda pior do que a pobreza. Alguém pode sair de sua casa, a não ser pela porta?.[2] É por isso que o título do meu livro é Renda de cidadania: a saída é pela porta, para demonstrar que a erradicação da pobreza absoluta e a construção de uma sociedade mais igualitária e justa podem ser alcançadas com a RBC.

Aristóteles (1987) escreveu que o objetivo da política é alcançar o bem comum, uma vida justa para todos. No entanto, para todos os indivíduos no Estado alcançarem uma vida justa, é necessário estabelecer a justiça política, que deve ser precedida por uma justiça distributiva criada por lei. Karl Marx apresentou ideias semelhantes sobre a justiça quando escreveu sobre o comportamento maduro dos homens na sociedade: “de cada um segundo sua capacidade, a cada um segundo

1 Ver Schafarman (2002).Ver também Alinsky (1972).

2 Guy Standing ressaltou esse ponto em palestra realizada durante a Conferência Internacional sobre Renda Mínima, Discussões e Experiências, em 11 e 12 de agosto de 1998, organizada por Eduardo Matarazzo Suplicy (ver SUPLICY, 1998, p. 30-36, 113-120).

sua necessidade". De acordo com John Kenneth Galbraith (1980), essa concepção de justiça de Marx na *Crítica ao Programa de Gotha*, de 1875, com apenas 12 palavras em inglês, "*from each according to his capacity, to each according to his needs*", teve um efeito mais revolucionário do que *Das Kapital.*

Em 1992, proferi uma palestra para várias comunidades religiosas, Conferência Nacional dos Bispos do Brasil, Pastorais da Terra e Comunidades Eclesiais de Base. A palestra explicava como muitos economistas de várias correntes de pensamento tinham defendido a ideia de uma renda mínima universal. No final da palestra, o então presidente da CNBB, D. Luciano Mendes de Almeida, respondeu que não era necessário citar Karl Marx em defesa da renda mínima universal, porque ela foi melhor defendida por São Paulo em sua *Segunda Epístola aos Coríntios*, na qual o apóstolo recomendou que os macedônios seguissem o exemplo de Jesus, que decidiu juntar-se aos pobres e viver entre eles. Conforme está escrito, para que haja igualdade e justiça: "Aquele que muito colheu não tenha demais; e aquele que pouco colheu não tenha de menos" (*2 Coríntios*, 8:15).

O comentário de Marx em favor da igualdade relativa entre as contribuições dos indivíduos e os benefícios tomados da sociedade é semelhante às aspirações e esperanças profundas encontradas nas principais tradições religiosas. Segundo o rabino Henry Sobel, de São Paulo, a palavra mais frequentemente citada no Velho Testamento da Bíblia é "*tsedaka*", que aparece 513 vezes. Em hebraico, a palavra refere-se à justiça na sociedade – justiça social. Podemos ver muitas passagens que salientam a necessidade de *tsedaka*, em *Deuteronômio*, em *Provérbios*, em *Isaías* e em *Êxodo.*

Não é por acaso que as reuniões do Movimento dos Trabalhadores Rurais Sem Terra (MST) frequentemente incluem leituras do *Livro do Êxodo*, recordando a luta pela terra prometida e a luta mais ampla para uma maior justiça social. Nos *Atos dos Apóstolos*, do Novo Testamento, também podem ser encontrados os princípios que se aproximam às afirmações de Marx: "E perseveravam na doutrina e na comunhão dos apóstolos, e no partir do pão e nas orações. E o medo se apoderou de toda a alma, e muitos prodígios e sinais eram feitos pelos apóstolos. E todos os que creem estavam juntos, e tinham tudo em comum, e venderam suas posses e bens e os repartiam entre todos, segundo a necessidade de cada um" (*Atos*, 2:42-44).

De acordo com o Alcorão e os escritos de seus seguidores, os ensinamentos dos princípios de justiça e igualdade no Islã são semelhantes aos do cristianismo. No livro de Hadith, Omar, o segundo dos quatro califas que seguiram Maomé, recomendou aos cidadãos com grandes propriedades ou ganhos que reservassem uma parcela para aqueles que tinham pouco ou nada. A defesa de uma renda mínima também é consistente com os princípios budistas, de acordo com as afirmações do Dalai Lama em *Ética para o novo milênio* (2000). Ele afirmou que para aceitar o consumo tão luxuoso dos mais ricos é preciso primeiro assegurar a sobrevivência de toda a humanidade.

## As primeiras propostas de uma renda mínima e de uma renda básica

Thomas More, em *Utopia,* de 1516, observou a inutilidade da pena de morte, que falhou em reduzir roubos, assaltos e homicídios na Inglaterra do século XVI. O melhor instrumento para esse objetivo seria o pagamento de uma renda universal que eliminaria "a terrível necessidade de se tornar primeiro um ladrão e depois um cadáver" (More, 1999). Dez anos depois, com base na reflexão do More, um amigo seu, Juan Luis Vives, fez a primeira proposta para uma garantia de renda mínima, em *De subventione pauperum sive de humanis necessitatibus,* para o prefeito da cidade flamenga de Bruges.

As obras de More e Vives tiveram grande influência nas *Poor Laws* (Leis de Assistência aos Pobres) criadas na Inglaterra e na Espanha também no século XVI.[3] A partir de 1531, essas leis permitiram que idosos e pessoas com deficiência pedissem esmolas nas paróquias. Logo em seguida, as casas religiosas foram autorizadas a captar recursos em conjunto com os proprietários de terras, a fim de dar subsídios para os pobres, que foram, então, consequentemente, colocados à disposição para trabalhar em suas respectivas regiões. Essas leis foram severamente criticadas por economistas clássicos, como Adam Smith, David Ricardo e Thomas Malthus, e, noutra perspectiva, por Karl Marx. Boa parte das críticas, sobretudo as de Adam Smith e Karl Marx, levavam

3 Para examinar as diversas formas nas quais as *Poor Laws* foram formuladas desde o início do século XVI, ver também o texto "The Poor Laws", na *Encyclopedia Britannica.*

em conta a maneira como se procurava prover algum tipo de subsídio para as pessoas mais pobres, mas em contrapartida se restringia a sua movimentação, uma vez que elas tinham de ficar disponíveis em um determinado território.[4]

Duzentos anos depois, Thomas Paine, um dos maiores ideólogos das Revoluções Americana e Francesa, articulou as principais razões para o direito inalienável e universal à repartição da riqueza da nação. Em *Agrarian Justice*, um ensaio enviado em 1795 ao Diretório e ao Parlamento da França, Paine observou que a pobreza era resultado da civilização e do direito à propriedade privada. Paine baseou a sua afirmação no fato de os povos indígenas da América estarem em uma situação de menor pobreza e destituição em relação ao que ele tinha visto em aldeias e cidades europeias.

Por quê? Porque a propriedade era comum entre os índios. Ele afirmou: "Não é uma posição controvertida que a Terra, em seu estado natural, não cultivado, era, será sempre e continuará a ser, a propriedade comum da raça humana" (Paine, 1974). Ele considerava justo que o indivíduo que cultivou a terra e fez algumas benfeitorias tivesse o direito de colher os frutos do seu trabalho, na sua propriedade.

Além disso, Paine argumentou que "todo proprietário de terras cultivadas deve à comunidade um rendimento proveniente da terra", e que a partir do aluguel pago por cada proprietário um fundo nacional comum deve ser constituído. O rendimento desse fundo deve ser distribuído a título de dividendos iguais para todos, a fim de compensar a perda desse patrimônio natural da humanidade. Cada pessoa, independentemente da propriedade, aos 21 anos de idade, deve receber um pagamento em dinheiro, e quando os indivíduos chegarem à idade de 50 anos, devem receber transferências de renda pelo resto da vida, porque "cada indivíduo nasceu no mundo, com o direito legítimo de uma determinada propriedade ou equivalente". Paine defendeu esse pagamento como um direito, e não como uma caridade.

De acordo com pesquisadores da Rede Mundial de Renda Básica (BIEN), a proposta de uma renda básica não condicional já existe há pelo menos 200 anos, e grande parte dessa proposta foi inspirada nas

[4] Análises de economistas clássicos das *Poor Laws* são descritas mais detalhadamente em Suplicy (2010).

obras do inglês Thomas Spence, que também trabalhou com as ideias de Pain e as do socialista utópico francês Charles Fourier.[5] Cada vez que os pesquisadores da BIEN aprofundam as suas pesquisas, descobrem novos autores que apresentaram a proposta de renda básica, muitas vezes de forma independente, ou depois de ter interagido com outros pensadores.

Num panfleto publicado em Londres, *Rights of Infants*, Spence (2004) criticou a *Agrarian Justice* de Paine por ter sido "uma construção abominável do oportunismo e da tolerância". Depois, Spence reformulou a proposta que tinha defendido incansavelmente durante toda a sua juventude e proclamou que cada cidade deveria ter leilões para cobrir todas as despesas públicas locais, incluindo a construção e a manutenção de imóveis, bem como os impostos pagos ao governo, que distribuiria em partes iguais o superávit entre todos os moradores, garantindo assim a sua subsistência.

Em 1848, o advogado belga Joseph Charlier publicou *Solution du problème social ou constitution humanitaire*. Depois de ter sido inspirado por Fourier, Charlier observou que dentro da igualdade de direitos à terra e à propriedade estava a base de um direito incondicional a uma renda básica. Desenvolveu esse tema em *The Social Question Solved Preceded by the Philosophical Testament of a Thinker* (Charlie, 1894). Rejeitou a ideia defendida pelo próprio Fourier de que o direito a uma renda básica deve ser determinado de acordo com uma fórmula que verificaria a acessibilidade do indivíduo a um determinado rendimento, uma vez que o trabalho de Fourier foi fundamentado na premissa de que era natural defender o direito de cada pessoa a receber uma remuneração suficiente para o seu trabalho. Com os conceitos de "mínimo" ou "renda garantida" (mais tarde chamado de "dividendo territorial"), Charlier propôs que todos os cidadãos tenham o direito incondicional ao pagamento regular de um montante fixado anualmente por um representante de um conselho nacional, com base no valor dos aluguéis de todas as propriedades. Esse esquema colocaria fim ao domínio do trabalho pelo capital. Mas incentivaria a ociosidade?

> Má sorte para os preguiçosos: eles receberão pouco. O dever da sociedade não irá além de garantir a cada indivíduo uma parcela

[5] Ver Van Parijs (2001).

> justa do que a natureza coloca à sua disposição, sem usurpar os direitos de ninguém. Qualquer coisa acima do mínimo terá que ser conquistada. (Cunliffe; Erreygers, 2001)[6]

Durante o ano que se segue à publicação da obra de Fourier, John Stuart Mill lançou a segunda edição do seu livro *Princípios de economia política,* no qual apresentou as ideias de Fourier, mas concluiu com uma proposta inequívoca para uma renda básica incondicional: "Na distribuição, um determinado mínimo é atribuído pela primeira vez para a subsistência de todos os membros da comunidade, sejam capazes ou não para o trabalho. O restante é partilhado em determinadas proporções, a serem fixadas de antemão, entre os três elementos de trabalho, capital e talento" (Mill, 1988).

O conceito de uma renda básica também foi defendido pelos pensadores fundadores da economia política, em consonância com as tradições do mercado livre.[7] O marquês de Condorcet, escrevendo sobre o mercado de trigo em 1776, diz: "Que a todos os membros da sociedade seja assegurada a subsistência de cada estação do ano, em cada ano e onde eles estiverem vivendo [...] é do interesse geral de todas as nações" (Condorcert *apud* Rothschild, 2000). É de acordo com essa afirmação que a renda paga a todos os brasileiros como a RBC será um direito tão importante quanto o salário pago por seus trabalhos regulares. Todos os brasileiros e estrangeiros residentes irão desfrutar o direito de participar da riqueza da nação, para colher os frutos de gerações passadas e de todas as pessoas que colaboraram no passado para o progresso tecnológico, e de outros, que trabalhavam como escravos sem receber remuneração, mas que de fato colaboraram para o desenvolvimento da nação.

Embora a proposta de uma renda básica fosse defendida já no século XVIII por Thomas Paine e outros, as políticas com base em suas ideias não foram promulgadas até o século XX no Reino Unido e na França. Quando a proposta foi finalmente considerada na Grã-Bretanha, foi baseada em princípios semelhantes aos apresentados por Paine, mas veio em uma forma modificada. O primeiro-ministro Tony Blair enviou um

[6] Ver Charlier (1848); Fourier (1967). Uma análise das ideias de Charles Fourier foi apresentada por Cunliffe; Erreygers (2001).

[7] Ver Rothschild (2000), também publicado em Van Parijs (2001).

projeto de lei ao Parlamento, afirmando que cada criança nascida no Reino Unido iria receber uma transferência básica de renda de £ 250 em uma conta bancária no momento do nascimento e um adicional de £ 50 quando completasse 6, 11 e 16 anos. Se a criança pertencesse ao segmento mais pobre da população, essas somas seriam £ 500 e £ 100, respectivamente. Como a transferência é destinada a acumular juros ao longo do tempo, quando os beneficiários completarem 18 anos de idade terão o direito de desfrutar desses recursos – o que poderia significar uma soma de até £ 5.000 para gastar livremente como quiserem. O programa, chamado Child Trust Fund, foi aprovado, na forma de lei, em 13 de maio de 2003 e passou a ser utilizado pelas famílias na Grã-Bretanha para financiar a educação de seus filhos, abrir uma empresa ou de forma adequada em relação a outros fins. Recentemente, no entanto, o governo conservador aboliu a Child Trust Fund.

Em 2004, o professor Bruce Ackerman, da Universidade de Yale, visitou a Fundação Getúlio Vargas, em São Paulo, onde observou que um dos seus alunos de pós-graduação havia apresentado essa ideia para a Sociedade Fabiana, uma organização que promove o socialismo democrático no Reino Unido, antes de apresentá-la a Blair, um amigo de Ackerman. A tese acabou sendo preparada para uma publicação com Anne Allstott e foi fundamentada nos princípios originais escritos há mais de 200 anos por Thomas Paine. O conceito era de que todos os cidadãos dos Estados Unidos com a idade de 21 anos deveriam receber um capital básico de US$ 80.000 para começar a vida como um adulto.[8] Essa proposta de um programa de capital básico é semelhante à de uma renda básica, porque sempre é possível transformar o capital em um fluxo de rendimentos ao longo do tempo, e vice-versa. Depois de muitas discussões sobre os prós e contras, Ackerman e Philippe Van Parijs concluíram que a melhor solução deve ser uma combinação de ambos.

Ao contrário dos britânicos, a Assembleia Legislativa da República Francesa aceitou apenas parcialmente as recomendações de Paine. Em 24 de junho de 2004, proferi uma palestra no simpósio sobre a Renda Básica de Cidadania ou Rendimento de Existência na Assembleia Nacional da França, organizado sob a coordenação da deputada Christine Boutin, do Partido da União para um Partido do Movimento Popular

[8] Ver Ackerman; Alstott (1999).

e presidente do Fórum dos Republicanos Sociais. Estiveram presentes no simpósio representantes de vários partidos, entre eles Jean Le Garrec, do Partido Socialista, e Roland Duchâtelet, do Partido Vivant, da Bélgica. Nesse evento o escritor Maurice Druon, da Academia Francesa de Letras, conclamou que "a França deve ser o primeiro país a implementar a Renda Básica de Cidadania integral ou Rendimento de Existência", com base na ideia original de Paine. Yoland Bresson, presidente da Associação para a Instituição da Renda de Existência (AIRE), apresentou uma proposta no simpósio que iria fixar uma renda ao longo da vida dos cidadãos, desde o nascimento até a morte, em € 330 por mês e que seria implementada gradualmente ao longo de um período de cinco anos.

## A garantia de uma renda de subsistência a partir do século XX

Durante o século XX, filósofos, economistas e cientistas sociais que emanam de grande espectro de pensamento exploraram a necessidade de proporcionar a todos os cidadãos uma renda mínima necessária para a sobrevivência básica. Depois de analisar os grandes movimentos sociais que ocorreram na época da Primeira Guerra Mundial, o filósofo Bertrand Russell publicou, em 1918, *Os caminhos para a liberdade: socialismo, anarquismo e sindicalismo* e fez a seguinte afirmação: "O plano que estamos preconizando reduz-se essencialmente a isso: que certa renda, suficiente para as necessidades, será garantida a todos, trabalhando ou não, e que uma renda maior – tanto maior quanto o permita a quantidade total de bens produzidos – deverá ser proporcionada aos que estiverem dispostos a dedicar-se a algum trabalho que a comunidade reconheça como valioso" (Russell, 1977).

No mesmo ano em que Russell publicou *Caminhos para a liberdade*, Mabel e Dennis Milner publicaram um texto muito debatido, *Scheme for a State Bonus*. Dennis Milner publicou a seguir, em 1920, *Higher Production by a Bonus on National Output*. Ambos os livros propuseram uma renda mínima que varia de acordo com a produtividade nacional. A proposta de Milner era: "Todo indivíduo, todo o tempo, deveria receber de um fundo central uma pequena soma em dinheiro que seria suficiente para manter a vida e a liberdade se tudo o mais falhasse; todas as pessoas deveriam receber uma parcela de um fundo central, de maneira que todas tenham algum tipo de renda para contribuir proporcionalmente à sua capacidade" (MILNER, 1920).

Em 1919, Bertram Pickard argumentou, em *A Reasonable Revolution: Being a Discussion of a State Bonus Scheme – a Proposal for a National Basic Income*, que o bônus deveria ser "um reconhecimento definitivo do direito à vida, ou melhor ainda, a soma monetária equivalente ao direito à terra" (PICKARD, 1919). Como os Milners, Pickard também era um *quaker*, e todos eram membros de um grupo formado para a defesa de um "Esquema do Bônus Social". De acordo com a proposta deles, 20% de toda a renda da Inglaterra deveria ser coletada para um fundo que posteriormente seria usado para o pagamento de uma quantia igual a todos os cidadãos independentemente de sua idade.

O Partido Trabalhista Britânico reagiu ceticamente, e após um manifesto crítico escrito em 1921, a League for the State Bonus (Liga pelo Bônus do Estado) foi dissolvida. Entretanto, os movimentos políticos continuaram a surgir a favor de uma renda mínima. O major Clifford H. Douglas criou o Social Credit Movement (Movimento pelo Crédito Social), de grande repercussão também em outros países, incluindo Canadá, onde o Partido de Crédito Social foi fundado, em 1935. Em 1929 George D. H. Cole apresentou uma nova proposta, em *The Next Ten Years in the British Social and Political Economy*, seguido, em 1935, por *Principles of Economic Planning*. Lady Juliet Rhys Williams, escrevendo em *Something to Look Forward to: A Suggestion for a New Social Contract* de 1943, propôs um esquema de dividendos sociais que asseguraria "a cada indivíduo suas necessidades básicas; de cada indivíduo a mesma porcentagem de sua renda, variando apenas com a prosperidade de toda a comunidade" (WILLIAMS, 1943). Em 1937, Joan Robinson sugeriu, em *Introdução à teoria do emprego*, distribuir uma libra a todos, aos sábados. Abba P. Lerner escreveu em 1944 *The Economics of Control: Principles of Welfare Economics*, que propõe a instituição de uma soma fixa como um imposto de renda negativo. E Oskar Lange, em *On the Economic Theory of Socialism*, apresentou outra forma para garantir alguma renda para cada pessoa.

Nos anos 1930, James Edward Meade – que posteriormente foi laureado com o Prêmio Nobel de Economia, em 1977 – era um dos principais membros do Círculo de Cambridge, que discutia os trabalhos de John Maynard Keynes. Ele defendeu a implementação de uma renda de cidadania, ou um dividendo social, em "Outline of an

Economic Policy for a Labour Government". Meade considerava esse instrumento importante para aumentar o emprego na economia.[9] Em suas obras Meade relata, metaforicamente, sua longa jornada em busca de Utopia. No entanto, não importa o quanto tenha navegado, não conseguiu encontrá-la. No caminho de volta, contudo, deparou-se com Agathotopia. Os agathotopianos sabiam onde ficava Utopia, mas não iriam lhe contar, pois tinham uma grande diferença em relação aos utopianos, seres humanos perfeitos, que viviam num lugar perfeito. Os agathotopianos eram seres humanos imperfeitos, que cometiam as suas bobagens e perfídias, mas que, afinal, tinham conseguido construir um bom lugar para viver.

Meade se interessou em estudar as instituições e as relações sociais de Agathotopia (Meade, 1989), e concluiu que ela era a melhor sociedade que ele já havia encontrado até a humanidade poder atingir simultaneamente os objetivos que ele estava procurando há muito tempo:

- A liberdade, no sentido de que cada pessoa possa trabalhar de acordo com sua vocação e gastar o que recebe no que quiser.
- A igualdade, no sentido de que não existem mais grandes diferenças de renda e riqueza entre os indivíduos.
- A eficiência, no sentido de se alcançar um padrão de vida o mais alto possível, com a tecnologia e os recursos existentes a um dado momento.

As condições presentes em *Agathotopia* criam uma flexibilidade suficiente nos preços e nos salários para melhorar a eficiência na alocação de recursos e para a associação entre os empresários e os trabalhadores de tal forma que estes possam participar dos benefícios da nova riqueza criada: eles seriam compensados em parte com salários, e o restante viria em forma de pagamentos pela sua participação. Para prevenir eventuais resultados negativos, haveria um terceiro arranjo fundamental: a existência de um dividendo social ou uma renda mínima garantida para cada cidadão.

Essa opção elimina o risco de falha da flexibilidade de preços e salários e da interação entre empresários e trabalhadores, permitindo

[9] Ver Meade (1988, 1989, 1993, 1995).

à sociedade controlar diretamente o montante da compensação que os trabalhadores recebem. À luz das experiências fracassadas de quem tentou executar transformações muito bruscas de natureza semelhante, Meade propôs a implementação dessas instituições passo a passo, porém firmemente.

Em momentos de crise, é comum as pessoas dizerem que não há recursos suficientes para pagar programas desse tipo. Com relação a essa alegação, é importante ressaltar o que John Maynard Keynes disse em 1939. Em "How to Pay for the War?", publicado pela primeira vez no *The Times*, e depois no *Essays in Persuasion* (1972), Keynes procurou convencer os seus compatriotas de que, assim como era necessário pagar pelas despesas de guerra contra a Alemanha, era também necessário separar cerca de 2% do Produto Nacional Bruto (cerca de £ 100 milhões de um total de £ 5 bilhões) para assegurar a todas as pessoas uma renda básica.

É importante reconhecer que economistas de um largo espectro de opinião chegaram à mesma conclusão sobre a importância de uma renda mínima durante o início do século XX. Mesmo aqueles que foram laureados com o Prêmio Nobel e são conhecidos por sua defesa do capitalismo, em conjunto com os seus críticos, compartilham esse consenso. Friedrich Hayek escreveu *O caminho da servidão*, em 1944, criticando o comunismo, o nazismo e o fascismo, defendendo o sistema de mercado, e ainda ressaltou a importância de garantir a subsistência de todos. George Stigler (1946) observou que, para alcançar maiores oportunidades de emprego e para erradicar a pobreza, o imposto de renda negativo é mais eficaz do que o salário mínimo.

Da mesma forma, Milton Friedman argumentou, em *Capitalismo e liberdade* (1962), que o capitalismo é o sistema mais compatível com a liberdade dos seres humanos. Ele, porém, não resolve completamente o problema da pobreza. O único instrumento que pode ajudar as pessoas e que não distorce ou impede o funcionamento e o financiamento do mercado é um imposto de renda negativo. A ideia de um "imposto de renda negativo" foi usada pela primeira vez na literatura econômica por Antoine Augustin Cournot, fundador da economia matemática, em 1838 (Cournot, 1980).

O imposto de renda negativo pode ser definido para um indivíduo ou uma família. Aqueles que não ganham um determinado rendimento mensal ou anual têm o direito legal a receber um montante complementar que é igual a uma percentagem da diferença entre a sua renda atual e um montante apropriado para um indivíduo ou uma família. Supondo-se que o limite de renda fixado por lei para um adulto de pelo menos 18 anos de idade seja de R$ 1.000 por mês e a proporção seja de 50%, se a pessoa está doente, desempregada ou tem renda zero, durante um mês tem o direito de receber R$ 500. Se ela consegue um emprego que pague R$ 500, terá uma renda complementar equivalente a R$ 250, e sua renda total mensal subirá para R$ 750. Nesse arranjo, haverá sempre um incentivo para a pessoa progredir, porque é possível aumentar o seu nível de renda se precisar procurar emprego – e a ninguém será negada uma renda mínima integral.

Durante a década de 1960, outro ganhador do Prêmio Nobel de Economia, James Tobin, teve muitas discussões com Friedman sobre a política macroeconômica. Ambos desenvolveram o conceito de imposto de renda negativo para estudar formas de combater a pobreza e fortalecer a posição econômica dos negros.[10] Outro autor notável nessa discussão foi Robert Theobald, que estava preocupado com o grau de automação da indústria, que diminuiria o trabalho remunerado, e que afirmava ser essencial manter um mínimo garantido para o consumo (Theobald, 1963; 1967). Além disso, durante 40 anos de sua vida John Kenneth Galbraith proferiu inúmeras palestras em favor de uma renda mínima garantida, incluindo uma realizada ao receber um diploma honorário da Escola de Economia de Londres, quando completou 90 anos. Ele comentou o seguinte:

> A resposta, ou parte da resposta, é muito clara: Todo mundo precisa ter a garantia de uma renda básica decente. Um país rico, como os EUA, pode perfeitamente tirar todos da pobreza. Diz-se, no entanto, que alguns deles tomariam essa renda e, em seguida, deixariam de trabalhar. Esse é o caminho do sistema de bem-estar limitado, como é chamado. Vamos aceitar que as pessoas pobres tenham o mesmo direito ao lazer como as pessoas ricas (Galbraith, 1999).

Em 1968, Tobin, Galbraith, Robert Lampman, Harold Watts, Paul Samuelson e outros 1.200 economistas enviaram um manifesto ao Congresso dos Estados Unidos a favor da adoção, no mesmo ano, de um

[10] Ver entrevista com James Tobin e Milton Friedman em Suplicy (2010); Tobin (1965); Tobin; Pechman; Mieszkowski (1967).

programa de garantia de renda e um sistema complementar. Os Estados Unidos já tiveram várias experiências com programas de transferência de renda, como o Social Security Act, de 1935, criado pelo governo de Franklin Delano Roosevelt. Esse ato estabeleceu um programa de ajuda para famílias com crianças dependentes, pagando um montante complementar às famílias abaixo de um determinado nível de renda, especialmente as monoparentais com dificuldades para criar seus filhos, a fim de lhes proporcionar uma educação.

De acordo com a avaliação do primeiro diretor do sistema de Segurança Social do governo dos Estados Unidos, Arthur J. Altmeyer, o fracasso em implementar uma renda mínima para cada cidadão do país, em 1935, foi um "erro fundamental" (Altmeyer, 1966, p. 260). Esse ponto de vista também foi expresso por Leslie Lenkowsky em sua análise sobre o debate a respeito do imposto de renda negativo (Lenkowski, 1986). Em 1964, o governo do presidente Lyndon Johnson criou um programa de cupons de alimentação para a compra de alimentos. Havia também um sistema complementar, que garantia que as pessoas idosas ou com deficiência teriam uma determinada renda garantida. Em 1969, o então presidente Richard Nixon pediu a um ex-assistente dos presidentes Kennedy e Johnson, Daniel Patrick Moynihan, que formulasse o Plano de Assistência à Família, que seria um imposto de renda negativo.

Em 10 de agosto de 1969, o presidente Nixon fez um discurso à nação dizendo que os Estados Unidos iriam conseguir duas coisas que a geração anterior considerava impossível: primeiro, uma viagem bem-sucedida para a Lua (Neil Armstrong havia aterrissado na Lua no mês anterior), e segundo, a erradicação da pobreza com o Plano de Assistência à Família. Essa lei, se aprovada, teria assegurado um rendimento equivalente a 50% da diferença entre US$ 3.900 (hoje equivalente a quase US$ 18.000) e a renda anual real de cada família. O projeto de lei foi aprovado pela Câmara dos Deputados por 243 votos a favor *versus* 155 contra, mas foi derrotado na Comissão de Finanças do Senado, em 1970, por uma votação de 10 contra 6.

Em várias entrevistas e discursos na época, Martin Luther King Jr. defendeu enfaticamente a garantia de uma renda: "agora estou convencido de que a abordagem mais simples provará ser a mais eficaz – a solução para a pobreza é aboli-la diretamente por uma medida amplamente discutida: a renda garantida" (King Jr., 1997).

Moynihan, em seu livro *The Politics of Guaranteed Income* (1973), analisou como os conservadores usaram as altas contradições e exagerados desejos dos simpatizantes progressistas para derrotar a garantia de renda mínima. Alguns deles propuseram uma renda básica anual de US$ 5.500, um montante que teria quebrado o orçamento na época. Outros não queriam um substituto para programas já em vigor, como o AFDC ou o Programa Cupons de Alimentação. Os senadores, especialmente dos estados produtores de alimentos, defenderam o programa, sem perceber que a renda garantida seria destinada principalmente para a aquisição de bens de primeira necessidade, especialmente alimentos. Além disso, havia os que não queriam aceitar a concessão de um pagamento de renda para aqueles que não estavam trabalhando.

Ao tentar a reeleição, em 1972, Nixon concorreu com George McGovern, que foi assessorado em sua campanha por Tobin e Robert Solow, dois ganhadores do Prêmio Nobel de Economia que apresentaram uma proposta mais abrangente para um dividendo social ou um *demogrant* de US$ 1.000 por ano para cada cidadão dos Estados Unidos. McGovern não foi eleito e não conseguiu fazer as pessoas compreenderem as vantagens de uma renda básica não condicional. Dois anos depois, o senador Russell Long (Partido Democrata da Lousiana) propôs uma lei que também instituiria parcialmente um imposto de renda negativo, o Earned Income Tax Credit – EITC (Crédito Fiscal por Remuneração Recebida). Diante da preocupação demonstrada nos debates no Senado a respeito de se prover uma garantia de renda mesmo a quem não estivesse trabalhando, Long propôs um complemento de renda somente às famílias de pessoas que estivessem trabalhando. As famílias que não obtivessem um determinado patamar de renda por seu trabalho passariam a receber um acréscimo de renda que compensava o que lhes era descontado como pagamento à seguridade social para ajudar no sustento de suas crianças, assim contribuindo para saírem da condição de pobreza. O EITC se tornou lei em março de 1975.

O EITC foi ampliado com apoio bipartidário nos anos seguintes pela iniciativa dos presidentes Ronald Reagan, George H. W. Bush, Bill Clinton, George Bush e Barack Obama. Em sua autobiografia, *My Life*, Clinton faz 17 referências à importância do EITC em seu governo (CLINTON, 2004). Ele ressalta como decidiu, com base no mote "As pessoas em primeiro lugar", expandir o EITC para as famílias sem crianças e também duplicar o valor para aquelas com crianças. Essa expansão, ao lado de outras medidas, contribuiu para o aumento da atividade econômica e do nível de emprego em seus oito anos de governo.[11]

Em 2011, o governo norte-americano pagou cerca de US$ 61,9 bilhões para 27,2 milhões de famílias de trabalhadores e indivíduos do país. Isso representou uma transferência de renda substancial que o país pagou para aqueles que trabalham, mas não obtiveram um determinado nível de renda, permitindo-lhes obter mais e ganhar um maior grau de satisfação e produtividade do que na ausência desse instrumento. Essa situação contribuiu para que as empresas norte-americanas tivessem maior grau de competitividade em relação às empresas de outros países que não adotaram mecanismos semelhantes (ou uma opção mais racional, como a RBC).

Um trabalhador que ganha aproximadamente US$ 20.000 por ano, com uma esposa e dois filhos, tem o direito de receber um crédito fiscal de EITC de US$ 5.229, aumentando sua renda anual em 27%. Vários países cuja economia compete diretamente com os Estados Unidos começaram a adotar mecanismos semelhantes, tais como o Canadá, a Nova Zelândia, a Áustria, a Bélgica, a Dinamarca, a Finlândia, a Suécia, a França, a Holanda e o Reino Unido, que introduziu o Family Tax Credit (Crédito Fiscal da Família) em 2000. Um trabalhador britânico com uma família e um salário mensal de £ 800 tem o direito de receber um crédito fiscal de £ 400.

[11] Em 2003, as famílias sem crianças ou com uma, duas ou mais crianças com renda anual abaixo de US$ 12.230, US$ 30.666 e US$ 34.692, respectivamente, tinham direito ao crédito fiscal. No caso da família com duas ou mais crianças o benefício era de 40% dos rendimentos até o limite de US$ 10.510, para um crédito fiscal máximo de US$ 4.204. Se a renda da família estivesse entre US$ 10.510 e US$ 14.730, o crédito máximo era também de US$ 4.204. Iniciando com US$ 14.730, o crédito máximo foi diminuído em 21.06% para cada dólar adicional além desse limite. Assim, o EITC tornou-se zero para um casal com uma renda anual de US$ 34.692. Ao observarmos as taxas de desemprego durante os anos 1990, o nível nacional em 1992-1993 era cerca de 7,5% da força de trabalho, caindo para apenas 3,9% no ano 2000. Em 2014, as famílias sem crianças, com uma, duas, três ou mais crianças cuja renda anual for abaixo de US$ 14.590 (US$ 20.020 se o casal preencher conjuntamente), US$ 38.511 (US$ 43.941 se o casal preencher conjuntamente), US$ 43.756 (US$ 49.186 se o casal preencher conjuntamente) e US$ 46.997 (US$ 52.427 se o casal preencher conjuntamente) têm o direito a um crédito fiscal. Nessa ordem, o crédito máximo para o ano fiscal de 2014 é: US$ 496; US$ 3.305; US$ 5.460; e US$ 6.143, respectivamente.

Qual é o efeito da existência do EITC para a economia norte-americana ou do Family Tax Credit para a economia do Reino Unido em relação às economias brasileira e outras? As políticas implementadas pelos governos dos Estados Unidos e do Reino Unido tornaram a sua economia mais competitiva em relação à dos outros países que não adotam políticas semelhantes ou ainda melhores. O EITC e o Family Tax Credit pagam uma renda complementar aos seus trabalhadores, aumentando a sua satisfação com a sua vida, e elevam os níveis nacionais de produtividade. O bom senso indica que, só do ponto de vista da competitividade, o Brasil deve criar pelo menos um sistema de imposto de renda negativo ou um sistema ainda mais racional e completo, uma RBC.

Estudos elaborados por Robert Greenstein e Isaac Shapiro, do Centro de Orçamento e Prioridades Políticas, revelou que o EITC resultou em um aumento substancial no número de pais e mães solteiras no mercado de trabalho, contribuindo para moderar o aumento das disparidades de renda entre ricos e trabalhadores pobres.

## A criação da Rede Mundial de Renda Básica (BIEN)

Quando as pessoas perceberem que a proposta de uma renda básica universal dada incondicionalmente a todos os cidadãos é justa, equitativa e eticamente aceitável, essa percepção irá ajudar a produzir as condições necessárias para uma efetiva ampliação dos programas de transferência de renda em novos países. Contribuir para essa percepção tem sido o principal objetivo dos fundadores da Rede Europeia de Renda Básica (denominação inicial), um fórum criado em 1986 para debater todas as experiências de transferência de renda, e programas de renda mínima e defender a criação de renda básica incondicional em todos os países.[12] Um dos fundadores da BIEN, Philippe Van Parijs, considera que é importante fazer a distinção entre três modelos diferentes do Estado de bem-estar: o Bismarck, o Beveridge e o Paine.

- No modelo de Bismark, os trabalhadores renunciam, obrigatoriamente, a uma parte de seus ganhos presentes para constituir um fundo que será utilizado para cobrir – quando tiverem

[12] Em 2004, a BIEN foi rebatizada como Rede Mundial da Renda Básica, depois de ter sido conhecida como Rede Europeia da Renda Básica desde sua concepção.

necessidade – os gastos com a saúde e para lhes prover uma renda quando não puderem trabalhar, porque passaram de certa idade, tiveram um acidente, uma enfermidade ou se encontram involuntariamente desempregados.

- No modelo de Beveridge, todos os titulares de rendimentos primários (do capital ao trabalho) contribuem com uma parte de seus rendimentos para constituir um fundo. Esse fundo permitirá a todos os membros da sociedade receber um nível mínimo de benefícios.
- No modelo de Paine, todos os titulares de rendimentos renunciam, compulsoriamente, a uma parte deles para constituir um fundo que serve para pagar incondicionalmente uma renda uniforme a todos os membros da sociedade.

Esses modelos europeus são derivados das contribuições históricas de Thomas Paine, em *Agrarian Justice*; Otto von Bismarck, presidente do Conselho de Ministros da Prússia, que conseguiu reconciliar os estados alemães após a Guerra Franco-Prussiana de 1870 a 1871 e estabelecer um sistema de seguridade social; e William Henry Beveridge, que depois de participar, em 1905, como pesquisador da Comissão Real sobre as *Poor Laws* foi um dos principais autores do *Report on the Minority of the Social Security and Allied Services*. Ele foi então nomeado presidente da Comissão Intersetorial dos Serviços de Seguridade Social e Aliados.

Desde a década de 1930 vários países introduziram programas de garantia de renda mínima condicional, seja na forma de benefícios para as crianças ou para apoiar as famílias com crianças dependentes, idosos, pessoas com baixa renda ou portadoras de deficiência; seja para seguro-desemprego e para a renda mínima de inserção ou de sistemas complexos de seguridade social. Em sua análise, *L'Europe face à la pauvreté: les expériences nationales de revenu minimum garanti*, Serge Paugam traça o estabelecimento de sistemas de renda mínima garantida na Europa, que eram geralmente condicionais, começando com a Dinamarca, em 1933, e cruzando o continente ao longo dos 60 anos seguintes.[13] A partir do século XXI, a União Europeia e a Organização para a Cooperação e Desenvolvimento Econômico se juntaram com seus países-membros

[13] Ver Paugam (1999); Paugam; Gallie (2000); Guibentif; Bouget (1997).

para defender a introdução de programas de renda mínima, apesar de essas organizações internacionais reconhecerem que é uma questão de soberania de cada país. No entanto, em 1988, numa resolução que lidava com a erradicação da pobreza na comunidade europeia, o Parlamento Europeu declarou o seu apoio à introdução de programas de assistência de renda mínima. Em *Real Freedom for All: What (If Anything) Can Justify Capitalism?* Van Parijs começa com os princípios de justiça desenvolvidos pelo filósofo John Rawls, em Uma teoria da justiça:

> 1) Princípio de Igual Liberdade: todas as pessoas têm direito igual ao conjunto mais extenso de liberdades fundamentais compatível com o sistema de liberdades similar para todos;
>
> 2) Princípio de Igualdade de Oportunidades: as desigualdades de vantagens socioeconômicas só se justificam se: a) contribuírem para melhorar a sorte dos membros menos favorecidos (princípio da diferença); e se b) forem ligadas a posições que todos têm oportunidades equitativas de ocupar.

Para colocar esses princípios em prática e promover uma maior igualdade, Rawls propõe maximizar um conjunto de liberdades básicas, como liberdade de associação, liberdade de movimento, liberdade de escolha, liberdade de trabalho e liberdade com base em um componente social de autorrespeito. Em *Uma teoria da justiça*, escreve que o imposto de renda negativo, que proporciona uma renda mínima, é um dos instrumentos adequados para que as pessoas possam alcançar esses objetivos de liberdade.

Van Parijs argumentou que, a fim de assegurar a maior liberdade possível, é essencial que a forma de renda mínima garantida evite dois obstáculos. Primeiro, como o nível de renda básica aumenta, é necessário evitar a captura de um número crescente de pessoas na "armadilha do desemprego". Essa situação é vista quando o montante da remuneração que esses indivíduos receberiam como empregados torna-se menor do que a renda que eles iriam receber se não trabalhassem. Em segundo lugar, o direito a uma renda mínima garantida não pode ser subordinado a serviços prestados, porque iria colocar o beneficiário em situação desfavorável em relação a seu empregador (público ou privado), diferentemente do que ocorre quando o direito à renda mínima é incondicional. Em outras palavras, a consideração da dimensão do poder exige que a garantia de total liberdade dos indivíduos para consumir não deva ser concedida em prejuízo à sua liberdade real para trabalhar (sem a armadilha do desemprego) nem em prejuízo à liberdade de não trabalhar (sem restrições aos indivíduos que estão à procura de emprego).[14] Portanto, não é de se estranhar que Rawls sugere que a renda mínima adote a forma de um imposto de renda negativo, que tem exatamente a vantagem de eliminar a armadilha do desemprego sem restringir os que estão em busca de um emprego.

Ao considerar a base social do autorrespeito, Van Parijs enfatiza o fato de que a renda mínima garantida é assegurada para maximizar a verdadeira liberdade em suas dimensões de renda e poder, sem ameaçar o autorrespeito. Por essa razão, é essencial que a renda seja distribuída de forma a não estigmatizar ou humilhar os beneficiários. Além disso, essa distribuição deve ser feita especialmente sem controle dos recursos (ao contrário do que acontece, por definição, no imposto de renda negativo) e sem controle sobre a vida privada (verificar, por exemplo, se a pessoa está vivendo sozinha ou com alguém). O cofundador da BIEN, Guy Standing, recomenda, em *Global Labour Flexibility: Seeking Distributive Justice* (1999), que as políticas serão consideradas justas se, e somente se, elas minimizarem a diferença entre aqueles que têm menos e o resto da sociedade, incluindo o direito de cada indivíduo à autoexpressão. Portanto, é necessário encontrar um equilíbrio entre a segurança e a liberdade, instituindo um sistema que garanta simplicidade, transparência, equidade e eficiência. Ele argumentou que seria essencial instituir uma renda básica não condicional a fim de atingir esse objetivo.

## A experiência pioneira de um programa de renda básica no Alasca, Estados Unidos

Há um lugar no mundo onde todos os habitantes têm a garantia de receber um dividendo igual, desde que residam na comunidade por pelo menos um ano. A instituição desse programa tem sido uma experiência inovadora e louvável e tem alcançado resultados positivos nas últimas três décadas.

[14] Ver Van Parijs (1995) e Rawls (1997). Ver ainda Vanderborght; Van Parijs (2005), também disponível em espanhol, alemão, português e inglês.

Durante os anos 1960, o prefeito Jay Hammond, de Bristol Bay, uma pequena vila de pescadores no Alasca, observou que de lá saía uma grande riqueza na forma da pesca, mas que muitos de seus moradores continuavam pobres. Propôs, então, a criação de um imposto de 3% sobre o valor da pesca, para criar um fundo que pertenceria a todos os habitantes da vila. Inicialmente, a sua ideia enfrentou enorme resistência. A fim de torná-la mais aceitável, ele propôs uma redução em impostos sobre a propriedade. A experiência foi bem-sucedida de tal forma que, 10 anos depois, Jay Hammond começou o primeiro de seus dois mandatos como governador do Alasca, em 1974. Seguindo o exemplo do governador anterior, Keith Miller, Hammond concordou com o legislador estadual em um plano para depositar a receita da exploração de recursos naturais – especialmente a proveniente do petróleo – em uma conta poupança estadual e gastar apenas os juros acumulados sobre o principal (Hammond, 1994). Considerando-se que o petróleo é um recurso não renovável, esse foi um plano inovador para servir não só à atual geração, mas às futuras gerações também.

Em 1976, Hammond propôs uma emenda à Constituição estadual para separar 25% de todos os direitos de exploração dos recursos para criar um fundo que pertenceria a todos os residentes do Alasca.[15] Mais tarde, a proposta foi submetida a um referendo popular e aprovada por uma margem de dois para um. De 1976 a 1980, houve um intenso debate sobre o destino das receitas do fundo: enquanto alguns cidadãos propunham a criação de um banco de desenvolvimento, outros alertaram que isso só iria fornecer recursos subsidiados para os indivíduos atualmente portadores de títulos imobiliários, o que produziria um indesejado aumento na concentração de renda. Inicialmente, Hammond considerou o pagamento de dividendos proporcionais ao tempo de residência de cada cidadão no estado, até que advogados locais questionaram a constitucionalidade desse procedimento, que quebraria os critérios de igualdade. Essa decisão levou o governador a enviar outra emenda para o legislativo, em 1980, propondo que 25% dos *royalties* fossem destinados ao Fundo Permanente do Alasca, que então pagaria dividendos anuais

[15] Em 1980 foi aprovada uma lei pela qual o Fundo Permanente do Alasca passou a ter 50% dos *royalties* decorrentes da exploração dos recursos naturais. Entretanto, em 2003, novamente por lei, a proporção voltou a ser de 25%.

e iguais a todos os residentes.[16] As receitas arrecadadas foram investidas de forma transparente, prudente e responsável e abrangiam uma carteira diversificada de participações em empresas norte-americanas e internacionais (incluindo empresas brasileiras), e os títulos e ações do fundo foram investidos entre as empresas locais.

Em 2014, a carteira do Fundo Permanente do Alasca registra ações de 89 empresas brasileiras, e seu patrimônio aumentou de US$ 1 bilhão no início dos anos 1980 para mais de US$ 52 bilhões hoje. Em 2008, quando o preço do petróleo atingiu um pico, cada um dos 700 mil residentes do Alasca – por um ano ou mais – recebeu um dividendo de US$ 3.269,00. Ele tem diminuído desde então, mas continua com a total aprovação da população. O Alasca hoje tem cerca de 735 mil habitantes, e o dividendo pago em 2014 foi de US$ 1.884.Em julho de 1995, visitei o Alasca por uma semana para me familiarizar mais com o seu sistema de RBC. Discussões informais com os moradores indicaram que o apoio ao programa, naquela época, era maior do que a proporção de dois para um em relação ao que originalmente aprovou a proposta quando apresentada inicialmente pelo governador Hammond. Quase 10 anos depois, em fevereiro de 2005, o autor participei de um painel com Hammond no Congresso da Rede da Renda Básica Garantida dos Estados Unidos (USBIG), em Washington, D.C. Apesar de não estar familiarizado com a proposta de Thomas Paine para uma renda básica em *Agrarian Justice* (1795), ele declarou a sua felicidade em saber sobre a existência de uma iniciativa semelhante. Dados da legislatura do Alasca indicam que o apoio ao Fundo Permanente do Alasca e seu

[16] Toda pessoa que more há um ano ou mais no Alasca precisa, no período entre 1º de janeiro a 31 de março, preencher um formulário que inclui seu nome, seu endereço residencial e comercial, se esteve fora do estado e qual a razão da viagem. A pessoa responsável pelas crianças e pelos adolescentes de até 18 anos precisa preencher um formulário em seu nome, e os dividendos a eles destinados serão recebidos pelo guardião legal. De acordo com informações coletadas por este autor, o que acontece normalmente é que os pais depositam o dinheiro numa caderneta de poupança, de forma que seus filhos o usem mais adiante. Duas pessoas, também residentes no Alasca, puderam testemunhar a veracidade dessa declaração. Todos que devolvem esse formulário ao governo recebem, eletronicamente, um dividendo entre US$ 300 e US$ 1.963,86 (dados do ano 2000), e US$ 3.269 em 2008, na última semana de setembro ou até a segunda semana de outubro. Imediatamente após os eventos de 11 de setembro de 2001, a queda na Bolsa de Valores de Nova Iorque reduziu o dividendo anual per capita para cerca de US$1.000.

sistema de dividendos é unânime, e não parece haver qualquer problema significativo com os incentivos ao trabalho devido ao recebimento da renda anual básica.

No IX Congresso Internacional da BIEN, em Genebra, 2002, o professor Scott Goldsmith, da Universidade do Alasca em Anchorage, apresentou um trabalho que demonstrava que seria suicídio político hoje para qualquer líder no Alasca se opor ao sistema de dividendos proporcionados pelo Fundo Permanente do Alasca. Em apoio aos seus argumentos apresentou dados estatísticos que mostram que os 6% de distribuição anual do PIB aos seus residentes fez do Alasca o estado mais igualitário dos Estados Unidos (Goldsmith, 2002). De 1989 a 1999, a renda média dos 20% das famílias mais ricas dos Estados Unidos aumentou 26%, enquanto a renda média dos 20% das famílias mais pobres cresceu apenas 12%. Isso registra um aumento significativo nos dois grupos, apesar de manter uma concentração desigual da riqueza. Em contraste, durante o mesmo período, no Alasca, graças à distribuição de cerca de 6% do PIB a cada ano, em quantidades iguais para todos os residentes, a renda média dos 20% das famílias mais ricas cresceu 7%, enquanto a renda média dos 20% das famílias mais pobres aumentou 28%, registrando uma evolução significativa em direção a uma maior igualdade. Em 1980, o Alasca foi o mais desigual dos 50 estados americanos. Hoje é o mais igualitário. Em 2012, o coeficiente Gini dos Estados Unidos foi de 0,47. O estado mais desigual da federação foi o Distrito de Columbia, com 0,533. Alasca teve o menor coeficiente Gini, de apenas 0,40.

Em um estudo profundo do Sistema Permanente de Dividendos do Alasca, Karl Widerquist e Michael W. Howard mostram como ele pode ser um exemplo formidável para todos os países do mundo.[17]

## Uma boa proposta para a democratização e a pacificação do Iraque

No diálogo que travei, em 2005 com o ex-governador do Alasca, Jay Hammond, avaliei que seria muito bom para o Iraque, considerando que o seu principal recurso natural é o petróleo, seguir a experiência do

[17] Ver Widerquist; Howard (2012).

Alasca. Ele me disse que estava fazendo todos os esforços para sugerir isso ao seu colega do Partido Republicano, o presidente George Bush. Jay Hammond morreu aos 84 anos, em agosto de 2005, reverenciado pelos habitantes do Alasca por ter sido uma das pessoas responsáveis por uma das iniciativas mais bem-sucedidas de desenvolvimento social compartilhado que já existiu na história.

Quando Sérgio Vieira de Mello foi nomeado cocoordenador das atividades da ONU no Iraque, em maio de 2003, enviei-lhe uma carta sugerindo que o povo daquele país poderia seguir o exemplo do Alasca, para que todos pudessem participar da riqueza da nação. Ele respondeu imediatamente, dizendo que iria transmitir a sugestão para as pessoas que estavam à frente da administração do país. Em 1° de agosto de 2003, ele me chamou de Bagdá, informando-me de que a proposta fora muito bem aceita e que tinha sido transmitida pelo embaixador Paul Bremer III, o então administrador-chefe do Iraque, durante um discurso em 23 de junho de 2003, na Cúpula Mundial da Reconciliação em Amã, Jordânia.

Sérgio disse-me que a missão do Banco Mundial considerou a proposta viável. Muitos outros entusiastas do conceito de renda básica, como Steve Schafarman, Steve Clemons e Guy Standing, fizeram sugestões semelhantes durante esse período em artigos publicados no *New York Times*, no *Financial Times* e em outros periódicos.[18] Infelizmente, Sérgio Vieira de Mello foi assassinado em 19 de agosto de 2003, em um ataque criminoso contra o escritório da ONU em Bagdá.

No dia 6 de novembro de 2005, o presidente dos Estados Unidos, George Bush, visitou Brasília depois de uma reunião de chefes de Estado realizada na Argentina. Após o seu encontro com o presidente Lula na Granja do Torto, o presidente Bush fez um discurso para cerca de 300 convidados no Blue Tree Park, um hotel em Brasília. Ele falou sobre como o crescimento do comércio entre os países das Américas poderiam contribuir para aumentar as oportunidades de emprego, o tema da Área de Livre Comércio das Américas (ALCA). Depois de concluir seu discurso de 22 minutos, eu o cumprimentei, e tivemos o seguinte diálogo:

> **Suplicy:** Eu sou o senador Eduardo Suplicy, do Partido dos Trabalhadores. Com relação à integração das Américas não devemos

[18] Ver Schafarman (2003); Clemons (2003); Standing (2003); Suplicy (2003).

> apenas ter como objetivo a livre circulação de capitais, bens e serviços, sem barreiras, mas também o mais importante, dos seres humanos de Alasca à Patagônia. Mais do que isso, devemos também ter o que Vossa Excelência já tem no Alasca com muito sucesso, a Renda Básica de Cidadania para todos os residentes naquele Estado.
>
> **Bush:** Bem, no Alasca eles têm muito petróleo.
>
> **Suplicy:** Mas sim, poderíamos ter uma renda básica a partir de todas as formas de riqueza que são criadas. Eu gostaria de sugerir, a fim de criar as condições para uma verdadeira paz, baseada na justiça, no Iraque, que devemos incentivar os iraquianos a seguir o exemplo do Alasca, que paga todos os anos uma renda básica a todos os residentes que vivem nesse estado, sob a forma de dividendos provenientes do Fundo Permanente Alasca.
>
> **Bush:** Nós estamos trabalhando nisso! Estamos trabalhando para isso! Obrigado.

Essa sugestão foi, de fato, incluída em *The Irak Study Group Report* (Baker; Hamilton, 2006), coordenado pelos copresidentes James A. Baker e Lee H. Hamilton (que é também presidente do Centro Internacional Woodrow Wilson para Acadêmicos), publicado em dezembro de 2006. Na página 24, sobre a política do petróleo, o relatório afirma:

> Existem propostas para redistribuir uma parte das receitas do petróleo diretamente para a população em uma base *per capita*. Essas propostas têm o potencial para dar a todos os cidadãos iraquianos uma participação no principal recurso da nação, mas levaria tempo para se desenvolver um sistema de distribuição justo [...] ele teria como base em um censo do Estado e um sistema de tributação de renda bem desenvolvidos, o que o Iraque atualmente não tem.

Na página 65, Recomendação 28, consta: "As receitas petrolíferas devem reverter a favor do governo central e ser compartilhadas com a população. Nenhuma fórmula que dá o controle sobre as receitas dos campos futuros para as regiões ou dá o controle dos campos de petróleo para as regiões é compatível com a reconciliação nacional".

Em 2008, fui convidado pelo presidente da Assembleia Nacional, Mahmoud al-Mashhadani, e pelo ex-primeiro-ministro e líder da principal coalizão do Conselho de Representantes do Iraque, Ibrahim al-Jaafari, para apresentar essa proposta às autoridades do país. Após dois dias de visita às principais autoridades em Bagdá, disseram-me que o governo iria considerar seriamente a ideia de proporcionar a todos os 30 milhões de iraquianos uma participação na riqueza da nação. Eles ainda estão pensando em como torná-lo real na Nova Lei do Petróleo Iraquiano.

## A maturação da proposta de Renda Básica de Cidadania

Há sinais de que a ideia de uma renda básica não condicional esteja se tornando cada vez mais aceita em todo o mundo. O economista laureado pelo Prêmio Nobel Robert Solow, do Instituto de Tecnologia de Massachusetts (MIT), escreveu um prefácio para o livro de Philippe Van Parijs, *What's Wrong with a Free Lunch?*, em que ele defendeu o conceito de uma renda básica. Van Parijs debateu com vários economistas sobre o assunto, dizendo inicialmente como tal política poderia contribuir para a promoção da justiça, aumentar a liberdade, melhorar os direitos das mulheres e ajudar na preservação do meio ambiente. Entretanto, Solow observou que os argumentos a favor da concessão desse direito básico são diferentes das atitudes que prevalecem hoje em relação ao emprego e à remuneração, e que, apesar de tal direito representar um custo substancial, ele acha que deve ser seriamente analisado, inclusive as suas vantagens, bem como as suas desvantagens.

Em 1º de fevereiro de 2000, em Almancil, Portugal, Van Parijs foi convidado a proferir uma palestra para os diretores de programas sociais e especialistas da União Europeia sobre "Renda básica: renda mínima garantida para o século XXI" pelo então primeiro-ministro português e presidente do Conselho Europeu, António Guterres. Ao entrar em contato com Van Parijs, o político socialista mostrou sinais de que estava cada vez mais determinado a considerar a proposta da renda básica. Durante essa palestra, Van Parijs (2000) ressaltou a tendência natural para a resistência à proposta, mas acrescentou que, quando os ouvintes forem expostos a todos os seus princípios e, especialmente, às suas vantagens, a sua resistência poderá ser superada. Quando Guterres visitou o Brasil em 2003, comentou que considerou a implementação de um programa de renda básica não condicional uma questão de bom senso e defendeu o prosseguimento da política.

Um passo importante foi dado em 8 de novembro de 2013, quando a Chancelaria Federal da Suíça anunciou que a iniciativa do cidadão para uma renda básica incondicional fora formalmente aceita. Afirmou-se que, após a validação das 126.408 assinaturas apresentadas em 4 de outubro, haveria um referendo nacional em dois ou três anos sobre a pergunta: deveria cada pessoa no país receber incondicionalmente a base financeira para a vida?

Mais de 285 mil assinaturas foram coletadas durante 2013 pelos membros dos 28 países-membros da União Europeia para o Parlamento da União Europeia a fim de promover uma audiência pública sobre a iniciativa de uma renda básica incondicional. Com a colaboração do Fundo das Nações Unidas para a Infância (UNICEF), da Self-Employed Women's Association of India (SEWA) e outras ONGs, com o apoio do governo indiano, uma extraordinária experiência positiva foi desenvolvida em 20 aldeias rurais indianas de Madhya Pradesh, nos últimos dois anos. O professor Guy Standing supervisionou esse projeto-piloto, em que seis mil habitantes de oito vilarejos rurais receberam uma renda básica modesta, e seis mil pessoas de outras 12 vilas rurais semelhantes não receberam a renda básica de cerca de 30 rúpias por mês, metade do valor para as crianças até os 14 anos de idade. A *BIEN's NewsFlash*[19] do verão e outono de 2013 relata os resultados tão positivos desses projetos, bem como aqueles realizados em Uganda e em outras nações entre os anos de 2013 e 2014.

Outro sinal favorável da força crescente da ideia pode ser observado na aprovação da lei que estabelece uma renda básica no Congresso Nacional do Brasil. Van Parijs enfatizou que *a implementação da renda básica universal é uma reforma abrangente, que pertence à mesma categoria da abolição da escravatura ou da introdução do sufrágio universal,* eventos que marcaram consideravelmente a participação política em todo o mundo no século XIX e no século XX, respectivamente. Por sua vez, o estabelecimento de um sistema de renda básica não condicional poderia ser a ideia que deixa uma marca significativa no século XXI.

Em um número crescente de países, organizações inspiradas pela BIEN foram fundadas durante as duas últimas décadas.[20] Semelhantemente à organização pioneira, todas elas promovem a discussão de uma renda básica e defendem o princípio da necessidade de estabelecer a renda

[19] Os boletins *BIEN NewsFlashes* podem ser encontrados em <http://www.basicincome.org/newsflash>.

[20] Ver <http://www.basicincome.org> para mais informações.

básica em todos os países. Hoje, a BIEN reconhece as seguintes redes nacionais: Argentina (Red Argentina de Ingreso Ciudadano), Áustria (Netzwek Grundeinkommen und zozialer Zusammenhalt), Austrália (Basic Income Guarantee Australia – BIGA), Bélgicac (Belgian Network for Basic Income), Canadá (Basic Income Canada Network – Réseau Canadien pour le Revenue Garanti), Finlândia (Suomen Perustulover-kosto), Itália (Basic Income Network Italy – BIN-Italia), Japão (Basic Income Japanese Network), México (Red Mexicana Ingreso Ciudadano Universal), Namíbia (Namibian Coalition for a Basic Income), Dinamarca (Borgeronsbevægelsen), Alemanha (Netzwerk Grundeinkommen), Irlanda (BIEN Ireland), Holanda (Veriniging Basisinkomen), Espanha (Red Renta Básica), África do Sul (South African Coalition for a Basic Income Grant), Suiça (BIEN Switzerland), Reino Unido (Citizen's Income Trust), Estados Unidos (US Basic Income Guarantee Network), Eslovênia (Seksija za promocijo UTD v Sloveniji) e Coreia do Sul (The Basic Income Korean Network). No Brasil, a Rede Brasileira da Renda Básica de Cidadania (RBRBC) foi fundada em 2004 por 13 brasileiros que participaram do X Congresso Internacional da BIEN, em Barcelona, e realizou a sua primeira apresentação formal em novembro de 2005.

Todas essas instituições defendem a implementação de uma renda básica incondicional que tem o objetivo de estimular o desenvolvimento da igualdade econômica, promovendo a estabilidade da família e da comunidade e permitindo a todas as pessoas satisfazerem as suas necessidades vitais, assegurando-lhes uma maior dignidade. Propõem uma cobertura universal, desde o nascimento até a morte, sem a necessidade de qualquer verificação de renda. A rede de seguridade social também deve ser estendida, de modo que ninguém receba menos do que antes da implementação do programa. Ela também propõe que o pagamento deva ser feito por uma instituição pública para facilitar o pagamento a todos, mesmo em locais onde não há rede bancária. Uma parte substancial dos custos do programa deve ser coberta progressivamente pelo sistema tributário, demonstrando que existe a solidariedade e um esforço conjunto para eliminar a pobreza por todos os membros de uma nação ou comunidade.

Em dezembro de 2003, participei de um simpósio sobre a implementação da renda básica em Gauteng, África do Sul. Nesse evento, pude observar um forte compromisso demonstrado pelo presidente do

Congresso dos Sindicatos Sul-Africanos (parte da Coalizão Sul-Africana para a concessão de uma renda básica) e dos líderes de outras entidades que defendem essa causa. Esse compromisso pode ser um exemplo importante para o Brasil a seguir, pois é um país com grande potencial econômico, mas ainda marcado por uma grande desigualdade e com uma parte significativa de sua população vivendo na pobreza absoluta.

De 2 a 4 de novembro, na Cidade do Cabo, África do Sul, realizou-se o XI Congresso Internacional da BIEN, com a participação de entusiastas da renda básica de cinco continentes. Na mensagem de abertura para esse congresso, o Prêmio Nobel da Paz bispo Desmond Tutu fez um apelo brilhante para que as pessoas de todo o mundo, em cada nação, enviarem todos os esforços para a introdução de uma renda básica para todos.[21]

Como resultado, o presidente da Coligação Namibiana para Renda Básica, bispo Zephania Kameeta, decidiu reunir fundos voluntários de cidadãos do seu país, bem como de outros lugares, inclusive de igrejas alemãs. Ele conseguiu formar um fundo que, durante três anos, de 2008 a 2011, concedeu uma renda básica modesta para cerca de mil habitantes da vila rural de Otjivero, a 100 km da capital, Windhoek. De 5 a 11 de fevereiro de 2011, tive a oportunidade de visitar essa experiência muito positiva, onde todos os habitantes estavam recebendo 100 dólares namibianos, ou cerca de US$ 12 por mês. Bispo Kameeta disse que foi através desses eventos que eles começaram a entender melhor o milagre da multiplicação dos pães e dos peixes por Jesus. Porque depois de tantas horas de pregação, os seus discípulos na Galileia disseram a Ele que o povo estava cansado e com fome. "Dê-lhes comida", disse Jesus. "Mas temos apenas dois peixes e cinco pães". Então Jesus abençoou o peixe e o pão e pediu aos discípulos que dessem a todos, e todos ficaram saciados. Em Otjivero, quando a renda básica modesta foi distribuída, houve um novo sentido de solidariedade entre todos. Cada um passou a dar para outros o que tinha. Uma vez que a demanda por bens e serviços começou a acontecer, alguns decidiram produzir legumes e frutas, outros produziram pão, outros fabricaram tijolos, outros fabricaram têxteis, e assim por diante. A atividade econômica aumentou. A presença das crianças nas escolas aumentou, e os índices sociais melhoraram.

21 Ver esse pronunciamento em <http://www.youtube.com/watch?v=gf3n-L5FDy0>.

Durante o Congresso da BIEN na Cidade do Cabo, um prêmio foi dado ao melhor trabalho apresentado. Foi uma proposta de renda básica ou imposto de renda negativo para os países norte-americanos membros do Tratado Norte-Americano de Livre Comércio (NAFTA), Canadá, Estados Unidos e México, apresentada pelo professor Michael Howard (2006). Se quisermos ter realmente uma integração econômica no continente americano, devemos pensar na liberdade de movimentos, não só de bens e serviços e de capital, mas, principalmente, do que é mais importante, os seres humanos. Para essa finalidade, será cada vez mais relevante pensar em formas de prover direitos sociais homogêneos em todos os países. A proposta de Howard é um grande passo nessa direção.

Uma crescente aceitação acadêmica da ideia pode ser observada no convite feito pela Universidade de Harvard para Van Parijs ocupar um cargo no Departamento de Filosofia. Quando Van Parijs começou a dar palestras sobre filosofia na universidade, o seu colega, o professor Amartya Sen, decidiu convidá-lo para uma aula conjunta de um curso em Harvard sobre a Justiça Social e a Diversidade Cultural, em que os dois analisaram diferentes conceitos de justiça social, dependentes das raízes e dos valores culturais dos indivíduos. Na primeira aula, Amartya Sen disse que naquele curso eles iriam debater em que medida a renda básica incondicional, defendida por Philippe Van Parijs e por mim que naquele dia estava lá presente, iria elevar ou não o grau de justiça e de liberdade para todos.

## Os precursores no Brasil

Ao analisar a evolução histórica das minorias e dos grupos marginalizados brasileiros – incluindo povos indígenas, afrodescendentes, mestiços, trabalhadores sem terra, deficientes e pobres –, verifica-se que a defesa dos direitos dos cidadãos, com base nas propostas de garantia de renda, tem estado no coração de inúmeros movimentos sociais. A partir da luta contra a escravidão, no século XIX, até o presente, vamos sempre encontrar um sentido de luta relacionada com a renda. Os conceitos comuns de propriedade da terra, valores de solidariedade e reciprocidade praticada por comunidades indígenas brasileiras constituem a base para a aceitação da proposta de uma renda básica. Na história abolicionista, encontram-se muitas vozes (Zumbi dos Palmares, José do Patrocínio, Castro Alves, Joaquim Nabuco e André Rebouças) que manifestaram o desejo de uma sociedade atingível através das realizações de um programa de renda básica. Obras de sociólogos, economistas, geógrafos e historiadores do século XX têm mostrado uma demanda para o Brasil adotar políticas públicas que proporcionem condições para um desenvolvimento mais profundo e equilibrado da sociedade. Em *Um projeto para o Brasil*, de 1968, Celso Furtado expôs uma situação de extrema desigualdade, época em que a população do país era de 90 milhões de habitantes (menos da metade do total atual) e sua renda *per capita* era de US$ 350 por ano. Nessa situação, a participação na renda dos 1% mais ricos representou a renda dos 50% mais pobres, e esse número ainda não tinha mudado desde o início do século XXI (Furtado, 1968). Em 2001, a distribuição da renda *per capita* dos 172,4 milhões de brasileiros, com renda *per capita* média de US$ 7.037 por ano, foi de 13,8% para os 1% mais ricos da população, enquanto os 50% mais pobres só obtiveram 12,7% da renda nacional.

## Da renda mínima à Renda Básica de Cidadania

Após o discurso do deputado federal Josué de Castro na Câmara dos Deputados, em 24 de março de 1956, sobre as disparidades de renda, onde ele disse: "Eu defendo a necessidade de dar o mínimo a todos, de acordo com o direito de todos os brasileiros de ter o mínimo para a sua sobrevivência" (Castro, 2007), a primeira proposta concreta na esfera acadêmica brasileira para a renda mínima garantida no Brasil foi apresentada pelo professor Antonio Maria da Silveira em "Moeda e redistribuição da renda", publicado em 1975 na *Revista Brasileira de Economia*.[22] Ele sugeriu que a introdução de uma nova moeda na economia deve ser feita através das mãos de quem possuía o mínimo. Criticando a ineficiência dos instrumentos utilizados para combater a pobreza, ele propôs que o problema fosse enfrentado diretamente através do uso de um imposto de renda negativo. Em 1978, Edmar Lisboa Bacha e Roberto Mangabeira Unger propuseram, em *Participação, salário e voto* que a reforma agrária e uma renda mínima através de imposto de renda negativo fossem instituídas como instrumentos fundamentais para a democratização da sociedade brasileira (Bacha; Unger, 1978).

[22] Reproduzido em Silveira (1981).

Na segunda metade da década de 1970, comecei a interagir com frequência com os metalúrgicos da região do ABC de São Paulo, bem como com vários grupos incluídos no Sindicato dos Metalúrgicos de São Bernardo e Diadema, do presidente Luiz Inácio Lula da Silva, um sindicato industrial na Grande São Paulo. Naquela época, o autor era um jornalista que escrevia sobre assuntos econômicos para a *Folha de S.Paulo*, e esses contatos, além da afinidade com muitos movimentos sociais, contribuíram para uma eleição como deputado estadual em São Paulo, em 1978, como membro do Movimento Democrático Brasileiro (MDB), e mais tarde o autor deste artigo entrou no Partido dos Trabalhadores (PT) como membro fundador, em 1980. Nos encontros entre os economistas do PT e a liderança nacional na década de 1980, o autor argumentou, junto com o professor Paul Singer, a favor da defesa do partido a uma renda mínima garantida, um discurso que continuou após a sua eleição como deputado federal, em 1986, e como senador, em 1990. O autor elaborou um projeto de lei com a colaboração do professor Antonio Maria da Silveira, do economista João Sabóia e da socióloga Ana Lúcia Sabóia para instituir o Programa de Garantia de Renda Mínima através de um imposto de renda negativo. Após os debates no PT em torno do conceito da renda mínima, a ideia já estava pronta para debate no Congresso. Em 17 de abril de 1991, o autor apresentou no Senado o Projeto de Lei n. 80, propondo que cada pessoa com idade entre 25 anos ou mais, com uma renda mensal inferior a Cr$ 45.000, correspondentes a 2,5 vezes o salário mínimo na época, tivesse o direito de receber uma transferência de renda igual a 50% da diferença entre um determinado nível e a renda do indivíduo.

Na Comissão dos Assuntos Econômicos, o senador Maurício Corrêa, na época líder do Partido Democrático Trabalhista (PDT), foi escolhido para ser o relator. Ele recebeu bem a proposta, mas questionou se alguns ajustes não seriam necessários para torná-la mais viável. Ele sugeriu que a transferência não deveria exceder 30% e que o Poder Executivo poderia elevá-la para 50% de acordo com a disponibilidade dos recursos e com o sucesso do programa. Além disso, ele propôs que o programa fosse introduzido gradualmente ao longo de oito anos, começando no primeiro ano com as pessoas com 60 anos ou mais, no segundo ano com as pessoas acima de 55 anos e assim por diante, até que, no oitavo ano, todas as pessoas com mais de 25 anos de idade receberiam o benefício. Em outubro de 1991, a Comissão aprovou o projeto por unanimidade. Dois meses mais tarde, foi aprovado pelo Senado com uma avaliação favorável de todos os partidos, nenhum senador votou contra e houve apenas quatro abstenções. O líder do Partido da Social Democracia Brasileira (PSDB) na época, e mais tarde presidente da república, Fernando Henrique Cardoso, classificou a proposta como "uma utopia realista". O Projeto de Lei foi para a Câmara dos Deputados, onde, na Comissão de Orçamento e Finanças, recebeu uma avaliação favorável do deputado Germano Rigotto (PMDB-RS). Apesar da realização de audiências públicas, a proposta não foi votada na Comissão.

Ao longo da década de 1990, o debate sobre o tema de renda básica se intensificou. Durante uma reunião organizada em 1991, em Belo Horizonte, por Walter Barelli (na época o coordenador da equipe econômica do governo paralelo do PT), o autor mais uma vez apresentou uma proposta para a renda mínima garantida, juntamente com Antonio Maria da Silveira.

José Márcio Camargo, professor da Pontifícia Universidade Católica do Rio de Janeiro (PUC-Rio), ponderou se não seria melhor se a renda garantida fosse concedida à família em vez de ao indivíduo, vinculando sua concessão às oportunidades educacionais. Um dos maiores problemas do Brasil é o grande número de crianças que abandonam os seus estudos cedo, a pedido de seus pais, uma vez que esses adultos já não têm dinheiro para manter seus filhos na escola. Se a renda fosse fornecida às famílias carentes que mantivessem seus filhos na escola, também contribuiria para um futuro melhor para essas crianças e quebraria o círculo vicioso da pobreza.[23]

Como candidato a governador do Distrito Federal do Brasil, Cristovam Buarque estava pensando da mesma forma, desde 1986, em reuniões realizadas no Núcleo de Estudos do Brasil Contemporâneo, na Universidade de Brasília (UnB). Em 1994, ele propôs instituir uma renda mínima para as famílias para que elas mantivessem os seus filhos nas escolas. Em sua primeira semana como governador, em janeiro de 1995, na cidade-satélite de Paranoá, ele anunciou o início do Programa Bolsa Escola. Todas as famílias que não ganhassem pelo menos metade

[23] Camargo publicou dois artigos no jornal *Folha de S.Paulo*, "A pobreza e a garantia de renda mínima", em 26 de dezembro de 1991, e "Os miseráveis", em 3 de março de 1993, que desenvolveram esse argumento.

de um salário mínimo *per capita* mensalmente, com crianças de 7 a 14 anos, residentes no Distrito Federal há pelo menos cinco anos, teriam o direito de receber um salário mínimo por mês, desde que seus filhos frequentassem a escola por 90% do tempo. Até o final de seu governo, o programa ajudou 25.680 famílias, o que corresponde a 50.673 crianças. Em novembro de 1994, o prefeito José Roberto Magalhães Teixeira, o Grama (PSDB), apresentou à Câmara Municipal de Campinas o projeto de lei que instituiu o Programa de Garantia Familiar de Renda Mínima (PGFRM), também para famílias com renda inferior a meio salário mínimo mensal e com crianças na escola até os 14 anos de idade. A renda dada para as famílias foi suficiente para completar meio salário mínimo *per capita*. A lei foi aprovada em janeiro, e o PGFRM foi implementado em fevereiro de 1995. O programa beneficiou 2.941 famílias.[24]

Ao longo da década de 1990 e em 2001 a proposta de uma renda mínima sempre esteve presente no programa de governo de Lula, desde a sua primeira candidatura à presidência, cujo objetivo foi o de erradicar a pobreza e promover a frequência das crianças na escola. Como o prestígio do Lula cresceu nacionalmente, o apoio do público para esse tipo de iniciativa aumentou. Notícias positivas sobre a experiência do Distrito Federal e de Campinas se espalharam imediatamente. Em outubro de 1995 o prefeito Antonio Palocci também estabeleceu em Ribeirão Preto um programa de garantia de renda mínima vinculada à educação. Com pequenas diferenças em seus esquemas, programas semelhantes foram implementados em vários municípios, todos com bons resultados.[25]

[24] Na primeira votação, o único vereador do PT à época, César Nunes, decidiu votar contra o projeto, pois os demais vereadores, inclusive aqueles do mesmo partido do prefeito, não queriam aprovar algumas das emendas de Nunes que enfatizavam as normas do Estatuto da Criança e do Adolescente que envolviam maior participação da comunidade. Na segunda votação, entretanto, seguindo a aprovação de suas emendas e, após diálogos, ele optou por votar favoravelmente.

[25] Entre os municípios que viram a implementação de um programa de renda mínima estão: Arujá, Barueri, Betim, Ferraz de Vasconcelos, Fortaleza, Franca, Londrina, Manaus, Mococa, Osasco, Ourinhos, Paracatu, Pindamonhangaba, Porto Alegre, Presidente Bernardes, Recife, Salesópolis, Santo André, São Bernardo do Campo, São Luís, Suzano, Teresina, Vitória, São Paulo, Jundiaí, São José dos Campos, Catanduva, São Joaquim da Barra, Araçatuba, Araraquara, Guaratinguetá, Caçapava, Jaboticabal, Limeira, Piracicaba, Presidente Prudente, Santos, São Carlos, Belém, Belo Horizonte, Betim, Extrema, Blumenau, Chapecó, Boa Vista, Caxias do Sul, Goiânia, Natal, e Mundo Novo. Um

Em 1996, acompanhei Van Parijs em uma audiência com o presidente Fernando Henrique Cardoso, em Brasília, na qual, depois de explicar as vantagens de uma renda básica incondicional, Van Parijs afirmou que considerava um programa de renda mínima associada às oportunidades de educação um desenvolvimento muito positivo, uma vez que era uma maneira de relacionar o projeto de renda mínima com um investimento em capital humano.

Em 10 de dezembro de 1997, o governo aprovou e sancionou a Lei n. 9.533, que autorizou o governo federal a conceder apoio financeiro (correspondente a 50% do total das despesas) para os municípios que instituíram um programa de renda mínima associada aos incentivos sociais e educacionais. Inicialmente, os municípios com menor renda *per capita* se beneficiariam, e ao longo de cinco anos esses benefícios seriam gradualmente estendidos a todos os municípios. O benefício por família, no entanto, foi muito modesto. Em março de 2001, a Lei n. 10.219/2001 autorizou o governo federal a estabelecer acordos com o governo de todos os municípios brasileiros para adotarem o programa de renda mínima associada aos programas educacionais ou bolsa de estudos. Através dessa lei os municípios seriam responsáveis pela administração do programa, enquanto o governo federal iria transferir diretamente o pagamento às famílias beneficiadas usando um cartão eletrônico. Famílias com crianças com idade entre 6 e 15 anos teriam o direito ao benefício desde que as crianças frequentassem regularmente a escola e sua família tivesse uma renda *per capita* de até meio salário mínimo, ou R$ 90 em 2001. O benefício foi de R$ 15, R$ 30 ou R$ 45 por mês, variando se a família tivesse um, dois ou três filhos.

No mesmo ano, um Fundo da Pobreza foi criado e aprovado pelo Congresso Nacional sob a iniciativa do senador Antonio Carlos Magalhães (PFL-BA) e com base nos estudos e trabalhos desenvolvidos pela Comissão de Combate à Pobreza. Esse fundo foi designado para

exame detalhado das experiências municipais pode ser encontrado em Silva;Yazbek; Di Giovanni (2004) e em Fonseca (2001). Como consequência à implementação desses programas, novos projetos de lei foram propostos na Câmara dos Deputados e no Senado Federal pelos deputados Nélson Marchezan (PSDB-RS), Chico Vigilante (PT-DF) e Pedro Wilson (PT-GO); pelos senadores Ney Suassuana (PMDB-PB), Renan Calheiros (PMDB-AL); e José Roberto Arruda (PSDB-DF) – todos propondo o estabelecimento de projetos de renda mínima associados à educação, o Programa Bolsa Escola.

financiar o programa de renda mínima e foi financiado por uma parcela da Contribuição Provisória sobre Movimentação Financeira (CPMF). De acordo com o então ministro da Educação Paulo Renato de Souza, em 2001, o seu ministério assinou acordos com 5.200 dos 5.565 municípios brasileiros, com o objetivo de instituir o programa e realizar a meta de beneficiar 4,2 milhões de famílias. Vários municípios e governos estaduais instituíram programas semelhantes e que forneceram um benefício mais generoso para as famílias. Esse foi o caso do município de São Paulo durante o governo da prefeita Marta Suplicy. Sob sua administração, em 2001, com Marcio Pochmann como o secretário do Trabalho, Desenvolvimento e Solidariedade e Ana Maria Medeiros da Fonseca como cocoordenadora, a iniciativa foi finalmente implementada, com um programa ampliado e uma remuneração maior por família.

No estado de São Paulo, a partir de 2001, o governo de Geraldo Alckmin instituiu o Programa Renda Cidadã, aprovado pela Assembleia Legislativa, incentivando os municípios a assinarem acordos com o estado, que, então, concede uma renda complementar a todas as famílias com renda mensal igual ou inferior a um salário mínimo. O benefício por família era inicialmente de R$ 60 por mês durante 12 meses, condicionado à frequência das crianças na escola, à vacinação das crianças de até 5 anos de idade e a participação da família nas atividades sociais e educacionais. Como exceção, ele também permitiu a participação de famílias com uma renda total de até o dobro do salário mínimo e duas ou mais crianças menores de 16 anos. No final do governo de Fernando Henrique Cardoso, em 2002, existiam vários programas de transferência de renda relacionados com os ideais do Programa de Garantia de Renda Mínima (PGRM), apresentado por mim em 1991 no Senado Federal. Além disso, havia pagamentos de rendimentos contínuos para trabalhadores rurais aposentados, pessoas com deficiências graves e idosos pertencentes a famílias com renda inferior a um quarto do salário mínimo. Havia também o *Programa de Erradicação do Trabalho Infantil* (PETI), administrado pelo Ministério da Previdência e Assistência Social, com subsídios ligeiramente superiores ao PGRM, que na época era administrado pelo Ministério da Educação. Também havia na época o Bolsa Alimentação, que beneficiou famílias com crianças maiores de 6 meses e menores de 7 anos de idade, com benefícios semelhantes ao PGRM do MEC, mas administrados pelo Ministério da Saúde.

Quando o presidente Lula foi eleito, em outubro de 2002, com 53 milhões de votos no segundo turno, o que correspondia a 62% dos votos válidos, uma de suas principais propostas foi o desenvolvimento do projeto chamado Fome Zero. Esse programa envolveu instrumentos de reforma agrária, como incentivos à agricultura familiar, a expansão do crédito para pequenos e médios produtores, a construção de reservatórios para armazenamento de água nas regiões semiáridas, a instalação de restaurantes populares e a distribuição de cestas básicas às populações em situação de emergência. Ele também incluiu um programa de transferência de renda concedida através da distribuição de um cartão-alimentação às famílias carentes para adquirir alimentos. Em 27 de março de 2003, o presidente Lula assinou uma medida provisória que instituía o Programa Cartão Alimentação. Sua distribuição, que oferecia R$ 50 por mês para as famílias com renda mensal *per capita* de até meio salário mínimo, iniciou-se em áreas mais vulneráveis de regiões semiáridas do Nordeste: os municípios de Guaribas e Acauã, no Piauí foram os primeiros escolhidos. Nas regiões do interior do Piauí, a difícil situação econômica é em grande parte devida à prevalência da atividade econômica informal sobre a participação na economia formal. A fim de cumprir a exigência do Cartão-Alimentação de que os recursos fossem gastos apenas em alimentos básicos, os clientes tinham de preencher formulários ou folhetos, com a ajuda dos proprietários das lojas – informando-os sobre o que compraram.[26]

Seis meses depois, em 20 de outubro de 2003, seguindo a recomendação da assessora especial da Presidência Miriam Belchior, o governo federal decidiu unificar os quatro programas seguintes através da Medida Provisória n. 132: Bolsa Escola (gerido pelo Ministério da Educação, instituído em abril de 2001); Bolsa Alimentação (gerido pelo Ministério da Saúde, instituído em setembro de 2001); Auxílio Gás (do Ministério de Minas e Energia, instituído em janeiro de 2002), e Cartão Alimentação (do Ministério de Segurança Alimentar, instituído no mesmo ano), e es-

[26] Este autor concordou integralmente com os objetivos do Programa Fome Zero, que também foram defendidos com entusiasmo pelo ministro do Combate à Fome, José Graziano da Silva, para desenvolver uma política de segurança alimentar. Entretanto, este autor discordou de da Silva em diversos pontos: enquanto este autor defendeu o princípio da maior liberdade do cidadão para escolher o que comprar com seus recursos, da Silva afirmava que o gasto deveria ser limitado a comida.

tabeleceu o Programa Bolsa Família. A implementação do Bolsa Família visou racionalizar os quatro programas, que atuaram muitas vezes nas mesmas áreas, e dar maior valor ao Cadastro Único dos Beneficiários, que foi instituído em abril de 2001. O Programa de Erradicação do Trabalho Infantil criado pelo governo FHC foi gradualmente integrado ao Bolsa Família desde outubro de 2003, e posteriormente foi realizada a integração entre os dois programas, em 28 de dezembro de 2005.[27]

É importante ressaltar que, apesar de representar só uma quantia modesta, o Bolsa Família corresponde a quase três vezes o valor dos programas de transferência de renda dos governos anteriores, como Bolsa Escola, Bolsa Alimentação e Bolsa Renda (gerido pelo Ministério da Integração Social, um programa para ajudar as pessoas afetadas por desastres naturais com um benefício igual ao valor do Bolsa Escola e Alimentação).[28]

O Bolsa Família manteve um programa condicional, proporcionando renda complementar para as famílias com renda mensal *per capita* inferior a R$ 140, até maio de 2014, e R$ 154,00 a partir de 1º de junho de 2014.[29]

Depois de confirmar a eficácia dos programas de transferência de renda associados à educação e a oportunidades de assistência à saúde, que começarem com Bolsa Escola e Bolsa Alimentação e, em seguida, foram unificados no Bolsa Família, não é hora de dar um passo para a implementação de uma RBC?

O presidente Luiz Inácio Lula da Silva deu uma afirmação no programa de rádio Café com o Presidente transmitido pela Radiobrás em 9 de janeiro de 2005 – quase um ano depois de ter sancionado a Lei n. 10.835, em 8 de janeiro de 2004, para estabelecer a Renda Básica de Cidadania –, enfatizando o fato de que o programa Bolsa Família até 2006 atingiria o número total de famílias que, segundo o IBGE, ainda permanecem abaixo da linha de pobreza. Ele disse o seguinte sobre a

[27] A equipe coordenada por Miriam Belchior era constituída por: Ana Fonseca, Ricardo Henriques, Anna Peliano, Maya Takagi, Mauricio Muniz, Tereza Cotta e Michelle Oliveira Lessa, representando os ministérios e as instituições públicas envolvidas na administração de programas de transferência de renda.

[28] O Bolsa Renda foi, posteriormente, incorporado a outros programas e, mais tarde, ao Bolsa Família durante o governo Lula.

[29] Ver Fonseca; Roquete (2005).

implementação bem-sucedida de programas de renda mínima no Brasil: "O Brasil que eu desejo é um Brasil em que, um dia, o Estado não precise ter transferência de renda porque as pessoas estarão trabalhando e ganhando seu sustento à custa do próprio trabalho. É isso que dignifica o homem, a mulher, é isso que nos dá orgulho, viver à nossa custa, à custa do nosso trabalho, do nosso suor".

Para que possamos cumprir o desejo do presidente de que todos os brasileiros possam viver à custa do seu próprio trabalho, é necessário entender que a RBC não corresponde a qualquer senso de caridade ou assistência, mas é um direito concedido incondicionalmente a todos os cidadãos do Brasil na participação da riqueza da nação, seja ela proveniente de recursos naturais, produzida pelas gerações anteriores ou proporcionada pelo progresso tecnológico e pela invenção, com a participação de toda a sociedade.

Como é possível pagar uma quantia razoável de renda básica para 202,7 milhões de brasileiros, se o valor pago agora a famílias pobres pelo Bolsa Família ainda é modesto? Qual deve ser o valor inicial para a renda básica? Não seria mais adequado aumentar primeiro a quantia de Bolsa Família? Como é possível financiar o pagamento de uma renda básica para todos os brasileiros? Se a opinião pública apoia as exigências de frequência escolar e vacinação e as considera aspectos positivos de outros programas, como o governo pode começar a pagar a renda garantida não condicional a todos os cidadãos?

É fundamental lembrar que a lei que estabelece a RBC confere grande flexibilidade ao Poder Executivo quanto à sua implementação. A formatação do tamanho da transferência de renda e sua realização serão graduais e determinadas sob o critério do Poder Executivo nacional, que dá prioridade aos cidadãos mais necessitados até que todos possam receber o benefício. Se algum dia o Programa de Renda Básica de Cidadania for implementado em todo o Brasil, vai ser muito mais simples explicar o direito de cada cidadão para todos os brasileiros. O filósofo italiano Antonio Negri, da Universidade de Pádua, e o cientista político Giuseppe Cocco, da Universidade Federal do Rio de Janeiro, elogiaram o Bolsa Família em um artigo na *Folha de S.Paulo*, qualificando-o como o embrião de uma renda de cidadania universal. Eles exaltaram o governo Lula por visar a não condicionalidade e tentar acelerar a popularização e a democratização do programa (Negri; Cocco, 2003).

O governo precisa avaliar primeiro a atual necessidade observada em 50 milhões de beneficiários do programa Bolsa Família, bem como a sua própria capacidade para aumentar o alcance do plano. O governo poderia também, em seguida, ampliar o número de famílias elegíveis com direito de se inscrever no programa. Uma alternativa para a implementação gradual também pode ser alcançada através da concessão universal da RBC, inicialmente atribuída a pessoas de até 18 anos de idade, como é defendido na Argentina pelos economistas Rubén Lo Vuolo e Alberto Barbeito e no Brasil pela economista Lena Lavinas.[30] É de se esperar que a RBC comece com uma pequena quantia, por exemplo, de R$ 80 por pessoa, totalizando R$ 480 por mês para uma família com seis membros, se o chefe da família recebe um salário mínimo de R$ 788 no início de 2014 e se não houver mais rendimentos auferidos pela família. A renda familiar seria de R$ 1.268, um aumento substancial. Pagar uma bolsa mensal de R$ 80 em 12 meses significa um compromisso de R$ 960 por pessoa por ano, que, multiplicado por 204 milhões, exigirá um montante anual de R$ 195,840 bilhões. Esse valor é cerca de 7 vezes o total pago pelo governo federal para financiar o programa Bolsa Família em 2014, de cerca de R$ 28 bilhões. Isso é muito menos, no entanto, do que o que o Brasil paga em juros sobre a dívida pública.

É difícil conseguir essa quantia de dinheiro disponível no curto prazo. Essa preocupação foi levantada como um tema de discussão entre o autor e ministros do governo, por isso é importante introduzir o sistema de forma gradual. Um possível curso de ação seria estender a renda básica primeiro às famílias, concedendo-a depois a cada cidadão individualmente. Outra solução possível é financiar o programa através da criação do Fundo Brasil de Cidadania, que ao longo do tempo seria capaz de fornecer os recursos necessários para pagar a renda básica, de acordo com o modelo formulado pela primeira vez por Thomas Paine e posteriormente implementado sob a forma do Fundo Permanente do Alasca. Esse é o principal objetivo da lei apresentada por este autor para o Senado em 1999, que já foi aprovada pelo Senado em agosto de 2006. Ela agora está sendo analisada pela Câmara dos Deputados. Os recursos do fundo seriam formados por dotações consignadas no

[30] Ver Vuolo; Barbeito (1995) e Lavinas (2002).

orçamento federal; uma proporção de *royalties* produzidos por recursos naturais; outra a partir dos recursos provenientes de concessões de obras e serviços públicos; 50% a partir de rendas provenientes de imóveis federais e outros ativos e doações. Nos últimos dois anos, no entanto, o governo federal e o Congresso Nacional aprovaram leis que destinam os *royalties* da exploração de petróleo e recursos naturais principalmente para fins educacionais e programas de saúde.

Quanto às condicionalidades, cujo desenvolvimento foi viabilizado por programas anteriores, vistos de forma positiva pelo público (como o Bolsa Família), devem-se levar em consideração os ensinamentos dos grandes educadores, que mostraram que a educação é um processo libertador, através do qual a pessoa ganha maior consciência. Semelhante ao compromisso das famílias mais ricas para a vacinação de seus filhos e o envio deles para as melhores escolas, também se pode esperar que as famílias com menos dinheiro, uma vez dado o direito de receber uma renda básica, farão todos os esforços para melhorar a sua participação na educação e na saúde de seus filhos.

## Conclusão

Quando o Brasil instituir a RBC, em breve poderá ser acompanhado por outros países das Américas, bem como, idealmente, a participação de muitos outros países em programas de renda básica harmonizaria a defesa comum dos direitos sociais em toda a América Latina. O Brasil, porém, é o primeiro país cujo Congresso aprovou uma lei para a implementação nacional de uma renda básica.

Em 2003, enquanto a lei estava aguardando a aprovação na Câmara dos Deputados, o autor deste trabalho fez uma palestra na Fundação Estadual do Menor, em São Paulo. Este autor procurou transmitir o raciocínio por trás de programas de renda básica, citando os exemplos apresentados anteriormente, e transmitiu para aquele público a ideia de que, se a RBC já estivesse em vigor na época dos crimes desses jovens, eles muito provavelmente não teriam sido impulsionados a cometer os delitos que levaram à sua prisão. Para uma melhor compreensão, basta lembrar que, quando o presidente Lula era um menino na região do interior de Pernambuco, ele viajou com sua família, de caminhão, para São Paulo com apenas 7 anos de idade; as realizações do Lula, muitos anos depois, poderiam ser impensáveis para um menino, mas com a

RBC podem tornar-se uma possibilidade para todos os brasileiros. É necessário que todos os cidadãos tenham alternativas suficientes que lhes permitam viver com dignidade, o aspecto mais importante da RBC. Agora que a lei foi aprovada pelo governo, a única tarefa que resta é a de implementar a política em nível nacional: o Brasil será um lugar melhor quando ela entrar em vigor.

É geralmente aceito que a expansão significativa do Programa Bolsa Família e os seus efeitos positivos, entre outros aspectos importantes, tenham contribuído para o presidente Lula ser reeleito com 58.295.042 ou 60,8% dos votos no segundo turno, em 29 de outubro de 2006. O mesmo aconteceu para a vitória da presidenta Dilma Rousseff, em 2010, com 55.752.529 ou 56,05% dos votos, no segundo turno, e em sua reeleição, em outubro de 2014, em que contou com 54.501.118 de votos, equivalente a 51,64% dos votos válidos. Como o Bolsa Família vai evoluir?

É relevante saber que, em alguns municípios, como em Santo Antônio do Pinhal e Apiaí, leis foram aprovadas para instituir gradualmente a renda de cidadania para todos os seus habitantes. Eles constituíram o Conselho Municipal de Renda Básica de Cidadania a fim de discutir os passos para torná-la viável. O prefeito Fernando Haddad, de São Paulo, do PT, eleito em 2012, tem em seu programa a transição gradual do Programa Bolsa Família para a RBC, em cooperação com o governo do estado e o governo federal. Como primeiro passo, tendo em conta os conselhos de Philippe Van Parijs, ele pretende concluir integralmente o objetivo da Busca Ativa em relação ao Programa Bolsa Família.

Em janeiro de 2014, enviei carta à presidenta Dilma Rousseff, propondo a instituição de um Grupo de Trabalho com o objetivo de estudar a transição do Bolsa Família para a RBC no Brasil.[31]

Em junho de 2014, ao término do XV Congresso Internacional da BIEN, realizado em Montreal, Canadá, seus membros, dentre os quais Philippe Van Parijs, Guy Standing e Karl Widerquist, encaminharam correspondência à presidenta Dilma. Nessa correspondência, além de parabenizarem-na pela redução da pobreza no Brasil, ocorrida nos últimos anos, colocam-se à sua disposição para juntamente aos

[31] Ver na íntegra: <http://www.senado.gov.br/senadores/Senador/esuplicy/img/motreal2014.pdf>.

ministros e suas assessorias analisarem as melhores alternativas para a implementação gradual e completa da RBC. Avaliam que a adoção da RBC será tão importante como o foi a abolição da escravatura e o estabelecimento do sufrágio universal.

Em breve diálogo, em março de 2015, a Presidenta Dilma Rousseff me disse que;

"Não é que eu não queira lhe receber. Acontece que o que você me pede, Eduardo, é impossível realizar agora.

"O que eu estou propondo é que se constitua um Grupo de Trabalho para saber se será possível em dois, três, cinco ou mais anos."

"Então vou lhe receber em junho."

"Agradeço se puder ser antes de 21 de junho, quando faço 74 anos."

"Então vamos marcar para 20 de junho com bolo".

## Referências

ACKERMAN, Bruce; ALSTOTT, Anne. *The Stakeholder Society*. New Haven: Yale University Press, 1999.

ALINSKY, Saul. *Rules for Radicals*. New York, Vintage Books, 1972.

ALTMEYER, Arthur J. *The Formative Years of Social Security*. Madison: The University of Wisconsin Press, 1966.

ARISTÓTELES. *Política*. Brasília: Ed. da UnB, 1987.

BACHA, Edmar Lisboa; UNGER, Roberto Mangabeira. *Participação, salário e voto: um projeto de democracia para o Brasil*. Rio de Janeiro: Paz e Terra, 1978.

BRASIL. Casa Civil. *Lei n. 10.835*, de 8 de janeiro de 2004. Institui a renda básica de cidadania e dá outras providências. Brasília, 8 jan. 2004.

BAKER, James A. III; HAMILTON, Lee H. (Co-Chairs). With Lawrence S. Eagleburger, Vernon E. Jordan, Jr., Edwin Meese III, Sandra Day O'Connor, Leon Panetta, William J. Perry, Charles S. Robb, Alan K. Simpson. *The Iraq Study Group Report: The Way Forward: A New Approach*. New York: Vintage Books, 2006.

CAMARGO, José Márcio. A pobreza e a garantia de renda mínima. *Folha de S.Paulo*, São Paulo, 26 dez. 1991.

CAMARGO, José Márcio. Os miseráveis. *Folha de S.Paulo*, São Paulo, 3 mar. 1993.

CASTRO, Josué de; MELO, Marcelo Mário (org.); NEVES, Teresa Cristina Wanderley (org.). *Josué de Castro*. Brasília: Câmara dos Deputados, 2007.

CHARLIER, Joseph. *Solution du problème social ou constitution humanitaire*. Brussels: Chez Tous les Librairies du Royaume, 1848.

CHARLIER, Joseph. *La question sociale résolue precede du Testament pholosophique du penseur*. Bruxelles, P. Wesseinbruch, 1894.

CLEMONS, Steven. Sharing, Alaska-Style. *The New York Times*, New York, 9 Apr. 2003.

CLINTON, Bill. *My Life*. New York: Knopf, 2004.

COLE, George D. H. *Principles of Economic Planning*. London: Cassel & Co, 1935.

COLE, George D. H. *The Next Ten Years in British Social and Economic Policy*. London: Macmillan, 1929.

CONFÚCIO. *O livro das explicações e respostas em 20 capítulos*. São Paulo: Landy, 2001.

COURNOT, Antoine Augustin. *Recherches sur les principles mathématiques de la théorie des richesses*. Paris: Vrin, 1980.

CUNLIFFE, John; ERREYGERS, Guido. Fourierist Legacies: From the "Right to the Minimum" to "Basic Income". In: CONFERÊNCIA SOBRE A HISTÓRIA DA SOCIEDADE ECONÔMICA, Greensboro, North Carolina, 1999.

DALAI LAMA. *Uma ética para o novo milênio*. 5. ed. São Paulo: Sextante, 2000.

FONSECA, Ana M. M. *O debate sobre família e a política de renda mínima*. São Paulo: Cortez, 2001.

FONSECA, Ana M. M.; ROQUETE, Cláudio. Proteção social e programas de transferência de renda: o Bolsa-Família. In: VIANA, Ana L. A.; ELIAS, Paulo E. M.; IBAÑES, Nelson. *Proteção social: dilemas e desafios*. São Paulo: Hucitec, 2005.

FOURIER, Charles. *La Fausse industrie*. Paris: Antropos, 1967.

FRIEDMAN, Milton. *Capitalismo e liberdade*. Rio de Janeiro: Arte Nova, 1975.

FURTADO, Celso. *Um projeto para o Brasil*. Rio de Janeiro: Saga, 1968.

GALBRAITH, John Kenneth. *A era da incerteza*. São Paulo: Pioneira, 1980.

GALBRAITH, John Kenneth. Speech in London School of Economics *The Guardian*, London, 29 June 1999.

GOLDSMITH, Scott. The Alaska Permanent Fund Dividend: An Experiment in Wealth Distribution. In: BASIC INCOME EUROPEAN NETWORK INTERNATIONAL CONGRESS, 9, Geneva, Sept. 12-14, 2002.

GUIBENTIF, Pierre; BOUGET, Denis. *As políticas de renda mínima na União Europeia*. Lisboa: União das Mutualidades Portuguesas, 1997.

HAMMOND, Jay H. *Tales of Alasca's Bush Rat Governor: The Extraordinary Autobiography of Jay Hammond, Wilderness Guide and Reluctant Politician*. Seattle: Epicenter, 1994.

HAYEK, Friedrick A. *O caminho da servidão*. Porto Alegre: Globo, 1977.

HOWARD, Michael W. A NAFTA Dividend: A Proposal for a Guaranteed Minimum Income for North America. In: BASIC INCOME EUROPEAN NETWORK INTERNATIONAL CONGRESS, 11, Cape Town, Nov. 2006.

KEYNES, John Maynard. How to Pay for the War? In: *Essays in Persuasion*. London: Macmillan, 1972.

KING Jr., Martin Luther. *Where Do We Go from Here: Chaos or Community?*. New York: Harper Row, 1997.

LANGE, Oskar. *Sobre la teoría economica del socialismo*. Barcelona: Ariel, 1969.

LAVINAS, Lena *et al.* Exceptionality and Paradox in Brazil: From Minimum Income Programs to Basic Income. In: BASIC INCOME EUROPEAN NETWORK INTERNATIONAL CONGRESS, 9., Geneva, Sept. 12-14, 2002.

LENKOWSKY, Leslie. *Politics, Economics and Welfare Reform: The Failure of the Negative Tax in Britain and the United States*. Lanham: University Press of America; Washington, D.C.: American Institute for Public Policy Research, 1986.

LERNER, Abba Ptachya. *The Economics of Control: Principles of Welfare Economics*. New York: MacMillan, 1944.

MARX, Karl. *Crítica ao Programa de Gotha*. Porto: Portucalense, 1971.

MEADE, James. *Agathotopia: The Economics of Partnership*. Aberdeen: Aberdeen University Press, 1989.

MEADE, James. *Full Employment Regained an Agathotopian Dream*. Cambridge: Cambridge University Press, 1995.

MEADE, James. *Liberty, Equality and Efficiency*. London: Macmillan, 1993.

MEADE, James. Outline of an Economic Policy for a Labour Government. In: *The Collected Papers of James Meade. Volume I: Employment and Inflation*. Edited by Susan Howson. London: Unwin Hyman, 1988.

MILL, John Stuart. *Princípios de economia política: com algumas de suas aplicações à filosofia social*. São Paulo: Nova Cultural, 1988.

MILNER, Dennis. *Higher Production by a Bonus on National Output: A Proposal for a Minimum Income for All Varying with National Productivity*. London: George Allen & Unwin, 1920.

MILNER, Mabel; MILNER, Dennis. *Scheme for a State Bonus*. Kent: Simpkin, Marshall & Co, 1918.

MORE, Thomas. *Utopia*. São Paulo: Martins Fontes, 1999.

MOYNIHAN, Daniel Patrick. *The Politics of a Guaranteed Income: The Nixon Administration and the Family Assistance Plan*. New York: Random House, 1973.

NEGRI, Antonio; COCCO, Giuseppe. Bolsa-Família é embrião da renda universal. *Folha de S.Paulo*, São Paulo, 5 jan. 2006.

PAINE, Thomas. Agrarian Justice. In: *The Life and Major Writings of Thomas Paine*. Edited by Philip Sheldon Foner. Secaucus, NJ: Citadel, 1974.

PAUGAM, Serge. *L'Europe face à la pauvreté: les expériences nationales de revenu minimum garanti*. Paris: Ministère de l'Emploi et de la Solidarité, 1999.

PAUGAM, Serge; GALLIE, Duncan (Ed.). *Welfare Regimes and the Experiences of Unemployment in Europe*. Oxford: Oxford University Press, 2000.

PICKARD, Bertrand. *A Reasonable Revolution: Being a Discussion of the State Bonus Scheme – A Proposal for a National Minimum Income*. London: George Allen & Unwin, 1919.

RAWLS, John. *Uma teoria da justiça*. São Paulo: Martins Fontes, 1997.

ROBINSON, Joan. *Introdução à teoria do emprego*. Rio de Janeiro: Forense Universitária, 1980.

ROTHSCHILD, Emma. Security and Laissez-Faire. *Boston Review*, Boston, v. 25, n. 5, Oct.-Nov. 2000.

RUSSELL, Bertrand. *Os caminhos para a liberdade: socialismo, anarquismo e sindicalismo*. Rio de Janeiro: Zahar, 1977.

SCHAFARMAN, Steven. An Affordable Proposal for Stability in Irak: A Job for Every Iraqi. *The Progress Report*, 28 May 2003.

SCHAFARMAN, Steven. Mobilizing Support for Basic Income. In: BASIC INCOME EUROPEAN NETWORK INTERNATIONAL CONGRESS, 9, Geneva, Sept. 12-14, 2002.

SILVA, Maria Ozanira da Silva; YAZBEK, Maria Carmelita; Di GIOVANNI, Geraldo. *Política social brasileira no século XXI: a prevalência dos programas de transferência de renda*. São Paulo: Cortez, 2004.

SILVEIRA, Antonio Maria. *Moeda e redistribuição de renda*. Rio de Janeiro: Edições Multiplic, 1981.

SPENCE, Thomas. The Rights of Infants. In: CUNLIFFE, John; ERREYGERS, Guido (Ed.). *The Origins of Universal Grants*. Basingstoke: Palgrave Macmillan, 2004. p. 81-91.

STANDING, Guy. *Global Labour Flexiblity: Seeking Distributive Justice*. New York: St. Martin Press, 1999.

STANDING, Guy. *The Financial Times*, London, Apr. 2003.

STIGLER, George. The Economics of the Minimum Wage. *American Economic Review*, n. 36, p. 358-365, 1946.

SUPLICY, Eduardo Matarazzo. *Renda de cidadania: a saída é pela porta*. 6. ed. São Paulo: Fundação Perseu Abramo; Cortez, 2010.

SUPLICY, Eduardo Matarazzo. Democracia e paz no Iraque. *Folha de S.Paulo*, São Paulo, 12 jun. 2003.

SUPLICY, Eduardo Matarazzo. *Renda mínima, discussões e experiências. Conferência Internacional*. Brasília: Senado Federal, 1998.

THEOBALD, Robert. *Free Men and Free Markets*. New York: Anchor Books, 1963.

THEOBALD, Robert. *The Guaranteed Income: Next Step in Socioeconomic Evolution?*. New York: Anchor Books, 1967.

TOBIN, James. On the Economic Status of the Negro. *Daedalus*, v. 94, p. 878-898, 1965.

TOBIN, James; PECHMAN Joseph A.; MIESZKOWSKI, Peter M. Is a Negative Income Tax Practical?. *The Yale Law Journal*, v. 77, p. 1-27, 1967.

VAN PARIJS, Philippe. *Real Freedom for All: What (If Anything) Can Justify Capitalism?*. Oxford: Oxford University Press, 1995.

VAN PARIJS, Philippe. Renda básica: renda mínima garantida para o século XXI?. *Revista Estudos Avançados*, São Paulo, v. 14, n. 40, set.-dez. 2000.

VAN PARIJS, Philippe. *What's Wrong with a Free Lunch?*. Edited by Joshua Cohen and Joel Rogers for Boston Review. Foreword by Robert M. Solow. Boston: Beacon Press, 2001.

VANDERBORGHT, Yannick T.; VAN PARIJS, Philippe. *L'Allocation universelle*. Paris: La Découverte, 2005.

VUOLO, Rubén Lo; BARBEITO, Alberto C. *Contra la exclusión: la propuesta del ingreso ciudadano*. Buenos Aires: CIEPP; Mino y Dávila, 1995.

WIDERQUIST, Karl; HOWARD, Michael W. *Alaska's Permanent Fund Dividend: Examining its Suitability as a Model*. London: Palgrave Macmillan, 2012.

WILLIAMS, Lady Juliet Rhys. *Something to Look Forward to: A Suggestion for a New Social Contract*. London: MacDonald and Co, 1943.

# Sobre os autores

**Amanda Mayara de Araújo**
Estudante de graduação na FEUSP. Possui curso técnico em Administração pela ETEC Guaracy Silveira e atua no como auxiliar de classe na educação infantil.

**Ana Maria Thomé de Oliveira**
Supervisora de equipe de saúde mental da Associação Saúde da Família, Coordenadora do CAPS Adulto da Brasilândia, especialista em Neuropsicologia pelo Centro de Estudos Psico-Cirúrgicos – CEPSIC/FMUSP. É especialista em Psicopatologia e Saúde Pública pela FSP/USP e membro do Nupsi-USP.

**André Menezes Rocha**
Doutor e pós-doutorando em Filosofia pela USP e pós-doutor pela Université Paris I Panthéon Sorbonne. Desenvolve sua pesquisa com foco na ética e na política. É membro do Grupo de Estudos Espinosanos do Departamento de Filosofia da USP, do grupo Invenções Democráticas e do GT CLACSO "A formação da cultura democrática pelas esquerdas latino-americanas".

**Caio Cândido Ferraro**
Educador da rede pública há sete anos. Possui bacharelado e licenciatura em História pela UNESP e, atualmente, cursa a graduação em Pedagogia na USP.

**Camilo Lisboa Andre Cardoso**
Bacharel em música pela Universidade Cruzeiro do Sul, professor de música desde 2008 e graduando em Pedagogia pela USP.

**Catalino Lós Reis**
Médico psiquiatra e coordenador de Saúde Mental de Ubatuba. Foi Professor Assistente da Residência Médica em Psiquiatria do Hospital do Juquery e membro do grupo condutor da RAPS do Estado de São Paulo pelo COSEMES.

**Clarita Müller-Plantenberg**
Professora de Sociologia e Economia Política da Universidade de Kassel e da Universidade Livre de Berlim (Alemanha). Fundadora da Associação para Promoção da Economia Solidária "Verein zur Förderung der Solidarischen Ökonomie" e coeditora do Anuário América Latina *Lateinamerika-Jahrbuch*.

**Cyndel Nunes Augusto**
Graduanda em Pedagogia na Faculdade de Educação da USP, possui experiência como assistente de classe (Ensino Infantil e Fundamental I). Atual pesquisadora na área de gênero e diversidade sexual com o tema "Introdução do gênero e da sexualidade nas políticas públicas de educação: examinando entrevistas com professores e professoras".

**David Calderoni**
Psicanalista membro do Departamento de Psicanálise do Instituto Sedes Sapientiae, pós-doutor em Psicologia pela USP, membro do Global Advisory Board da World Dignity University. Cofundador, docente e membro do Conselho de Coordenação do Curso de Psicopatologia e Saúde Pública FSP e Nupsi-USP, cofundador e membro do Conselho Deliberativo do Nupsi-USP, sócio da ARCA Multincubadora.

**Diego Tatián**
Doutor em Filosofia e em Ciências da Cultura, é pesquisador do Conselho Nacional de Investigações Científicas e Técnicas (Conicet, Argentina) e professor de Filosofia Política na Universidade Nacional de Córdoba

**Eduardo Suplicy**
Senador da República pelo PT-SP e professor aposentado de Economia na Fundação Getúlio Vargas de São Paulo. É doutor em Economia pela Universidade Estadual de Michigan, nos Estados Unidos da América. Autor do projeto de lei que deu origem à Lei n. 10.835/2004, que institui

a Renda Básica de Cidadania no Brasil, e copresidente Honorário da Rede Mundial de Renda Básica (Basic Income Earth Network – BIEN).

**Francisco G. Nóbrega**
Professor titular aposentado do Instituto de Ciências Biomédicas da USP e secretário do Conselho Municipal da Renda Básica de Cidadania de Santo Antônio do Pinhal (SP).

**Guy Standing**
Professor de Estudos de Desenvolvimento da Escola de Estudos Orientais e Africanos da Universidade de Londres. Economista com PhD pela Universidade de Cambridge, é fundador e copresidente da Rede Mundial da Renda Básica (Basic Income Earth Network – BIEN). Além de ter vasta carreira como pesquisador, é conselheiro de vários governos e agências internacionais.

**Helena Singer**
Socióloga, doutora em Sociologia pela USP, com especialização em Sociologia dos Conflitos pela Universidade da Pensilvânia e pós-doutorado pelo Laboratório de Estudos e Pesquisas sobre Ensino e Diversidade da Unicamp, é diretora pedagógica da Cidade Escola Aprendiz, fundadora e membro do Conselho Deliberativo do Nupsi-USP.

**Jackson de Oliveira Souza**
Professor na rede municipal de São Paulo. Possui bacharelado e licenciatura em História pela UNESP e é graduando em Pedagogia pela USP. Na Faculdade de Educação (FEUSP) atua como pesquisador no Grupo Pedagogias Multiplicadas: estudos do campo educacional brasileiro e das relações entre mídia e educação (CNPq).

**Jaqueline Ferreira**
Assistente social no Centro de Referência de Assistência Social no município de Embu das Artes (SP). Graduada em Serviço Social pela UNESP.

**Jessica de Moura Machado**
Professora de educação infantil na rede particular de ensino da cidade de São Paulo. Possui bacharelado e licenciatura em Letras, com habilitação em língua francesa e inglesa pela USP. Atualmente cursa graduação em Pedagogia, também na USP.

**Kátia Liane Rodrigues Pinho**
Terapeuta Ocupacional e doutoranda em Ciência, Tecnologia e Sociedade pela UFSCar, é coordenadora do Fundo Rotativo Solidário da Rede de Saúde Mental e Economia Solidária do Estado de São Paulo.

**Larissa Jordão Pino**
Bacharel em Relações Internacionais (FCHS/UNESP) e atual Agente Local de Inovação (CNPq). Possui experiência como pesquisadora no Grupo de Estudos e de Pesquisa do Núcleo de Estudos Linguísticos e Culturais (FCHS/UNESP/CNPq). Foi educadora no Núcleo de Ensino de Relações Internacionais (NERI/FCHS). Auxiliar geral do projeto Metropolização e Megaeventos (Observatório das Metrópoles/PUC) e da Unifreire (Instituto Paulo Freire).

**Laurent Bove**
Professor Emérito de Filosofia na Université de Picardie Jules Verne de Amiens (França) e pesquisador do Centre National de la Recherche Scientifique (CNRS), na École Nationale Supérieure – Lettres et Sciences Humaines (ENS-LSH) de Lyon. Especialista em filosofia política, Espinosa e moralistas franceses, seus trabalhos foram traduzidos em várias línguas.

**Leonardo Pinho**
Cientista social, coordenador Nacional da Setorial de Cooperativismo Social da Central de Cooperativas e Empreendimentos Solidários (UNISOL Brasil), diretor da Associação Brasileira de Saúde Mental (ABRASME) e Coordenador da Rede Estadual de Saúde e Sistema Nacional de Cooperativas de Economia e Crédito Solidário (EcoSol).

**Lilian L'Abbate Kelian**
Historiadora, fundadora da Escola Lumiar e da Associação Politeia. Fundadora, pesquisadora associada e membro do Nupsi-USP e membro do Programa Jovens Urbanos do Centro de Estudos e Pesquisas em Educação, Cultura e Ação Comunitária (CENPEC).

**Luciano Elia**
Psicanalista, professor titular do Instituto de Psicologia da UERJ, membro do Laço Analítico Escola de Psicanálise. Pesquisador e formador de equipes de atenção psicossocial infantojunvenil.

**Luísa Helena Alessandra da Silva Rodrigues**
Estudante de Educação na FEUSP, em 2014 atuou com educação não formal, como proponente da Oficina Popular de Audiovisual Latino-Americano (OPALA) no Memorial da América-Latina através do Programa VAI de Valorização às Iniciativas Culturais da Prefeitura de São Paulo.

**Luiz Inácio Gaiger**
Sociólogo, professor titular da Unisinos, Coordenador da Cátedra Unesco Trabalho e Sociedade Solidária e líder do Grupo de Pesquisa em Economia Solidária e Cooperativa (EcoSol).

**Marcelo Gomes Justo**
Sociólogo e doutor em Geografia Humana pela USP, professor pesquisador do Centro Universitário SENAC, membro e pesquisador associado do Nupsi-USP e sócio-fundador da Associação Politeia. Pesquisa conflitos agrários e cultura popular no campo e na cidade, entre outros temas.

**Maria Luci Buff Migliori**
Procuradora do Estado de SP, doutora em Filosofia pela PUC-SP, consultora da Comissão Nacional da Verdade no Brasil, fundadora e membro do Conselho Deliberativo do Nupsi-USP.

**Marina Pasetto Nóbrega**
Doutora em Bioquímica pelo Instituto de Química da USP. Fez pós-doutorado na Universidade Columbia em Nova Iorque. É presidente do Conselho Municipal de Renda Básica de Cidadania de Santo Antonio do Pinhal (SP).

**Nicolau Priante Filho**
Físico pela USP e doutor em Engenharia Mecânica pela UFRGS, foi professor da UFMT (1977-2005) e coordenou pesquisas na área ambiental em Mato Grosso por vários anos. Como pesquisador cooperado da Cooperativa COORIMBATÁ, recebeu diversos prêmios. Atualmente é diretor operacional da COORIMBATÁ e vice-presidente da ARCA Multincubadora, e coordena o projeto de pesquisa "Incubadora Tecnológica de Cooperativas Populares da UFMT" (CNPq).

**Paul Singer**
Economista formado pela USP, é professor titular aposentado da Faculdade de Economia, Administração e Contabilidade da USP. Secretário Nacional de Economia Solidária do Ministério do Trabalho e Emprego, secretário de Economia Solidária, cargo vinculado ao Ministério do Trabalho, é também membro do Conselho Deliberativo do Nupsi-USP.

**Petronella Maria Boonen**
Socióloga, mestre e doutora em Sociologia da Educação pela USP e educadora do Centro de Direitos Humanos e Educação Popular (CDHEP). Trabalha com os temas do Perdão e da Justiça Restaurativa.

**Rasia Friedler**
Psicóloga, professora da Universidad de la República (Uruguai), é fundadora da Allegro, consultoria que promove o humor e a criatividade em empresas. É fundadora e diretora da SaludArte, fundação para a promoção da saúde através da arte e do humor.

**Renato Dantas Capella**
Graduando no curso de Pedagogia da USP, professor auxiliar na educação infantil há dois anos.

**Renato Mezan**
Psicanalista, Doutor em Filosofia pela USP, atualmente é professor titular na PUC-SP, articulista do jornal *Folha de S.Paulo* e coordenador editorial da Revista *Percurso*.

**Roberto Tiago Correa Silva**
Graduado em História pela UNESP, é educador na rede municipal de educação da cidade de São Paulo e na rede estadual de ensino do estado de São Paulo. Graduando de Pedagogia na Faculdade de Educação na USP.

**Susan Andrews**
Psicóloga e antropóloga formada pela Universidade de Harvard, fundadora e coordenadora da ecovila Instituto Visão Futuro, em Porangaba (SP) e coordenadora do movimento Felicidade Interna Bruta (FIB) no Brasil. Autora de livros traduzidos para 10 idiomas sobre Educação, Psicologia, Saúde, Yoga, Nutrição e Ecologia.

**Thiago Wesley Custódio Silva**
Bacharel e licenciado em História pela Pontifícia Universidade Católica de São Paulo. Educador da rede estadual e municipal de ensino há 3 anos.

**Wagner Alves Pereira**
Assistente social no Ministério Público do Estado de São Paulo. É bacharel em Serviço Social pela UNESP e graduando em Letras na Universidade de São Paulo.

**Yaacov Hecht**
Educador, pioneiro mundial na área de educação democrática, fundador da primeira escola democrática em Hadera (Israel) e fundador da Education Cities – the Art of Collaborations.

Este livro foi composto com tipografia Bembo Std e impresso
em papel Avena 80 g/m² na Formato Artes Gráficas.